自由民権創成史　上

自由民権創成史

公論世界の成立

上

宮地正人
Masato Miyachi

岩波書店

目　次

第Ⅱ部　士族民権と平民民権

〔下巻　目次〕

凡例

1、史料の引用・紹介にあたっては、漢字は原則として通行の字体に改め、句読点、振り仮名を適宜補った。

ただし（　）を付した振り仮名は、史料原文にある振り仮名であることを示す。

2、引用史料の文章は、必ずしも史料原文と完全に同一ではなく、読みやすさを考慮して、表記や表現を著者が若干改めている場合が多い。正確な原文に当たりたい場合には、注に示した出典を参照して直接確認されたい。

3、引用史料中の〔　〕は、引用者による注記・補足であることを示す。

ただし、史料原文の誤記・誤植である可能性を示す（ママ）や、（中略）の表示、およびカタカナ表記の外国語に添える原綴については、引用者によるものであっても〔　〕ではなく（　）で示した。

4、引用史料中には、差別的な用語など、現在では用いるべきではないと考えられる表現も若干見られるが、歴史的な史料としての性質を考え、そのままとした。

5、頻出する新聞紙名については、二回目以降は次のように略記した。

『東京日日新聞』→『日日』　『日新真事誌』→『真事誌』

『郵便報知新聞』→『報知』　『東京曙新聞』→『曙』

『朝野新聞』→『朝野』

はじめに——問題設定

著者は二〇一二年、岩波書店から『幕末維新変革史』上下二巻を出版した。この段階では、明治一〇(一八七七)年の西南戦争での太政官政府勝利によって天皇制国家の原基的形態が形成されたことをもって結論とした。幕末維新変革と自由民権運動をいかに架橋するのか、換言すれば、「通史叙述」としての論理は著者自身にとって模索中であったため、「通史叙述」形式をとることはできず、それに代えて、福沢諭吉と田中正造という二名の傑出した、両時期を通して統一的・発展的に活動し得た人物を、最終の第四八・四九章に据えるほか手段がなかった。

このため著者は、とりあえず自分の方法論、即ち「社会的政治史」をもって、両時期に通底する社会史的研究課題を設定することとし、両者にまたがって展開する社会史レベルの動きを分析しはじめた。

最初の作業が、一国史的発展段階説、従って天皇制絶対主義国家論を採る講座派理論家からは矛盾すると指摘されるであろう、国民国家と天皇制との関係を分析し、自分なりの見通しをつけることであった。なるほど講座派理論においては、封建制最終段階の絶対主義国家はブルジョアジーと農民との共闘によるブルジョア民主主義革命によって打倒され、そこにはじめて共和制か立憲君主制の国民国家が誕生する、という理論だからである。

ところで、一九七〇年代前半から幕末史研究を開始した著者の分析視角は、一九世紀半ばからの欧米列強が創出した世界資本主義が、非キリスト教世界全体を、その隔絶した軍事力・科学技術力をもって自己に強引に包摂し、従属化させ植民地化しようとする世界史段階において、幕府封建国家がいかなる対応をすれば、その中で国家の独立を維持できるのか、できないのか、その必死の模索とは何か、という角度からのものであった。そこではもはや従来の一国史発展段階論的通史叙述での「政治史と外交史」という枠組みは利用し得ず、代わって「国内政治と国際政治の相互関係」という分析視角が不可欠となってきたのである。

過渡期国家論

何一つ海図のない大洋の荒波にほうり込まれた封建国家日本は、それ以降、文学的表現をもってすれば、ようやく到達できたと思えた海中の地盤がアリ地獄のごとく容易に崩落、再度安定した地盤を必死で模索せざるを得ない苦業の連続を経験することになる。著者は幕末維新期の政治過程を分析する中で、この時代には封建制国家規定も資本主義国家規定も安易に適用することは不可能、「過渡期国家論」をもって慎重かつ実証的に研究するほか手がないことを痛感し、『幕末維新変革史』でもそれまでの国民常識レベルになっている、廃藩置県をもって「近代的中央集権的統一国家」が成立したとは規定せず、そこで成立する国家を、価値判断を忍び込ませない「創世記国家」、そこで成立する政府を「王政復古功績（勲功）旧四藩連合政府」と命名するにとどめたのである。

では近代日本において、世界資本主義に対応しうる安定した社会的基盤をなんとか見出し得たのは一体いつなのか。著者も含め大半の合意は、明治一四年一〇月、渋りに渋りつづけた薩長藩閥政権が日本国民に国会開設を誓約せざるを得なくなる時期だろう。天皇制支配を立憲君主制国家「国民国家」との関連の中で、いかに理論的・制度的に再構築するかが、国家権力側に突きつけられた新たな大課題となってくる。英敏で頭脳明断な第一級官僚・政治家の伊藤博文《いとうひろぶみ》が、国会開設を呑まざるを得なくなったことによって日本の「国体」は変わった、と発言しているごとくである。

従って著者の最初に選んだ地域は、幕末から民権期にかけて極めてユニークな政治運動を継続しつづけてきた肥後熊本であり、そこでの横井小楠《よこいしょうなん》門下生、実学党グループ内での、立憲君主制度と天皇制の関連をめぐっての意見の分岐・分裂が社会史レベルでどのように展開していったのかを微視的に分析し、二〇一二年に『国民国家と天皇制』と題して有志舎より刊行した。周知のように明治天皇の信任が極めて厚かった元田永孚《もとだながざね》も実学党出身、明治三―四年の熊本藩藩政大改革を主導したのち野《や》に下り民権運動に従事した徳富一敬《とくとみかずたか》も実学党出身で、彼の長男徳富蘇峰《そほう》は熊本民権急進派リーダーに成長していく。

第二の作業は、これまで絶対主義的天皇制支配のもと劣悪な待遇に苦しめられた一般兵卒の軍隊反乱とされてきた明治一一年八月の「竹橋事件」を、明治一桁代創立期徴兵制兵卒の実態と結合させながら、彼らの反乱の意図・目的を著者なりに納得させることであった。自分でも全く未知の分野だったが、実はこの当時の近衛兵《このえへい》制度は、明治六年一月、太政官布告の「徴兵令」には全く規定されていなかった。近衛兵は、入隊一年以降、本人が三カ年の兵役期間内に天皇に忠節を誓い、さらに五カ年の兵役義務に自ら志願し、他方で本人の修得した軍事技術の優秀さと本人の天皇への忠誠心・志操の堅固さを所属部隊長が保証し、推薦された者のみが入営することのできる志願兵たちであったということ、その彼らが現政権は自らの生命を賭するに値しないと判断した結果起こした反乱である、との見通しをつけることができ、二〇一三年七月『季論21』夏号に発表、二〇一六年刊『地域の視座から通史を撃て！』(校倉書房)に収録した。「我が命捧ぐ可き祖国はありや」との彼らの鋭い問いかけは、国民国家が徴兵制度制定の大前提とした、祖国を防衛する義務がある国民皆兵システム構築の根底にあり、ブルジョア民主主義革命が提起しつづけてきた「祖国」思想そのものをめぐるものなのである。

第三の作業は、明治一二年一二月、全国に先駆けて差し出された「岡山県両備作三国有志人民国会開設建言書」が、豪農層と士族一般が共同歩調をとったものであることの解明であり、二〇一四年一一月「幕末維新の岡山」の題をもって同県で講演し、タイトルを「幕末期から民権期への岡山県域」と改めて上記『地域の視座から通史を撃て！』に収録した。幕末期以降の同地攘夷派士族の動向と彼らの思想、強圧的地租改正事業遂行への同地豪農の憤激、同地青年士族民権派の士族・豪農両者への働きかけなどを分析することによって、この地での士族、豪農層、青年士族民権派の共闘関係が次第に形成されていったことを、著者は自分に納得させることができた。

第四の作業は、一九九八年以降研究を進めてきた東濃・南信・奥三河地域——幕末期に全国的に見て最も活発な活動を展開してきたこの地の尊王攘夷主義者である平田国学者たちの動向を、明治一〇年代までの幅をとって実証的に解明することである。その中で幕末期に同一の思想を有する政治活動集団は、明治一〇年代になると、東濃では第二世代の青年たちによって組織される中津川民権運動となり、南信では不当に押しつけられた高額地租軽減闘争を、全国的に見ても最も組織的かつ長期的に展開し、それを成功させるのが平田国学を奉じる在地豪農集団であること、しかも彼らは闘争勝利のため民権派代言人《だいげんにん》たちと共闘していることであった。他方、奥三河の山村林業地帯では松方デフレ下の農村窮乏を打開するために、地域の神社を団結の核として村落共同体を再編成する方向を選び、従って政治的には反民権的立場をとるようになっていったことが明らかとなった。それぞれは地域の社会的状況に応じた対応をとっていくのである。この作業は二〇一五年、吉川弘文館から出版した『歴史のなかの『夜明け前』』にまとめることとなった。

国民国家と君主制

以上のごとく、ペリー来航以来明治一〇年代までの長期スパンをとることにより、社会史レベルでは西南戦争終了後から民権運動が開始されたとするのではなく、幕末以来の各地固有の歴史的条件と人間関係のつながりの中で、日本がようやく安定した国家形成を見出すようになるまでの一八五三(嘉永六)年から八一(明治一四)年を過渡期国家として分析する以外方法がないと確信することができた。

ところで、前述の過渡期国家という見慣れない表現の国家は、日本ほどドラスティックな形態をとらないまでも、一九世紀ヨーロッパ世界でも現象したのではないかと著者は考えている。

ヨーロッパの後発地域であるプロイセンもオーストリアも、英仏資本主義国家の強力な経済力・軍事力・外交力に対応できる国家をいかに形成しうるのか、支配階級レベルにおいても必死で模索せざるを得ず、一八四八年ヨーロッパ革命の大波を経験後、プロイセンは一八七一年の普仏戦争の勝利によって議会制度とプロイセン王政を結合し、ドイツ皇帝がドイツ帝国に君臨する「立憲君主制」国家を創出した。オーストリアも一八四八年革命の大波を経験後、一八六六年普墺戦争での完敗により、余儀なくオーストリア＝ハンガリー二重国家形態のオーストリア皇帝支配下の「立憲君主制」国家を創り出し、スラブ系諸民族をその「立憲君主制」国家支配下での従属諸民族とする方法を選択する。

専制・ギリシャ正教・大ロシア主義のロシア帝国でさえ、一八五六年のクリミア戦争での完敗後、農奴解放をはじめとする政治・社会体制大改革を余儀なくされ、なんとか世界資本主義体制の中で自国を資本主義化する方向を可能にしたが、皇帝と貴族階級の大土地所有制度は依然として存続しつづけ、一九〇五年の日露戦争敗北と第一次ロシア革命により、ようやく立憲君主制への方向を模索せざるを得なくなり、日露講和交渉のロシア側代表ヴィッテなどが「立憲君主制」国家のモデルにしようとしたのが、なんと日本の明治憲法下の「立憲君主制」国家なのである。

この「過渡期国家」段階での国家規定は、その形成過程のただ中で考察せざるを得なかったマルクスやエンゲルス段階では「ボナパルティズム」とか「外見的立憲制」といった規定をすることになったが、ドイツもオーストリアもその国家形態を確立した後に観察するレーニンになると、あっさりと「民族国家」と規定、自国のツァーリ専制国家と対比させるのが主目的となってくる。

話を元に戻そう。ではこの「過渡期国家」論を自由民権運動史の中に、どのように換言すれば、いかにして「通史叙述」の中に組み込むことができるのか。

このヒントとなったのが、若手の優秀な維新史研究者である友田昌宏氏が、米沢藩出身の漢学者宮《みや》島誠一郎《じませいいちろう》と彼の日本近代国家論とのかかわりを視野広く分析した、『未完の国家構想――宮島誠一郎と近代日本』（岩田書院、二〇一一年）であった。既に『明治文化全集　憲政篇』（日本評論社、一九二八年）に彼の「国憲編纂起原」が所収されているが、宮島は左院《さいん》在職中、最も強く日本でも憲法を制定すべきだと主張しつづけ、しかも征韓論分裂では征韓派に強く反対し、自分と同意見の新参議大久保利通《おおくぼとしみち》に従って日本を安定化させるにはこの方向以外にないと思いつめていたのだが、友田氏の研究によれば、明治七年五月二日の「議院憲法」並びに「議院規則」についても、またそこで提起されている「全国人民の代議人を召集し公議輿論《よろん》を以て律法を定め」るため、「先《ま》づ地方長官を召集し、人民に代て協同公議」する地方官会議のことについても、何の相談も諮問もされてはいないのである。

画期としての明治九年

とすれば、議院憲法も地方官会議も、同年一月一七日の板垣退助ら征韓派下野参議らの「民選議院設立建白」が太政官政府に与えた衝撃の異常さを物語る以外の何ものでもないのではないか。「侵略欲に燃える不平士族の無謀な反乱」とレッテルを貼って、この時期全体を糊塗することなく、また自由民権論を西南戦争後から始まったとするのでもなく、極めて常識的な表現になるが、この左院宛て建白から論じてもいいのではないだろうか。しかも日本近代化・資本主義化に向けての表裏一体・不可欠の二条件、士族秩禄《ちつろく》処分と金禄公債の銀行資本への編入、並びに封建制社会の大前提でありつづけた年貢村請《むらうけ》制度の全廃と、農民に土地所有権を保証する地券を交付することとひきかえの地租改正事業強行は、西南戦争前の明治九年（公布は明治六年）に岩倉（具視《ともみ》）・大久保政権が断行したものなのである。そこではこの時点での民権運動がいかなる立ち位置を占めていたのか、さらに民権運動論者が毛嫌いしている「無謀な不平士族の反乱」、西南戦争と民権運動家たちのかかわりは実際にはどうなっていたのか、等々。「過渡期国家」論として論じうる種々様々な諸課題が眼前に現れ、依然として自分自身のかかえている、通史叙述として可能かどうかとの課題を検討するために、徹底的に第一次資料に当たってみることとなった。二〇一六年春のことである。

自由民権運動を通史叙述として組み込むことができる、との結論を得たのが二〇一八年。同年一一月刊行の岩波現代文庫版『幕末維新変革史』に補章として「維新変革第二段階としての自由民権運動」を収録することとなった。しかしながらそこでは「結論」だけを述べたもので、歴史研究の生命である実証作業をおこなったものではない。本書はこの作業の内容を明らかにし、維新変革と自由民権運動が、民選議院設立建白を媒介とすることによって、わが国における封建制から近代資本主義への、強弁もなく無理もなくレッテル貼りも全く必要としない実証的かつ論理的な筋道をつけるものだと主張するものである。

本書執筆の際の方針としたことが、いくつかある。

第一、同時代の史料をもって論証すること。民権運動研究のバイブルとなっている『自由党史』は明治四三(一九一〇)年の刊行で、後年の評価が各所に潜入しており、史実としてもこの時期は特に誤りが多い。同時代の史料と照合できる部分のみ利用する。

第二、薩長藩閥関係者は、薩摩の黒田清隆《きよたか》・大山巌《いわお》・川村純義《すみよし》にしろ長州の伊藤博文・井上馨《かおる》・山《やま》県有朋《がたありとも》・山田顕義《あきよし》にしろ、ペリー来航以来の千変万化の自藩・自地域の激動を生き延びてきたサムライたち、全国各地の動きを分析するにも必ずペリー来航以降の当該地域の歴史と人的結びつきがあり、あくまでも等身大の人々であることを踏まえること、西南戦争後だけで人物を論じるのではどだい「歴史叙述」にはならないのである。

第三、『幕末維新変革史』と同様の叙述スタイルはとれないこと。廃藩置県をもって「近代的中央集権的統一国家」成立と時代区分を規定した戦前天皇制国家は、それまでの過程については微細に至るまで史料を蒐集しその上で叙述しつづけた。戦後研究を開始した我々もその恩恵に与っており、それらに若干の新史料を付加するだけで研究することができた。しかし明治四年七月以降の史料事情は全く異なってくる。まず藩が消滅、厖大な藩史料が皆無となり、正統性を論証するための国家的編纂事業も必要なくなり、他方で近代地域史研究に不可欠な地域発行新聞もこの時期は未だ存在せず、唯一頼りになるのが東京刊行の諸新聞・諸雑誌の「地方通信」欄しかない。各章叙述が微細なものとならざるを得ない所以である。

最後になるが「通史叙述」の形式を採ろうとしているため、第Ⅰ部で「公論世界の成立」、「民選議院設立建白」によってはじめて日本全地域が主体的活動をおこなえる時代になったことを論じ、第Ⅱ部で全国各地域の幕末期から民権運動にかけての具体的なあり方を論じ、第Ⅲ・Ⅳ部で第Ⅰ・Ⅱ部の諸史実を編入しつつ通史叙述の形式をもって西南戦争と自由民権運動のかかわりまでを論じている。

今年二〇二四年は、民選議院設立建白一五〇周年に当たる。この、国民的常識になっていながらも不当に扱われつづけている「建白」が、これを機に再評価されることを著者は祈念する。

なお、本書で利用した諸資料のうち、『明六雑誌』は岩波文庫版があり、『日日』『報知』『朝野』『真事誌』『曙』の各新聞は、それぞれ復刻版が出版されている。その他の新聞・雑誌に関しては、「明治新聞雑誌文庫」（東京大学大学院法学政治学研究科附属、近代日本法政史料センター）所蔵の現物及びマイクロフィルムのお世話になった。

第Ⅰ部

民選議院設立建白と公論世界の成立

第一章　公論世界の成立と新聞・雑誌

1　新聞の成立

ペリー来航時の日本の社会史的到達レベルを、著者は「公論世界の端緒的形成」期と捉えている。幕府国家が政治的な風説流布を厳禁していたにもかかわらず、日本社会はあらゆる手段を駆使して情報を蒐集し記録し蓄積し、自らの主体性をもって幕府国家の動向を凝視するように成長してきていたのである。

近代日本における最初の日刊新聞は、明治三年一二月八日(一八七一年一月二八日)に創刊された『横浜毎日新聞』であった。横浜は国際貿易港で、貿易・経済情報の必要度は東京より遥かに高かったのである。

東京では木戸孝允が『新聞雑誌』を、上からの開化を促進すべく、廃藩置県以前の明治四年五月一日に創刊する。同紙は当初は月二回だったが、しだいに月五—六回となり、明治六年後半には隔日刊となっていく。

ところで、英字新聞は横浜居留地の外国人ジャーナリストたちによって幕末期から刊行されつづけていた。『新聞雑誌』は長州系新聞であったため、太政官政府は日本政府の意向を体し、英字新聞の論調に対峙・対抗しうる新聞を必要としたこともからみ、明治五年二月二一日、『東京日日新聞』（以下『日日』）が条野伝平《じょうのでんぺい》・西田伝助《にしだでんすけ》・落合芳幾《おちあいよしいく》（挿絵担当）らにより、東京初の日刊紙として創刊される。①

英国人ジャーナリストとして日本において英字新聞『ジャパン・ガゼット』発行などの経験をもっていたジョン・ブラック（John R. Black）は、明治五年三月一七日『日新真事誌』（以下『真事誌』）を隔日刊で創刊するが、まもなく日刊紙とする。なお同紙は他紙と異なり、刊行号数を年ごとに区別しており、明治七年五月二日を第三年第一号としていることには留意しておく必要がある。②後述の『郵便報知新聞』（以下『報知』）の例を見習い、また『日日』の性格に示唆されたのか、ブラックは左院《さいん》議長後藤象二郎《しょうじろう》との間で三カ年間の「左院御用達《ごようたし》」契約を明治五年一〇月三〇日に締結した。③この関係は、同紙が一方で土佐派人脈と強くつながっていく要因ともなる。

『報知』は、大蔵省駅逓頭《えきていのかみ》前島密《ひそか》の支援により、彼の秘書小西義敬《ぎけい》によって、明治五年六月に創刊されたものである。そこには、国営郵便制度を発達させることが強く意図されていた。そのため他紙に比較して地方からの記事が極めて豊富である。さらに新聞発刊を促進させるため、明治六年六月二八日、大蔵省布達第一〇四号により、新聞原稿の郵便料金は無料とされた。当初は月五回刊行、日刊紙になるのは明治六年五月二〇日からである。

明治五年一一月に創刊される『公文《こうぶん》通誌』は、旧松江・明石両藩主の出資によるものである。日刊紙となるのは明治六年一〇月頃（九月段階の紙面は四面三段組）、出資者の関係からか島根県の記事が多い。

字体は、『日日』が当初は木版刷りだったように、読みにくいものだったが、次第に金属活字による活版刷りとなっていく。『公文通誌』は創刊時より活版だったが、『報知』は明治六年四月より、そして木活字を使用していた『真事誌』は明治六年一二月より活版印刷となる。

紙面の改良

各紙の様々な工夫によって、紙面は読みやすいものに進化していく。『報知』は、明治六年一〇月二日付から横長三段組みとなって非常に改善された紙面に変貌するが、他紙も負けじと努力を重ねるのである。ただし価格（以下、紙代）はほぼ均一というわけではなかった。最も高い紙代だったのは八面四段組みの『真事誌』であり、明治六年九月現在で一カ年一〇円、同時期で二面刷りの『日日』は一部一銭六厘、一カ年三円五〇銭[4]、『報知』は明治六年六月から日刊紙化して、一部一銭五厘、一カ月前金一割引き、半カ年二割引き、一カ年では三割引きにすると「稟白《ひんぱく》」する[5]。紙面は二面刷り、三段組みの体裁である。

『公文通誌』の明治七年七月現在の紙代は一カ年四円八〇銭[6]、『朝野新聞《ちょうや》』（以下『朝野』）と改題して八面四段組みの第三四一号を創刊する明治七年九月二四日付（通し番号は引き継がれる）からは一部二銭三厘、一カ月五〇銭、半年で二円七〇銭、一カ年で四円八〇銭と広告しているので定価には変更ない[7]。

隔日刊の『新聞雑誌』が『あけほの』と改題し、二段、八面の日刊紙化するのは明治八年一月二日のこと、紙代は一部三銭から下げられて一銭七厘、一カ月四〇銭となる[8]。また紙面を四面立てとした『日日』は一部三銭、一カ月七五銭と値上げする[9]。

なお、後述する事情により『真事誌』は明治七年一二月二日から紙面を縮小して、八面三段組み、一一月時点での紙代は一部六銭二厘五毛、一カ月一円、一カ年一二円(10)だったのを四分の一切り下げて、一部三銭五厘、前払い一カ月七五銭、一カ年八円とする。(11)

ただし各新聞とも、王政復古以来の薩長同盟主導の、下からの動きを抑えつけつつ上からの改革を強引に進めようとする政府の政策に従わざるを得ないと考えていた。新聞とは権力の「文明開化」政策を補翼する道具だと見なされていたのである。それが故に、明治五年三月二七日より全国府県を統轄する大蔵省は、『新聞雑誌』『日日』『横浜毎日新聞』を各府県に配付することとし、(12)同年七月八日には『真事誌』もそこに加えられることとなった。(13)また政府は国際政治に向け、明治六年六月からは、『ジャパン・メール』紙に大蔵省新聞紙御用達を命じ、政府の意向を反映した記事を掲載させて五〇〇部を買い上げ、英米独仏露蘭等の各国に頒布するのである。(14)

2　予兆としての木戸孝允憲政建白

権力の重圧の中で新聞発行の自由を最も強く希求していたのが、自由主義国英国民のブラックが発刊する『真事誌』であったのは当然のことだろう。明治六年八月一三日、馬城《まき》山人（その後は台二郎、大井憲太郎のペンネーム）の「当今民選議院の創立無き時」なので、新聞が「信実忠言互に相援《あいたす》け、人々一身の人権・幸福を達し、通国人情の渋滞を開通し通国一般の利益を起」こすならば、「其功一層鴻大《こうだい》なるべし」との投書を掲載する。これを受けてのことか、政府に直接の関係をもたない『報知』は、九月八日、今の新聞が政論にかかわらないことを批判する投書を載せるのである。遣米欧使節団の帰国する時期に何らかの変化が期待され出したらしい雰囲気がうかがえる。

　この時代の変調の予兆となったのが、一〇月一〇日前後発刊の『新聞雑誌』第一五〇号付録として掲載された、「木戸参議帰朝後之演説」記事である。七月、太政官に提出した帰国直後の木戸参議建白「〔国家の〕存亡する所以《ゆえん》の者を原《たず》ぬるに、要は政規・典則の隆替得失如何《いかん》を顧みるに在るのみ」との、制憲・制規による日本国家の安定化を主張した建白を輿論《よろん》化させるべく、木戸は鴻雪爪《おおとりせっそう》投書の形式をとって自派の機関紙に公表したのだった⑮。何かが動き出す予感が走る。そして一〇月二四―二五日の征韓論をめぐる、誰も想像できなかった太政官大分裂、政府には言論取り締まりに乗り出す余裕などありうるはずがなくなってきた。巨大な政治空間がここに現出する。ブラックと大井憲太郎の関係は不明だが、一一月四日付『真事誌』は「貴社への投書に貴社の意見を付け公けにすれば、民間擬立の民選議院となるだろう。モンテスキューが国民開進の種子を播《ま》いた仏国の例に倣《なら》え」との馬城〔大井〕投書を載せ、その直後の一一月一〇・一二・一三日と「木戸の論を載せよと客がいって来た」との断り書きをつけ『新聞雑誌』の「木戸参議演説」を転載する。

　なるほど、一〇月一九日には、政府は「新聞紙発行条目」を制定、国体誹謗・政法批評を禁止と宣言するが、新聞・雑誌検閲担当官庁は文部省、分裂後の太政官政府は大久保・木戸の薩長領袖コンビが支えつづけ、その木戸が明治七年一月二五日から文部卿に就任する。この時期、木戸と直接交流している福沢諭吉が、二月二三日付書状⑯の中で、「学問のすすめ七編迄脱稿。此節は余程ボールド《(bold)》なることを云ふもさし支《つかえ》なし。出版免許の課長は肥田〔昭作〕君と秋山〔恒太郎〕君なり。大丈夫なる請人にて面白し」と語っているごとく、大分裂後、制度的にでは全くなくとも実質的な言論自由空間が日本社会に形成され出したのである。

この潮流に棹さして、ブラック・馬城（大井）コンビは前進する。明治六年一二月一五日付『真事誌』「論説[17]」欄でブラックは、「英国では政体変革等の風説あれば政府にて確然執行するとせざるとを問はず、直《ただち》に其風説を載せざるを得ず」と、日本政府の新聞抑圧法規を正面から批判、一二月一九日付には「国に憲法無きは国たるを得ず」、「宜《よろ》しく政府の権義・人民の権義等を高札に掲示し、政府の依《よっ》て以て人民を保護し政府の義務の在る所を民に示し、人心を固持し民の信任を増」すべし、「真事誌に国憲の一端を載す、其后《そのご》木戸参議公の既に已《すで》に茲《ここ》に着眼せるを其演舌書中に見」るとの馬城投書を掲載するのである。

明治七年一月一四日付『真事誌』「論説」欄でのブラックの主張は、三日後に掲載される板垣退助らの「民選議院設立建白」に勇気づけられたのであろう、威風堂々として格調高いものとなっている。彼は語る、「人民こそ其国の政府なりと謂《い》ふ事を知らずんば有るべからず」、「〔政府の〕持たる所の権は人民の任与する処なれば、皆人民のために其職務に従事するものにして、亦《また》其権を振ひ其権を恣《ほしいまま》にする抔《など》の事あるべからず」、「共和政・王政などの統主選択の方は異なれども、皆人民の〈レプレセンタチーブ〉（representative）にして、一国人民の勢・権・誉・徳を付せしなり」、「故に法令公正にして私無く、人民をして安全ならしめ、人民の疾苦を察し人民の思像・言語・行事をして其民権を抑制せず、自由に之《こ》れを行はしむる国は開明日に進み、民・主共に其盛□に被服するを得ん」、「民権自由なれば民の所思、之を言、之を行ふを許すべし。此《こ》れ是れを公平正直の法と言《いう》べし、然《しか》るに日本の如き、民権未だ自由ならず、惜哉《おしいかな》、此れが為め、開化をして十分の域に至らしむる能《あた》はず」、「吾輩の望む所は独《ひと》り民権をして自由を得せしむるに在り」云々と。

3　民選議院設立大論争

明治七年一月一八日付『真事誌』に掲載された、前日の左院宛て「建白」は、第一に闘うべき相手を「有司《ゆうし》専制」だと極めて明確・明瞭にし、第二に国家の安定は国民結集の核として民選議院＝国会を設立することによってはじめて実現するのだとし、第三に前年七月の地租改正条例をしっかりと踏まえ、納税者は民選議院に自らの代表を送り出す権利を有していることを論理的に主張したのである。実質的に形成され出した自由な言論空間の中で、この「建白」をめぐり激しい論争が展開し、その過程で、この「建白」と民選議院設立とは国民輿論そのものとなっていく。この論争の場を提供するのも『真事誌』であり、太政官政府の意向を体する『日日』との間の壮観な「設立是非論争」の中で『真事誌』はその声望を格段に高めていくのであった。以下、具体的な展開のごく大筋を押さえておこう。

正面からの反論のはじまりは一月二六日付『日日』への無署名投書である。冒頭「凡《およ》そ物、外物の抵抗を受けざれば以て其能力を顕はすこと能はず」とあるので、その論旨から見て加藤弘之によるもので、「今日本の事勢と民情の向背とを察して之れを考ふれば、公選議院の設けある、十有余年の長きを待つに非《あら》ざれば行ふ可からず」と断じ去る。ついで一月二七日付『真事誌』への投書で谷中潜（加藤弘之のペンネーム）も同様の反論を展開、翌二八日、建白者たちはただちに谷中の反論を批判する。

二月二日付『日日』は、加藤弘之の四氏（建白者中、前参議）に質《ただ》したものの写しを入手したのでここに掲載するとの説明を付し、以下の反論を掲載した。プロシアの啓蒙主義君主フレデリック二世は、当時のドイツ人は未開の人民だったので自らが進んで君権を限制したが、専制政治は維持しつづけた。今日のロシアは未だ議会を設立していない。ドイツ人学者ビーデルマンの議論に従えば、「方今政府は姑《しばら》く特裁の政を施さざるを得ず」、教育を先とすべし、と。翌二月三日付『真事誌』には一月二六日付の四氏への質問が掲載されるが、これは前日の『日日』と同一文である。

大井憲太郎の雄姿

建白者以外で敢然かつ全面的に加藤の反論に対決するのが、二月五日付『日日』への馬城台二郎（大井憲太郎）投書となった。一月二六日付『日日』への無署名投書と一月二七日付『真事誌』への谷中潜投書を批判の対象としている。「夫《そ》れ開明の万国に競はんと欲せば、宜しく開明諸国の政典に倣《なら》ひ法府則民選議院を置き、国憲を初めとして諸般の立法制を定むるにあり」、「各国に在ては国家の大権（即全国の公権）は之を三大権（即立法・行政・司法）に分ち、此三権は互に相対衡せしめて以て国家の権利を保護す可く、必ず会同す可からざる所となり。我国昔日の如く此三権を一人の手に帰する時は其弊必然にして、三権分立の論は各国に於ても今日に至る迄《まで》確然不抜の定論」、「世界上開明の名を称せらるる国にして一も民選議院の設あらざるは無し」と、西欧の三権分立法理論を正面に押し出して反撃する。ただしこの馬城（大井）論説は加藤弘之の実名での反論以前に執筆されたものである。

『真事誌』は賛成・反対両説を公平に掲載する方針をとり、ブラックは二月五日付『真事誌』上に「建白」を自由に論議できることは良いことだとの見解を表明、同日には谷中潜の反論への逐条批判をおこなった遷喬堂《せんきょうどう》主人の長文の左の投書を掲載する。

谷中氏の第一の反論「国の政体堅からず」へは、「万世一統の帝室を奉じて基礎は堅い」、谷中氏の第二の反論「我国の律未だ備《そなわ》らず」へは、「是《こ》れ民選議院を設置する理由である」、谷中氏の第三の反論「朝旨の達せざるあり」へは、「是は議院の急なるを示すのみ。建てれば各県下若干の議員を択び名代人となし、是を政府の下に集め、以て天下の利害得失及び万民の疾苦を公言公議せしむ」、谷中氏の第四の反論「民心猜忌《さいき》心あり」へは、「我人民固有の質には非《あらざ》る也。法度の刻・風俗の弊、竟《つ》いに我人民をして茲《ここ》に陥らしめし耳《のみ》。夫《そ》れ猜忌の心ある者、専裁政府下の人民を甚《はなはだ》しとす」、谷中氏の第五の反論「華士の禄未だ定まらず」へは、「民撰議院なる者は天下の財計を立るの処なり。然るに今、谷中氏斯議院を未可とするに財計の言を以てす。是れ即ち兵制未だ定らず、兵部省未だ置く可らずと云ふに異ならざるなり」と反駁する。民選議院における国家財政掌握の権限を極めて明確に指摘するなど、遷喬堂主人は大井憲太郎の立論に比肩する力量ある匿名の論客である。

先に見たごとく、ブラックは論争の公平な深化のため、紙面を両派に提供する考えだったが、当然様々なレベルの投書が続いたのであろう、二月八日付『真事誌』には、「投書の内謗議するものあり、これは掲載せず、可否を弁ずべし」との掲載基準を示すこととなる。

二月一七日付『日日』では、馬城(大井)が、二月三日付『真事誌』ではじめて加藤弘之名での反論が出されたものへの逐条的な批判を加える。

加藤がフレデリック二世の例を出したことに対しては、「方今我国の士民に在ては現に各国の事情・政体を見聞し、黒白氷炭の弁を為す可く、普国〔プロシア〕当時の人民と差あり、恐くは有司の専制に堪ゆること能はざる可し」と一蹴する。

そして加藤反論の末尾にある「地方民会を先に開け」との主張に対しては、こう反撃する。「今日の〔地方民会の〕急は民選議院の比にあらず。何となれば民選議院は政府毎歳の出納を調理し税則より其他人民に賦す可き臨時収納等を詳査し、尚《なお》其改正を為すの特任あり。我国の議院其責に任ずるを得ずと雖《いえ》ども、今日民選議院を起す所以のもの、斯《か》く人民に管する重大の事件は、之を民に議するを以て本旨とす」。この加藤への批判論文は、その後二月二三日付の『真事誌』に投書の形で同一のものが載せられるのである。

二月一七日付の『真事誌』には、加藤弘之への疑問を三重県四日市の平地公作が次のように投書する。ヨーロッパで一八四八年革命が勃発したのは絶対主義が民衆を抑圧したためだ、今日本の安危を考えるに民選議会を開設しなければ「禍《わざわい》蕭牆《しょうしょう》〔内輪の意〕の内に発せん」、むしろ先《ま》ず自ら英断するに如《し》かず、「古人曰、我より古を成すと、又曰、先則制人〔先んずれば即ち人を制す〕と、民会不開則教育不行、教育不周《あまねからざれば》則民会不正、嘗《かつ》て之を聞く、先哲の言に民会未開して学校を急にするは無灯して油を蓄ふるが如し、学校未広《いまだひろからず》して民会を先にするは無油にして灯を設くるが如しと」。おだやかながら側面からの鋭い加藤批判となっている。

二月一九日付『真事誌』には一月二七日、谷中潜が再投書して馬城に反駁する。即ち、馬城子の批判が二月五日付『日日』に掲載されたが、同氏は「少しく西洋の事情を知り其内牆《ないしょう》を窺ふものにして、自主独立の通議をも心得」ているようだが、「余を目して佞《おもねり》とし諛《へつらい》とし、前参議の説、在官の日にあらしめば、此誹論を発せざる云々」と批判してきた。しかし現在の日本人民は「智識開けず、学問の制未《いまだ》全く定まらず、猜忌の人情あって、いずくんぞにわかに民選の法を設くるに遑《いとま》あらんや」、「馬城子思ふべし、今遽《にわ》かに民選議院を主張する説をば止め、能《よ》く時勢・人情を謀り、務めて学問の道を開き、子如《も》し西洋の書籍を読み身子弟を教育する職に在《あら》んには、宜しく淳々乎として之れを教へ、余暇ありて翻訳の力を有せば又西洋の善本を訳出すべし。心独立の通議を弁《べんず》とも猥《みだ》りに愚民に対し自由の説を解《と》く勿《なか》れ。恐くは愚民の誤解して我が私情を恣《ほしいまま》にし、遂に或は国の毒律を醸すに至らん」。加藤の民衆観はこの当時から彼の没するまで何らの変化もない。このような「一流」の西洋知識人も存在していたのである。

二月二〇日付『真事誌』には、板垣・後藤・副島《そえじま》連名の二月三日付『真事誌』上の加藤反論への反駁が載る。「今日斯議院を立るの意、蓋《けだし》藩別議員を出すの制を収拾完備し、御誓文の意味を拡張せんとする而已《のみ》」と廃藩以前からの経緯を踏まえての建白なのであり、その狙いは、我国一般人民、其「従馴《じゅうじゅん》の過甚《かじん》」なるものを棄てさせ、その固有敢為《かんい》の気風を復活させるところにある、とする。

二月二二日付『日日』には、二月一七日の馬城による加藤批判への逐条的な加藤反駁が出る。そこで加藤は、馬城と同じく両三年前までは日本にも「民選議院は速に起さざる可らず」と思っていたのだが、その後洋書に学び実際に照らし熟考した結果、設立が尚早なことを知った。「僕は独乙人《ドイツ》ビーデルマンの論を信ず」と、以前の説をたがえたことを述べるのである。

二月二五日付『真事誌』上でブラックは、左院長官宛てに報道の自由を許可せよと要求したことを読者に「稟告」する。

二月二七日付『日日』において馬城は、二月二二日付の加藤反駁に一つ一つ反論を加え、「民選議院は行政権をして横恣《おうし》ならしめず、有司専制の弊を撓《たわ》むるに宜しく、民情の壅塞鬱屈《ようそくうっくつ》を開き、上旨をして下に達せしむるに益あり」と結論する。馬城の論駁において興味深いのは、二月二二日付の加藤反駁論文末尾において、加藤が、王政復古も廃藩置県も雄藩数百名ほどの有志が断行したものだ、馬城は天下の輿論が起こしたものとでも思っているのか？と挑発したことへの切り返し論理である。馬城は、王政復古は天下の輿論で起こったものでは全くなかった、当時の専制は今日の有司専制の弊よりも甚だしかった、王政復古は有司専制に抗した憂国者が断行したものだった、他方、廃藩当時は「諸藩公議人を出し、上旨の在る所を知り、且《かつ》公議人を以て藩論を決するに至る、故に此の美事あるを得る耳《のみ》」と、王政復古から廃藩の間に太政官政府並びに諸藩での公議・公論態勢の形成があったことをしっかりと指摘し、あわせて設立建白者の論理に合致させて自己の論理を組み立てているのである。五カ条の誓文と公議所・集議院・諸藩議会の存在とその経験をいかに位置づけるかが、建白賛成・反対両派にそれぞれ問われることにもなっている。

士族平民共通論理の模索　あと一つ、馬城の論法で注目すべきなのは、当時は佐賀の乱が勃発した時期と重なっており、士族にも平民にも共通して建白への支持を獲得しようとする論法を駆使していることである。即ち「方今憂国を以て自から居る者、日一日に倍蓰《ばいし》〔数倍に増加〕す、然るも其の説の洩らす所なく、之れを公に論じ公に決するの道立たざるに於ては、恐くは不測の患難を醸《かも》さんとす、如《し》かず其の法を設くるには」と断じ、暗に江藤新平たちを追い詰めたのは政府の側の責任ではないか、と匂わすのである。

この論法を馬城は二月二八日付『真事誌』の「対問」欄において、「再び谷中氏に答ふ」と題してさらに具体的に展開する。即ち、目今の九州の騒乱は「其持論の可否を問はず、之を公けに論じ公けに決するの道開けず、只各自の説を偏信するに由り来る所」、「各自首唱する所の説も或は是、或は非なるを省晤〔悟〕するは、只《ただ》民選議院を以て暫《しばら》く之を救ふに在り」、「若《も》し民選議院を置《おか》ず、斯く各自各別に己が所見を主張し、子の言の如く猜忌《さいき》以て互に其雌雄を競ふあれば何《いず》れの日か事の挙《あぐ》るあらん」、「若し荏苒《じんぜん》今日の如くなれば、恐《おそらく》は他年政府は人民の怨府たらんとす」と述べる。彼は加藤に対しても、そのペンネーム谷中潜に対しても、繰り返し鋭利な反論を加えつづけることで、当該問題の本質を日本社会に広く明らかにすることに成功する。

三月四日付『真事誌』には磊々館《らいらいかん》の「不可不建民選議院」が載るが、それも「征韓の事の如き、亦《また》之《これ》〔民選議院〕に附し以て大に天下に議し、天下の人已に其理を知て、当《まさ》に征《う》つべしと云はば則宜しく大挙して以て征すべし」、「天下の人若し征すべからずとせば、則宜しく止むべし」、「凡《およ》そ国を富し兵を強《つよく》し人民を化する、其本特《ひと》り民選議院に在り」と、征韓派士族も賛成する民選議院設立支持の論法が用いられる。

『真事誌』の討論の場を提供する姿勢は貫かれ、三月一二日には頑石陳人《がんせきちんじん》が磊々館への反論を寄せ、「予以為《おもえ》らく、天下の人に各義務のある所《とこ》ろを知らしめ、自由の権利を得さしめ、人文全く開け人心一に定まり、然る後ち民選議院を設くる、亦晩《おそ》からざるなり」と漸進論の立場から批判する。

これに対し磊々館は、三月一七日付同紙に反論を投じる。頑石陳人は人々が義務を知り人心が一つに定まってのち民選議院を設けても晩からず、と述べるが、義務の在るところを知らしめるためにこそ民選議院が必要なのだ、「我国未開化にして、而して尚且《なおかつ》民選議院を立ざる、恐くは政府、有司の手に帰して言路壅塞、困苦告《つ》ぐるなきに至らん」、「苟《いやし》くも天下の公議を張らんと欲せば、須《すべから》く先《ま》づ民選議院を立つべしと、今民選議院立ち而して是より天下の公議行はれ、而して天下の人民其分限を守り其権限を尽し、以て国治《おさま》り民安《やす》んず、是れを之れ文明の全治と云、之を求むる、学の能《よ》く導く所にあらず、教の能く化する所にあらず、特《ひと》り民選議院に在り」、そして反駁文の末尾を「足下が所謂《いわゆる》亦晩からずとは坐上の理論にして、余が所謂速に立べしとは実際の公議なり、坐上の理論は一人の私言にして、実際の公議は天下の公言なり」と、これまでの設立是非論争の展開とその傾向を踏まえつつ、自信をもって「天下の公言」と自己の主張を正当化する。

三月二二日付『真事誌』に掲載される次の細川流長《りゅうちょう》の投書は、それまで二カ月にわたった論争の総括となるものだろう。細川は言う、「前参議諸公、民選議院の論出《いで》しより、諸氏の説頻出すと雖《いえ》ども、十に八九は迅速挙行を要す、馬城氏の論尽《つく》せりと云べし。余を以て之を見るときは、加藤氏も亦当《まさ》に口を噤《とざ》すべきのみ、況《いわん》や其他をや、廟議如何を知らずと雖ども憂国者誰か此《この》盛挙を願はざらん」、「〔佐賀の乱を見ても〕自信・固執の大害を醸す、豈《あ》に恐れざるべけんや」、「長官も亦必ず頼むべからざるを知る、今にして益々《ますます》信ず、人を用る公撰に及《し》くは無く法を立る民撰に如《し》くは無きを、故に民撰議院の挙、断然英裁あらんことを」⑱。

ここで論争を主導した大井憲太郎（馬城）論説を、その流れに沿ってまとめておこう。

・一月二七日『真事誌』谷中潜、四前参議建白批判→二月五日『日日』谷

通計表　（部）

10月	11月	12月
106000	10700	111000
74000	80000	81000
23000	23000	30000
8000	8000	10000
8000	7000	8000

表1 明治7年　新聞紙別通送

	1月	2月	3月	4月	5月	6月	7月	8月	9月
日日	58000	61000	71000	69000	78000	75000	80000	83000	80000
報知	40000	44000	49000	56000	59000	64000	69000	70000	71000
真事誌	8000	14000	14000	16000	20000	19000	21000	24000	20000
公文通誌	?	2100	2600	3000	5000	5000	5000	5009	6000
新聞雑誌	6000	5000	8000	8000	8000	8000	9000	8000	7000

中宛て馬城台二郎反論→二月一九日『真事誌』谷中潜反駁→二月二八日『真事誌』谷中宛て馬城台二郎再反論。

- 二月三日『真事誌』加藤弘之、四前参議建白批判→二月一七日『日日』加藤宛て馬城台二郎反論→二月二三日『日日』加藤弘之反駁→二月二七日『日日』加藤宛て馬城台二郎再反論。

4　公論世界の成立と新聞各紙

当然「設立」論はその後も展開されつづける。建白当事者の岡本健三郎・小室《こむろ》信夫《しのぶ》・古沢滋《ふるさわしげる》の三名連名の「民選議院弁」は『報知』明治七年一一月八日付の付録として刊行され[19]、同一論文を南海釣客《なんかいちょうかく》が「民選議院設立の論」と題し、未だ知られていないので貴社に準ずる、と『朝野』に投書、明治八年一月一〇・一二・一三・一四・一五・一七・一八日の七回にわたって連載される[20]。

また古沢は立花光臣なるペンネームをもって「擬住仁安書」(「仁安に住む書に擬す」と読ませるか?)のタイトルで、政府間諜の無意味さ、版行及び新聞発行の自由、兵隊為政《いせい》の弊、民選議院の必要性、専裁擅制批判等を『真事誌』並びに『報知』の両紙に投書し、両紙は明治七年七月八日から九月八日にかけ、八回にわたりほぼ同日に掲載しつづける。[21]

「民選議院設立建白」及びその是非をめぐる大論争の中で新聞は上げ潮に乗り、その部数を目覚ましく拡大していく。[22] 紙代の最も高い『真事誌』においても、五月二日の第三周年第一号「稟告」において、「今や日に印行するもの、殆んど三千余紙に至る」と自慢げに公表する。

この上げ潮に乗りおくれてはならない。『報知』は旧幕臣の文人栗本鋤雲《くりもとじょうん》を迎えて紙面の刷新を図り、五月二五日からは紙上に「論説」欄を設け、また投書の増加に対応、五月二四日の「稟白」では、四方の寄書が多くなったので、今日より活字を小さくし、字数を多くした、と広告する。[23] 紙面上では鋤雲が編集長となるのは六月二三日からのことだが、満を持しての入社であったことは、五月三日付『報知』に今の新聞は「千篇一律」、「政府に曲奉《きょくほう》して中《あた》り障《さわ》り無きを要《かなめ》と」している。「今後数年時運、真の開明に至らば、政府悟る所有りて拘忌せず、執筆者見る所有りて其習を改めば、真の新聞紙出で世に益する有に至らん」と投書していることからも明白である。彼は『報知』の紙面刷新を図るべく旧友福沢諭吉に相談し、福沢は箕浦勝人《みのうらかつんど》・牛場卓蔵《うしばたくぞう》らに登場を勧め、藤田茂吉《ふじたもきち》の初投書が掲載されるのが明治七年一二月二七日付のことである。もっとも明治七年四月創刊の『明六《めいろく》雑誌』発行所が当初から報知社となっており、同社と福沢との関係は以前からのものであった。

新聞社間の拡大競争

栗本の尽力に与ってのこと、七月二四日付『報知』稟白で、彼は、寄書が増え一カ月足らずに一〇〇〇部も拡大、「或は謬《あやまっ》て現今新聞中、推《おし》て第一とする等の過称を蒙るに至る」と誇るのである。

こうなってくると『公文通誌』も猛然大変身を図ることとなる。明治七年九月二四日、紙名を『朝

表2　明治7年の各紙の部数拡大状況

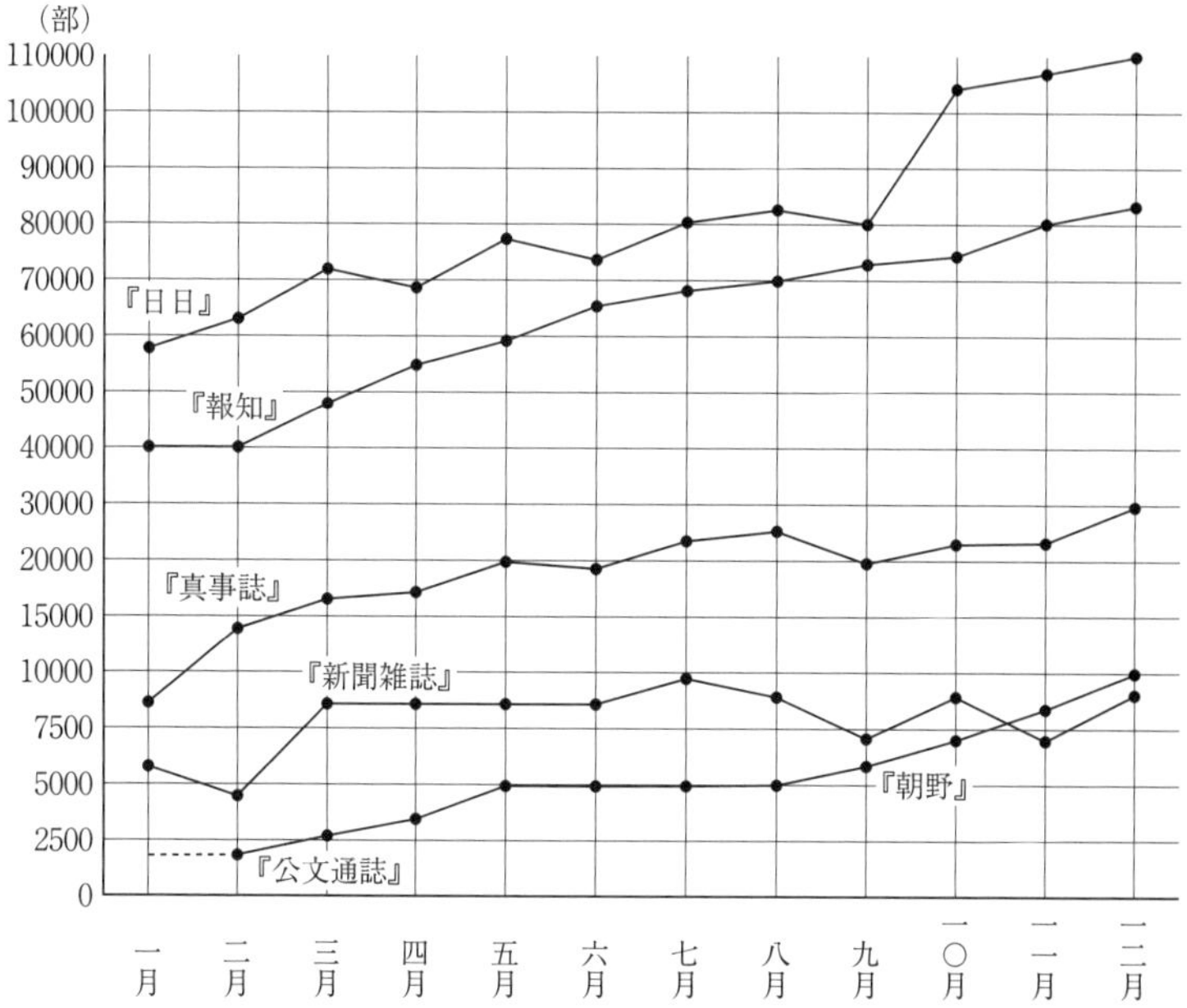

野新聞』と改めて紙面を一新、政論新聞的性格を前面に押し出す。協力者は漢学者大槻磐渓《おおつきばんけい》、編集長には『報知』に一時籍を置いていた漢学者にして元奥儒者で文人の成島柳北《なるしまりゅうほく》を迎えてのことである。

新聞界の最古参『新聞雑誌』はこの競い合いの中で完全に落伍しそうになる。萩に戻っている木戸孝允の思案どころ、いかに建て直すか？　まずこれまで山県篤蔵《やまがたとくぞう》に担当させていた陣容を一新し、長閥の見解を工夫を施して世論に訴えなければならない。大蔵省紙幣寮に出仕していた青江秀《あおえひいず》は阿波出身で同郷の工部省電信頭芳川顕正《よしかわあきまさ》の朋友だったが、明治七年九月辞任、木戸は親しい芳川と相談し、青江を『新聞雑誌』再建担当者に選んだと思われる。

『新聞雑誌』が『あけほの』と改称（明治八年六月二日『東京曙新聞』と改題、以下『曙』）、青江を社長にいただいた日刊紙とし、紙代を半額に引き下げて再発足するのが明治八年一月二日のことであった。ただし号数は『新聞雑誌』のそれを引き継いでいる。

各新聞の発行部数は『内務省第一回年報』（明治八年）によれば、明治七年七月から八年六月までの総部数が『日日』二二二万九〇〇〇部、『報知』二〇六万四〇〇〇部、『朝野』五四万八〇〇〇部、『曙』八〇万部、『真事誌』五二万九〇〇〇部となっているので、一年三〇〇回の発行回数として、一日の発行部数は『日日』が七四三〇部、『報知』が六八八〇部、『朝野』が一八二七部、『曙』が二六六七部、『真事誌』が一七六三部となる。

この数字のほとんどすべては、東京をはじめ各地の配達所に郵送された部数だと思われる。また個人が送付する形もとられている。『公文通誌』の時期から越中高岡の兄のもとに同紙を郵送していた元幕府奥医師の坪井信良《つぼいしんりょう》は、明治七年一一月二六日付、兄宛て書状で、「従来朝野新聞、月末毎に陸運へ出し候処、熟考すれば、途中三十日を費すときは其詮なきこと故、今後は十日毎に差出すべし。加之当月分には支那和議の一条もありたる故に郵便に托したるなり」と伝えているのである。さらに全国各地には新聞縦覧所が設けられていき、そこで各紙を読む新聞読者も多くなっていった㉔。

明治七年での目覚ましい新聞紙勢の拡大とその中での『新聞雑誌』の低迷は、表1・2によっても一目瞭然である。このような新聞史上の「戦国時代」にあっては、様々な新聞評論が出現するのも無理はなかった。

新聞評論の隆盛

七月三〇日付『報知』に、井原克己の新聞評が掲載される。即ち「『真事誌』は民選議院論弁駁争の信地〔発信地の意〕たり。惜《おし》ひ哉、加藤氏の徒些《いささか》の意力を欠き、其降旗を建る早《はやき》に過ぎ、天下の論一旦にして定り、該紙上一大奇貨を失せり」。論争の相手だった『日日』は「行文妙、排字は巧」だが、「其時に阿《おもね》り世に媚《こ》び、常に政府の旨《むね》を迎合する者、自ら行文の間に充溢し、実に識者の鄙《いやし》む所」。『新聞雑誌』は「究竟《きゅうきょう》山口県一県の私紙のみ」と一蹴。『報知』は、「余初め其郵便の名を冒すを以て政府に附着せる一の奴隷耳《のみ》と謂《おも》へり、近ごろ其得意先〔読者となったこと〕たるに及んで、始めて其非を悟れり。新聞中の有気力者、唯該紙と日新真事誌のみ」、と『報知』と『真事誌』を応援する立場を表明する。そして結論をこう締めくくる。

「両社の編輯者に期望す。各社毎日其論説を刊行し、政事上に宗旨上に人民の仲間上に其他百般の事務上に就ひて、其意見を公布し、其揣摩《しま》〔ここでは推理の意〕を勇敢にし、新聞紙自己に世の文明開化を推《お》し進《すすむ》るを謀らんことを。即ち両社論説の力、日に奮伸し月に進取し、新聞の自由・文学の光耀《こうよう》終ひに意想を束縛し言思を奴隷にせる浅間《あさま》敷《し》く悲む可き今日をして、長く往《お》ひて復た還《かえ》らざらしめ、彼の下の関・鹿児島の炮弾礮丸《ほうがん》と共に、茶席上の昔し物語りたるを致さしむるを期せんことを」。このように『報知』『真事誌』の言論上の奮闘が、幕末変革以上の日本の進歩を実現することを期待するのである。

その直後の明治七年八月三日付『真事誌』は、「〔新聞紙は〕全国を挙て其冠たるもの、日新真事誌と東京日日新聞とのみ、新聞雑誌は開局の早さを以て惣領の甚六たるを免れず、報知新聞は其生《うま》るる遅くして、少しく利器あるも、其智未だ及ばず」と依然自信をもって語る。

各紙は必死に競争に勝とうとする。そのことが見のがされるはずがない。一〇月八日付『報知』には冷柏舎《れいはくしゃ》からの投書が載るが、「日報社〔『日日』〕は散りかかる牡丹の如し、『新聞雑誌』は雨夜の星の如し」、とけなした上で、『朝野』は「給金未だ定まらず」と断定保留、「ブラック〔『真事誌』〕」は「暁けがたの挑灯の如し」とその勢いが止まったことを指摘、『報知』に関しては「強きものには向ふ顔《つら》と評判高き貴社なれば、身自慢《みじまん》をやめられて、人民勧誘の為め諸社への忠告は御担当然るべし」と期待を述べ、「狐火も闇路をたどる道しるべ」との一句で締めくくっている。

『真事誌』としては怒り心頭に発し、一〇月一三日付同紙は駿台明鑑居士名投書の形で反撃する。この投書は鋤雲の自作だ、『報知』は「官をも憚《はばか》らず、且屢々《かつしばしば》人罪を誣告《ぶこく》」している、ブラックは暗夜の提灯にて不明の民を導くべく、『朝野』は「議論高調、文飾巧」み、日報社は最も牡丹の盛りたるものだ、とする。

各紙の競争は日増しに激しくなる。一一月四日付『報知』は佇古斎《ちょこざい》投書「新聞妄評」を載せるが、彼は毎日新聞を読んでいるが、「一戦国を現すに似たり」と卒直な印象を述べ、『真事誌』は元亀天正間の将軍のようだ、虚名を擁して実権は既に去った。『日日』と『報知』は上杉と武田、「対塁連歳、一歩も相下るを欲せず」と、ジャーナリズムの対立は『報知』『日日』間に移動したことを見抜き、そして上げ潮に乗りはじめた『朝野』を織田信長になぞらえ、「肯《あえ》て甲越に向て争はず、而して中原は既に之を擅《ほしいまま》にせんとす」と、その洋々たる前途を予測する。

『真事誌』の紙勢弱体化には、他紙に比べて紙代の高価さが与っていた。そのため『真事誌』は前述のように一二月二日より紙代を四分の一切り下げるのであった。この競争激化にあっては『新聞雑誌』の変身も必至となる。

5　政府の『真事誌』対策

ブラック、政府策略に陥る

新聞紙の絶大な威力に脅威を感じ出した太政官政府は、本腰で対応を開始する。上からの開化政策に協力させようとした時代は過去のものとなった。第一の狙いは「建白」を支持する旗頭の『真事誌』に「塩」を送ってはならないことである。明治七年九月二九日以降、『真事誌』の一面第一段冒頭に掲げられていたブラック社宛て大教院の「本院録事掲載許可」の文字は消滅、官庁に資料を求めに出向く同紙記者は冷淡に扱われ、一〇月二〇日付、大蔵卿大隈重信宛て書翰[25]の中でブラックは、『真事誌』は左院理事会決定によりすべての政府の布告・建白類を刊行する公的機関紙に指定されているが、最近私の記者が資料を大蔵省にいただきに伺ったが「今後は提供したくない」との話だった、以前どおり資料を提供するよう命令を下されたい、との抗議兼要請をおこなうが、逆転するはずはなかった[26]。さらに政府内では、明治七年一一月末で三カ年の左院御用達《ごようたし》契約が消滅することを利用し、治外法権に保護されているブラックを『真事誌』から排除する計画が秘かに進められるのである。彼と直接交渉するのが、左院二等議官で土佐出身の細川潤次郎であった。左院には「英国人ブラック儀に付、過日御内命の通、外国人共於内地日本文新聞刊行候は到底政治上の妨害も計り難きに付、右同人儀も他の御雇御用申付、自然弊害を除去致し然《しか》るべし[27]」との命令が下り、細川はブラックに、政府は民選議院設立を考えており、その設立のためぜひ左院顧問になってほしい、左院は民選議院設立とともに廃止されるが、その際は民選議院の職員として引き続き勤務してほしい、給料は一カ月三〇〇円、雇い入れ年限は二カ年、ただしこれまでの新聞刊行事業は余人に譲り、雇い中は一切商売に関係しないことが条件、との相談をもちかける。民選議院設立論の旗振り役を務めてきたブラックとしては、その準備に携われるのは願ってもないこと、しかも一一月末で「左院御用達」期限が消滅するのである。このような罠が仕掛けられていることを察知できなかった彼は、明治八年一月一日からの「左院諸取調物」二カ年御用お雇いに契約、このため『真事誌』は一二月二日の第三週年一七〇号からは紙面編集が一変、前述のごとく紙代を下げるとともに、「貎刺屈《ブラック》社改称一新社、編輯者高見沢茂・斎木貴彦」と広告、官許に関する言及は皆無となった。新社長になったのは東京人の荒木政樹《まさき》[28](才三郎)、明治一一年一二月、四谷区選出の府会議員にもなる者だが、明治八年段階では「文墨の余暇勧業に従事[29]」、青山親不知に農場を開き茶園[30]を営み、楮《こうぞ》も栽培していた。出版人になったのは後藤象二郎系列、高知出身の日野春草[31]、新聞史家の西田長寿氏によれば、荒木は『真事誌』創刊期からの関係者だったのだが、しかし思想的にはブラックより遥かに体制側に近く、紙面は急速に保守化していった。ただし他方で、同紙には土佐人脈も生きつづけていることには留意しなければならない。この点はいくつかの箇所で後述することとなる。

しかも左院は明治八年四月一四日、元老院創設にともなって廃止され、その後ブラックは太政官正院所属とされたが、七月二七日「左院廃止につき雇止め」と通告されるのである。しかし彼は新聞事業に復帰することは不可能となってしまっていた。六月二八日公布の「新聞紙条例」第四条には「持主若《もし》くは社主及編輯人若くは仮の編輯人たる者は内国人に限るべし」と定められてしまっていたからである。

『日日』の御用新聞化

目の上のコブとなっていた『真事誌』の威力を除去するこの措置は、『日日』に特権を賦与する措置と表裏一体となっていた。

明治七年一〇月、『日日』は日報社総代条野伝平・編集者岸田吟香《きしだぎんこう》の連名で、内務省に「官の保護を蒙りたし」と左のような願書を提出する。[32] 即ち、現在わが社の新聞は、一日の印行が一万余部に達している、外国では官設新聞があり、他の新聞が誤聞・謬説《びゅうせつ》を伝えた時はすみやかに説明・弁駁し、妄談謬説に迷わせないようにするだけでなく、政府の目的を確信してその趣向に悖《もと》らず、あるいは公然布告し難い趣旨または布告の原意を敷暢《ふちょう》するなど、新聞紙によってその委曲を尽くし世人の迷いを開かせる働きがあると聞く、本紙も他新聞の模範になることを希望し、矯俗正風を心がけている、ねがわくは今般さらに御本省の録事掲載の准允《じゅんいん》(許可の意)をこうむり、各地方の申牒《しんちょう》(上申書類)および本省の指令その他人民の心得となるべき事すべて御下付を請い、迅速に印行し遠近四方に逓送し、かつ他の新聞紙上妄談に馳《は》せ謬説を伝えることがあればすみやかに答弁駁議し、また本省の事務を誤って記載することがあれば本社新聞紙がこれを説明・通牒し、各地方人民をして実を証し信を帰するようにしたい、しかし官の保祐《ほゆう》(庇護)によらなければよく実を証し信を帰するような効をなすことは難しい、「仰ぎ願くは前条の儀御准允被成下度」。

この願書を許諾する形式をとって、政府は一〇月二四日、『日日』に太政官記事を掲載することを決定、一二月二日以降『日日』は第一面第一段冒頭に「太政官記事印行御用被申附候条、此旨相達候事　明治七年十月二十七日　東京府」なる一文を印刷しつづけることとなる。またこの日から紙面は、横長の二頁立てが、縦長の四頁立てになり、一頁が三段、二・三頁が四段、四頁が五段と一新され、主筆に福地《ふくち》源一郎《げんいちろう》が迎えられる。

そして一一月一二日付、内務省乙第六七号達によって、「従来諸社新聞紙相渡来候処[33]自今相改、当十一月より日報社刊行日日新聞紙一葉宛、当省より相渡候条、此旨相達候事」と通達する。公然たる政府御用新聞化の措置である。

当然他紙からは批判の声があがる。一一月一四日付『真事誌』は日報社申請を引用して批判する「一書生」の投書を掲載する。同投書は述べる。政府が事を秘するからこそ誤りが出る、新聞統制は民心思語の自由を羈制《きせい》(拘束するの意)するものであり失政だ、「公然布告なし難きこと」云々と『日日』は言っているが、「政治に忌憚多く妄《みだり》に敢て衆庶の公聴を掩《おお》うは固《もと》より清世の美事に非らず」、「今や真事誌・報知社・日報社は新聞紙中の最も雄なる者にして、互に相鼎峙《ていじ》(三方に割拠する)し其権を争ふて、而して新聞・異事を速に載するは報知社に及ばず、持論剛直、他の言がたきを載て屢《しばしば》奸吏悪民の心を恐戒せしむるは真事誌に如《し》かず、日報社に至ては世に媚《こ》び官に佞《ねい》し、其言淫褻《いんせつ》に非ずんば則ち滑稽諧謔のみ」と三紙を評している。

一一月一五日付『報知』は、無《む》硬土《こうど》山人の投書を掲げる。『日日』の願書は、近頃貴新聞上に民権主張の説が多くなって世論の偏重にならないように注意したからのことだろう、さすればそれも一応はもっともなこと、鋤雲先生、おまえさんは乗りかかった舟だから、今すこし蒸気を焚《た》きつけ、人民の味方をして、その固有の権利を十分に発生・長育なされたらいかが、これもまた世論の偏重を防ぐわけかね、と、やんわりとした批判の体裁をこの投書はとっている。

一一月九日付『朝野』は、成島柳北の投書を載せる。さすが名文家だけあって虚構の会話を設定する。三日の天長節に豚児と浅草の一楼に投じた際、隣席に形状は書生、言語は官員の客が五、六名いて、しきりに新聞の評をする。一人が少し小声で、わが省の某氏某氏ごとに申すには、報知・朝野の二社は、とかく政務を議し官員を罵《ののし》る、悪《にく》むべきことではないか、これは全く報知に栗本がおり、朝野に成島がいる故だ。かの両人は旧幕府に用いられていた者だから、常に徳川氏をありがたく思い、おのれの今沈淪《ちんりん》している不平を洩らして政府に抵抗するのは、実に不逞《ふてい》の徒と言うべきだ。我々はその新聞を読むことを欲しない。「故に本省に於ては」のところで聞こえなくなってしまった。「謹《つつしん》で報知社の栗本君に報告し且《かつ》江湖の識者に向て冤《えん》を訴ふ」と話を切り出し、揚げ足を取られる寸前で筆をピタッと止める、見事な風刺記事となっている。

6　讒謗律・新聞紙条例の公布

ところで、明治六年一〇月一九日公布の「新聞紙条目」が全く機能しなくなったのは、検閲担当官庁の文部省長官が木戸孝允だったこと、政治状況が混迷の極にあり、政府は緊急対応に追われつづけ、新聞統制にまで全く手が回らなかったことなどが理由として挙げられるだろうが、あと一つは、この条目には何らの具体的罰則規定も設けられていなかったからであった。このため政府は明治七年末頃から本格的な新聞・雑誌の統制と「言論出版の自由」に対する弾圧法規作成にとりかかることになる。

明治七年一二月、明六社の発足当初からの社員であった箕作麟祥《みつくりりんしょう》は明六社を退社するが、その理由は太政官正院大内史にして翻訳局長を兼任していた彼が、讒謗律《ざんぼうりつ》と新聞紙条例の立法過程にかかわっていたからであった[34]。そしてこの両法は明治八年六月二八日に公布、その制定責任者は、内務卿大久保利通の指示を受けた太政官の能吏、井上毅《こわし》と尾崎三郎であった。前者は「事実の有無を論ぜず人の栄誉を害すべきの行事を摘発公布する者」を讒毀《ざんき》、「悪名を以て人に加え公布する者」を誹謗《ひぼう》と規定、官吏の職務に関し讒毀する者は禁獄一〇日以上二年以下・罰金一〇円以上五〇〇円以下、誹謗する者は禁獄五日以上一年以下・罰金一円以上三〇〇円以下と、重罰を設けたのである。また後者は、政体変壊・転覆する論を掲載する者を禁獄一年以上三年まで、成法を誹謗する者を禁獄一月以上一年以下・罰金五円以上一〇〇円以下と、これまた重罰を設けたのであった。

秋山恒太郎の進退

右二法の公布は准刻《じゅんこく》(出版の意)行政担当部局の変動と連動する。文部省准刻課は六月二二—二八日の間に、内務省に移管されるのである。これに抗議して文部省六等出仕で准刻課長の秋山恒太郎は文部大輔田中不二麿に六月三〇日、左のごとき辞表を提出[35]、辞任する。

「私儀、一昨年来准刻課務主任罷《まかりあり》在候処、今般准刻事務、内務省所轄に属し、新聞条例更に御制定相成、右件全く卑見と趣向を異に致せし廉々有之《これあり》候に付、同省於て卑見陳述及候末、附属人員幷簿書類等のみ御送付の手続と相成候、然る上は私奉命の主務は茲《ここ》に相尽き候義にて、此上奉職罷《まか》りあるべき場合には無之《これなく》候条、出仕御免相成候様致度《いたしたく》、此段相願候也」。

七月一七日付『朝野』「海内新報」欄には、秋山の辞職原由は「平生の持論に、頻《しきり》に出版自由を談話罷在候、今度准刻の事務を内務省へ転ぜらるるや、直に此挙に及ぶを以て見れば、名利も其持論に換へ難くして然りし事と臆測被致候」との大槻文彦書翰が掲載される。

秋山は元長岡藩士で、明治二年、一七歳で慶應義塾に入塾、その後明治一二年から浜松中学校長、一五年から仙台中学校長を務めている[36]。

言論出版弾圧はさらに強化され、明治八年七月七日、官吏は新聞・雑誌などに秘かに一切の政務を叙述することが禁じられ、九月三日には出版条例が改正され、管轄を文部省から内務省に移すとともに、違反者への諸罰則が新設され、九月一二日には、「各庁事務に係る上申・往復等の公文」は新聞紙に掲載することが禁じられる。さらに翌明治九年七月五日には、「国安妨害」の記事を掲載した新聞・雑誌は内務省が発行停止・禁止の行政処分をおこなう、との太政官布告が発せられるのである。

太政官政府のこのような抑圧政策により、記者の投獄は明治八年が一一件、九年が八六件に及び、明治九年六月二八日、東京・横浜の有力新聞・雑誌記者が讒謗律・新聞紙条例の公布一周年を期して、受難新聞・雑誌の法要大施餓鬼《せがきえ》会を浅草寺でおこなったことなどは、従来の新聞史に詳しい。また言論の自由が失われ、自由な言論活動が不可能になったとの福沢諭吉の主唱により、『明六雑誌』は明治八年一一月、第四三号をもって自主的に停刊した。このことも、初期自由民権運動史の中で語られてきたことである。

本書ではこれらを繰り返すのではなく、「公論世界」の成立に有司専制政府が一面では対応せざるを得ず、一面では抑圧を試みる中、各新聞がいかなる対応をしていったのか、政治史の展開としっかりと結びつけつつ検討していくこととする。

7　『報知』『朝野』『真事誌』『曙』論調の各特質

『報知』は『日日』批判の急先鋒になることによって紙勢の拡大を狙う。明治八年二月一三日付「論説」は「日報記者の論説を排す」と題し、ギゾーやミルを引きつつ、「流石《さすが》は官軍御用の御旗を翻《ひるが》へす看板に偽りなし」と攻撃、その紙勢基盤を固めるためにも、報知社は前年には『明六雑誌』発行元になったのに続き、明治八年三月創刊の『評論新聞』の発行元を引き受ける。この創刊号は二月二二日付の大阪で開催された愛国社会議の合議書を掲載しているのである。

紙勢は順調に伸びていく。三月一八日付「府下雑報」欄には大阪府石町《こくまち》に寄留する、世井良軒《よいりょうけん》の手紙を載せる。

> 御社の新聞紙は元より坂都の人気に叶ひ、評判格別よろしく候処、猶《な》ほ又昨年中道修《どうしゅう》町へ御出店後は人々競ひ求め、一層景気宜敷《よろしく》相成候て、看客日々頸を延べ配達を待居候。中にも不思議とする程奇妙なるは、島の内の絃妓に都遊・亀吉・成駒の三人は我勝《われがち》に購《あがな》て読みもし客人への進めもするは、新聞流行の世とは申《もうし》ながら、如何にも当地人気に叶ひたる証拠とするに足り可申《もうすべし》。

この頃には社主的立場の小西義敬は前島密から独立し、明治七年六月には栗本鋤雲を迎え、慶應グループとのつながりをつけるなど、編集面の刷新を図っていたが、さらなる強化を図るため、東京府民会創設問題で活躍していた元佐倉藩士で漢学者の依田《よだ》学海《がっかい》に編集局入りを求め、彼はこの年の一一月六日より入社[37]、その時点での編集局のメンバーは栗本、創刊以来の岡敬孝、老人の高橋某《なにがし》、西洋学者一名であった。依田は、『日日』編集長に迎えられるまで、猫尾道人の筆名で論を張っていた福地源一郎の向こうを張り、狗頭道人《くとうどうじん》の雅名をもって福地の主張に対し反論を展開していく。

小西は編集の方向を鮮明にすべく、「設立建白者」の一人で実質的執筆者でもあった古沢滋をその責任者に迎えることに関し、依田と栗本の両名に相談するのが一一月二四日のことであった。依田は当日の日記(38)に左のごとく記録する。

　報知新聞の行はるるは、全く直言・正論を忌諱なく出すに在り。然るにその主たるものは土佐の古沢滋といふものとぞ、社長小西義敬、古沢を延《ひい》て社務を司《つかさど》らしめんとす、これに依て余と栗本を延て其可否を論ぜしむ、余、栗本と、もとより古沢の才を知れり、推して社務を司しめんこと異議なしといふ。

立憲政体の詔と各新聞

古沢が正式に編集局の責任者となるのが、依田日記によれば(39)明治八年一月二日のことである。

しかしながら古沢は同時に、小室信夫と一心同体、この一月から二月、大阪会議を井上馨と協力しつつ裏工作し、板垣の政界復帰と民選議院設立への接近方策につき奔走する影の主役を務める人物でもあった。従って四月一四日の「漸次立憲政体樹立の詔」発布に関し驚喜する祝詞が、翌四月一五日付『報知』に出現するのは当然のこととなろう。

この「報知社謹頌」は、手放しで左のごとく称えるのである。

　於戯《ああ》天下は是《これ》よりして太平なり、国家は是よりして安全なり、我帝国は果して天壌と窮《かぎ》り無く、而して我国歩は果して旭日と共に中天に上進すべし、於戯《ああ》福なる哉《かな》、慶なる哉、我日本帝国の人民、謹んで明治八年四月十四日の勅諭を捧読せよ、忝《かたじけ》なくも我天皇陛下は親《みずか》ら宸衷《しんちゅう》に裁し玉ひて、我帝国・我人民の為、国家立憲の政体を立られんことを仰せ出されたり。（中略）亜細亜《アジア》諸国等を乃《すなわ》ち欧米文明諸国・古今歴史上に就ひて其例を求むるも、豈《あ》に啻《ただ》に彼の英王・仏王の故事に超邁する万々なるのみならん哉、矧《いわ》んや斯《こ》の立憲政体と云ふ者は西は希臘《ギリシャ》に限り東は桑港《サンフランシスコ》を極め、特《ただ》に亜細亜・亜弗利加《アフリカ》の諸国のみならず、欧州に在ってすら、土耳其《トルコ》の如き尚《な》且《か》つ能《よ》く之を立る者莫《な》きを、今ま我帝国は独り東海の表に屹立し乍《なが》ら、我天皇陛下は宸断して能く一旦に〔突然にの意〕之を取り玉ひし者なるをや。

三月八日に木戸が、一二日に板垣が参議に復帰する中で、古沢の太政官登用[40]は必至となり、古沢が抜けたのちの『報知』編集局補充・強化が課題となる。小西が下した方針は、栗本が進めてきた慶應人脈に依拠しての補強策となった。依田日記[41]三月一四日条にはこうある。「報知新聞近来説ありて、洋説の議論を起すべしとて多く洋学者をやとへり。余、既に用ふに足らざるを知る故に明日より社を辞し去るに決しぬ」。

藤田茂吉と成島柳北

編集局人事は、五月に古沢が官界に入ったのちは三月に入社した藤田茂吉が主筆となり健筆を揮う。彼は自由精神の発展に関する六月二日付「論説」の中で、「此《この》自由精神の萌生《ぼうせい》せる源因は人気を引き立るべき小冊子（福沢氏の学問のすすめ及明六雑誌等）や新聞紙の拡及（我田に水を引くよふなれど）に本づかざるを得ず」と述べているように、福沢諭吉と慶應義塾の影響を受けていることを明言する。このため、五月二四日付『朝野』「投書」欄では蒙六山人《もうろくさんじん》の「似たり尽し」の中で、「報知社近来の論は学問の勧めの抜き書に似たり」と皮肉られることにもなるのである。

『朝野』の拡大には、成島柳北の文芸的才能が多大に与っている。

明治七年一二月二七日付『朝野』「投書」欄には寒山樵夫の「擬昌黎子文」が載っているが、その中の新聞批評には、「貌刺屈社は馬城《まき》[42]を仮て鳴り、報知社は立花〔古沢のペンネーム〕を仮て鳴る、頃日狗頭鳴って猫尾逃る、日報社は南橋を仮て鳴る、其声久しく絶ゆ、朝野新聞は社長自ら鳴る、時に賛評を仮て其声を助く」と的確に批評する。

明治八年一月五日付『朝野』「投書」欄には、静岡在住の旧友平仲魯《へいちゅうろ》の柳北声援文が掲げられる。

柳北盟兄に祝辞を呈す。盟兄一たび其名を新聞紙上に掲げしより、貴社幾分の声価を増し幾分の光彩を生ぜしは素より論を俟《ま》たず。全都新聞各社に一大変革を起し来りしは僕窃《ひそか》に盟兄の揶揄《なぶり》に因《よ》り聳動《しょうどう》に依て然るを知れり。朝野改称以来、横浜新聞体裁を改め字子を換へ、真事誌亦一変して其価を減削せり。日報社の如きは政府の権力を借て以て旗鼓を張り、新聞雑誌、本年を待って曙の名を掲げんとす。〔中略〕報知社字紙の間に変革無しと雖ども、二個の編輯先生を一束《ひとたば》にして苞桑〔基礎の堅固さをいう〕の力を固くせり。かかる新聞社の一大局面を変ぜしめたるは抑《そもそも》誰の腕力ぞや。

『朝野』の紙勢拡大には売捌所《うりさばきじょ》の開設も与っていた。[43] 明治七年九月からは大阪と越後高田に、そして同年一二月からは島根県松江末次本町《すえつぐほんまち》縁取町の神門《かんど》宗助が売捌所を引き受けることとなる。

法規は存在していても、実質的には表立った取り締まりがおこなわれなかったこの時期、木戸の参議復帰の報を聞いた飛田《とんだ》偽造《ぎぞう》なる者は三月一三日付『朝野』に投書し、近来ほめることとして、郵便・巡査・道路橋梁・学校・電信・汽車と共に「新聞の権力」を挙げ、次のように称賛する。

「一二三年前までは、新聞を読んでも諂諛《てんゆ》に近いことばかり多く有りましたから、叱《しか》り付たことと見えます。然るに此頃はずいぶん手強い議論や中《あた》り障《さわ》り有る投書でも更に掛念無く出板になる所を見れば、上下共に開化に進んだことと知られます」。今後は民選議院・出版自由・獄舎改革について「何《なに》卒《とぞ》追々尽力して利益の盛んになる様御頼み申します」と結んでいる。

四月一四日の詔勅には『朝野』も大歓迎、四月一五日付同紙には、本局局長編者の名で「容易《たやす》く断ず可らざるの大議を英断し以て我が帝国の為めに一大名誉にして、我輩三千万人の無窮幸福たる国家、立憲政体を建て衆庶と倶《とも》に其慶に頼《たのま》んとの詔を下せり」と喜んでいるが、『報知』に比してやや冷やかなのは旧幕臣の立場からのものだろうか。五月二五日付『朝野』は「論説」に、遠山霞影《とうやまかえい》の「官吏二虫に類する論」を掲げるのである。

官吏は蝦蟇《がま》・比目魚《ひらめ》に類す、彼の二虫は其両目頭上に在て已れが下辺を見る能《あた》はず、（中略）草莽に居りし時は民権々々と唱へ、民選議院に非《あらざ》れば夜は明けぬと激論せし人々も、既に元老院に入れば寂然《せきぜん》として声無し、知らず日々扼腕《やくわん》して会論せらるる歟《か》、将《は》た論じても用ゆる人無き歟、抑《そもそも》其眼の下に向きたる者、俄《にわ》かに変じて蝦蟇と為りし歟比目と化せし歟、嗚呼我輩の今日民権を張らんと欲する心は猶《なお》此の人々が往日、下に在て激論せし時の心と同じきのみ、（中略）我輩は深く信ず、彼の新選の議官・書記は皆非凡の人材なれば、豈《あに》尋常の廨舎《やくしょ》に於て権妻《ごんさい》・芸妓の品評に晷《とき》を移すが如きこと有らざるを、然れども悠々緩々たるの景況有るを以て、我輩は一欠一伸〔あくびをする意〕して元老院中日月長の一句を唱へんと欲するに至れり、吁嗟《ああ》昨日迄我輩と同じく市井田野に在て快論・正議せし人々よ、決して蝦蟇と為る勿《なか》れ、決して比目と化する勿れ。

『真事誌』の惨状

公論世界の創成期、新聞拡大・読者増大をめぐっての戦国時代突入期において、新聞編集の統一性・「論説」・主張の整合性がどれほど重大な意味を有するかを実証してしまったのが『真事誌』の事例である。

なるほどブラックは新聞社の経営と編集から手を引かされたとはいえ、記事執筆まで不可能とされたわけでは全くなかった。彼は紙上に投書の形で「君民義務論」と題し、明治八年三月一五日から四月二八日にかけ一〇回にわたって論陣を張り、革命権、租税法は民選議院で決定すること、自主自由、民選議院での法律変更による治外法権の撤廃、設立間近の民選議院への準備の必要性など、基本的論点に関して英国自由主義の立場からの正論を展開、さらに五月一四日から同月二四日にかけ四回にわたり、期待していた元老院の規則に肝要なる款条一つもなく、元老院はその議員の権力・職務において「一として英仏の議院に類似することなきなり」と失望を表明、いかに改革すべきかを詳細に論じてもいるのである。

だが彼の論議は『真事誌』全体の論調からすれば、水と油のように分離し遊離してしまっていた。新社主の荒木政樹は明治七年以前からの『真事誌』関係者だったはずだが、彼の編集方針はブラックのそれとは全く異なっていた。社の公式見解と見ていい「論説」欄においては、二月一三日付では「前参議諸公は全く臆測・想像・妄誕・虚誣《きょぶ》〔事実を曲げる意〕の文字を拈出《ねんしゅつ》し来《きた》て、之れを我帝国政府の頂門《ちょうもん》に打たる者と謂はざるを得ずして、其罪最も少しとせず」と板垣らを非難、三月二日付では、「〔新聞紙は〕政府と人民の中間に居て、隠然政教を裨補《ひほ》し風俗を開化し、人々をして不律の下に勧懲せしむる」ことが主務だと主張、四月二日付では「吾輩の新聞は世の為め人の為め寸善寸補なき事は如何なる奇談も載する事を好まず、〔中略〕亦人を誹《そし》り人の罪を誣《し》ゆる等の投書も沢山あれども、確乎たる証拠もなく妄《みだり》に人の権理を妨害する様の事は一切採録せず」と断言する。とすれば、掲載に値する投書は極力選択・選別せざるを得なくなる。「投書」欄を追ってゆくと、一月一七日付では荒木政樹自身の投書が載り、「福沢氏は文瞑怪化の人と言《いわ》ざるを得ず、此傲慢の気象は蓋《けだし》泰西説の不羈《ふき》自由を誤解せしか、但しは是が真面目にて其学　表計《おもてばかり》の装束なるか、門下数百人の書生が此気象・文字を見真似聞真似倣《なら》ふ時は皆文瞑怪化の人となり、政体上大なる障害を引出さんも知るべからず」と正面からの福沢批判を展開、二月二四日付では「〔民選議院設立よりも〕実地の政体に着目し変通の英断を用ゆるに如《し》かず、到底之を可否するは有司の権と知識の優劣に関すと云も可ならん歟」と設立否定論が載り、五月三・四・八日の三号では竜門山人《りゅうもんさんじん》の「人の智識はそう火急に進歩するものに非ず、まだまだ容易に民権は立つまひと思はる」、「狡猾の徒、国体の如何を弁知せず、時世の度を察せず、漫《みだり》に欧米の陳跡《ちんせき》〔古い事例の意〕を以て口実とし自主自由を辞柄とす、其弊や名分を戕《そこな》ひ愚民を蠱惑《こわく》し乱階を萌《ぼう》生《せい》するにいたらんとす」、「三千万は猶《なお》蒙昧無智、方今外国交通の時に際し、彼黠我愚《かれかつわれぐ》、出入損益果して孰《いず》れに在る、尸位素餐《しいそさん》〔無為徒食の意〕の華士族・游惰淫佚《いんいつ》の人民、何の権か之れ有ん、先《ま》づ己れの業を修め己の産を興し学を勧め識を磨き、外国人の制する所たらず、然る後皇国の民権始めて立ん矣」が掲げられるのである。ブラックの論と『真事誌』主流論調を併せ読まされる購読者の当惑はあまりにも当然のこととなる。

従って『真事誌』に紹介される新聞評においても、『真事誌』は「容姿端正にして帽を頂き羽織袴を穿《はき》て椅子に倚《よ》る人の如し」[44]とか、『真事誌』は「劇論を以て人と舌戦することを欲せず、筆鋒頗《すこぶ》る端正《ただしく》にして、其主とする所は勧善懲悪に在るに似たり」[45]と評されることになる。他方、五月五日付『朝野』「投書」欄には、二、三日前に『真事誌』を見た、当節よほど物静かになった新聞、「私は此新聞は古い株だから、ドウゾ永く続く様に致し度《たく》思ひますけれ共、何共覚束《おぼつかな》無く思ふ事が有ります。なぜと申せば、此新聞は此節ひどく嘆息計りして居ると見へて、毎日新聞の内結末に、いつも噫《ああ》の字の一ツ二ツ無い事はありません、それ故世間の人が噫新聞と名をつけました」という評が現れるのである。

社主の荒木政樹自身、新聞経営を本気でやる気があったのかどうか、それ自体が不明だが、紙勢拡大が至上命令だと経営者として自覚しつつも、政治的制約との矛盾に苦しむのが『あけほの』新社長の青江秀であった。

『曙』の動揺　『新聞雑誌』からの通し番号を用いてもおり、主張は木戸長州派のそれであり、明治八年三月一五日の「あけほの」欄では「非民撰議院第四篇」[46]と題して「我国人、従順なること過甚なり、故に民撰議院を立つると雖ども之を維持すること能はず」と、一貫して非設立論を展開、「投書」欄にも一月二七日には面代久《おもしろく》内《ない》の「全く人民より迫られて止《やむ》を得ず設くる時に至らねば、迚《とて》も真面目の事は出来まじ」と加藤張りの漸進論を採るなど、旧来の立場を維持しながら、紙勢拡大を狙うのである。

当然他紙からは批判されることとなる。二月一二日付『朝野』は、大疑《だいぎ》生《せい》なる者の投書を掲げる。

曙の立論の本旨解しがたし、（中略）彼の新聞紙に掲載する論説中、非民選議院論・擬上皇帝陛下書等を始め、尽《ことごと》く君主専裁を善《よし》とし民権を圧抑せんと欲するの旨趣を主張せり、（中略）其論ずる

　所、唯一意《いちい》〔一心にの意〕に君主専裁に非れば我邦は立ち難しと思ふに似たり、（中略）政府の人に佞《ねい》し大に求むる所有らんとする歟、（中略）〔その〕論旨は此御国はあなた様御独りの物だから、あなた様の御勝手になさるが道理じゃと謂《い》ふ者の如し。

青江は「日新堂」経営者として焦る。時流に乗らねば社はつぶれる。読者は七、八百人にしか過ぎないのである。[47] 編集方針を大転換しなければならない。四月中旬に入社した大井憲太郎が着手、元老院事務局人事と関係したのだろう、すぐ退社したのち、この大役を担ったのが、四月末に入社する末《すえ》広鉄腸《ひろてっちょう》であった。紙面は見事に一新される。末広は『報知』『朝野』の論調よりもさらに急進的民権論を展開する仕掛人となった。五月九日付『曙』の社説欄に当たる「あけほの」は、天子・皇国・天朝といった呼び方は英語ではテヲクラシー（theocracy）（神権政治の意）という、「天朝の称をして是《ぜ》ならしむれば、人民ありて後政府あるの論は非なり、天子の尊号をして是ならしむれば、人間同等の議は非なり、皇国の称謂をして是ならしむれば、一国は公有たるの説は非なり」と立憲政体の確立を主張、六月二〇日付社説では設立論争の画期性を的確にこう位置づける。

　〔それまでの新聞紙は政府の鼻息《はないき》をうかがって〕時事を痛論することあたはず、（中略）〔しかし〕一朝、二三の論者の為めに激動せらるるところあり、天下靡然《びぜん》〔なびき従うさまの意〕として之に従ひ、争《あらそ》ふて政令の得失を議し、天下の利病《りへい》を論じ、新聞紙上驟《にわ》かに其面目《めんもく》を改め、已《すで》に発論の自由を得るの勢あり、（中略）数百年来の圧抑を免れ言論の自由を得て鬱勃の精神一時ニ発動〔せり〕。

末広はまた広くジャーナリストとしての人材を発掘する。例えば慶應出身の草間《くさま》時福《ときよし》は『曙』の五月一三・一七・一八日・六月九日付に登場、五月一七日の投書では「夫れ一国の特《わけ》て牢固不抜の独立を保つ所以のものは国人の気力なり」と、独立国家の前提としての社会に視線を据えて論を展開する。『曙』のこのような紙面の激変は気づかれないはずがない。四月一二日付『報知』は、「曙子に言はんと欲す、子は向日《さきに》非民撰議院の説を立て民撰議院の立つべからざるを論じ、其《その》舌未だ乾かざるに又時勢に随ひ普通選挙にて民撰議院を興さんことを主唱す」とその豹変ぶりを皮肉っている。

8　木戸孝允・井上馨の『曙』介入

明治八年六月二八日の讒謗律・新聞紙条例の公布は、各新聞の性格を社会に対し明確・明瞭にするリトマス試験紙となった。最も急進的な『曙』編集長末広鉄腸が最初の犠牲者となることは、本人としても覚悟していたのではないだろうか。罪状の一つは七月二〇日付「あけほの」欄に三鱗栄二郎《みつうろこえいじろう》の「新聞紙条例」を掲げたこと、あと一つは同月二九日付の「あけほの」欄に山根辰治《やまねたつじ》・中津江三郎《なかつこうざぶろう》連名の漢文による条例批判を載せたことである。前者は前参議の「設立建白」からは「各社新聞驟《にわ》かに其面目を改め世の有志者は皆な胸襟を吐露し高論・快説、陸続として其間に絶へず、昨年来の新聞紙を把《とり》て之を一読すれば、毎号民権論ならざるなきに至れり、（中略）然るに政府は依然たる曩日《のうじつ》の〈アブソリウト・モナルキー〉(absolute monarchy)にして、民権党の愛国心あるものを以て昔日の勤王党の徳川氏に抗せしものと同一に見做し（条例を公布）、今吾儕《ごさい》は勇敢進取し以て民権を回復するの道を求めざるべからず、而して其要は新聞紙を以て自由の原野と為して之を痛論するにあるのみ」と正面から条例を批判、山根・中津連名社説は、政府の人民を抑える、これを圧制といい、圧制の中、言路を防塞《ぼうそく》するを以て世を害するの最大なる者となす、条例の趣旨は妄《みだ》りに上を議する莫《なか》れの一言に過ぎざるのみ、これは三鱗先生の言う〈デスポチック・モナルキー〉[48]ではないのか、と条例に追い打ちの批判をしたものであった。

末広には八月七日、禁獄二カ月・罰金二〇円との判決が下される。同月二八日、『朝野』は編集長成島柳北が禁獄五日と断ぜられる。八月一五日付に、フランスの王政が革命で倒されたのに対し、英国は聖明な女帝と賢明な宰相がいて、政府の施設は人民保護を目的とし人民は「其権利に安んじ其自由を楽」しんでいる、「国家の治乱興廃は只其政府に立つ者の思想如何にあるのみ」、某国が発布したこのような言論抑圧法令がいかなる結果をもたらすか、「為政者は日に三思せよ」、との大越滝次投書を載せたことが罪状とされる。同月三一日、『報知』編集長岡敬孝は禁獄一カ月・罰金一〇円に処せられる。第一の罪状は同紙七月二六日付の「論説」に小幡篤次郎の、このような法令を発していると海外での日本の評判が悪くなる、との新聞紙条例批判論を載せたこと、第二の罪状は同日の投書欄に、せっかく地方官会議に傍聴人として出たのに、結局区戸長会式府県会方式（第五章参照）が議決された、しかし公選民会でなければ地租改正は不可能なのだ、との信州安曇《あずみ》郡窪田《くぼた》畔夫《くろお》の地租改正と公選民会とのかかわりを正面から論じた記事を掲げたことである。

他紙から御用新聞との批判を浴びつづけていた『日日』の編集長代理甫喜《ほき》山景雄《やまかげお》も、新聞紙条例・讒謗律公布以降「筆鋒為に鉛を火中に投ずるが如くトロトロと鎔《と》けてしまったと見」える『日日』論調を批判、「吟兄（岸田吟香）今少く憤発して昔日の如き自由の発論を成して気力を復古し給へ」と激励・奮起を促す林醇平《はやしじゅんぺい》[49]投書を同紙七月三〇日付に載せたことによって、八月一二日に禁獄一〇日・

罰金一〇円の刑に処せられるのだった。

唯一条例違反を免れるのが『真事誌』である。同紙の八月二日付は条例・讒謗律の二法令を弁護、「豈《あに》自由発論を抑制したるものならんや」と強弁、さらに同月七日付でも、政府は民選議院尚早論を採っていると我社は「測量」し、これを「標点」として思うことを陳べている、従って「大に世の論説と齟齬する処あるを以て、人或は云はん、真事誌俄《にわか》に降旗を樹つと」、「余は此測量の旨に体し着実の一点より漸進の路を開き人民と共に進歩せんと欲す」るのだと開きなおるのである。

当然、最急進派の『曙』から攻撃されることになる。同紙は八月一九日付に若松県新居《あらい》真言《しんごん》の投書「祝日新真事誌之無事文」を載せ、同月二五日付には東京南鍋町丸井久助《まるいきゅうすけ》の左の投書を掲げるのである。

自分は『曙』『日日』『報知』『朝野』『評論新聞』を読んでいる、各紙共に条例にも「屈する所なし、憂国愛民の四字に外《ほか》ならず」、しかし『真事誌』のみ「其論説たる、概ね教育・養生のことに係り、敢へて各社の如く正々以て天下の事理を讜論《とうろん》〔正しく卒直に論じるの意〕するものを見ず、又た各社編輯人の中、誤て公判に付せらるる者ありと雖ども、之を其紙上に掲載して広く天下に告ぐることあるを見ず」云々。

しかしながらこの『曙』は他人事として『真事誌』を批判できる立場ではなかった。長閥の意見表明の機関紙でもあらねばならなかったからである。

長閥の『曙』介入　この当時、未だ条例違反者を収監する制度が整っておらず、末広は自宅監禁となっていたが、内外通信に差し支えなく、日々論説を執筆、編集部に送りつづけ、『曙』の声価を高めていた。この「異常事態」に驚愕したのが青江社長とその後援者である芳川顕正、その背後の在野井上馨・参議木戸孝允である。ある夜青江が末広宅を訪れ(50)、末広に向かって井上邸に赴こうと伝えた。末広の禁獄以降、『曙』の論調が一層急激となり、「要路に在る人々は深く憂慮する所あり」、井上は木戸と協議の上、芳川をもって鉄腸に談判を申し込んできたのだと要請した。禁獄中を理由に鉄腸は断るが、青江は「已に芳川氏に契約する所あり、君にして井上氏に面会せざれば曙新聞の前途に一大困難あり」と畳みかけ、午後一〇時過ぎに青江の迎えが来て井上邸に至った。芳川が同席、井上は「政府の失策を攻撃するは当然の事なれども、今や不平士族は天下に充満し国家の進歩を妨害せんとす、新聞記者は深く注意を加へざるべからず」と二時間にわたり鉄腸を説得、翻意させようと努めるのである。「木戸日記」では九月五日に井上は木戸を訪れ、「新聞紙上約束、今日時勢上の云々」を語ったとあり、九月五日の深夜かその直後にこの説得はおこなわれたはずである。鉄腸は一言も発せず、井上邸を辞するのが午前三時頃のことであった。木戸孝允は、この年の六―七月、地方官会議議長を務める中で改めて自由民権論の影響力に驚愕、なんとかこの広がりを抑えなければと、彼の漸進主義的立憲君主制の主張の方向転換を模索するようになってきたのである。

『曙』の方向転換

木戸・井上ら長閥の圧力が『曙』論調を変質させはじめるのが九月四日付からである。同日付の「あけほの」欄は、名東《みょうどう》県での民権結社、自助社の旺盛な活躍（第六章参照）を非難、「安《いずくん》ぞ料《はか》らんや、民権論の結果するところは或は変じて放肆《ほうし》・傲慢となり、徒《いたずら》に政府に抵抗するを以て人民の権利と為《な》すが如きものあるに至る」と痛論、さらに九月九日付には吉田久三投書を掲げ、「我輩人民は生命も貨産も何もかも此の政府に委任し政務の事は敢《あえ》て之を間然するを要せず、試に看よ、今日の論客たる、概ね無産無職の士族にして、僅かに欧米の訳書を読み、少しく学者の論説を聞て、やたらむしように、やれ自由だ、それ権利だと云のみ」と民権運動攻撃をする。

しかしながら青江は『曙』の経営者でもある。非民権論を鼓吹したため紙勢がたちまち低落、四月初旬から大井憲太郎を入れて急進民権論の旗を振ることによって紙勢をなんとか挽回、拡大し得たことは厳しい新聞経営の教訓でもある。編集部の総入れ換えまでには踏み込まず、木戸・井上と条件闘争を試みる。「木戸日記」九月一八日条の「曙新聞社長青江秀来話、依て余社説の得失を論ず。青江、余説に同じ」とあるのは、青江の立場からすれば条件闘争が狙いだったのである。

長閥の意向を紙面に反映させなければならなかった以上、それまで征韓論反対の立場を一貫してきた『曙』は、木戸の対朝鮮積極政策への豹変を忠実に反映するため、一〇月八日の社説で非征韓論から征韓論に一挙一八〇度の劇的転換を敢えてすることにもなるのである。その理由づけは左のようなものであった。

「今天下の人心は概ね朝鮮の挙動に憤々として、単身《たんしん》海を渡らんとするの勢あり、如《も》し吾政府に於て持重因循の処置を為し、民心と相反対せしむれば、恐くは殺気の日本全嶋に充満して、砲声・刀光の遠く朝鮮政府を驚攪《きょうこう》〔驚き混乱するの意〕せしむるものあらむとす」。

青江社長の条件闘争がどのようなものであったかは、木戸宛て一〇月一〇日付、青江書状(51)に明らかとなる。

弊社新聞紙の儀は、最初より別て御愛顧をこうむり候上、去月拝光の節も厚き御内意も仰せ聞かせられ、(中略)兼《かね》て井上公より確乎たる御説諭も御坐候《ござそうろう》に付ては、九月初旬来断然其《その》方向を変更仕《つかまつり》、指を屈して唯天命の下るを相待罷《まか》りあり候処、豈《あにはからん》謀、政府の御内意は当社えは御申付相成らずとの御決議と奉拝承、驚愕《きょうがく》に堪えず候。弊社の義は御覧の如く、八月迄は乍微力侃々儻湯《かんかんとうとう》(蕩)〔剛直雄大の意〕仕、聊《いささかも》忌諱を避ざるにより、甚四方の愛顧を重ね、大に声価を得申罷在候処、九月初旬以来、方向相改申に附ては、諸新聞上にも藉々《せきせき》〔ごうごうとして〕論弁仕《つかまつ》られ候如く、甚以《はなはだもって》卑偏の汚辱を招申事に御座候。〔一社にしか御用を申し付けないとの決議があって〕去月来、福地源一郎より渋沢栄一え依頼仕候て、弊社を買潰《かいつぶし》申度旨、篤《あつ》く頼談仕候様子にて、同人より懸合有之候。

　青江は政府御用を拝命することによって、紙勢の減少を食い止めようとの腹づもりだったのが、そうもいかなくなり、かといって『日日』への売却交渉も金額の点で折り合わなかったのか、またまた急進路線に復帰することに決意し、一〇月二七日付『曙』社説欄において、「頭取の印綬を解き本社前の編緝長末広子に授けんとする」も、氏は禁獄後、精神が昔日のようではなく、「養痾の間隙」をもって『朝野』に筆を執ると謝絶されたので、学識・文章力を具有している万代義勝《まんだいよしかつ》を編集長に据えることにしたと広告する。末広は井上馨の説得工作を受け『曙』を去ることを決意し、成島柳北に、『曙』は政府と関係を結ぼうとしているので、貴君の驥尾《きび》に従って筆を『朝野』に執りたい、との旨の書状を発し、数日後に成島が来訪、採用を約するのであった。

黄薇生たちの活躍

　末広は『曙』を去るに当たって、後任者として黄薇生の筆名をもって『日日』紙上に才気横溢・文章絶妙の投書をした関新吾《せきしんご》に注目、人に探らせたところ、烏森《からすもり》の下宿屋に住んでいる関だと分かり、本人と会い意向を質《ただ》した上で青江に推薦、青江はこの推薦を諾したと末広は回想録に書いている。しかし青江は関ではなく万代義勝を末広の後任とし、彼を一〇月二八日より『曙』編集長に据えるのである。この食い違いは何故なのか?

後年の末広回想にも、すべての回想記がそうであるように、様々な記憶が混淆してしまっている。『日日』への関の投書は加藤弘之張りの「愚民開化の良薬は圧制に在りて自由にあらず」と主張する山辺《やまべ》勇輔《ゆうすけ》投書に反撃、七月二八日・八月五・六日の三日にわたり極めて説得力のある自由民権論を展開したものだが、本名で投書している。ただし「烏森黄薇生」のペンネームは、この当時、岡山県青年士族民権派の小松原英太郎グループが共同で使い回していたものであり、関も万代もその中の一人で、末広は関を介してこの青年知識人集団を正確につかむことになったのである。万代の入社後、小松原グループは『曙』紙上で諤々《がくがく》の正論を展開していく。

第二章　言論弾圧との闘いと代言人たち

1　弾圧に抗して闘う各新聞

時の勢い

明治八年六月二八日公布の讒謗律《ざんぼうりつ》・新聞紙条例は、実のところ新聞の勢いを停滞あるいは衰退させたのだろうか。なるほど『明六雑誌』を停刊にさせることはできた。ただしこの措置は、知識人の間の自由な言論空間を形成したいと考え、公的な場で発言してきたことが不可能となった状況のもとでは、原則が貫徹し得ない以上、奴隷の言葉をもって継続することは良心に反するとの判断からなされたものだった。

しかし社会からの強い押し上げを受けつづける諸新聞と諸雑誌は、政府政策の激変に、一時対応に当惑したものの、表現を変え、直球を変化球にチェンジしつつ対応し、その過程で記者はその政治姿勢を鍛え、文筆力を向上させていくのである。正面から迫ると法に触れかねないとの判断から迂回しようと風刺が試みられる。

一〇月二七日から末広鉄腸《すえひろてっちょう》が新編集長となった『朝野』は、二悪法を作成した井上毅と尾崎三郎の名を井上三郎と尾崎毅に入れ替え、「共に才学有《あり》て而して頗《すこぶ》る狡黠《こうかつ》の術に長ぜり」と批判する成島柳北の戯作《げさく》文を、鉄腸が結局同意して一二月二〇日付「論説」欄に掲載、これが裁判にかけられる。鉄腸と柳北は口裏を合わせて、両者は実在の人物、共に幕末に没し、井上の子孫は新潟県にあり、尾崎氏の家は福岡県に移住した、取り調べてくれと抗弁するも、明治九年二月一三日、編集長鉄腸は禁獄八カ月・罰金一五〇円、局長柳北は禁獄四カ月・罰金一〇〇円に処せられる。この当時には条例違反者が続出し、新設の監獄に収監されることとなったのである。

柳北に、虎のヒゲをさわるような危ない賭けに敢えて踏み込ませたのは「時の勢い」というものなのであろう。『日日』編集長福地源一郎《ふくちげんいちろう》も「新聞紙条例に会ひて困難に陥ったれども、新聞紙の勢力は益々旺盛に赴きたり」と証言している。[1] 長閥の圧力がかけられる直前の八月一五日付『曙』では、鉄腸と同じく伊予出身（旧松山藩士）の和久正辰《わくまさたつ》が社説欄にこう述べる。「今日の新聞紙を以て之を前年に比すれば、其《その》論説高下、相懸隔する殆《ほと》んど日を同うして語るべからざるものあり」、「僅かに一、二年の間にして各社新聞は驟《にわ》かに面目を変じ、侃々《かんかん》争ひ起て天下の事を公論し、毫も陰諱するところなし」、「嗚呼《ああ》地球の運転は未だ三百六十度に過ぎざるに、言論の進歩する、已《すで》に此の如きに至れり、夫《そ》れ果して時なるか夫れ果して勢なるか」、「吾師福沢先生の学問のすすめ第四編（明治七年一月刊）を読み」、「其新聞紙を論ずるに至りては曰《いわ》く、出版の条令甚しく厳なるにあらざれども、新聞紙の面を見れば、政府の忌諱に触るることは絶《たえ》て載せ」ず、しかし一年半たった今日では「新聞紙の如きは能《よ》く一世の間に奮起し讜論《とうろん》抗議少しも挫折するところなく、政府の刺衝と為り全国の独立を維持せんとするのみならず、自由の思想を発達し自由の言論を吐露し、之が為めに法網に罹《かか》りて其身を禁錮せらるるも敢て顧みざるものあるに至れり」。そして「已《すで》に三間の土室中に坐して其悲憤、涙を窓間の明月に揮《ふる》ふものあり」。

また同紙は九月二日、芝赤羽の戸田十郎からの投書を掲載する。以下、大意を記す。

何故に世間の人心が僅かに数年の間に此《か》く計《ばか》りの進歩を来たせしならむと思ふ程なり。旧参議諸君の献言ありしは僅かに三（ママ）ヶ年の跡にて、其書の世間に流布せし初めは世の人も未だ民選議院の何事たるを知らず、半信半疑のもの少なからざりし情実なりしが、新聞紙上に於て数回の答弁切磋ありしによりて、大に世人の脳髄に感触するものありて、世上鬨然《こうぜん》〔残らずすべての意〕民選議院の天下に無《な》からざるべからざるを知り、民権論の盛かんに世に起るに至る。此よりして世間の方向を変ぜしめたり。（中略）方今人民の自由を楽み権利を回復せんとするに汲々たるは、殆んど饑者の食を求め渇者の飲を求め、流水の高きを避けて低に就くが如し。〔新聞紙条例が出ても〕世の雄弁家も、此には辟易して、なめくじに塩、青菜に熱湯ならんと思ひの外《ほか》、そこでも此でもやかましくしゃべりちらし、罰金・禁獄はものかは、命でも惜《おし》くはないぞと謂ふ様な事勢を生じたり。一人の唱《とな》ふるところ、万人之に和し、人心の向ふところは政府の権力を以てすといへども、之を如何ともすべきやうなし。（中略）少しく官員さんの御気に入らぬ話だが、実は今日の処では、政府よりは人民の方が進歩いたしたようなり。

『真事誌』休刊

そしてこの「時の勢い」に乗らず、背を向けつづけた『真事誌』はついに明治八年一二月五日をもって休刊するのだった。この末路を、政府から解雇されたブラックは嘆かざるを得なかった。自分が『真事誌』経営から身を引いた「此一挙は乃《すなわ》ち真事誌の腰骨を折り脳髄に針したるものなり。是より以降、真事誌の得意版図は春氷の如くに収縮し、発兌《はつだ》紙数は秋葉の如くに減少し、斯《かく》の如く日に日に衰頽の極度に近づき、遂に客冬の末には社中の数輩全く余が意に背《そむ》ひて真事誌の刊行を停止することに決議せざるを得ざる勢に至りしなり(2)」と。

おそらく耳ざとい『朝野』は、どこからか木戸孝允の嘆息を聞きつけたと思われる。同紙一二月二日付「論説」欄には次のような一文が載せられる。

或人の説くところによるに、参議某公は当今府下の新聞に於て、少く政府を称誉するの語あれば、直ちに世人の愛顧を失て、其社凋零するの状態あるを聞て喟然《きぜん》(ためいきをつく意)として歎じて曰く、然れば天下の人民は皆叛離の心あるかと。嗚呼新聞によりて一世の方向を察す、某公もまた賢なるかな。

紙勢の拡大

二条例公布後の新聞各紙の状況を総括的に見渡したのが、『報知』明治八年一二月六日付の「社説」欄であろう。長文となるが左に引用する。

七月以来、御用新聞の名を辱《かたじけの》うして政府の意を推挽するの実ありし日日新聞は一層の光輝を増し、自由発論は昔日に加はるの観をなしたり(一時はガゼット(=「官報」)になるの異評ありしが、今は全く独立の萌しありと云ふ、内閣楽屋《がくや》は外より知ることを得ず)。朝野新聞の如き、条例以前の論説は我儕敢て感服すること敢はずと雖《いえ》ども、近時に当つて頗《すこぶ》る改良の公評あり(鬼に金棒の名誉を恣《ほしいまま》にし、看客も頗る昔日に増殖し、為めに盛宴を開きたると云)。条例前後の曙新聞を比較せよ、其発論の自由なる、其筆鋒の鋭敏なる、孰《いず》れか優れる所ある(一時は広州の貪泉(3)に飲するの世評はありたれども)、光輝の昔日に増す所あるが故に、看客も亦《また》昔日に増したりと。日

表3　明治7—12年度　新聞発行部数

	日日	報知	朝野	曙	真事誌	評論新聞
M7.7～M8.6	2229000	2064000	548000	800000	529000	30000
1日当たり	7430	6880	1827	2667	1763	
M8.7～M9.6	2934000	2143000	1179000	815000	194000	172000
1日当たり	9780	7143	3930	2717	1560	
M9.7～M10.6	3285000	2393000	5120000	1934000	／	／
1日当たり	10950	7810	17067	6447		
M10.7～M11.6	3275000	2072000	2078000	2329000		
1日当たり	10917	6907	6927	7763		
M11.7～M12.6	2469000	2313000	2089000	2330000		
1日当たり	8230	7710	6963	7767		
M12.7～M13.6	2428000	2424000	2748000	2332000		
1日当たり	8090	8080	9160	7773		

新真事誌は昨日〔一二月五日〕を以て其発開〔刊〕を遏《や》めたりと雖《いえ》ども、必ず将《ま》さに大ひに為すことあらんとするは、猶《なお》魯西亜《ロシア》の如くなることなからんや〔築地に自由の旗を翻《ひるが》へすの風評はあれども、此一件は先きに荒木〔『真事誌』社長荒木政樹〕君が我儕の面前に誓言したこともあれば、虚言に決したり〕、条令前後の横浜新聞を見よ、条令の発せざる前には社説の方向なきが如きも、近時は頗る上進して爛々たる光輝は神奈川に洽《あま》ねく、猶余光の古燕城④に及ぶあるが如し。評論新聞は一月数回の発兌を改めて隔日とするの進捗あり。〔中略〕条令なくんば今日の隆盛あらず、今日の隆盛は条例の反動より得来りしと云ふことを許さば、我儕は又将《まさ》に言はんとす。今日の隆盛は条例によりて生じたりと。⑤

ここで主要新聞の発行部数の変化を押さえておこう。**表3**⑥を見てほしい。讒謗律も新聞紙条例も政府の狙いどおりにはならず、各紙は着実に紙勢を拡大していく。『朝野』の明治一〇年度での激減は、柳北が西南戦争の戦地報道をおろそかにして、『日日』『報知』『曙』に遅れをとってしまったためである。明治一〇年代に入ると全国各府県に続々と地域新聞が創刊されはじめ、一二年の府県会開設に向けての激烈な選挙運動戦の中で、明治七年に立ち上がった「公論世界」は日本全国にわたりしっかりと確立することになる。

2　北洲舎と慶應義塾代言社

ところで、明治四年七月一四日に断行された廃藩置県により、人民ははじめて中央集権国家そのものに対峙することとなり、対峙するに堪えうる新たな思考様式、新たな行動様式が人民に求められる。そして中央集権国家はその総体を法律・法令・布告・布達といった法システムをもって鎧《よろ》うこととなる国家なのであり、この法と裁判制度によって人民を国家の統制と支配下に置こうとしつづける。当然人民と社会の側からも民事・刑事両面において国家の抑圧と弾圧をはねかえそうとする動きが必然化する。江戸期の訴訟にも公事師《くじし》たちが深くかかわっていたが、太政官政府も明治五年八月の司法職務定制の中で、訴訟当事者の代理人としての代言人《だいげんにん》を制度化する。ただし民事訴訟に限って代言人活動を許したのであり、刑事裁判弁護までその活動を認めるのは明治一五年一月の治罪法施行以後のこととなる。また同「定制」は「人民の訴状調成」をおこなう代書人についても規定する。

代言人活動を全面的に展開させる引き金となったのが、明治六年一〇月の太政官征韓論大分裂と明治七年一月の民選議院設立建白であった。司法大丞兼大検事警保頭の重職にあった、もと土佐勤王党幹部、幕末期には藩庁によって投獄され、生死不定の苦悩を堪え抜いた剛直な下級士族島本仲道《しまもとなかみち》が重職を辞するのは一一月五日で、ただし板垣らの辞職に彼が即座に連袂《れんべい》したわけでは必ずしもない。彼が一〇月一七日、小野組転籍事件の被告として京都府参事で長閥の重立ちである槇村正直《まきむらまさなお》の拘禁を命じたにもかかわらず、征韓論大分裂直後の一〇月二五日、右大臣岩倉具視から拘禁解除の特命が下るという、超法規的かつ司法の独立を完全に無視する行政独裁への憤激が、反骨精神溢れる島本の辞職への最終的なダメ押しとなったのである(7)。

北洲舎の成立と活動

島本は明治七年四月、高知に立志社が創設され、同時に法律研究所がつくられると、同研究所所長となるが、それとは別に彼は大阪の民権派代言代書人結社北洲舎《ほくしゅうしゃ》にかかわることとなる。島本が上京途次の六月、北洲舎の北田正董《きただまさただ》らに請われて同舎の舎長に就任、八月には日本橋の北鞘町に北洲舎を設立、東京の方を本舎、大阪の方を支舎とした(8)。東京本舎の場合は不明だが、大阪の同舎の中には教育部局が設けられ、菊池侃二《きくちかんじ》らの民権派代言人たちの養成を開始している。

北洲舎は民権派代言人たちが島本を擁して結集する場となったので、その旗幟《きし》は鮮明であった。明治八年七月二八日付『朝野』には、北洲舎中の宮崎富要《とみやす》が政府の弾圧法規に概略次のごとく抗議する。

夢中天帝の使が出現してこう述べた。政府は法律を好まず、故に法律を学ぶ者は罪人と云わざるを得ざるなり。その故は、汝知らずや、昨年来新聞紙上にも瞭然たる如く、汝が同胞の兄弟村井茂兵衛・森藤右衛門等、頻々彼の尾〔去〕猿沢銅山事件並《ならび》に酒田県圧制の冤枉《むり》を汝が政府に上訴・上書す。然れども汝が政府未だ審判に着手せず、其情実は如何を知る能《あた》はざれども、外貌より之を視れば、之を馬耳の風・蛙面の水に帰し、蕩然〔存在しないの意〕措《おい》て問はざる者に似たり。是れ余が汝の政府は法律を好まず、其書類を挙て尽《ことごと》く之を秦火（秦のおこなった焚書坑儒の意）に投ぜんとすと臆測する所以なり。

また明治八年五月四日、大審院以下の制度化にともない、従来上訴を受けつけてきた司法省裁判所が廃止、代わって東京以下の上等裁判所が受理することになった際の不都合に関して、北洲舎の渋川俊三・渡辺左久郎は司法卿大木《おおき》喬任《たかとう》に堂々と抗議を申し込んでいる(9)。

北洲舎のめざましい法廷活動・弁護活動は広く知られることとなり、明治八年一一月二二日付『朝野』「雑録」欄において、「日報社（『日日』）は奇巧緻密にして北洲舎の代言の如く、報知社は懇切優長にして大教院の説教の如く、真事誌は謹慎丁寧にして一新講の宿引の如く、曙社は慷慨剛強にして撃剣会の相談の如」しと評されるようになっていった。このような評判がたてられたためか、明治八年一一月一〇日付『曙』への投書でパテント・システム（特許制度）の必要性を力説する丸井久助《まるいきゅうすけ》は、この制度がつくられないと北洲舎も二つでき、『日日』も二つできてしまうと例えるのである。

東京北洲舎の活動が評判を呼ぶと共に、大阪北洲舎の精力的活動も報じられる。明治八年三月八日付『真事誌』への投書の中で東京北鞘町の保権堂主人が、先日依頼のことがあって大阪北洲舎に赴いたが、米穀取引訴訟での弁論は見事なもの、「嗚呼同舎の法令に精《くわ》しくして斯《か》く応答の速かなること賛歎に堪《たえ》ざるなり、実に此舎の如きは代言会社の翠〔粋〕なるものなり」と高く評価している。

東京北洲舎舎長の島本仲道自身も法廷に立ち、弁論活動をおこなう。滋賀県民が旧知事松田《まつだ》道之《みちゆき》を相手取り、用水樋問題で東京司法省裁判所に出訴し（「滋賀県水理処置不服一件」、初の行政訴訟となる）、松田側が証拠物を提出したのに対し、島本は「地方水利の事は証拠物を主張し理を以て決するを得ず、所謂《いわゆる》習慣法《ならわしのほう》を以て民を御す可」きだと反論するのである⑩。また島本は板垣・後藤の側近として、土佐閥が深く経営にかかわっていた商社、蓬萊社《ほうらいしゃ》の法律顧問を引き受けることとなる⑪。

代言人活動においては、民権派代言人として奔走すると同時に、社会的レベルでの「大事件」訴訟にかかわることが必要となる。社会的認知度が格段に高まるからである。東京北洲舎においては、明治七年五月に没した元加賀藩主前田慶寧《まえだよしやす》の埋葬墓地の所有権に問題ありと、その取り戻し方について元佐倉藩主堀田家が北洲舎に依頼、明治八年六月頃の新聞記事となる⑫。また同じ六月、東京裁判所において、東京府知事大久保《おおくぼ》一翁《いちおう》を相手取り、吉原郭内一〇八軒の引手茶屋が、営業の自由を求め北洲舎の吉川貞夫・広瀬就良・山口一樹を代言人として出訴している⑬。この訴訟も社会の注目を集めるのである。

大阪北洲舎の活動

一方、大阪北洲舎は、東京以上の大活躍を展開する。明治八年二―四月頃に注目を浴びたのが、上方歌舞伎の代表的役者中村宗十郎が三栄こと三河安五郎によって、明治八年二月、大阪裁判所に提訴された事件であった。この際、三栄方代言人となったのが、もと大阪裁判所権中解《とき》部《べ》職にあった山口県出身の永田知忠、被告宗十郎方の代言人となったのが北洲舎の小田県士族三宅徳馨で、三宅ももと法官を務めていた人物である⑭。

当時の裁判第一審は各地の府県庁に設けられた府県裁判所でおこなわれたこともあって、大阪北洲舎は各地方にも積極的に進出、明治七年一二月には広島に、明治八年一月には堺と博多に、明治九年四月には京都に、その後大津にも支社を設立していく⑮。この広島支社詰北洲舎舎員原田東三郎と馬渡俊猷（長崎県士族）が、盈寧社《えいねいしゃ》なるものが試みた吉嶋沖新開《よししまおきしんかい》堤防切り下げ工事によって引き起こされた大洪水により多大な被害を受けた地元農民たちの提訴代言人となるのが明治八年三月のこと、この盈寧社は広島県官吏が中心となり貨殖目的に組織した商社である。[16] 対盈寧社訴訟のため、先の中村宗十郎訴訟代言人三宅徳馨も広島に赴いており、明治八年五月二〇日付『真事誌』において、自分が今寄留している広島では、「討台の挙」のあった時、「従軍殉国の赤心」を陸軍卿に建議した旧藩士数千名の魁《さきがけ》たる西本某（正道）が発起人となり、第一大区天神町誓願寺を借り受け、山陽社という民会場所を設立、社務は社会会議・法律講究・新聞広布である、と報じている。

北洲舎の支舎設立状況がよく分かる県に浜松県がある。明治八年一一月、浜松県下の北洲舎が広告を出しているのである。[17] その中で、東京北洲舎が各所に支舎を設立してきたが、「此度《このたび》当県下においても同様御世話」することとなったとして、浜松県民に訴訟依頼を呼びかけている。手数料は、①成功報酬は訴えにより請求する訴額の一割、②請け負った事件が成功しなければ入費のみ、③貧窮無力者からは謝金を受けない、の三カ条だとしている。明治七年一二月三一日付『報知』は「新潟に東京北洲舎出張、公事訴訟を請負」と報じているが、これは新潟支舎設立のことだと思われる。明治八年一月には名古屋に支舎が、その後仙台と福島に支舎がつくられていくのであった。

支舎がつくられない地域でも、北洲舎舎員は活発に活動を展開していく。岐阜県安八《あんぱち》郡東結《ひがしむすぶ》村平民の岡田文太郎は北洲舎舎員で代言人を専業とする人物、彼は区長に白紙に押印させた書類で地方官会議傍聴参加の許可を得ていたことが発覚したため、明治八年六月三〇日に傍聴差し止め処分を受けている。[18] この事件など、民権派代言人と公選民会要求運動の関連を考える上での一つのヒントとなるだろう。また長野県伊那《いな》郡全域は、あまりに恣意的な地価算定方式によって押しつけられた高額地価に怒り心頭に発した伊那郡農民たちが、強力な地価修正・軽減闘争に明治九年に突入する。この地域は幕末期、平田国学が全郡的に浸透、闘争主体は気吹舎《いぶきのや》門人たちであったが、郡下各村は明治一〇年二月から五月にかけて東京北洲舎と約定を結び、対県・対政府交渉に関し北洲舎に委任、北洲舎もこの闘争に全力を尽くすのである[19]。

慶應義塾の代言人活動

福沢諭吉も代言人制度に強い関心を抱いていた。日本の裁判制度・司法制度がいかに権力抑圧的で人民の権利を無視する制度であるかを幕末期に痛感させられてきたからである。彼のホームドクターで横浜で開業していた近藤良薫《りょうくん》が、明治五年一一月に自害した山城屋和助《わすけ》〔横浜で商業を営んでいた〕屋敷跡地競売方法の不当性を太政官に出訴した際も、彼は近藤の主張を正当だとし、明治六年八月二一日付の書状には、「此一条に付ては社友一同大に力を尽したり。近藤は公事の主人、早矢仕《はやし》〔有的《ゆうてき》〕・中村〔道太《みちた》〕は後見世話人、諭吉は筆者の役を勤め、数日の間、丸屋の二人〔早矢仕と中村〕は商売をやすみ、私は読書を廃し、時を費し銭を失ひ、利を以て論ずれば大損失なれども、楽亦《また》其中に在り」、「公事《くじ》をするは芝居を見るよりも面白きもの」と述べている[20]。従って福沢にとってはいかなる法廷訴訟の形態が公正・公平な裁判を実現できるかが強い関心事で、しかしこの段階では義塾教育には法学・法律が全く取り入れられてはいないのである。

このような彼にとっては、長州出身で米国に留学、ワシントン大学で法律学を学び、明治六年四月に帰国、司法省十等出仕となったものの、その地位があまりに低いのが不満で五月に辞職した児玉淳一郎が福沢のもとに出入りするようになったことは、法学を学内に導入することはもちろん、米国の法廷事情を知る上でも絶好の機会となった[21]。児玉は義塾有志に英米法を講義するとともに、模擬裁判をおこない、弁護士・検事・判事（この役は児玉が担った）の役割をリアルに実践して見せたのである。役割分担の際、被告につきそう看守役の引き受け手が最後まで出てこず、福沢自らがその役を演じたといわれる。[22] また児玉は英米法を講義しつつ、九月に英米法に関する著作、『人間交法』を出版する。新聞広告によれば「慶應義塾出版局」よりの刊行（出版物標記には「養如春舎版」）とある。

児玉も福沢も塾内の教育・学習だけでは満足せず、福沢は塾内に代言社を組織、児玉に代言人資格を取らせ、塾生の中で草郷《そうごう》清四郎・山口良蔵・朝吹英二《あさぶきえいじ》・中上川《なかみがわ》彦次郎《ひこじろう》らに代書人資格を取らせることになる。[23] 陸軍省軍医総監の松本良順《まつもとりょうじゅん》と喧嘩して陸軍省を辞職した中定勝《なかさだかつ》（従六位の位階を有している）もこの代言社に加入、代言人としての活動を開始する。中は幕末、緒方洪庵《おがたこうあん》の適塾での福沢の同窓である。

児玉・中・福沢が実践の場に選んだのが、江戸期の大豪商で、明治五年に手代が水油の投機に失敗、巨額の負債を負った三谷《みたに》三九郎《さんくろう》（明治八年二月七日、身代限りの宣告を受ける）の対東京商社（頭取三井八郎右衛門）訴訟であった。明治七年二月、児玉・中の両名は三谷側の代言人として出訴したのである[24]（明治七年一二月七日、三谷側の敗訴、その結果の身代限りである）。

『新聞雑誌』には明治七年三月二〇日付の以下数回にわたって、玉乃《たまの》世履《せいり》権大判事への批判が掲載されている。要約すると、

一、同人は説諭説諭と裁判のあり方を主張するが、裁判所は説諭するところではない。
二、同人は政府の方針を公然と誹《そし》り、代言人を無用のものだと断言する。
三、同人は、代言人なる者はその功なくして金銭を貪《むさぼ》り、かつ種々の無益の贅言《ぜいげん》をもって人を煽動

する者たちだと嘲笑する。

四、同人はおこなわれ難きことを言って言語を塞ぎ、かつ一方の証拠を信じ、他方の証拠を採用しない。

五、同人は判事の長にして、しかも裁判の法に通じてはいない。

極めて厳しい判事批判であり、このスタンスが慶應代言社中の基本姿勢だと著者は見ている。福沢の場合は北洲舎のような全国展開は考えてはいなかったにせよ、明治一一年の横浜区戸長を相手取った横浜ガス局訴訟においても全面的に支援、控訴状文案も起草するなど、権力の横暴に対する人民側の法廷闘争には、彼は声援・応援を惜しまなかった[25]。

井上良一と慶應義塾

このような彼にとって明治一二年一月二九日、東京大学法学部教授井上良一《いのうえりょういち》が投身自殺したことは「何とも中様も無之、残念至極[26]」の痛恨事となった。嘉永五年六月生まれの井上良一は福岡藩士の子で、家が貧しく寺僧の小姓となったが、その抜群の能力を藩主に見出され、藩より米国への派遣留学生に抜擢、廃藩後にはハーバード大学において法学を学び、併せて米国法廷実務を極め、大学内の「法律議会」でも大活躍し、学業成就して法学士の学位を取得、明治七年七月帰国、海軍省に仕官するも、明治八年には東京英語学校二等教諭兼開成学校教授となり、明治一〇年八月二七日には堂々とお雇い外国人たちに伍して東京大学法学部教授となった英米法の専門家である[27]。

他方、一時期不遇をかこっていた児玉淳一郎は、その能力を長閥領袖木戸孝允に見出され、明治七年四月には左院御用掛法制課に抜擢され、翌八年一月には左院五等議官に昇進、左院廃止後には東京裁判所判事・大阪上等裁判所判事と司法界で極めて順調な出世コースに入り、慶應代言社活動からは遠ざかっていった。彼の岳父は佐々木高行となる。福沢にとって井上は児玉に代わる、しかもその英米法への通暁度は児玉を数段上まわる存在だったのである。接触のはじまりは不明だが、井上は帰国直後の一一月から、一八二八年生まれの福岡藩の大先輩、当時正六位司法省権大法官であった平賀義質《ひらがよしかた》、並びに井上と共に米国に留学、工学を専攻した本間英一郎《ほんまえいいちろう》(28)と協議協力、赤坂福吉《ふくよし》町の旧藩主黒田邸内に福吉舎を開塾(29)、おそらく同藩関係者が塾生の中心だったと思われるが、洋学教育を開始した。福岡藩は幕末期に親長州派志士たちを輩出させた大藩ではあったが、いわゆる「乙丑《いっちゅう》の大獄」を起こし、高杉晋作を助けた野村望東尼《のむらもとに》を流罪に処すなど、藩内有志者を徹底的に粛清・殺害、しかも他藩でもおこなっていた贋金製造の罪をとりたてて問われ、明治四年滅藩寸前の危機に瀕し、維新変革に大きく立ち遅れてしまった外様大藩としては阿波藩と同様の立場になり、その遅れをいかにしても挽回したいとの思いは強烈なものだったと思われる。

平賀義質の左院建白

大先輩の平賀は明治八年三月、左院に建白を提出(30)、その内容を『報知』に投じた吉見新十郎は、平賀建白の理由は「朝令暮改、政、情実に成り、賞罰愛憎に出る等の弊風を救はんが為にあらずや」とコメントを付している。平賀はここにおいて、当今の政治上の問題は次の二つだとする。以下、大意を紹介する。

第一、人材に乏しい。人事は必ず己が生長して能《よ》く識《し》り得たる一藩中の名士を薦《すす》むることとなる故、維新の最初に馳せ参じて、皇室に尽力したる数藩の人々、各其藩中の知る所を挙げ、転々相薦めて行く内には、人情の常にして、必ず請謁《せいえつ》(情実による頼みの意)も行はれ私愛も加はりて、終《つい》に方今の政府は纔《わずか》に数県の人々にて持《もち》たる如き姿に立ち至っている。

第二、政府の高官の誰もが責任を負ってはいない。官に責任の法無く、官等愈《いよいよ》昇れば其責任愈降り、終に昇りて大官重職に至れば殆ど些《いささか》の責任もあらざるがごとし。

ではこの弊風を変革する手段はいかなるものか。平賀はこう提案する。官吏の睡魔を駆除する方法はいかほども有るべけれど、鄙見を以てするに官吏の会議を興して民選議院の漸《ぜん》を為すの最もおこなわれ易くしてかつ利多きに若《し》くはなし。そしてそこでの大会議には人民より公選された者を出頭・発言させるべし。

現役官僚として、提案内容は慎重さと節度をきちんと踏まえてのものになっているが、批判そのものは実態に即したリアルなものである。井上も平賀大先輩の見解を共有していたからこそ、福吉舎を立ち上げたことだろう。しかも井上は南北戦争直後のアメリカン・デモクラシー思潮の洗礼を全身に受けていたのではないだろうか。井上は福沢を「人格・識見は日本学者中の第一人者」だとして深く傾倒[31]、新来の原書があれば彼に贈り、もし読む暇がなければその大要を話してもよいと、常に三田《みた》の義塾に来て福沢と懇親を重ねる青年法曹知識人であった。福沢は井上からアメリカ社会とそこでの法の実際の機能に関し最新の情報を入手し得たのであり、彼にとって井上良一は塾内のいかなる余人をもってしても替え難い貴重な存在となっていった。著者は第一九章6節で論じる明治八年一二月二七・二八両日の無署名「論説」をはじめ、『報知』「社説」の中にはかなり井上の手になるものが入っているのではないかと推測している。

しかし身体は孱弱《せんじゃく》、気宇は壮大、さらに成年に達してからはじめて帰国した祖国の現状は問題累積、ついに井上は神経衰弱に陥り、さらに精神に異状をきたす事態となった。親交していた『報知』記者矢野文雄《やのふみお》はのちに彼の墓表を選んでいるが、その中で、病中の彼を「その言亦《ま》た時事に関るもの多く、憂憤に勝《た》えざるが如し」と描写している。福沢も井上の療養のため別邸内に病室を造るなど親身に世話し、一時回復した井上は番町の平賀義質家を訪問したが、そこでにわかに狂気を発し、平賀家の深井戸に投身自殺してしまったのである。

3　法律教育と法律学校

明治初年の代言人世界

府県庁内では各府県裁判所が活動し、明治八年五月からは大審院以下の裁判所制度が行政と分離しはじめる中で、全国各府県の代言人の数も増加していった。

明治七年時の東京では、元旗本の大草某と大名華族板倉家の間の訴訟で、大草側を勝訴させた代言人伊東寿広の名が喧伝されるが、(32)彼は「社友子弟数輩と専ら訟務に従事」していると報じられている。明治八年八月段階の東京の代言人世界では、北洲舎を筆頭として、それに次ぐものは元裁判所少判事だった有馬・佐久間の事務所と小舟町の保権舎、さらに新たに設立されたのが元太政官大史だった元田直《もとだなおし》を校長とする浅草森田町の法律学舎だと報じられている。(33)そこでは北洲舎は「訴訟の代言を以て名を遠爾《えんじ》に〔遠近にの意〕騁《はせ》たり」と特筆されている。有馬・佐久間グループは前述の三谷三九郎裁判で一時商社側代言人と報じられたが、(34)その後東京商社から、その事実は無根との否定声明が出されている。(35)

明治八年五月二八日創設の法律学舎の代表者元田直は、同年六月時点では、ワッパ騒動（第八章参照）の森藤右衛門《もりとうえもん》が酒田県参事松平親懐《まつだいらちかよし》を相手取り東京上等裁判所に出訴するにあたり、代言人として依頼しようとしていると報じられた人物である。㊱また法律学舎の名称どおり、法律を専門的に教授する学校機能（初の法律学校といわれている）を併せもっていた。『文部省第三年報』では明治八年の教員三名、生徒数三一名、『文部省第六年報』では明治一一年には教員二名、生徒数四六名となっている。明治八年八月現在の幹事は福田象で、㊲同年九月二日付『報知』への投書の中で石井坦三は、法律学舎は官許を得て開業、ボアソナード・沼間守一《ぬまもりかず》その他有名な諸先生、官余交々来て盛んに内外の法律書を教授し、東京の大富豪辻純一《つじじゅんいち》が財政的援助をおこなっている、と報じている。なおこの九月二日、法律学舎は外神田五軒町に移転・開業する。

代言人の数が増加するにつれ、俗に「三百代言」と非難される悪質なあるいは法律的知識の欠如した代言人も出てきはじめた。当初は裁判所の許可さえあれば誰でも代言人を務めることができたのである。政府は明治九年二月、代言人規則を制定し、代言人試験に合格した者にのみ代言人資格を付与することとした。明治九年から年数回の試験が実施されるが、四月一七日の第一回試験には出願人二九名、そのうち北洲舎舎員が一三名、合格者中北洲舎舎員が九名を数えた。㊳

のちに静岡県の民権家に成長する前島豊太郎《まえじまとよたろう》も、同年五月一八日の第二回試験に合格する。この前島は明治八年二月、駿府宿の代言人として、明治元―二年の未曽有の事件である、東海道継立《つぎたて》業務における甲州村々助郷《すけごう》負担金請求訴訟を甲府裁判所に起こしたが、書類不備を理由に却下され、それを不満として東京上等裁判所に控訴する。その際、彼が法律上の相談相手としたのが沼間守一であった。沼間は明治六年一一月、司法省六等出仕、明治七年二月には少判事に昇進していたが、欧州公務留学から明治六年九月に帰国した直後、同志たちと法律講義会を設立、しかし明治八年五月一〇日、五等判事・大阪上等裁判所詰となったのを不服として、六月二七日に辞職、[39]代言人活動に本格的に従事しようとしていたのである。その前後に前島は沼間に相談するのだった。[40]しかし沼間は恩義ある元上司、元老院議官に転じさせられた河野敏鎌《こうのとがま》の懇請により、七月二〇日に元老院権大書記官となったため、沼間が準備していた代言人事務所[41]を西園寺実満《さいおんじさねみつ》(西園寺公望《きんもち》厄介を出願するも明治九年段階で東京府平民)・田村訥《とつ》・渋川俊三の三名に譲渡したのである。よって前島は渋川俊三と共に東京上等裁判所に控訴する。渋川は2節で言及したように明治八年五月現在、北洲舎舎員であった。しかし控訴審でも却下されたため、明治九年二月、田村訥と協議し大審院への上告手続きをとる。この時点での田村は保権舎主宰者となっている。なお沼間は元老院就職後も公務終了後の二・七両日、小舟町の保権舎に出張、「丁寧に民法を講釈し、人々にも聞かせ、また生徒にも教え示さるるよし」と八月三〇日付『日日』は報じている。これらによると法律学舎・保権舎双方に出講していたこととなる。

法律学舎の成立

明治一〇年代に入ると藩閥専制体制が官僚・官吏全体をがんじがらめに縛るようになり、明治一二年五月九日、太政官が各庁長官に官吏の職務に関係なく衆を集め政談・講説することを厳禁したことによってその体制が確立する。しかし官僚・官吏体制にも明治一桁代には一〇年代に比較すると相対的自由度が許容され、彼らの多数が欧米留学経験者だったこともあって、公務のかたわら、日本社会の開化と法制度革新のため、各種の団体を組織することが可能だった。[42]本節にもかかわることとなので若干言及しておこう。

沼間守一たちの法律講義会もその一つで、下谷摩利支天《したやまりしてん》別当所に設けられたこの組織は、後日嚶鳴社の母体となるものだが、当初は明治八年四月現在の司法省の仲間、河野敏鎌・小畑美稲《おばたうましね》・益田克徳《かつのり》・岡内重俊《しげとし》・堤正己《つつみまさみ》・南部甕男《なんぶみかお》・大島貞敏《さだとし》らが参加したと思われ、長崎上等裁判所詰を命じられた大島貞敏は赴任を拒否し、明治九年二月、位記を返上して五等判事を辞し、遵義舎《じゅんぎしゃ》という代言会社を創立する。(43)

沼間と類似のケースが、大井憲太郎の場合である。大井が陸軍省を退くのは明治七年四月一二日、翌明治八年二月二日付『真事誌』に大井憲太郎が主宰する通志社「稟議」なるものが、同居人宮城県士族清水斉記名で投書されている。それは、官は未だ民選議院に関し何らの言及もしていないが、「上民選議院を建ると否を問はず、下吾徒草莽間に於て私に一箇の民選議社を設けて、民選議院建立の日に至るまで専ら自勉自修を旨とし、互に其所見を述べ互に異見を聞き、且《かつ》広く江湖識者の判決を求」めて一箇の議院を設け、その議するところの「議説」を刊行雑誌『通志叢談』に発表する、故に入社希望者を募る、社名は通志社、との広告である。清水は同文の「稟議」を二月一七日付『報知』にも投じている。そして彼は三月一七日付『真事誌』に、呼びかけに応じる者が五〇名にもなった、「国会議院も此社中より胎胚する基礎ともなるべし」、今後毎月六・二一日を常会とし、会場は銀座三丁目の幸福安全社だ、と予告する。

ただし『通志叢談』名の雑誌は発刊されてはいない。大井が五月二四日、元老院少書記官に任じられることで活動が中断したと思われる。大井門弟の中心となっていた清水斉記は、第八章6節に言及するごとく、ワッパ騒動にかかわり、この年七月酒田県と鶴岡《つるおか》県に法律学舎を開くのである。ただし大井は在官中、東洋社なる書籍出版事業を始めたことが元老院議官幹事陸奥宗光《むつむねみつ》の怒りに触れ、(44)明治九年二月二七日免職、位記返上を命じられる。業余の出講が可とされても業余の出版事業は不可とされたのか、あるいは陸奥の大井への悪感情が主因なのか、判然としない。野に下った大井は、明治一〇年一月、北畠道竜《きたばたけどうりゅう》・村瀬譲《ゆずる》らと図り講法学舎を開設するのである。

4　共存同衆と集成社

共存同衆の活動

沼間も大井も直接、立法府元老院と法制度にかかわっての活動だが、官僚・官吏がより広い組織の中で法制度を含めた日本近代化への社会的影響力を発揮した代表的な例が、小野《おの》梓《あずさ》[45]が中心となって明治七年九月に結成した共存同衆である。雑誌『共存雑誌』は明治八年二月に創刊、小野は誌上に「権利之賊」、「読詔余論」(三回連載)、「民刑法二法実理」などを執筆、また第八章7節に言及するように、明治八年九月二五日、鶴が岡県に赴く森藤右衛門の送別会を挙行している。

また共存同衆は名誉毀損問題にも敏感であった。華族会館の内紛に言及し、中心的に活動していた華族秋月種樹《あきづきたねたつ》の私行を非難する不《ふ》能黙斎《のうもくさい》の投書が明治七年一一月八日付『真事誌』に投じられたが、共存同衆は匿名の毀謗《きぼう》は英米では立派な犯罪となっていると憤慨、一一月二二日付同紙に「公告」を載せ、翌年一月一九日には「讒書律《ざんしょりつ》を置く議」を左院に建白、六月二七日には「讒書律の草案上表幷草案」を元老院に提出する。共存同衆は「讒書律」を英語の libel law と同一性格のものとしたのである。しかるに翌六月二八日、政府はこの建白を口実に「讒謗律」を制定・公布、一月の左院宛て建白書は共存同衆メンバーとして署名していた正院法制課六等出仕の尾崎三良《おざきさぶろう》(一八六八―七三年一〇月、英米留学）が同僚井上毅《こわし》と図って起草したものだった。英米に留学して官吏となる者が自由と民権擁護の立場をとるのか、国家権力の俊英なる官僚となって日本近代化を図ろうとするのかは、この段階からの深刻な分岐点となってくる。

集成社の活動

明治一〇年代には組織が消滅したため忘却されてしまっている集成社《しゅうせいしゃ》は、この当時は明治八年二月九日付『報知』投書にあるように、「集成・共存両社の如きも当府下にして専ら民権を主張すと聞く」と、共存同衆に匹敵する民権組織と見られていた(46)。組織参加への呼びかけは明治七年七月、発起人は高知県士族大江《おおえ》卓《たく》（大蔵省官吏）、鹿児島県士族吉原重俊《よしわらしげとし》（大蔵省官吏）、佐賀県士族土《つち》山盛有《やまもりあり》（大蔵省官吏）の三名、趣旨は「協同結社、同志を官民に募り、官務の傍ら集合して時勢を論弁せんとす」るもの、加盟希望者は九月一五日までに社中となるべし、と広告される(47)。結成されたのは明治七年一一月一一日(48)、参加者三十数名、結社名を集成社とし、社長は大江卓、副社長は土山盛有、議員は塩田三郎（旧幕臣、外務省官吏）、高島徳右衛門（嘉右衛門弟、木挽《こびき》町大地主）、遠藤謹助《きんすけ》（山口県士族、大蔵省官吏）、立嘉靖《たちよしやす》（旧幕臣、大蔵省官吏）、西岡逾明《はるあき》（佐賀県士族、左院二等議官）、会日は毎月三・一八日と決定される。明治七年一二月二二日付『真事誌』に掲載された「集成社記事」は、社員の林正明《はやしまさあき》（大蔵省租税寮七等出仕）が執筆している。彼は一八四七年生まれの熊本県士族、文久三年より明治二年まで福沢塾で英学を修め、明治二年には熊本藩派遣米国留学生となり五年七月二四日に帰国、翌八月司法省少法官、一〇月正院翻訳局七等出仕、のちに大蔵省に出仕、明治七年八月租税寮に配属、租税寮権助《ごんすけ》に昇進、従六位に叙せられている。明治九年一一月改の「大蔵省職員録」まで、この肩書で掲載されており、一〇年五月の「職員録」には欠けているので、辞職は明治九年一二月から一〇年四月の間[49]である。

明治八年に入っても集成社は旺盛に活動を展開しており、同年三月一七日付『報知』付録には、前回の林正明の演説を受けた形での大江卓による保護貿易にすべしとの「海関税説」がつけられている。集成社の活動との関連は不明だが、明治八年一月二八日付『真事誌』「論説」は、士族授産のため士族四十二万五百余人に支給されている家禄の一〇分の一の、三七万八五七六石をもとに、東京・大阪間の鉄道建設をおこなう提案をしており、実際に「士族鉄道発起人会」が組織されて四月一日建設計画を決定、その筋に問い合わせをするということとなった[50]。そして、これまでは高島徳右衛門宅内に事務取扱所を設けていたが、不日、蓬萊社へ移転を決めたと報じられている。高島は集成社幹部でもあり、ここから推すと、集成社はエリート官僚組織ながら、土佐派並びに大隈派佐賀出身者中心の色彩が濃厚である。ただし大江は依然として現職の大蔵省五等出仕で、辞職するのはこの年の一〇月七日になってからのことである[51]。

5　明六社と『明六雑誌』

共存同衆にしろ集成社にしろ、当時の官僚・官吏の自由闊達さは、明治一〇年代以降の天皇制官僚・官吏体制からは想像できないものがあるが、一方で官界に足を置きながら他方で民権とあるべき法制・法律との関係を日本人民に考えさせた組織としては、なによりもまず明六社の活動が特筆大書すべきものである。明治七年三月創刊の『明六雑誌』と明六社が傍聴を許可した会議[52]記録は、その重みを日刊新聞以上に有していたのである。

『明六雑誌』は報知社から創刊され、明治七年段階の発行部数が平均三二〇五冊[53]とあるので、立派な日刊新聞並の影響力を有していた。明治七年六月一〇日付『新聞雑誌』の番付では最高位の一二〇〇両が『日日』と『明六雑誌』、その次の一〇〇〇両を自紙『新聞雑誌』と『真事誌』につけている。同年一二月二七日付『朝野』投書において寒山樵夫は「明六社は隊伍整粛・旗幟《きし》分明」と評価し、明治八年六月二日付『報知』「論説」欄では藤田茂吉が「此《この》自由精神の萌生せる源因は人気を引き立るべき小冊子（福沢氏の学問のすすめ及明六雑誌等）や新聞紙の拡及（我田に水を引くよふなれど）に本《もと》づかざるを得ず」と、やや自慢げに語っている。なお右の藤田茂吉の記事は、酒田県のワッパ騒動並びに浜松県の民権運動にも触れているものであり、前者については第八章7節に、後者については第一〇章7節に該当部分を引用している。

また『明六雑誌』掲載論文が新聞紙上でしばしば取り上げられるのも、雑誌としては異例のこととなる。福沢の『学問のすすめ』第四編「学者職分論」に関し、『明六雑誌』第二号に加藤弘之・森有《あり》礼《のり》・津田真道《まみち》・西周《にしあまね》の批判が出るが、これらの批判への反論、即ち「学者の功は将来に役立つ」、それをインダイレクト・不直功という、「在官者の功はダイレクト・直功となす」、「曽て西洋事情の世に出づるや、其功当時纔《わず》かに書生輩を薫烝するに過ぎざるのみ、維新に際し各藩代議員を出すに及んで、人争《あらそう》て其書を誦す、是《ここ》に於て乎《か》殆んど本邦に燦然《さんぜん》たり、是に由て之を観れば、凡《およ》そ国家を維持し化育を賛助するに所謂《いわゆる》不直功の最要至緊にして、学者の功在官者の功に超出する昭々たる斯《か》くの如し」、しかるに現在は学者すべて「官路に嚮《むか》はざるはなし」、その理由は官私の資給その平均を得ず、

「官給は至嵩にして私給は最低なり」、「嗚乎方今学者の私立、其難きこと既に斯くの如し、而して其功の在官為務に殊異《しゅい》する已《すで》に斯くの如し、是れ僕が卑見、四君の高論に反する所以なり」との堂々たる反論を明治七年四月一五日付『報知』に寄せるのは「八町堀岡崎町に住む千葉県下の平民」であった。

『明六雑誌』第六号（明治七年四月か五月刊）には津田真道の「出板自由ならんことを望む論」が出されるが、同年五月一四日付『真事誌』はわが社の方針に合致するものとし、この論を転載、「政令を出して以て出版自由の免許を各人民に与へて、我国人民一層の眼目を開き不羈自由の胆略を大にせしめんことを、蓋《けだ》し是《これ》開明を進むる最捷径《しょうけい》なり」と「論説」で力説する。

また明治七年八月三日付『真事誌』は、『明六雑誌』一三号（明治七年六月刊）に出た阪谷素《さかたにしろし》の「民選議院を立るには先《まず》政体を定むべきの疑問」を、「政体目的を立るの一段落に至ては衆未だ之を言はず、大に其欠を補ふに似た」りと、「諸氏要論」欄に載せるのである。

さらに『明六雑誌』論文が、投書の形をとってそのまま載せられる事例も出てくる。明治七年六月刊行の第一二号に出た津田真道の「政論の三」（大意は、国の元気を振作するには人民として国事に干与せしめよ、国事に干与せしむるには民選議院を創《はじ》むるに如《し》くはなし）を、七月二三日付『真事誌』に、磔川樗堂《れきせんちょどう》主人なる者が投書するのである。

公論世界での明六社

明六社の活動の中で最も新聞紙上の話題となったのは、明治八年五月一日の明六社会議（「会談論」）である。廃藩置県と民選議院に関し、福沢諭吉・加藤弘之・森有礼三名の間で激論が闘わされたものである。五月四日付『真事誌』にはその紹介がなされ、福沢は廃藩も尚早論を排して断行されたもの、人民に気力をつけるには県会でも区会でも民選議院でも片っ端から始めるに如くはない、と発言したと報じている。克明な討論記録は、銀座三町目五番地小山生によって五月八日付『朝野』に投じられた。

この論争に対して、五月一五日付『朝野』には渭水小漁《いすいしょうぎょ》が投書し、四月一四日の詔書「一たび人間《じんかん》に下りしより今日に至る迄一日三秋の想を為す者幾《ほと》んど十中八九に居れり、詎《なん》ぞ彼の尚早の説を持する者あらんや」、「今日政党執事の有司を視るに悉《ことごと》く人民の上に卓出するを保証する能《あた》はず」と加藤批判をおこなう。続いて五月一九日付同紙には、駿台松本生が「自己上の進歩は政治上の進歩と交互発達、未だ嘗《かつ》て斯須《ししゅ》〔須臾《しゅゆ》と同義〕も分離せざる論」を投じ、幕末でも藤田東湖・吉田松陰らは「自己上の進歩」によって愛国の忠誠・経綸の材識を極め、それが全国士民中有気有力者を感動・攪起《かくき》させ、やがて士民が自己の精神を日に振るい月に奮わせたが故に幕府を倒壊させ、ついに国家政府の「律憲」を議定せんとするに至ったのだ、「政治上進歩を促して止まざるものは他に非ず、自己上進歩の勢力に由るのみ」、現在幕末と同様の事態になっているではないか、と加藤とは全く異なる現代史理解を開陳する。さらに五月二〇日付同紙には、民野竈《かまど》が投書し、加藤は廃藩置県も民選議院も尚早と言っているが、英語でも正則と変則の学び方がある。変則の捷径を以て成業を速かならしむべし、数十年ののち、漸く変則を一変して純然たる正則学者となることまた難《かた》くはない、と批判する。

六月に入っても『朝野』の加藤批判は続くのである。六月一二日付同紙には曙鶏仙史《しょけいせんし》が投書し、「抑《そもそも》国会の貴ぶ所の者は其憲法・律令を確立し、人民と共に誓約し信を国中に取るに帰するのみ、国の曚昧野蛮に非ざる以上は豈《あに》国会の立ざる理あらんや」と尚早論の成り立たない所以を主張する。

五月一五日付『真事誌』には、朝井至澄の三者所論への批評が投じられる。加藤説については、彼は「今日の人民はやや今日の弊害を認め、其方嚮を定めたるを同氏も亦知りながら、之を処するの方法を論ぜずして、故《ことさ》らに其激発するを待たんとは計の得たる者と云ふべからざるなり」と評するのである。

『明六雑誌』と明六社の活動が社会の注目を浴び、輿論振興に多大な役割を果たす中で、福沢と慶應義塾は明治八年五月一日より三田演説会を開始する。聴衆四〇〇人余[54]、その後福沢が参加・演説するのが六月五・一九日・八月二五日・九月一八日・一〇月一六日と相当頻繁である[55]。六月五日の彼の演説は、渡辺修次郎によって記録され、同月一二・一四日両日の『曙』に載せられている。

明六社の公開会議と三田演説会の様子を、平井淡叟が明治八年一〇月二〇日付『報知』への投書において、民選議院構成論争「民会に士族を代議士として入れるの件」の中で言及しているので左に趣旨を紹介する。

士族は常に文明の先導となり、平民は之に跟従《こんしょう》〔あとからついていく意〕するの勢なるべし、先導となるべき者を棄て用ひず、跟従となる者のみを挙て代議士とせんとす、愚老未だ其可なるを見ざるなり。以前明六社の演説を聞いたが大抵は士族と見受たり、其後又三田の演説会を聞に行きしが是又同様なり。

明六社と新聞紙条例

この明六社も直面させられたのが、六月二八日の新聞紙条例であった。七月一日の明六社公開会議で福沢諭吉は、新聞紙条例が出た以上、『明六雑誌』を停刊すべしと発言、森有礼が反対した[56]。九月一日の明六社会議でこの問題が議題となり、福沢は「明六雑誌の出版を止るの議案」を読み上げる。彼は大意左のように主張する。

本年六月発行の讒謗律及び新聞紙条例は我輩学者の自由発論と共に両立す可らざるものなり。此律令をして信に行はしめれば、学者は俄《にわか》に其思想を改革するか、若《も》しくは筆を擱《かく》して発論を止めざる可らず。社員十に八九は官吏たるを以て、七月〔七〕九日第百十九号の太政官達〔「官吏に令し政務に関する事項を新聞紙雑報等に掲載するを禁ず」〕に拠れば、前日の雑誌に出版したる西周先生の内地旅行論、神田孝平先生の金貨外出論の如きも、今日に在ては発兌《はつだ》す可らざるものならん。故に此際に当て我社の決議す可きは社員本来の思想を俄に改革し節を屈して律令に適し、政府の思ふ所を迎へて雑誌を出版するか、又は制律を犯し条例に触れ自由自在に筆を揮って政府の罪人となるかの二者択一である。明六社は学問上の結社にして政治を談ずるものではないとの意見も存在するが、今の日本は日本人民の日本に非ずして政府の日本と云はざるを得ず、此日本国中に住居する学者が其所論所行に就き悉皆政治上の関する所を避け毎言に意を注し毎語心を用ひ歩々〔ひと足ずつの意〕路を選んで行かんとするは、果して事実に於て能《よく》す可きや、故に我『明六雑誌』の論は今後政治上に関せざるを期す可らず、其の期す可らざること既に明なれば速に出版を止めざる可らず。

この提案をめぐって一三名の出席者に賛否が問われ、福沢提案に賛成した者が田中不二麿・津田仙《せん》・辻新次・古川正雄・秋山恒太郎・箕作秋坪《みつくりしゅうへい》・清水卯三郎《うさぶろう》・杉亨二《こうじ》の八名、反対が西周・津田真道・阪谷素・森有礼の四名、九月四日付『報知』は欠席した西村茂樹・加藤弘之・中村正直は停刊に賛成したと報じている。

右の福沢の発議も当然広く知れわたることになり、九月一八日付『朝野』への投書において、愛宕下住山田清は「福沢諭吉先生が『明六雑誌』出版を止むるの議案を出せしや、其社員過半は其議に同じて遂に其社を退くに決したりと、是れ実に至当なる決断と言ふべし」と発言するのである。

これにより『明六雑誌』は、明治八年一一月刊行の第四三号が最終号となるのであった。

第三章　「楠公・権助論争」と福沢諭吉

1　当該論争以前の福沢攻撃

周知の「楠公《なんこう》・権助《ごんすけ》論争」は、普通には啓蒙思想家福沢諭吉への個人攻撃とそれへの反論というレベルで捉えられ、論じられてきている。だがこの論争を明治七―八年の歴史的文脈にはめ込むならば、それは民選議院設立建白をきっかけとして一大輿論となった有司専制批判、地方民会・国会設立要求という新たな政治潮流の必然的な副産物であり、明治一桁代自由民権運動を考察する際の不可欠な論争として現出したものではないかと著者は理解するようになってきている。この視角から当該論争の起承転結、並びにこの論争が福沢個人にいかなる影響を与えたのかという問題に迫っていきたい。

「楠公・権助論争」は福沢が『学問のすすめ』第七編「国民の職分を論ず」(明治七年三月刊)で、忠臣義士が一万の敵を倒して討死するも、義僕の権助が主人の金を紛失して縊死《いし》するも、文明に益することなきをもって「共に命の棄所《すてどころ》を知らざる者」だとし、「人民の権義を主張し正理を唱て政府に迫り」、「世界中に対して恥ることなかる可き者は、古来唯一名の佐倉宗五郎《さくらそうごろう》あるのみ」と断じたことから発生したものである。従って論争は明治七年四月以降のものとなるが、歴史的文脈から見れば、建白論争を引き継ぐ形となったのである。ただし、それ以前から福沢への攻撃は始まっていた。輿論形成上、福沢の影響力は既に巨大なものになっていたからである。

初期の福沢攻撃

著者の調べた範囲では、明治六年一〇月一九日付『真事誌』への愛知県農藤原猛盛《たけもり》投書が最も早いもので、彼は『学問のすすめ』第一編（明治五年二月刊）の冒頭「天は人の上に人を造らず」云々を批判、皇国は日神の詔をもって天子が位に就く貴賤の差別ある国体である、「福沢氏の如き天下の師範とも云ふ可き人にして、何ぞ如此《かくのごと》き名義本末を知らざるや、是れ国体に暗きを以て善く外教を取捨する能《あた》はざる也」と、日本は万世一系の天子が君臨するとの国体を否定する知識人の型に福沢をはめ込もうとするものであった。

なるほど、「天は人の上に」云々が人々に強烈な衝撃を与えたことは事実だった。明治六年一二月一七日付『報知』には小田県備中国矢掛《やかけ》村某が、「人の上に人はなく、人の下にも人なしと学問勧めに書《かか》れしは実に有難き理合《りあ》ひかな」と讃美の思いを述べ、しかし県下学区景況においては「旧臭去り難く」、「教師に貴賤貧富、門地門閥の臭気あり」と地域旧弊打破の根拠に福沢の格言をもってくるのである。ただし当然反論が加えられる。明治七年一月二二日付同紙には、広島県下第四大区一小区某が小田県某に反論、誰の言かは知らないが、と韜晦しつつ、これは「協和政事」の発想であり、「蛮夷戎狄《じゅうてき》の其主を随意に廃位するが如き国俗に在りては素《もと》より然る可《べけ》れども、恐多《おそれおお》くも皇統一系・万世不易の本邦に於て、かかる由々《ゆゆ》敷《しき》狂言は譃語《（たはむれ）》にも唱へ間敷《まじき》ことぞかし」と、福沢に共和主義者のレッテルを貼りつけようとする。

『学問のすすめ』は第一編につづき第二編（明治六年一一月刊）も批判の対象とされる。明治七年一月一九日付『報知』に浅草の旧幕臣浣花《かんか》老翁《ろうおう》は、福沢は「政府法を設け人民を保護するはもと政府の商売柄《がら》にて当然の職分」、政府と人民との約束ごとだと断じているが、「日本では皇国の山河人畜草木に至るまで皇帝の御所有にして君臣の分も自ら定」まっている、彼の論は「我皇国に於て不要なるのみならず、大に政教を紊《み》だし蠱毒《こどく》を万世に流す」ものだ、これは共和政治の考えを広めることになる、第一編で茶壺道中の例を挙げ、また第二編でも彼は旧幕の諸事例を挙げて悪言を述べているがこれを「暴と思はば何ぞ旧幕府存せる日、公然忠告をなさず面従腹非せしや」と、福沢を旧幕臣と知っている老翁は八つ当たりをするのだった。

福沢の歯に衣着《きぬ》せない発言は注目されつづける。『民間雑誌』は彼と小幡篤次郎《おばたとくじろう》が中心となり明治七年二月に創刊したものだが、五月一七日付『真事誌』には、島根県商奥田平蔵が、先月『民間雑誌』を購入したが「両先生の言ふ所を以て考ふるときは、何やら政府に怨みのあるやうで、左程《さほど》政府のすることを悪《あ》ししと思ひ玉はば、何故人民に代はり政府の召に応ぜず、蔭弁慶を見たやうに、色々と小説ものに託し悪口をば述べ玉ふや」と、発刊の趣旨に賛同とも皮肉とも取れる投書をしているし、また五月三〇日付同紙では、但馬の三野伏懋《やすしげ》が『民間雑誌』創刊号の「農に告るの文」を読むと、「県官を床上の雲助の如く、処《ところ》の為めより身《み》の御為《おんため》等誹謗」甚だしい、「果して先生の言に非ざるを知る」と搦手《からめて》から批判する。

「農に告るの文」の内容に関し具体的な非難をするのが、五月一〇日付『新聞雑誌』に投書した「信山」の梅坪一堂である。地券発行により土地が農民の私有物となったと福沢は言っているが、実は「皇帝陛下の有」なのだ、また「貴賤上下の差別は旧き悪風」と華士族を土芥の如くに彼は難じているが、これは「上天子《かみ》を蔑視し奉り下《しも》無知の小民に乱を教」えることとなると攻撃する。民選議院設立をめぐって大論争が展開している中での、福沢批判であることに注意しなければならない。

2　楠正成の位置づけをめぐっての福沢攻撃

『学問のすすめ』第七編において福沢が、一万の敵を殺して討死した忠臣義士も主人の金を紛失して首を縊《つ》った権助も共に「命の棄所を知らず」と断じたことは、民選議院設立建白と自由民権運動に反対ないし敵対する人々に絶好の攻撃材料を与えることとなった。江戸時代において民衆にとって忠臣義士の代表は楠正成《くすのきまさしげ》であり、彼は、智勇に富んだ謀将と高く評価されつづけてきた武士であり、幕末期にはさらに尊王に殉じた悲劇的武将の代表として、人々の民俗的歴史意識の中に定着・沈澱していったのである。熊本藩儒者横井小楠《よこいしょうなん》の号は楠正成から取ったものであり、佐賀藩の枝吉神陽《えだよししんよう》は藩校弘道館教諭として楠公義祭同盟を組織し、そこで弟の副島種臣《そえじまたねおみ》をはじめ江藤新平や島義勇《しまよしたけ》らの同藩尊攘志士たちを育成したのである。尊王の最大のシンボルは楠正成でありつづける。

各新聞紙の立ち位置　内容分析に入る前に各新聞の取り上げる姿勢を概観しておこう。『日日』は一貫して政府寄りであり、明治七年七月まで継続する南橋散史《なんきょうさんし》のコラム「新聞月旦」二月五日付で、自主自由論の福沢を「狷介剛愎《けんかいごうふく》」と難じているように、攻撃に抗する福沢擁護論者の反論は載せてはいない。同様のものが長州系の『新聞雑誌』であり非難一本槍、『曙』と改題する明治八年に入ってからのものも同様である。[1]『報知』は明治七年六月頃から慶應色が前面に出てくる。最も遅く民権思潮に乗る『朝野』は七年九月より福沢擁護の論調を張る。やはり壮観なものはブラック編集の明治七年段階の『真事誌』であり、この論争にも公平にスペースを割き、民選議院設立論争と同様、当該論争の主戦場となっている。政治的には同質であり、設立建白是非論争を客観的には引き継ぐ性格である以上、当然ともいえるだろう。

六月二九日付『真事誌』に秋田の佐藤信衛投書が載る。彼は「楠氏の如きも権助が死に等しとせば、後来我国の人民、誰か能《よ》く六師《りくし》を援け力を王庭に尽し命を奉ずるの志行を維持せんや、是正《まさ》しく道を紊《みだ》るの狂言なり」と福沢論に反駁する。八月一二日付同紙では阿蘇山陽の長江剛介が「楠公・権助論争」を取り上げ、「汝は頗《すこぶ》る秀才の聞《きこえ》あり、然るに今此の如き言を吐く、予汝が為に之を惜む」と嘆ずる形をとり福沢を非難する。八月二五日付同紙には、被髪散人が横浜住吉町の明治維新を扱った芝居批判と結びつけ、この芝居では木戸孝允を楠公を超える大業を成し遂げた大人物としているが、「楠公の死は朝廷に益無し、木戸公は余栄身に及ぶ等の言は専ら功利の見《けん》より出で純然たる正議に非ず、疑《うたがう》らくは近日福沢子が忠臣義士の死を以て権助の縊首《いしゅ》と同視せし一種の論意に傚《なら》はれしか」と批判する。

九月二五日付同紙に投書した佐藤海三なる人物は、戊辰戦争に参戦した士族ではないだろうか、こう述べている。『学問のすすめ』に関しては批判が集中しているが、「其書中、楠公を論ずる、極めて残悪、是よりして筆闘の名文陸続として新聞紙上に顕出し、頻《しき》りに忠勇義烈・国士無双の者も開化の補益に於ては権助の縊死に比すことを云り」、「開化の説を講ずるは洋学者にありと雖も、戊辰己巳《ぼしんきし》の戦勝なくして、安《いずく》んぞ今日如期《かくのごと》き世体を得べけんや」、「左《さ》すれば忠勇義烈・国士無双の者豈《あに》開化の補益なからんや、余思ふに、福沢と嘴《くちばし》を並べて倶《とも》に囀《さえ》ずる輩は極めて御維新の際、勤王の功績もなく、又た数百年来恩顧の君臣一分《いちぶん》の節義もなく、己れ一身の安《やすき》を計る廉恥なき者にして、勤王無二の西国旧諸藩の人に非ざること必せり。戊辰己巳の役に驚愕狼狽せし暑さを忘れ、今日漫《みだり》に忠勇義烈の者を誹謗する、実に蔭《かげ》を忘るる（諺に曰く、暑さ忘れて蔭忘るる）と云べし」と皮肉るのである。

福沢攻撃の戯文

このような「楠公・権助論争」批判は戯文の形式でも展開されることとなった。一〇月九日付『真事誌』には門人「三田刑翁《けいおう》」なるものの「福沢諭吉嘆願書」と題する一文が載るのだった。

「東西東西、御府内は貌刺屈《ブラック》、日報〔『日日』〕、報知、朝野、開明、更新雑誌、平仮名、開港場は横浜を始め神戸・新潟・長崎四方の面の新聞諸社江湖の諸君子に低頭平身・再拝稽首《けいしゅ》して嘆願の次第は余の儀に非ず、師匠諭吉儀、近年少々（ボートル）（bottle）の受養を過ごし、口の滑り度を外れ、且つ奇病にて舌の寸常例三寸の所、近来俄《にわか》に一（インチ）延び、如何なる事をや曰《（い）》ひ出さんかと苦心罷《まか》り在りしに、果して楠河内守橘正成公を権助に譬へたる一件、三府五港六十県に伝播し、追々御叱りを蒙り恐縮の至りなり。然るに師匠従来負惜《まけお》しみの強性にて、諸公の弁責雨露の如く、間には百磅《ポンド》以上の大弾丸も来れども、此の流れ玉に中《あた》り一命を終はらば、魂魄三田《みた》に留まりて、十生までも生き替はり、金農の志を遂げんと更に改過の模様無く、実は門人某《それがし》を始め、右の如く鼻の落ちた湿病亭主には薄情ながらも愛想をつかしたる事なれども、又つらつら考ふれば、長者二代無し、自主自由の出放題、嘘と誠の敷き網にて、手繰《たぐ》り寄せたる山吹きなれば、花は咲くとも暫《しば》しにて、実《み》の無き物の年を経ること、西洋諸国にも未だ発明せず、且又握れば放さぬ性来なれば、今二三年御宥免ありて、金の番命じ置かれ度く、然るに権助召抱へてより翻訳本の直段《ねだん》に響き、売れ口極々《ごくごく》不捌けなり、加之文部省騒動[2]も此の刊行に根ざせりと、師匠も之れには色青ざめ心痛するの限り無く、腹では最早や後悔と余所目《よそめ》に某《それがし》悟りたり。因《よっ》て早々舌の療治させ、学問の勧めと改称し、勘考の上刊行仕るべく、相替はらず御誹譏《ひき》の程不奉願候也」。風刺文としては、なかなか見事な出来ばえである。

狂歌・狂詩もこの流れの中で作られていく。一〇月一二日付『真事誌』には、「心さへ洋酒《ビール》に酔て狂ふかな　ほらをふくさわ〔福沢〕　馬鹿をいふきち〔諭吉〕」と、洋癖家とレッテルを貼る大和撫子の狂歌が載るし、一一月一〇日付同紙には六合斎《りくごうさい》の狂歌「忠義思君不思国　楠公一死類権児　更自新発見論起　可愍無人弔旧碑」及び同人の狂歌「福沢に溢るる水の流れ出て　湊《みなと》河原の名も沈みけり」が現れるのである。狂詩中の「旧碑」とは「嗚呼忠臣楠氏之墓」と自書した徳川光圀《みつくに》の湊川墓碑を指す。

3　攻撃のエスカレーション

「楠公・権助論争」は、福沢への全面的批判を浮上させる契機ともなった。

六月二八日付『報知』では浜松県下の一丈夫が『学問のすすめ』を批判、第三編には「独立の気力なき者は不深切なり」とあるが、「帝と后を追い出すことは深切か不深切か。先生の目には后を追ふを深切と思へるにや」、第七編の「一国を商社に例え、人民を主とし政府を名代人とし支配人としたる、何の謂《いい》ぞや、抑《そもそも》皇国は万古不易の皇統連綿、今日に至り、率土《そっと》の浜《ひん》王土にあらざるなく王臣にあらざるはな」し、「先生のは共和政事の余涎《よぜん》なるか」。「この本〔『学問のすすめ』〕は小学校則に入りて童蒙輩の朝夕誦する処なるに、自らを是とし他を非とし、甚しきに至りては政府をさして支配人などと、狂悖背戻《きょうはいはいれい》、何ぞ茲《ここ》に至る、かの自主自由・独立民権などの言を取違へ、方向を誤るもの千万人中なきにしもあらず」と小学校の教科書となっている問題を指摘する。

七月一八日付『新聞雑誌』には、上毛の一万田如水《いちまだじょすい》がこの問題を取り上げ、「学問のすすめ中童蒙に課し難き一二件の弁議」と題してこう論じる。

第一編に「天は人の上に」云々とあるも、「我邦には皇統の胤《たね》は皇統の胤也、庶人の種は庶人の種なり、されば皇胤《こういん》は生れながらにして貴し、是れ万古不易の国体なり」、「元来規則を西教に取て吾神教を軽視するより、公然として斯《かか》る悖言《はいげん》を吐き童蒙に訓《おしえ》んとす、愚窃《ひそか》に恐る、此言の行はるるや共和政治の原素たるは論なく、亦《また》将に〔王〕莽・〔曹〕操の徒出て以て之を口に籍《から》んことを」。

第二編に「百姓町人より年貢・運上を出して勝手方を賄」はんとするは政府と人民との約束、「政府若《も》し人民に対し其保護を以て御恩とせば、百姓・町人は政府に対し其年貢・運上を以て御恩と云はん」とあるも、恩というのは恥ずかしい、「幼稚《ようち》より此等の言を暗記するは先入主《せんにゅうしゅ》と為りて、成長に随ひ傲慢放肆《ほうし》、習性《ならいせい》となり、上を侮り下を誣《し》ひ、終《つい》に政府を憚らず、法憲を畏《おそ》れず、或は瑣々《ささ》の事件を強訴して争擾《そうじょう》止まざるべし」。

皇室と蓄妾制度

九月一二日付『真事誌』には秋田県由利《ゆり》郡の佐藤清也が、第八編〔明治七年四月刊〕「我心を以て他人の身を制す可らず」中の「一夫にて二三の婦人を娶るは固《もと》より天理に背くこと明白なり。これを禽獣と云ふも妨なし」を取り上げ、とすれば「官令を一般の人民に迅速に下し、断然厳禁ありて、妾を持の人をして禽獣の挙動を免れしめんことを冀望《きぼう》す」と投書している。この投書のみでは佐藤が福沢の主張を支持しているのか揶揄しているのか判然としないが、皇室の一夫多妻制度への正面からの批判に客観的にはつながってくるのである。これが故に、岐阜県の橘良平は一一月一〇日付『真事誌』に投書し、福沢は第八編に妾を娶《めと》るものを禽獣というと述べているが、新律綱領五等親図中第二等に妾の規定が掲載されている、また福沢の論は君臣上下の名分を破っているが、三条の教則には「皇上を奉戴し朝旨を遵奉すべし」とあり、建白受付規則に「天皇に不敬の言あるを却《しりぞ》く」とされ、改定律例第二九条には「著述して政体を妨害する者は不応為重[3]に科す」と規定されていること等すべてに照らして「禁令の国体を誹《そし》り国律を議し政体を妨害する者にして、朝旨を遵守せず、天皇陛下に対し不敬なる、之より甚《はなはだし》きはなし」、然るに処罰もされず、この『学問のすすめ』が小学教則下等第六級読本の中に何故に並べられているのか、と激越な口調で非難するのである。

煩を厭うてこれ以上の挙証は控えるが、福沢の言論全般にわたってその問題点を挙げるのが一〇月五日付『朝野』に掲載された山綱伯記《さんこうはっき》の「八怪事」となるだろう。投書人山綱は、文中より察するに、時まさに日清開戦の暗雲深くたれこめ、従軍に武者振るいしている士族の一人であるだろう。

　全国四方憤激、従軍を請ふ者踵《きびす》を接して起る、我国の幸福なり。然り而して福沢先生なる者あり、其の言孔孟に超過《(こへ)》し、其徒孔孟に倍蓰《ばいし》す、神より崇《たっ》とく仏より有がたし。朝野其の名を知らざるものなし。而して先生及び其徒、訳述する所開化を説き文明を論じ、大半無用の口舌を鼓し、有用の梨棗《(はんぎ)》を費し能《よ》く時好に迎合し俗眼を眩惑するの書、屈指に暇《いとま》あらず。而して一、一字半句、人民を感激するものなし、況《いわん》や一人此気を振ふあらんや、予が之を怪む。

二、忠臣義士を権助の縊死に比す、楠菅二公の如き、妄意貶斥《へんせき》し、勉めて此気を排擠《ひしぐ》す。
三、在朝の大臣を菅楠二公に超る者とし、而して西郷都督軀命を戦争に致す、若《も》し其の之に死する如きも猶《なお》権助の徒に擬《ひとしく》するが、同じく維新の名臣にして何ぞ等倫の懸隔するや。
四、人主の裁制を斥け人民の権利を主張し、竟《つい》に親上死長〔上にしたしみ長に死するの意〕の士をして傲誕放逸の者たらしむ。
五、先生の徒、日に増し月に進まば、此気随って減削せん、豈《あに》家国の大蠹《むし》ならざるを知らんや。
六、新奇の異論を喧伝し危急の国難を見のがし、独《ひと》り局外中立を要す、頗《すこぶ》る人民の義務を知らざるに似たり。
七、此気に換へる好機関《からくり》あって能《よ》く人民を鼓舞踊躍する道ありや、未だ其説を聞かず。
八、新発明の妙器械あって能く日清の葛藤を解く巧術ありや、未だ其説を聞かず。
嗚呼《ああ》、今日国家焦眉の急、先生一策之《これ》を救ふなくば、豈啻《ただ》無用の説を吐き、権助の如き徒に及ばざるのみならず、国家の梁柱《りょうちゅう》たる気節を爛滅《らんめつ》し、終に収むる能《あた》はざるの患を醸《かも》すものは果して先生の徒に在らんか、神の如く仏の如くにして八怪事ある有り。

攻撃者で士族民権派でもない山綱においては、日清開戦に強く反対する福沢の姿勢それ自体が、その非難の度を高めているのである。

4　福沢擁護論の危うさ

ところで前述したごとく、『真事誌』においても、明治七年六月以降の『報知』にしても、また同年九月に紙面を一新した『朝野』でも、福沢擁護者の論もまた紙面に登場させている。その論法がどのようなものだったかについてもかいま見ておこう。

3節冒頭に既出の六月二八日付『報知』への浜松県下一丈夫の批判に対しては、七月三日付同紙に某が投書でこう反論する。福沢の稿は小学校則に入れるために著したものではなく、後日文部省が採択したものだ、『学問のすすめ』も出版許可を文部省が与えたものだから、福沢を責めるのではなく文部省を責めればよい、もし官に向かっては言いにくいというのならば「所謂《いわゆる》弱いものいじめ」ではないのだろうか。

六月二八日付『報知』投書には、浜松県天竜西岸の閑々農夫が八月一七日付同紙で反駁する。「古人も言はずや、社稷《しゃしょく》を重しとし君を軽しとす、是万古不易の確言也」。政府が名代人だと福沢が言ったことに怒っているが、「民は国の本たる事、日月の照す所、何の国か之を知らざらん、総て某氏の論ずる所は戊辰已前《いぜん》皇学者流の管見《かんけん》〔狭い見識の意〕にして、方今大政釐革《りかく》、開明の世には容られざる頑固先生の腐論なり。不知《しらざる》や、輓近《ばんきん》地方官を召さるる勅書にも下民の代議人を召集すと。然れば則《すなわち》民ありて政府あり、所謂護民の職たる明瞭たり。何を以て空言暴辞と云《い》ふや」。

一〇月三日付『報知』には、既出の一月一九日付、浣花老翁への三重県鈴鹿河畔漁夫微なる者の反論が出る。あまりに期間が隔たってのものだけに、同紙が意図的に掲載したのかも知れない。四点にまとめての駁論である。

一、文部省学則に基き、全国の小学に読む処、過半慶應義塾の蔵梓《ぞうし》書籍、即ち『学問のすすめ』

も其一也。不要の書ならば、官何ぞ之を廃せざるや。

二、「約束」とあるは蠢爾《しゅんじ》たる愚民をして、政府たるの地本〔大本の意〕且《かつ》人民自主自由の権あるを容易に了解せしめんと欲するの懇切なるより此文句に及ばれたりけん。

三、第一編の「茶壺行列」は、幕政の如き虐威なく文明の聖政を早く知覚せしめんとの老婆心深きより出たるにあらずや。

四、「共和政治」云々と攻撃するも、臣民何ぞ一小冊の文句に拠り廃帝を企て共和政治の約束を頼むべきや。

「楠公・権助論争」に関し発刊当初から福沢擁護の姿勢を堅持する『朝野』(4)は、九月二四日付に桜雲楼主人の名前をもって「駁福沢論文可殺論書」を載せ、暗殺者の意図する言説をもって福沢の果たしている社会的役割を高く評価する。即ち、一客来たって社会に害ある福沢は殺害せざるべからず、と説く。彼はその理由をこう述べるのである。

幕府を倒すのに力があったのは頼山陽、今は福沢、「福沢は人となり胆大に気《き》旺《(みち)》し、汎《あまね》く内外の事情に通じ、学識亦世人に超絶せりと言はざるを得ず。故に天下の書生、福沢の書を読み福沢の説に服し福沢の名を知る者十に八九、之を山陽世に在るの日に比すれば、名声・威望遠く其右に出たりと云ふ可し。而して其著述する所の書汗牛充棟、其説は皆君相《くんしょう》の威力を削り人民の権利を張らしめんとする者にて、其過激なる所に至ては共和政治に流れんとする者も亦少なからず。世間の国政を議する者、亦大半其説に倚頼《いらい》するに似たり。其勢駸々《しんしん》として遂に国民をして争《あらそう》て政府に抗抵せしめんとするに至る、政府心に之を快《こころよから》んとせざるも、亦其論の公正なるが故に、之を圧制しがたきは、猶《なお》旧政府の山陽の説を防ぐこと能《あた》はざりしと同轍なり、山陽の旧政府に敵したる力は勤王にして、今の福沢が政府に抗する力は之を勤民と云《いう》も可なり」、「我れ窃《ひそ》かに堂々たる政府の一の福沢の為に権力を失ひ、竟《つい》に為す可らざるの形勢に至らんとするの禍有《あら》んを恐る。故に曰く、天下有志の士、宜しく国家の為に福沢を殺して後害を除く可き也」。

論争の核心は何か　ところで「楠公・権助論争」の核心とは、文明の進歩のために命を棄てた者でない限り、楠正成にしろ権助にしろ無益に命を棄てた者と、両者共に同列と断じることができるのか、という論点である。前述したように、楠正成は江戸時代より日本人男女の知悉《ちしつ》するところ、その悲劇性によっても多大な共感を呼びおこしてきた武士であった。文明に益があったかなかったかという一点に枠組みを絞りこみ、そこに正成をはめこもうとすることにより、福沢への攻撃者たちは彼らの攻撃・非難支持層を格段に拡大することに成功したのである。日本人男女の民俗的歴史意識と、維新変革期の勤王家正成イメージの共振作用にいかに立ち向かうのか。

この論点においても『真事誌』が主要な舞台となる。

福沢弁護者として八月一八日に同紙に登場するのが、南豊鶴谷山人《なんぽうかっこく》なるペンネームをもっての藤田茂吉である。福沢氏の意図は「文明開化の道に塞《ふさ》がる荊棘《けいきょく》〔イバラの意〕を刈りて豁如《かつじょ》たる正路を闢《ひら》くことだ。同氏は考えている、「人の功徳は文明に益あると否《あ》らざるとに関」すると。「彼忠勇節烈・国士無双〔天下第一の人物の意〕なる人、果して世の文明に益ありや。若《も》し文明に益なしとせば、忠勇節義は国士無双なるも、文明の補益は権助と同等ならんか」。

八月二三日付同紙に、広島県久保豊之進の反論が載る。彼は「蓋《けだ》し福沢氏の持論也。此論を推し窮《きわ》むるや終《つい》に共和政治に帰するのみ」、「当時〔楠公〕なかりせば、大義名分地を払ひ、天下の人殆《ほとん》ど将《ま》さに王室の何のものたるを知るべからず。其功徳豈《あに》偉大ならずや」、「〔将来〕国家有事、王室傾頽のときに当り、若《も》し文明に益なしとて義に死する者なくんば、朝廷何に依て以て立ち国家何に頼て以て保たんや」、「予曽《かつ》て聞、〔福沢〕氏は有名の識者なりと。怪哉未だ国体を知らざるに似たり、学問の進めも楠公権助比較論の如きは小児をして却て方向を誤《あやまり》たらしむ憂なきに非ず」と藤田を駁するのだった。

久保と共に秋田県下の内村佩弦《はいげん》が、同紙九月四日付で藤田の論に反駁する。「〔藤田の〕論は、忠勇節烈・国士無双なる人、果して世の文明に益ありや、若し文明に益なしとせば、忠勇節義は国士無双なるも、其文明に補益に至つては権助と同等ならむかと」、「我は只《ただ》楠公は乱世の英雄・治国の良弼《りょうひつ》〔補佐の臣〕、而して皇国の文明の師祖視たる、信じて疑がはざる也。顧《かんが》ふに鶴谷氏の如きは亦《また》必ず暴激我慢の福沢氏に魅《はか》せらるるものと云ふ可し」。

九月七日付同紙には藤田の主張を弁護する「三田二丁目一四寄留」金子生なる者が登場、「権助楠公の心志は同じ」「文明に益すると否との一事に至ては蓋言《がいげん》〔再言を要しないの意〕を待たざるなり」、このことは共和政治のこととは何ら関係しないと力説する。

この種の福沢弁護論を、九月八日付同紙で「牛込門外の淡々生某」もおこなうこととなる。彼は、攻撃者は「察するに平居孔孟を口実とし洋学者流を擯斥《ひんせき》する人か、亦は福沢氏に宿怨あるか」と断じ、洋学者対漢学者の対比を前面に押し出すのである。

攻撃者を激昂させるもの

この論法だけでは、攻撃者たちを沈黙させることは不可能だろう。九月一五日付同紙には、秋田県佐藤信衛〔2節「各新聞紙の立ち位置」の項に既出〕が茂吉に対し全面的批判を展開する。趣旨左のごとし。

諺に曰、天は自《みずから》助くるものを助くと。人各独立の気力なくんば国家を保全すべからず。於是《ここにおいて》福沢氏の如き俊才起《たち》て自主自由を首唱し、鎖国慣習の大夢を感覚せしめんとす。蓋《けだし》世の功大にして尤《もっと》も貴むべし。然りと雖《いえども》権介《ママ》を以楠公に比するが如き、言語の活力を以て人の声名を損《そこな》はんとする、如是《このごとき》は君子の得て為《なさ》ざる所なり。尤共和の横目より他を顧《かえり》みずして一概に是を論ず、（中略）国王の権は人心の権力に及ばずと言ふは、時世の変遷は予《あらかじ》め測るべからざれ共《ども》、国各風儀あり、我国は皇系一統にして君臣の分一定し、名分の紊《みだ》るべからざるを以国体とす。（中略）楠公は父子兄弟一族郎従尽《ことごと》く王師に竭力《けつりょく》〔力を尽くすの意〕して命を危難に奉じ、将来の臣子をして大義の紊る可らざるを覚らしむ。是を以全国其徳を称し、千歳の下、士志を感興せしむるに至る。豈《あに》文明に益なしとせんや。〔鶴谷〕山人自称して曰《いわく》、福沢氏謂《おもえ》らく、人の功徳は文明に益あると否とに関す。（中略）若《もし》文明に益なしとせば、忠勇節義は国士無双なるも文明の補益は権介《ママ》と同等ならん乎云々、（中略）噫々《ああ》忠勇節義を離れたる文明人の功徳は縦令《たとえ》天を翔《あまがけ》るの術策ありとも世に益することなき。是ぞ真に権介《ママ》が死に等しからん。山人、文明の道に塞《ふさが》る荊棘を刈んとて、反《かえっ》て福沢氏を軽浅浮薄の才子となし、義塾の名号も殆《ほとんど》空《むな》しからしめんとする乎。（中略）福沢氏出板の官許を得たりと雖、政府崇祭ある所の楠公を以猥《みだ》りに権介《ママ》が死に比す、然らば此権介《ママ》が死に等しき楠公を崇祭せる政府はそも何とか云ん。同氏愛国の気情に出るならば、速《すみやか》に建議して其可否を決定し再び世に公にせよ。果して権助が死に等しからば是を天下の公論と云べし。否《しか》らざれば背国の暴論と云はざるを得ず。此語や独《ひとり》衆庶をして政府を疑はしむる而已《のみ》ならん、国の精神を脱却せしむるに似たり。

楠正成を祭る湊川神社を、政府が明治五年に別格官幣社に列したことを踏まえての駁論となる。藤田茂吉も頑張り抜く。同紙の九月二四日付に「答弁」を寄せるのである。

もとより縁なき文明に何に功能のあるべきぞ。若《も》し又功能ありとせば、楠殿はさておひて、忠勇節義を鳴《なら》すものは、我が日の本に過るはなし。これに由りて考ふれば、我国は世界万国の先き駆けして、文明開化の手引とならんに、左はなくして今日に至るまで、人の智徳も世の幸福も、我国独り万国に後《おく》るること不審の至りならずや。（中略）文明は文明、忠義は忠義と離したとて左のみ差支《さしつか》へも起るまじ。（中略）〔文明のことは〕諸君もし横文字をも御承知ならば、近来盛んに行はる〈ギイザ〉〔ギゾー〕氏や〈ボツクル〉〔バックル〕氏の文明歴史を読みたまへ。

このような平行線では、論争は終息するどころではなくなってくる。九月二五日付同紙には、九月七日の金子投書を駁する広島県清水生の投書が載る。

福沢氏、楠公の忠死を文明に益なしとして権助の縊死と同一轍に論ぜしは実に大失言にして天下公論の共に許さざる所也。（中略）戊辰の一新より今日の隆盛を致す、則〔楠〕公の力居多《きょた》也。然るを文明に益なしとして其心志権助と同一轍也と云ふ、妄言も又甚だしひ哉。（中略）福沢氏は有名の識者、豈《あに》此理を弁《わきま》へざらんや。若し真に弁へざれば一個の凡夫《ぼんぷ》と見做し敢て咎めず、知て而して言《い》は、即ち君を戴くの心なきに似たり。（中略）文明開化、口軽く之を唱ふるも、忠孝の心なくんば皆虚喝に属するのみ。噫々《ああ》福沢氏、僅かに学説を頼んで人を侮り、罵詈《ばり》慢言を極め、自から以て栄とす、果して文明の人と謂ふべきか、余を以て氏を見るに、一個の翻訳者流に過ぎざるのみ。豈天下の大事に堪ゆべけんや。聞く〔金子〕生は氏の門弟也と。幸に為めに諷諫し〔福沢〕氏をして天狗連中に入れしむるなくんば、〔金子〕生の〔福沢〕氏に於ける、又以て子弟の義務に背かざるべきか。

九月二四日の茂吉「答弁」へは一〇月三日、芸南桐椀生が弁駁する。しかもギゾーの文明論を踏まえての駁論になってくる。大意は左のごとし。

ヴァーチューの登場

福沢流の面々は洋語の鬼面で小児を恐喝しているがごとし、はやり言葉の「人民自主自由の権」は「シビライゼーション」(civilization)の一つだが、しかしこの「人民自主自由の権」を保てることになった原由は欧州の人民が「ブレーブテー《ママ》」(bravery)とか「オネステー」(honesty)とかいえる「ウオルチウ」(virtue)なるものを全《まっと》うして、多年屈せず沮喪せずしてなしえたことも、ギゾーの歴史書によく書かれている。この「オネステー」とか「ブレーブテー」という言葉は即ち日本語での「忠勇節義」となるものであり、藤田が「文明論」から忠義の二字を削除し、全くの別物としたのは「御了見違ひでありませんか」、「向後舌切雀ではなけれども、叨《みだ》りに傍若無人に囀《さえず》らぬ様請合《うけあい》致さんことを福沢諭吉幷に其一の弟子等に申付てもよい時ではありませんか」。

依然として応酬は続く。上総芝山《しばやま》の依田千柄は一〇月一五日付同紙に福沢擁護論を投じ、湊川の死は軽挙だ、権助の縊死に類せざるを得ないものだ、「大事の身命を以て一旦之を軽挙に付す、豈肖《あにに》たる者と云はざるべけんや」と断じるのである。

一〇月一七日付同紙には、福沢義塾生三田賢翁と堂々と名乗る者が答弁、「日本魂固着の小穴輩に答る書」と題する特大の擁護論を投じてこう断じる。「大聖は大讒《だいざん》あり、恰《あたか》も熟柿の累々たる醜鳥の争《あらそう》て之を啄《ついば》むが如し」、「夫《それ》先生は日本古今最大一の大知識にして、文明開進の亀鑑を弘布する嚆矢《こうし》の金看板を掲げられし者」、「此頃其著述書の大ひに世に行なわるに付、小胆の嫉妬より彼是譏評《きひょう》あり。「楠氏権助・参議雲助等の卓論は千古の非常説にて、凡庸人の苟且《こうしょ》にも吐出《はきだ》すべき言にあらず」、「日本人の了簡の小なる事芥子実《からしのみ》の如し」、このような国民のままでは世界に交わることができないので、「先生国辱を万邦に流播《りゅうは》するあるを深く嘆き切に憐みて、我扁小の国民昧蒙《まいもう》にて最末開頑愚なる曲屈を矯《た》め、直伸ならざる理《ことわり》もあるまじと、愛国の憤励、心よく彼の濛霧《もうむ》を披撥せん」と、ようやく「開智し給ひて諸知識国と並立させ給はむと日夜苦慮し苦辛し工夫し給まふ先生の聖旨恵慮を難有《ありがたく》思ひ拝謝し奉るべきに何ぞや」、「却て誹謗唾棄する如きは、其客の纔《わずか》に開智識の国風を学《まなぶ》が如きも、心根いまだ日本井蛙《せいあ》〔井戸の中のカエルの意〕、気の固陋、懐《ふところ》ひらけざる所以にして、論語に云、其愚には及ぶべからざるものにて、醜鳥の熟柿にて、則鳥にだも不如《しからざる》ものに非ずや」、「噫々《ああ》政府の公許を経て刊行する所の著述を讒斥《ざんせき》するは畏《かし》こき事にして、政裁を誹議するも同様の事」なのだ、と。

同月二二日付同紙には、あまりに当然としてこの三田賢翁に「上野山下辺の天眼居士」が反駁する。「抑《そもそ》も学問の雀は徒《いたず》らに我が慶應義塾を慢するのみにして、敢て取べきこと稀なり、甚しきに至ては楠公の忠死を以て権助が縊首と同一に論ぜり」と。

藤田茂吉・金子生・三田賢翁レベルの弁護論ではどうしても事が終息しようがなくなっていく。一〇月二五日付同紙には、星陰居士が楠正成を文明論にかかわらせつつ論ずる投書をおこなうのだった。「楠氏の如きは、衆人の知る如く、乱臣賊子を除き世を平げて、文明を補成せんと欲して、遂に其志を果さずして斃《たお》るる者なれば、是即ち文明の為に討死せし者なり」、「草昧野蛮の世より今日の開化に推し移りたる所以は、一介の英俊の才力に成るべき物に非ず、我国三千万人の其祖先より子孫に相伝ふる所の財宝と知識との集合せし恩沢なり。故に今明治七年以前に死せし者並に現世存在する我々輩に至るまで、皆文明に益あらざるはなし。就中《なかんずく》我国にて「パトリヲチック」(patriotic)の第一なる楠氏を以て文明に益なしとし、楠氏以下数千人の労を私《わたくし》し、独り文明を補成せし功を専《もっぱら》にせんとするは又大胆なる賊に非ずや、当今我国睡眠する者半に過ぐと雖も、如何ぞ此功を以て独汝に与ふるを得んや」と。

5　論争をいかに止揚するのか

「楠公・権助論争」に公平に紙面を割いてきた『真事誌』も、一〇月二五日には、この間の応酬がますます拡大してきたことを次のように述べ、その終息方を検討しはじめる。

「福沢先生、文明論に楠公権助を比較せしより、議論鼎沸、互に討論弁駁の投書積んで堆《たい》〔うずたかく積もっている意〕を成す。刑翁の謝書より漸《よう》く気焰衰んと欲して、亦賢翁の慢言より余焰再び起り、爾来憤激する者蜂の如く起り、投書雲の如く集る」。

このような状況の中で、福沢の暗殺を試みる者まで現れ、直接脅迫状も舞い込み、塾中の年長者が申し合わせて、当分著述を差し控えるように諫言したが、福沢は著述評論の筆は断じて枉《ま》げられないと主張したと伝記は伝えている(5)。

福沢は気にはしていないと述べているものの、当該論争の批判・反批判、反論・駁論すべてに丹念に目を通していたはずである。そして擁護論に共通している論理が、文明開化に益がないならば、忠勇節烈・国士無双の人物も権助と同様の人物に過ぎないとの截然《せつぜん》たる二元論、そして固陋な漢学者・国学者対自由自主思想と文明開化に邁進する我ら洋学者、という見事なまでの二元論だということに気がついたはずである。彼の慶應義塾での教育自体が、儒学や国学を時代遅れ、これに固執していては欧米並の文明国家にいかにしても追いつくことは不可能と確信して入学し勉学している青年たちにとっては、このような捉え方を必然的なものにしたのだった。

他方で、このような論理で反駁しつづける限り、逆に批判する人々の輪をさらに拡大させていくばかりだとの客観的趨勢も、福沢はリアルに認識せざるを得なかった。日本人男女の民俗的歴史意識の中での正成イメージの強烈さ、しかも幕末維新変革では正成こそが勤王主義の最大のシンボルとなったことも、あらがうことの不可能な歴史的真実だったのである。

福沢に問いかけられたもの

良質の論争というものは、初発から終局まで平行線をたどるものではない。相手に打ち勝とうとする限り、両者共に己の論理に磨きをかけ、問題の所在をより鮮明にしていくものである。廃藩置県後、ようやく日本を文明開化する方策が論じられうる段階になったのだが、その前提を創り出したのは、幕末維新期の全国的な尊王攘夷運動以外の何ものでもなかったのではないか。文明社会を切り拓いてきた欧米の先覚者たちが等しく全身にみなぎらせていたvirtue、日本語にすれば国家への「節義」なるものを、彼のよって立つ文明開化史観にいかに組み込むことが可能なのか。この論争は福沢に、彼自身が解決すべき課題として客観的にそれらを突きつけたのだった。

とはいっても、福沢自身は幕末維新期の尊王攘夷運動とは少しもかかわりをもたず、しかも関心もまったくもたなかった譜代藩下級サムライで、国家は幕府国家以外にありえず、諸侯の幕府国家からの離脱行為はヨーロッパ史での形成期絶対主義国家に敵対する封建領主の反動的・反文明開化的な無意味なあがきに過ぎないと理解していた洋学者だった。幕府倒壊によって幕府国家はヨーロッパの中世を克服した絶対主義国家ではなかったのだということだけをようやく理解するようになったとはいえ、幕末維新変革を総体的に理解する以前に『学問のすすめ』の執筆を開始していたのだった。当然そこでは文明開化対未開蒙昧の対比が基本となる。ただしこの論争は彼に、正成と権助の差異性を自分自身に納得させる論理の練り上げを迫ることにもなった。それこそが本来的な意味で論争を「止揚」することになるはずなのである。

この問題解決の糸口を模索し論理を練り上げようとしていた彼に有力なヒントを与えたのが、『朝野』一〇月二八日付に大槻磐渓《おおつきばんけい》が福沢弁護のため愛古堂の筆名で執筆した「読余贅評《どくよぜいひょう》六号」であった。彼は蘭学者大槻玄沢《げんたく》の子息で、西洋事情に通じていると共に一流の漢学者であり、仙台藩に仕えて親露開国論を主張し、戊辰戦争では列藩同盟の思想的主柱となり、一八六九(明治二)年には投獄されもしたが、生まれは一八〇一年、幕末期政治思想界には通暁していた大知識人でもある。磐渓はこのエッセイで、大意次のように福沢を擁護する。

福沢氏は正成も権助も犬死にだったと言っているのではない。政権争いや敵討ちで討死にしたり切腹したりして後世美化され「忠君義士」と呼ばれている者たちもその形は実に似ているが、世に益することがないので、権助と同様に犬死にと言ったものだ。

文明とは人の智徳を進め、人々身《み》自《みずか》らがその身を支配し、各々その権義を達して一般の安全繁昌を実現させることを言う。義士の臣節を尽くし士気を立てることも「亦《また》人文を明かにするの一端」なのであり、楠正成は天子の委託を受け、自らそれを担当し、その任務を遂行した大人物、回天の偉勲を奏した後に彼が中興の鴻業をも開いたならば、世に大益をなしたことになっただろう。彼は「九世の大讐《たいしゅう》を打ち滅ぼして立派に主人の面目を立てたれば、其目的は屹度《きっと》あること」なのだが、如何せん、北条氏を討ち滅ぼしたのち、「主人の忠邪を顚倒し安全に志《こころざし》なければ、やむことを不得《えず》して半途にして一死を遂げたるなり」。この点では「楠公と雖ども亦未だ命のすてどころを得たりとせず」。磐渓は正成の志半ばにして討死せざるを得なくなった事態を「君主不レ用十全策、枉《まげて》使《む》三忠臣《をして》死二海碕《に》一」と漢文で表している。

福沢諭吉はこの論争に終止符を打つべく、『報知新聞』一一月五日付の付録に「学問のすすめの評」を、慶應義塾　五九楼仙万《ごくろうせんばん》の名で発表、七日の『真事誌』と『朝野』は共にこれを転載する。ペンネームだとしても読む人々は、これは福沢の執筆だとただちに理解したはずである。彼はこの中で元弘正平期の楠正成と幕末維新期の正成イメージを極めて意図的にオーバーラップさせつつ、大意左のごとく論じるのである。

「楠正成の貴き所以は其《その》死に非ずして其働きにあり。その働きとは日本国の政権を復して王室に帰せんとしたことである。公の挙動毫も間然すべきものがない。しかも正成はあくまでも正統を争って其権柄を王室に復させようとし、力尽て死んだ者、もし正成を今日にあらしめなば、必ず全日本国の独立を以て一身に担当し、全国の人民をして各其権義を達せしめ、一般の安全繁昌を致して全体の国力を養ひ、其国力を以て王室の連綿を維持し、金甌無欠の国体をして益々其光を輝かし、世界万国と並立せんとて之を勉むることとなるべし」。

6　福沢諭吉における思想の前進

この一文は、福沢が愛国運動と文明化との関係を内在的に解明した彼の文明開化史観を完成させる契機となり、それは一八七五(明治八)年八月に刊行される『文明論之概略』に結実することになる。

あと一つ福沢が自己の教訓として心の中に秘めつつも痛感したことは、社会に向けて発する言論は慶應義塾内での青年学生を相手とした教師の教場内の発言とは全く異なる形をとらなければならないということである。義塾に志す若者は、義塾の教育方針と教育内容を是認し、それを学びとりたいと念ずる者たち、いわば身内の者ばかりである。他方一般社会には賛同する者もいれば反対する者、反感を抱く者、果ては憎悪の余り殺害を試みる者さえ出現しかねない。一介の教育者の立場ではなく、日本全体に訴えかけ、それを社会に浸透させ、理解者の輪を拡大していくべきジャーナリストとしては、どのような論法を用い、いかなる点に細心の注意を払いつづけなければならないのか。ただし彼の場合は、あくまでも日本社会の発展と進歩のために社会に送り出す青年知識人を教育するという本業を有する教育者の立ち位置を踏まえての言論活動に、ならざるを得ない。

前出の大槻磐渓のエッセイの中にも、「惜《おし》ひ哉《かな》、文字の疎豪なる、人の疑ひを来《きた》すことを免れざる者あり」と指摘されていることがこの問題にからんでくる。既に『報知』八月一三日付には、浜松県下一少年がこう投書しているのである。

福沢先生の著《あらわ》せる学問のすすめは、其余論・譬論の鋭切に過るを以て常に読者をして激意せしむ、此を以て新聞紙上、儘之《まま》を誹謗・詰責するを見る。(中略)志の急なるより、時勢と人情とに因て設たる言有り。故に過にして平に対し、激にして常に対す、蓋《けだし》亦人を見て法の諺に基くか。

福沢支持の立場が明確な『朝野』においても、一一月一〇日付では相生《あいおい》街隠士なる者がやんわりと福沢の言論を批判するのである。

福沢を論じる者は多い。「楠公権助の比較は恰《あたか》も良医の過劇剤を投じて頑症の病痼に試むが如し。果して瞑眩を新聞紙上に徴《あら》はしたり。此事深く喜ぶべく、又悲むべし。其喜ぶべき所以は、人々報国敵愾《てきがい》の志を懐き、苟《いやしく》も忠臣を汚すの言を憤る也。其悲むべき所以は徒《いたずら》に福沢氏の怒るべきを知て、国勢民情の注する所を問はざる也」。

福沢の言論表現の変化は、一八七五(明治八)年一〇月には一般に気づかれはじめる。『真事誌』一〇月一四日付には浦尾時四郎なる者の投書が掲載されるが、浦尾は「古風が舞い戻ってきた」と前置きして、「殊に目を驚かしたるは三田の塾長が西洋人を悪るく言ふ様に成りたるは、如何なる天神地祇《てんしんちぎ》の見入れ玉ひしにや。頑固の古風に返さんとは、偖々《さてさて》本意無き事ともがな」と、福沢の論調の変化を鋭く指摘するのだった。

第四章　教部省政策の破綻
――天皇支配の正統性をいかに証明するのか――

1　問題の所在

民選議院設立の可否をめぐる大論争は、それ自体は天皇支配の正統性を論じるものではない。「建白」は「方今政権の帰する所を察するに上《かみ》帝室に在らず、下《し》も人民にあらず」と、天皇絶対支配権の正統性論議を回避した上で立論を始めているのである。ただし、廃藩置県を断行したことにより、太政官政府、即ち薩長土肥勤王旧四藩連合政府は、自己の国民支配の正統性を国民に納得させる論理構築の不可避かつ喫緊の課題をかかえこんでしまったのであり、民選議院設立問題は当初からここにからんでくるのである。

太政官政府は王政復古と廃藩置県という二大変革を断行することにより、近世天皇・朝廷制度を確固として支えつづけてきた将軍制度並びに大名制度を結果的に廃棄してしまったからである。

なるほど廃藩以前にも神道国教化政策が採られはしたが、これは二百六十有余藩の藩権力を前提としてなされ、しかも失敗してしまったものだった。

ただし廃藩置県の断行と中央集権国家創出は、条約改正・万国対峙実現を主目的としたものであり、キリスト教の浸透は必至、かといって「キリシタン」を法令をもって禁止することはもはや不可能となり、天孫降臨と天壌無窮《てんじょうむきゅう》の神勅を支配正統性の根拠とする天皇制度と唯一絶対のエホバ神信仰は真っ向から対立してくる。この矛盾は、法律と刑罰による禁圧ではなく「教法」をもって解決する以外に手段はなくなってきた。明治二〇年代に入れば各府県師範学校を卒業した忠君愛国主義の教師たちが「教育勅語」を擁してこの課題を担うことになるだろうが、明治初年は教師以前も以前、小学校設立それ自体が焦眉の課題であり、この段階では、国家権力が掌握し動員が可能だったのは、江戸時代の伝統とのつながりで、全国の神官・祠官並びに仏教各宗派の僧侶だけだったのである。

2　教部省政策の展開

このため留守政府は明治五年三月、教部省[1]を設置、神道及び仏教各派を合同させての上からの人民教化政策を展開、天皇支配の絶対性を説教させると共に、キリスト教浸透の危険性を人民に訴えさせることになる。そして、この政策展開のため三つの枠組みをつくるのである。

第一にすべての神官・僧侶を教導職に任じ、布教活動を義務づけることである。第二に合同布教の司令塔として東京に神仏合同の大教院を設立、各府県ごとに中教院を、そして神社・寺院ごとに小教院をつくらせ、この場を布教の拠点とすることである。第三に合同布教の大原則として、敬神愛国の旨を体すべきこと、天理人道を明らかにすべきこと、皇上を奉戴し朝旨を遵守せしむべきこと、との

「三条の教則」を制定することであった。教部省は官員総出で各府県に出張、府県官吏と協力し、区長・戸長に管轄下人民を説教場へ動員させていくのである。教部省はまた人民を「霊魂安着」に導くためには、仏教に対し遅れている神道の宗教的性格をより鮮明にさせるべきだと、神官・祠官を神葬祭に従事させ、自葬祭を禁止、さらに仏式火葬を禁じる等の方策を採ることとなる。廃藩前、神仏分離令・神道国教化政策、諸藩の廃寺政策等により窮地に陥った仏教寺院側も、この教部省政策は僧侶を神官と対等に扱ってくれるものと見なし、積極的に協力することとなった。

3　神仏両派の対立と合同布教の廃止

しかし教部省政策の実態は、神道を主とし仏教各宗派を従とするものとなり、仏教側に不満が蓄積され、特に「神祇不拝」を阿弥陀《あみだ》信仰の根幹に据えてきた浄土真宗は、この合同布教政策に堪えることが不可能となってきた。その背景には一般門徒の真宗教団がとらされた態度への深い疑惑があった。相川県(佐渡)相川町羽田《はねだ》浜の真宗門徒漁夫某はこう質《ただ》す。(2)「伊勢の太麻《たいま》を御師《おし》が送っても、我等は一向宗なりと断って一切御受申さぬが誠の信者だと、年来旦那寺よりの申渡されてありました所が、去々年〔明治五年〕より其太麻を受て大切にせよと申さるるは、夫《それ》では是《これ》まで宗門の掟は旦家《だんか》を欺いたのかと存じます」。

創世期国家の官僚の中には、徹底的な廃仏毀釈と廃寺を断行し、しかも一向宗を近世初頭より厳禁しつづけている鹿児島県出身の薩閥とは異なり、幕末期の二度にわたる征長の役に臨み藩崩壊の危機を真宗門徒の全面的協力・支援によって乗り越えてきた長閥が存在していた。そこで、幕末期の危機に大洲《おおず》鉄然《てつねん》と共に大活躍した島地《しまじ》黙雷《もくらい》は、東西両本願寺をはじめとする真宗各派（仏光寺派と興正寺派は脱落）をまとめ、合同布教廃止の運動を木戸孝允や伊藤博文らと結びつきつつ進めるのであった。この運動にとっても、太政官征韓論大分裂こそがその跳躍台となった。明治六年一〇月二五日、真宗は仏教七宗一同、神道から分離しようと仏教六宗管長に建議、しかも仏教六宗管長の返答を待たず、一〇月三〇日には真宗管長代理名をもって大教院からの真宗分離を申請するのである。

『真事誌』の社長で自由主義者のブラックは、「言論・出版の自由」の出発点とその根底には、一五三〇年代の宗教改革、新教国教会派からのピューリタン分立と一六四〇年代の清教徒革命、英国植民地アイルランドのカトリック抑圧と英国の一八二九年カトリック教徒解放法等、信仰の自由をめぐっての長期の国民間闘争が横たわっていることを、自国史の常識としていた英国人ジャーナリストであった。「建白」論争に紙面を提供する『真事誌』は、積極的に、真宗と仏教徒の、合同布教からの分離運動に関しても論争の場を創り出す。「建白」と「分離」は異なった形で提起されたものの、表裏一体となる同一問題だったのである。

真宗の合同布教離脱運動　干河岸《ひがし》貫一は奥州田村郡上大越村真宗大乗寺住職の息子で、西本願寺築地《つきじ》教黌に入学時、同窓の香川某と共に『真事誌』に投稿、明治六年一二月三日付に掲載されるが、それは教部省・大教院内の真宗の動きを輿論化する意図を極めて明確に有していたものであった。「此節真宗五派協議し、神官・〔仏教〕六宗と分離し、大教院に関せず布教せんと、已《すで》に教部省に伺へる由」、師の話では、教部省を建てたのは「旧時神祇省・宣教使の単に神教を宣布せんとする如き偏論には非《あらざ》れば、其公正の朝旨を感戴し、各布教に労事せば足る、分合聚散は各自教職の適宜に在り」、「大教院は官省の命令に依るに非ず」、しかし実際には「四神を合祭し注連《しめ》を張り華表〔鳥居〕を立て幣帛・祝詞《のりと》を奉奏する者、全く其体裁一大神祠にして祠官の給仕すべき所にして、僧侶の与《あずか》り加《くわわ》るべき所に非《あらざ》る」ところ、大教院で四神を祭るならば、中小教院においても祭らざるを得ず云々。

この、干河岸ほか一名の投書は大きな反響を呼ぶ。明治七年三月二日付『真事誌』には、大教院分離論が一二月三日付に出ていたが未だ許可されてはいない、維新後「神仏混淆を禁じ、祠官・僧侶を判然《あきらか》ならし」めたのに、「今の為す所を見れば混淆に復するのか、一教に帰するのか、事皆曖昧苟《こう》且《しょ》」、ひとり「真宗、新精神を振起し民に自主自立の標準を示すもの、教法開明の先鞭を著《つく》るのみならず、世道開明の先鋒とも謂《いい》つべき乎」との石上暁了《ぎょうりょう》のあと押し投書が載る。また明治七年三月一八日付『報知』にも、『真事誌』明治六年一二月三日付に真宗が大教院に分離布教を申請したとの記事が出ていたが、未だ許可なしと不審がる如山逸史《じょざんいっし》の投書が載る。

『真事誌』はさらに論争の場を提供する。明治七年三月二八日付同紙には、干河岸投書を読んでの豊岡県在住吉岡徳明(3)の反論が掲げられる。吉岡は明治六年大教院考試に合格、少講義に任ぜられ丹後一宮籠《この》神社権宮司となった神官である。反論に時間がかかっていることから考えて、これは教部省・大教院の見解そのものと理解してしかるべきだろう。

「皇国の神道は皇統に関する大典にして、此道行なはるれば皇統盛んに、此道行なはれざれば皇統衰ふるが故に、官より之《これ》を保護し給ふことを〔干河岸らは〕知《しら》ず、且つ本省設置の朝旨は区々の教法を会合して神道を補翼せしむる所以なるを知ず、（中略）本省を置《おか》るる朝旨は、仏教を以て神道を補翼し、海内に真正の一大教典を布演《（しきのべ）》せしめんとなり。旧時宣教使の仏教を度外に置き、単に神道を宣布せんと為せし如き偏論に非ず」。

「真正の教法を護持することは、皇国に於ては神道を以て基本と為さざるを得ず」、「神を祭り注連《しめ》を張り華表を立て幣帛・祝詞を奉奏す。此《これ》則ち皇国神典の儀則なり。凡《およ》そ国民、大道を維持せんと欲する者、宜《よろし》く之を奉行すべし」。

「神仏判然の詔は、混淆日久《ひさしゅう》して主客を顚倒するに至るが故なり、方今其弊を改め、賓をして主を補翼せしめんと欲す。是則ち立省の朝旨なり」。

また吉岡は、小教院のみは四神を祭ることを強制してはおらず、「祭否適宜に任せ」ていると、干河岸論の一部を訂正している。

明治七年五月二五・二七日付『真事誌』には、北越上天無声隠史が「答弁」欄において吉岡への反論を次のように展開する。

「本邦神道は開国の原史を伝るのみ。立教開宗の師祖あるに非ず。勧誡訓導の経典あるに非ず。若《も》し儒仏を用るは神意に非ずとせば、漢洋を取るも神意に非るか」。

「儒仏二教の外に於て別に神道一教を立るは神道者流の家説にして、其協同《（きやうとう）》すべからざる勿論《もちろん》なり」。

「造化三神を教本とするは近世一種の神道者流に原《げん》す。此れ独り僧侶の尊ばざるのみならず、本邦何の所にか之を祭るの社あるや。其国体に関せざるも明也《あきらか》」。

「彼此ともに正なるときは、各其説を混ぜざる、真に正を失はずと云ふべし。且つ本を一にせんとするも、一教の根本已《すで》に別也。勧懲の効は一にすべし、何ぞ俄《にわか》に教体を混同せんや」。「神道は皇統に関するの語あり」て、「教にして至尊を挟《わきばさ》み、官威を仮り以て不服を圧誣《あつぶ》せんとす。奚《いずくん》ぞ之を教と云はんや、我恐くは他日皇室の大患をなす者は此徒の私論圧制に原《げん》せん」。

『真事誌』は六月九日付に、東京正気堂主人の上天無声隠史への反論を載せる。「造化三神は謂《いわ》ゆる太元太始宇宙の大主宰なれば、万道皆此神に起原せずと云ふことなし、何ぞ独り教法のみならん」、「朝典を蔑《ないがしろ》にし、剰《あまつ》さへ国体に関せずとは強言の甚《はなはだし》き不敬の至り」と彼は主張する。

この正気堂の反撃を「中立子」が六月二四日付『真事誌』で、「教導職たる者は皆造化三神に事《つか》ふべしと云は、朝廷の令か正気主人の論か」と切り返す。

真宗以外にも不満あり

神主仏従にさせられている合同布教は、真宗以外の各宗派の僧侶兼教導職にとっても不満が抱かれることとなる。大阪府住吉郡喜連《きれ》村真言宗如願寺の小講義伎人戒心は、『真事誌』にも『報知』にも『新聞雑誌』にも左の一文を投書するが、ただちに二月二二日付に掲載するのが『真事誌』、『報知』は二月二四日、『新聞雑誌』に至っては三月六日に載せている。戒心の趣旨は次のとおり。

神官は朝廷をわきばさみて仏法を非難、仏法を圧伏しようとしている。しかし神道には教法無し、神官はただ祭祀の任のみ、後世仏儒の二道を併せ取って一種の道を造り、近来に至て洋教を雑用して一途の教を創造した。「速《すみやか》に神仏の混乱を一掃して、神官は神の大教院を設け、仏は仏の大教院を設」け、神仏各自の教法において力を尽くして外教を防ぐべし。「神仏各々純一無雑の教を説き、各地方の中小教院に流し、次で之を民心に注ぎ、教法を以て政治を裨益し民心を固結し朝旨を遵守せしめば、必ず布教の実を奏するに至らん」。

この戒心の投書も反響を呼ぶ。三月一五日付『真事誌』には、山口県下真宗僧侶松本月城による真宗の立場からの補強意見が載る。即ち戒心は、仏教七宗を「一松樹枝」とまとめており、仏教七宗の別を問うてはいないが、仏教では一宗こそが一樹なのだ、と。

ただし明治七年は新聞史上の戦国時代、生き馬の目を抜く時期でもあった。『報知』編集長栗本鋤《くりもとじょ》雲《うん》は『真事誌』に追いつけ追いこせを目標とする。大内退《まかる》（青巒）は旧仙台藩士の三男で、曹洞宗の僧侶について出家するも、在家主義を貫き生涯にわたり仏教革新運動を進めていく知識人だが、彼は六月一七日に左院に建白した「神仏混淆改正の議」を『報知』と『真事誌』両紙に投書する。『報知』が七月一八・一九日の両日にこの投書を掲載するも、『真事誌』に載るのは八月八・九日の両日なのである。『真事誌』の「惣領の甚六」的感覚がこの時期から世間に感じられはじめる。前出の干河岸は、七月段階では郷里に戻り磐前《いわさき》県師範学校寄宿生(4)となっていたが、彼の左のごとき左院建白が掲載されるのも七月三一日付『報知』であった。

干河岸は言う。一部で試みられている神祇官再興の動きは事を退歩させるに過ぎない。「宗教は人民の自ら択ぶに任せて、下情を抑圧せざる、これを適時の政と云べし。彼神道一教を以て民情を圧制し、国体を維持せんとする、其意は則ち美《よみ》すべしと雖《いえど》も、其実却《かえっ》て文歩を退却せしめ、自由を妨害し、遂に分崩離析の禍をも胚胎せしむ。不思《おもわざる》の甚しき、臣、国家の為に之を歎惜す」。

『日日』の教部省政策批判

明治七年の真宗離脱運動に関し、あと一つ押さえておく必要があるのは『日日』の動向である。創刊以降一貫して政府寄りの主張をしつづけ、「設立」論争でも慎重論、他紙からは「御用新聞」とも揶揄されつづけるのだが、この教部省・大教院問題では、政府部内でも一枚岩ではないこともあって、神道主・仏教従主義を貫こうとする教部省に対しては批判的な立場をとるのであった。明治七年一月二〇日付『日日』には、桜園処士なる者の投書「教法の信不信は人民自主の権に任《ま》かする議」が掲載される。大意は左のごとし。

教法の信不信も人民自由に任せて、各々其信ずる所に従ひ、敢て他人の関する所にあらざるの理は、今更喋々と弁ずるを俟《ま》たず。然るに政府、強て教法のことに関し民権を束縛羈縻《きび》〔つなぎとめるの意〕せば、恐らくは国家の患害を醸《かも》し、其盛なるや、たとへ巍《ぎ》々《ぎ》堂々たる政府といへども、之を防禦制圧すること難かるべし。（中略）方今政府独り耶蘇教を容れざるは国体に妨碍ありとするか。耶蘇教亦一の教法なり、何ぞ妨害あるの理あらんや。（中略）人民各自主の権を得て国威益々振起し、彼の文明開化の各国と并立鼎峙《ていじ》せんこと、日を刻して待つべし。

また、六月一八日付『日日』の榑田《くれた》喜三次「大教院説」の要旨は次のようなものである。

日本政府にて勧業・工作の諸寮を開き、人民を誘導して製造の業に従事せしめたるより、遂に世界中にて千古未曽有のものを新造す。其発明は即ち人造の新教、其の製造本局はしかも政府の権力を以て保護したる大教院なり。（中略）本月四日・八日の日新真事誌中に、浄土真宗と大教院と往復の文を掲げたり。（中略）国憲あるを以て陽は之を擯斥する事を得ざれども、仏を奉ずる人ならば、八百万の神も造物者も宜しく敬して之を遠ざくべし。（中略）夫《それ》大教院は諸宗の集会所にて、議論の修羅道に非ずや。一神・衆神・因縁《いんねん》の三教相会して何を協議し得べきか。（中略）諸宗ともに各々自己の宗旨を大切に思はば、早く此修羅道を去りて其の修むべきの道を修めよ。衆神教にても一神教にても因縁教にても、信仰を主として人道を重《おも》んずれば即ちこれ正教なり。（中略）或《あるひと》曰《いわく》、大教院を建《たつ》るは外教を防ぐ為にて、即ち日本政府の起意なりと。（中略）外教の事に付之を防ぐ為に、豈《あ》に凡祝《ぼんしゅく》・俗僧の力を仮《か》ることを要せんや。

台湾出兵が惹起した日清戦争の危機を綱渡り的にしのいだ参議大久保利通は、長閥の要求を容れ、なんとか政権の安定を実現しなければならなかった。明治八年一月、太政官正院は真宗の分離を決定、教部省官員の猛烈な巻き返しも結局功を奏せず、太政官は四月三〇日、神仏合同布教廃止を教部省に通達し、五月三日大教院は解散する。有名無実となった教部省は明治一〇年一月一一日に廃止され、その事務は内務省に新設された社寺局に移されるのである。

4　信仰自由のもと天皇支配の正統性をいかに証明するのか

神仏合体しての合同布教がおこなわれなくなった以上、神道側は神道事務局に各派が結集、神道の宗教的発展を狙い、帰依者たちの内心からの信仰を深める中で、天皇支配の正統性への確信と己の霊魂の安着とを結びつけようとすることになる。この意味では、明治八年後半からは、神道系諸宗派の教線拡大は極めて顕著なものとなっていった。また他方では神祇官《じんぎかん》再興運動や教義の純化と一宗化を試みる動きともなる。しかし他面では、天皇の人民支配は、ではどのように正統化されるのかという問いもまた増大していくのである。上からの一方的な正統性の押しつけは、もはや納得されなくなってきた。いかなる日本人民の中にも、旧幕時代の「武威」をもっての有無を言わさない武家・サムライ階級による強権支配を甘受する男女は存在しなくなってきたのである。

明治七年一二月一八日付『真事誌』には酔史民なる者が投書し、「天子は父母に非ず、人民は赤子に非」ず、と主張、政府が父母・赤子との関係づけを依然としておこなっているのは「政府、自己に便なる専制を力行せんと欲して徒《いたず》らに人民を抑へたりと謂はん」とするものだ。「予輩は既に明治元年の誓文に依て、其父母たる一大部分を棄てられしと思ふ。故に予輩人民も其赤子たるの一大部分は、既に当時之れを脱《だっし》たりとなす」と断言する。五カ条の誓文を公布することによって天子と人民との関係性とされてきた「父母・赤子」論を自らが放棄したのだとするのである。

「設立建白」の起草者古沢滋《ふるさわしげる》になると、王政復古・五カ条の誓文・戊辰戦争という時代の画期性を前面に押し出しつつ、より輿論に訴える論法を展開しようとする。明治七年九月六日付『報知』並びに九月八日付『真事誌』は、立花光臣（古沢のペンネーム）名の「専裁擅制」論（「擬住仁安書」第八号）を掲載する。そこにおいて彼は、五カ条の誓文が示されたその三月一四日以降、「武断暴政」を破棄した天皇と日本人民との間には、上和下睦・上下同治の関係が成立し、従って「専裁擅制」の四字は天皇を除外した現今政府にのみ付着している。民選議院を拒む者は大抵「我国体は専制なりと云ふ昔し話しを以《もっ》てせざる莫《な》し」。しかし世の士人・君子の公論に質したい、「我々も亦《ま》た均《ひと》しく日本帝国の人民に非ずや、民選議院の政府、以て我帝室を奉戴尊重すると、三藩或は四藩丈《だ》けより出身せし有司専制の政府、我帝国を奉戴尊重すること、其択ぶ所果して孰《いず》れに在るや。矧《いわ》んや三藩の誠衷、其の奥羽を征平するや否や、首として其版籍を奉還し続ひて廃藩の挙、復《ま》た諸藩の先たり」。明治元年こそ大変革の年であった、とするならば、「我々想ふに今日に至って其の権を推して帝国一般の人民に譲り以て之を与《とも》にするは、実に亦た三藩愛君愛国の本意ならん」。

このように、有司専制政府のとった論理と実践をしっかりと踏まえた上で、世の民権家に訴え叱咤する。「世の論者の斯説《そのせつ》を主張する、未だ彼の前日勤王家の其説を唱へ、及び郡県家の其事に勉めしが如き奮熱の誠心・勉強の勇力に及ばざるのみ」と。

五カ条の誓文で人民に約束したことを具体化することによってのみ、天皇と人民との関係は安定するという主張が、当然のように各方面からなされることになるだろう。

明治七年一二月二五日付『朝野』は、広田百之なる者の「政論二」(「一」は一二月一三日付)を掲載する。彼は当時の知識人の教養の基礎となっていた中国史を駆使しながら、天皇支配正統性の根拠づけを論じるのである。中国での天命と皇帝の関係は、日本では朝廷と将軍家との関係に等しかった。「上帝冥々の中に在れば、人民只《ただ》之を敬長せざらんことを恐るる」に過ぎなかったのだが、戊辰後は「上天降りて人間《じんかん》に在り」、「面《ま》のあたり、為《た》めに事を謀らば、人民其意に適せざらんこと有らんには、必ず弁論し、冤枉《えんおう》あらば必ず怨嗟《えんさ》せん、今日の朝廷、何ぞ上帝降りて人間《じんかん》と倶《とも》に居るに異ならんや」。「政権武門に在りたる時は、天下の怨嗟は尽《ことごと》く武門に帰して、毫《ごう》も朝廷に帰せしことなし」。しかし今日はそうではない。「万々一挙措宜《よろし》きを失ふこと有らんには、人民の怨嗟は朝廷に帰せずして将《は》た孰《いず》れに帰すべきや」。従って「朝廷自《みず》から其責を軽くし、人民をして各其所を得て怨嗟無からしめんと欲し玉はば、人民をして代議人を選挙し事を議せしむるに如《し》くは無し」と。

天皇支配正統性論批判

王政復古・五カ条の誓文以降、天子・天皇の専制性が消滅したのならば、なぜ専制が今日まで続いているのか、との設問が繰り返し出てくることになる。明治八年一月一〇日付『曙』には、三石重光投書が載る。維新後権力を分有している者はわずかに「大臣・宰相」位の者のみ、緩急すべての措置は「皆専裁の制令」のみ、「一緩一急皆此権力を分有する者の意見のみ」、「緩急与奪、唯其意の欲する所に任《まか》す者は固《もと》より専制政府の常なりと雖《いえど》も、我国の此の如くなる者は、これ決して天皇陛下の専制に出《いず》るに非ず、陛下も亦《ま》た此《この》専制を受け、東遷すべしと云へば則ち東し、西巡すべしと云へば則ち西せざるを得ず」。このような事態に陥ってしまったのならば、御一新を期待し命を賭したことは無意味だったのではないだろうか。「果して然《しか》ば、戊辰の際、干戈《かんか》を動し生命を暴《さら》し曽《かつ》て分有せし権を褫《は》ぎ、復古一新すと謂《いう》も、終《つい》に徒為《とい》〔むだなしわざの意〕・虚設に属し、猶《な》ほ溺《おぼるる》を避て火に投ずるに異ならず」。この結語は明らかに戊辰・箱館戦争で新政府軍に参加し、四年後廃藩の挙を驚きをもって迎えざるを得なかった薩長土肥以外の全国士族全体への煽動を意図している。

明治八年三月一七日付『朝野』への投書において、北溟逸士なる者は君主制と名義との関係性を世界史レベルで左の如く論じるのである。

君主政治は則ち数十カ国におこなわれており、一一〇〇年にわたって変じないものがある。「豈是《あにこ》れ力の能《よ》く致す所あらんや。名義あるを以てなり、名義正しからざれば、則力ありと雖《いえど》も未だ以て恃《たの》むに足らず」。「是故に周発〔殷の淫虐王「独夫」紂《ちゅう》を倒して周王朝を開いた武王の名が発〕は一夫の紂を誅して而して支那に王たり。ヲランヂのウイルレムは自由を承認して而して英国に王たり」、「名義の君主に於る、猶《なお》後凋の松柏に於るが如し。(5)後凋せざる者は松柏に非《あらざ》るなり」。「羅馬《ローマ》人の言に曰く、国を治るに公正を以てする者、之を君主と称す。公正を以てする者は其称を得、公正を以てせざる者は之を失ふ」と。

明治八年四月一四日の「漸次立憲政体樹立の詔」の眼目は、「朕今誓文の意を拡充し」、「漸次に国家立憲の政体を立」てることを人民に約束することにあった。従って国会開設論者はこれ以降、この詔をも自己の主張の根拠に据えることとなる。

明治八年八月一八日付『朝野』はその「論説」欄において、四月一四日詔を楯にとり、改革を妨げている勢力を「聖天子の詔書を遵奉せず、心に旧習を喜び立憲政体の成立を陰に妨害」しようとしている者だとし、「我輩之を目して聖旨に背戻する大罪人」と非難する。

明治八年五月二一日付『曙』への投書において雑戸《ざっと》聞太《きいた》なる者は、四月一四日詔を大歓迎し、「教法は人の信仰に任かすべし、邪蘇《やそ》教の禁を解くは論ずるを待たず」と詔を基《もとい》とした大改革の展開を期待しつつ、「皇統の一系たるは固《もと》より論ずるを待たざるなり」と一旦は引き下がりながら、「天の眷佑《けんゆう》を得るは政事の得失にあり、未だ空文を以て天下の人心を繋《つなぐ》べからざるなり」と、記紀神話による天皇支配の正統性論を「空文」と一蹴するのである。(6)

明治八年八月一九日付『朝野』に投書する大淀研吉も、四月一四日詔を前面に押し出し、これによれば将来は「立法の権は独り国会、即ち人民の名代人が専有する所にして、宰相と雖《いえど》も国帝と雖も決して私に其議に参するを得ず」と断言、今の「仮政体」を一日も早く「真政体に換え、仮法則を以て真法則に変」じさせねばならないと呼びかける。

先に「天皇・人民」関係は明治天皇が五カ条の誓文を約束した以上、「父母・赤子」関係ではなくなったとの主張を見たが、この考えは、ひいては日本が神話以来の「万世一系」の君主をいただいているとの主張の根拠たる「神国論」への批判そのものにもなってくる。明治八年一月四日付『曙』は、その「論説」欄において矢口勇が(7)「神国論」と題して概略次のごとく論じるのである。

わが日本の「政制」においては、人にして神を支配するの権がある。「乃《すなわ》ち天子の権にして、人を神とし之を崇《あが》め或は神位を進退し或は神位を与奪することを得る、是《これ》其専制権力の無上無辺なる、決して他国に比類なかる可《べ》し、近日では神田明神相馬将門(平将門)が神位を奪われてしまったのは、戸長や区長かを進退するごとく容易ではないのか。「我等が如此《かくのごとく》崇敬する神と雖も、必ず天子の専制に依りて栄辱すと云ふときは、天子の権力余り甚《はなはだ》しからずや、而して実に此管轄を免《まぬか》る能《あた》はざる神なれば、仮令《たとえ》八百万神あるも八千万神あるも、焉《いずくん》ぞ神国と称するを得んや。又何ぞ之を崇尊敬礼するに足らんや」。

この日本「神国論」批判は、権力側の天皇人民支配正統性論に対する批判に発展する。明治八年五月九日付『曙』は社説に当たる「あけほの」欄でこう主張するのである。天子・皇国・天朝などの政体・制度を有している政治形態は英語では「テヲクラシー」(theocracy)といわれている形態だ。もし「天朝の称をして是ならしむれば、人民ありて後政府あるの論は非なり。天子の尊号をして是ならしむれば、人間同等の議は非なり、皇国の称謂《しょうい》をして是ならしむれば、一国は公有たるの説は非」になってしまうのだ、と。神国論を脱却することと民選議院設立運動は、内在的に結合していかざるを得なくなる。

清水卯三郎の文明開化史観

著者の調べた限りでは、文明史観の原則に立ち、天皇・朝廷制度を日本通史の中にしっかりと位置づけようとした最初の人物は、洋学知識人で商人・ジャーナリストとしても活躍する清水卯三郎である。彼は明治七年三月九日付『報知』に「民選議院論」と題する一文を投書している。卯三郎は大意次のように論ずるのである。

神武帝は必ず人民の選んで以て帰依《きえ》し、頼《たより》て以て之に服従し、而して後以て王たるなり。知らず知らずの内に世襲となった後は、位を有する者はそれに慣れ、政権は漸《ようや》く大臣に移っていった。この時代各地に豪族が興り、天下挙《こぞっ》て源頼朝に帰した、これ亦《また》万民の選を以て頼《たよ》られた者である、北条の末威権に慣れ、足利氏が出、万民選んで以て之に頼った。相伝へ相代る者、実に皆公衆の或は選み或は棄るに因《よ》らざる者無し、日本の風習に天子一統系、天下を主宰するの名復《ま》た動かすべからざること、並びに人民一生涯、豪族に奴隷する役、俄《にわか》に逃るべからざることとの風習があるが、これは織田信長がつくり出したものだ。輒《すなわ》ち天子を擁して天下を威《おど》し、万民を瞞《だま》して奴隷とし使役する。徳川の末世は偽律盛《さかん》にして良民怒り、新法出て万民愕《おどろ》く、此の時、万民更に外国政事の美を聞く、天下目を拭《ぬぐ》ふて観る、此に於て衆人此を棄て他を選むの心を生ず。是に因《より》て之を観るときは、則衆庶の帰する所興り、其衆庶の悪む所亡ぶ、且夫《かつそれ》累世賢明の主必《かならず》しも出でず、万世不朽の法律遂に立たず、然ば則ち何をか善とす、曰《いわ》く、民選議院より善き者はなし、其民選議院の議の定むる所は即衆の好む所、猶《なお》賢主の万機を統轄する者の如し。君主独裁は孤立斃《たお》れ易く、君民同治は共立折れ難し、故に欧州の人早く斯《こ》の民選議院の設《もうけ》あり。日本は未開の民、雷同する恐れありとの批判あるも、雷同する者も亦衆の好む所とす。縦令《たとえ》一時雷同するとも、万民に善ならざるとき、則必之《すなわちかならずこれ》を改めざることを得ず。今若《もし》民選議院を立て、上下相和し相楽み万民共に生活を得る、未開と雖《いえど》も固《まこと》に文明の政なり。然り而して国富み兵強く宝祚《ほうそ》不朽の久《ひさしき》に伝へ、豪族覬覦《きゆ》の念を断ち、内は万民安堵の思を起し外は蛮夷容易に犯す無し。誠に王政維新の実を得る者に非ずや。

5　木戸の逢着する矛盾

一向宗を依然として禁止しつづけ、神道と天孫降臨と天壌無窮の神勅による日本統治の正統性を日本人民の中に心情的に浸透させようとする薩閥宗教政策担当者に対し、強権をもっての仏教の神道への従属化は正しい支配の方法ではないとする、長閥領袖木戸孝允にしても、民選議院方式による天皇支配の正統化に賛成することは不可能であった。しかも明治九年に入ると「本邦は皇室の尊き、他に比類も無之《これなく》候得共、右人心の変移もまた比類無之、ここに於ては前途の為め御用意有」りたく(六月)[8]、「土耳其《トルコ》国之事、実に寒心の至、時勢の転化、人情の変移ほどおそろしきものはござなく候。みちのくの小児まで主上の権限を論じ候もの有之。何卒人民も人の権限より先己《まずおのれ》の権限を知り候様に実進いたし度《たく》」(七月)[9]と、盟友伊藤博文に書通せざるを得なくなってきた。

では、薩長両藩閥が合意できる、民選議院設立によらない、天皇による日本と日本人民支配の正統性の証明は、いかなる論理と形態によって可能となるのだろうか?

第五章　地方官会議と全国各地域の主体的活動

1　問題の発端

「制憲・制規」による国家の安定化を主張した参議木戸孝允の意見書が、単なる主張にとどまらなくなるのは、やはり明治六（一八七三）年一〇月二四―二五日に勃発した太政官征韓論大分裂直後のこととなった。岩倉具視・大久保利通政権は、是が非でも権力を掌握しようとするならば、木戸が鋭く批判した「其政、尚唯五条〔五カ条の誓文〕のみを以て照準と為す時は、当路は応変の処置に迷ひ、恐らくは民意に充《あ》つること能《あた》はざるべし」との事態の到来をなんとしても防がなければならなくなったのである。新たに参議に任ぜられ、薩長両藩閥の巨頭木戸と大久保の間を取りもつ責務を負った伊藤博文は、一一月二〇日、「廟議、我が政体を変更せん」との意向を伝えに木戸邸を訪問、木戸は「他日是非元〔老〕院・下院の二院は差し立てられずては相成らざるに付、他日差し立てらるべきの訳を以《もっ》て、政府体裁《ていさい》中へ二院の名は定め置かれたき事」(1)と伊藤に念を押す。他方、太政官大分裂を機に、何らかの立憲政体構築を意図している木戸を動かそうと、一〇月二五日、蘭学者で明六社同人の元佐倉藩大参事西村茂樹《にしむらしげき》は木戸を訪問し、木戸の意向を受け華族並びに士族を元老院議員に充てる草案を起草、五日後に木戸のもとに持参する。木戸は有功の士族あるいは積年上官にあった人々を退職後元老院議員に充て、上院に擬そうと考えてもいたのである②。

ただしこの「政体変更」の検討を具体化する余裕は、岩倉・大久保政権には全くなかった。大量の近衛将兵の兵営離脱、鹿児島分営の放火と瓦解、熊本鎮台での大動揺、数百名の邏卒《らそつ》の連袂辞職など、これらに対症療法的な弥縫策を講じつづけるほかはなく、そして明治七年一月一四日には右大臣岩倉具視殺害を狙った高知県不平士族たちによる赤坂喰違《くいちがい》事件が勃発する。

下野した板垣退助・後藤象二郎《しょうじろう》・江藤新平・副島種臣《たねおみ》ら征韓論派元参議たちによる民選議院設立建白が左院に提出されるのが一月一七日、『真事誌』での公表が翌一八日となるが、板垣は立憲政体構築構想を有する木戸との協同が可能かどうかを探るべく、一七日に面会を求め板垣邸で長時間話し合い、また一八日には阿波の小室信夫《しのぶ》を木戸邸に送り、二一日には板垣は小室を伴って木戸邸を訪問、ここで木戸は「建白」での政府批判は甚だ急進すぎ、また事実ではないことの言及があると批判する③。これ以降木戸には「政体変更」の具体化に関しては何らの動きも見られない。手のひらを返すがごとき政府の台湾出兵決定に憤り、四月一七日に文部卿の辞表を提出、五月二七日には離京して郷里山口に帰省してしまうのである。

2　地方官会議案の浮上

やはり岩倉・大久保政権に地方官会議を開催することを余儀なくさせたものは、「民選議院設立建白」での国会開設要求が国内輿論の大潮流となり、士族の不満についても、佐賀の乱鎮圧だけでなく、台湾出兵を明治七年二月初旬に決定、外に洩らす方策をとらざるを得なくなったことと同様、有司専制への囂々《ごうごう》たる非難に何らかの対処をしなければならなくなったからであったと著者は判断している。

木戸をはじめ長州系藩閥官僚と親しい福地《ふくち》源一郎《げんいちろう》は、明治七年一二月、『日日』に迎えられる以前は、猫尾道人なるペンネームで政治評論活動をおこなっていたが、明治七年九月七日付『報知』「論説」欄でこう述べるのである。

「政府にて地方官会議を起すことも、其原因は之を推知するを得ざれども、外見にては、此民選議院を全く擯斥し難きより、此会議を開くと決定したる歟と想像せらる。其実否は兎《と》も角《かく》も、此会議に出席する議員は、矢張《やはり》民選議院の建白に眼眩《くら》み心酔《よ》ひたるより、租税・公債・定律・条約等の定制の権を取り、今日に於ては全国の安危に関渉し、しかも瞬間の時機も等閑にすべからざる和戦の決議迄も便々《べんべん》と〔すらすらと〕之を評議せんと企つるに至」る。これらの大弊害は設立建白から起こっており、設立尚早論以外には論破することはできない。王政の国家においては和戦の決定権は「大政府」にあるのだ、と。

福地はこのように、地方官会議の企画自体が、府県知事の急進化を促したこともしっかりと認識しているのである。

『日日』に入社し「論説」の責任者となり、政府部内の情報に、より精通するようになった段階でも、福地においては地方官会議開催理由の理解は全く変わらなかった。明治八年四月二日付『日日』

社説で福地は、前年の諸事件を次のように回顧している。

「此討台〔台湾出兵を指す〕に付ての輿論の之に反対する、更に征韓よりも甚だしく、徳望ある大臣〔木戸を指す〕も一旦は要路より退《しりぞ》きし程なりき。此際に当りてや、朝野には既に非討台の論者あり、民権の論者あり、政府を責むるに無名の師を起すを以てし、専制の政を施すを以てす。況《いわ》んや支那の葛藤は平和に帰すべきか干戈《かんか》を動かすに至るべきか、毫《ごう》も前途の見据《みすえ》なきに於てをや。政府は内政の挙措《きょそ》に於て、何か議政官・立法官の如き姿あるものを創立し、姑《しば》らく民権家の心を慰さめ、且は専制に非ざるの状を示し、以て一時協同の仮面を粧《よそお》はんと欲したり」。「此命令〔地方官会議開催の布達〕は九月〔（ママ）〕に公発せしと雖《いえ》ども、其企《くわだて》は既に佐賀騒動の後に萌《きざ》したると信ぜざるを得ず」。

前年明治七年五月二日の地方官会議開催の布告がいかなる期待を全国的に引き起こしたのか、しかも明治八年になっても、何らの動きも未だ見せていないのは、前年の布告は政府の一時的な便宜的措置だったのではとの疑念が、まだ第二回目の会議開催の布告がなされなかった四月二日付『朝野』への「草莽一民」の投書によく表れている。大意は次のとおり。

地方官会議開催発令は未だないまま、既に四月に入ってしまった。地方官会議は美挙・盛事だ。ひとたび大政府より布告を出すと、地方の県令・参事はただちに管下に布達、各人民の意見を陳述させたのだった。当時地方の人民は各々上下の便宜を論じ、あるいは自己の疾苦を陳じ、県令・参事が首尾よく代言してくれるや否やと、「日夜首を引て」その報を待っていた。しかし「征台の結局が容易ならざる勢いに立ちいたりしより、止《や》むを得ずして」一時停止とされてしまった。どうして我々をこの極にまで至らせることになったのかも言わず、逆に命《いのち》を差し出せ、金を差し出せ、身体も家財も征台の発起人に任せろというのは、「如何に一釜中の魚④」とは言いながら、「随分可愛《かわい》らしき了簡」ではないか。戦争にならなかったことはよかったが、「曽《かつ》て親切の御尋ねに与《あず》かりし折こそ宜《よろし》けれど」、「彼の便宜や疾苦を並べ立てて申し陳《の》べたるものをば更に何の沙汰もなく、其《そ》れ形《な》りにして振り向きもせぬとは如何なる訳にや」、「台閣〔内閣の意〕の中にも民選議院を主張したる人もあるほどなれば⑤、決して我儘《わがまま》勝手の圧制を押し通す事は万々無しと信」じてはいるが、云々と。

3　議院憲法公布と明治七年地方官会議の中止

明治七年五月二日、太政官第五八号達により「議院憲法」並びに「議院規則」が達せられ、冒頭に左のごとき上諭が付された。

朕践祚《せんそ》の初、神明に誓ひし旨に基き、漸次に之を拡充し、全国人民の代議人を召集し、公議輿論を以て律法を定め、上下協和・民情暢達《ちょうたつ》の路を開き、全国人民をして各其業に安んじ、以て国家の重《おもき》を担任すべきの義務あるを知らしめんことを希望す。故に先《ま》づ地方の長官を召集し、人民に代て協同公議せしむ。乃《すなわ》ち議院憲法を頒布す、各員夫《そ》れ之を遵守せよ。

「議院憲法」第一条には、人民代表の資格を有する者としての地方長官の会議を「毎年一度之を開くを以て常例とす」と明言される。

その後、六月二二日には地方官に対し、九月一〇日を期して上京すべしと達せられ、八月二日には会議議長に参議伊地知《いじち》正治《まさはる》が任命される。しかしながら日清間の紛議が極めて重大な局面に入ったため、八月一七日、会議の延期が宣せられる。ただし九月九日には「議院規則」に小目が補われたように、人民代表としての地方長官会議の毎年開催の建前は崩されてはいない。

なるほど地方官会同なるものは、大蔵大輔井上馨《いのうえかおる》によって明治六年四―五月に開催されているが、これは大蔵省事務に関する会合であり、それと明治七年五月に達せられた地方官会議とは全く性格を異にするものであった。

ただし行政官である地方官を人民代表にすること自体が矛盾も甚だしいことであり、発令直後から繰り返し問題になるのはあまりに当然のことである。五月八日付『真事誌』に社長ブラックは、堂々たる正論を展開する。

「府県の知事・令・参事をして人民の代議士となし、国事を商《しょう》し人民をして其会議に臨《のぞ》ましめざる等渾《すべ》て民選議院の主意に非ざる也」、「政府の官員、地方の役員は常に政府に仕へ、事を奉行するのみ。仮令《たとえ》政府と雖《いえ》ども、国民の権を奪ふの理無く、又人民も自由の権を奪はる理ある可からず。故に民選議院は独立独行の人をして小事と雖ども商量せしむべし。又地元に依り人民中より人望の帰する者を選立し、之を人民の代議人と為すも有る可し」。

また同紙は七月一三日、「鎮西馬城《まき》山人」の大井憲太郎投書を掲載する。大井は大意こう主張する。地方官会議が予定されているが、地方官は行政有司であって立法議員の職ではない。民選議院とは立法議員の相会同する所なので、行政有司の会議と立法官とを混淆すべきでないことは「方今の定論」、「願くは非常の大英断を以て治道の大本御釐正《りせい》あって、確然不抜の制度御選裁有之度《これありたく》」と三権分立原則に立つ国家機構案を別紙として提案している。

この種の批判は新聞紙上に枚挙にいとまがない。ただし地方官会議反対で輿論がまとまるのではなく、逆にこれを手がかりに地域の意見と要求を中央に反映させようとする強力な運動が全国的に引き起こされていく。廃藩置県から二年以上が経過しており、征韓論大分裂に象徴されるように各地域のかかえる諸問題は累積しつづけ、民心は上意下達型有司専制的支配と鋭く対立してきていたのである。

4　明治七年での地方官への下からの突き上げ

府知事・県令・県参事が人民代表の形をとるためには、最低でも人民から意見聴取しなければならなくなる。このような事例が発令直後から全国的に見られるのである。

滋賀県令は五月、管下にこう布達する。⑥「抑《そもそ》も拙者此会議に列し候儀は管下人民に代て協同公議するの御主意にして、即ち管下人民の代議士に候へば、兼て管下人民の所見承知致し置度《おきたく》候条、前途律法制定の事件に見込有之《これある》者は至急申し出ずべく候事」と。

佐渡島に置かれていた相川県でも六月、意見を上申すべき旨がこう達せられる。⑦「地方長官、人民代議人の心得にて出京・会同仰《おお》せ出され、故に区戸長始人民一同、御為筋《おんためすじ》は勿論《もちろん》、郡村為筋まで忌諱なく六月一〇日を期し申し立つべし」云々と。

常陸国南部と下総国北東部を管下に置いていた新治《にいはり》県も六月、「今般御会議御出京に付、管下の意見有之者は、御政体・民情に至り忌憚なく申し出ずべき旨」を県民に達している。⑧

しかし地方長官が上から意見を聴取するだけで、「人民の代議士」となりうるのかが県民から問われることになるのも当然のこと、新治県では古渡資秀《ふるわたり》が「伺」の形をとり「民会議事創立」すべきことを、この下問に対し六月に提出する。(9) 古渡は既に明治六年一二月「本県民会議事創立の儀」を建言していたが何らの「御指令」もまだない中でのこの聴取である、「頃日《けいじつ》地方会議のこと仰せ出され、各地方長官を以て其代議士に充てられ候由」、しかし「会議の其期に到り未だ一回も人民と御集議無之《これなく》候ては、人民惣代の名義に於て如何《いかが》可有之哉」、「民会議事速《すみやか》に御興立有之、一応全管人民の見込等御取糺《とりただし》の上、御登院御議論あらせられ候はば、以後政教御設立の基本とも相成《あいなり》申すべくと存じ奉り候」云々と。また古渡は会議人民中、俊秀の者二、三名を選び、上京の節同伴、議事を傍聴させるならば「ますます」上下の交わり相通じる道が開け、「人民各々其所を得ん」とも提案するのである。

東京府会議所の活動

同様の動きは東京府においても見られる。寛政の改革により江戸には七分積金制度が設けられ、町会所がその運用を管理してきた。ところが廃藩置県直後の行政改革で、明治五年五月二九日に町会所が廃止、かわって営繕会議所が設置され、新政府御用商人中の東京在住者たちがその掛《かかり》を命じられたのである。それまでおこなってきた基本事業は、類焼窮民をはじめとする独身者、二人者、七〇歳以上の極老、一五歳以下の孤児、病死人などの貧民への救済であり、資産も積金五五万円、籾《もみ》四万石、所有地所一七〇五カ所等となっていた。新設の営繕会議所は従来の救済事業以外に旧朱引地内の道路・橋梁・水道の修理改築、あるいは新規営繕事業にも手を広げることとされたのである。

ただし東京府営繕掛とのかかわりを具体的にはどのようにすべきかが掛内部で問題となり、討議の末、市民の市会というものを組織し、市学建設・窮民措置の方法、生産保護の得失など施行すべき諸事業を計画、その実施の可否を決し、可となったならば東京府に回達し、府営繕掛らが実施、会議所としては全市の利害得失を討論する市民会議所といった府会的なものにしたい、との結論となり、明治五年九月に営繕会議所より大久保一翁府知事に上申、ここに営繕の呼称が削除されることになり、翌一〇月「会議所」と改名されたのである。⑩

では新組織をいかに立ち上げるかが課題となり、征韓論大分裂のインパクトもあってのことだろう、各区より議人を選出する改革案が作成され、三井・小野両大商人より代議員となることを依頼されていた旧佐倉藩士で西村茂樹とも親密な儒者依田学海《よだがっかい》が、明治七年一月一五日、会議規則案を東京府に提出する。⑪

その討議次第によく通じていたと思われる「竜山の下に寓す饒舌翁」は一月九日付『報知』に投書し、大意こう述べるのである。

府下の会議所は英国の下院に擬し、追々人民の益を謀る趣旨で設けられていると云う者もいる。同所が人民の益になる事を熟慮し、橋梁・道路の修繕を始め、諸税の多寡を考へ、億万の衆に代り府庁に建言し、無告の窮民を保護し、全国の便利を謀らん事を望む。然れども、もし会議所が下院の制に倣《なら》はず、唯《ただ》府庁の御用を達して、我等も一商法する而已《のみ》なりと云はんには、余輩別に議論無し。

福山県からの働きかけ

この上申は大きな波紋を呼びおこした。北海道にはこの当時渡島《おしま》県が設けられていたが、同県下福山の商人たちは、前年の明治六年七月、会議院設立願いを県庁に提出しており、この東京府会議所の動きを知るや、民会開設の動きを全国化すべく、左のごとき趣旨の書状を「会議所執事」宛てに送るのだった。⑫

〔民会設立の運動の輪を広げるため〕貴社に謀り、府県現在の民会に告げ、同社を約し、民会未立の郡県には更に勧奨し、一社同体の規範を確立し、永日の無実に至らしめざるが為め、彼我遠邇《えんじ》〔遠近の意〕互に通信をなし、先《ま》づ新聞紙に最要の者と諸科各所発明の事物とを輯録し、活版に付し、『広報新聞』又は『大日本国会記事本末』と号して普《あまね》く頒布しては如何。

会議所代理として活動していた依田学海は、五月二日の「議院憲法」公布を知るや、ただちに左の一文を認《したた》め、同月五日、府知事大久保一翁に提出する。⑬

伏《ふし》て地方官会議の勅文を誦《しょう》するに、全国人民の代議人を集むるに先づ地方の長官を会し人民に代て協同公議せしむると。恭《うやうやし》く勅意を推すに、地方の長官一己《いっこ》の私《わたくし》を棄て人民の心を心とし政府に媚《こ》びず部民に偏《かたより》せず人民の公論を以て議を立つべし。否《しか》らざれば卓識高見、庸衆に擢《ぬきん》で奇説宏論ありと雖《いえど》も一人の私論と云ふは可なり、之を人民に代て公論すと云《い》ふ可らず。蓋《けだ》し当今開明の治、海内に行はれて、官にあり職に任ずる者其人に非《あら》ざるは無し。然れども官と民と咫尺《しせき》〔極めて近い距離の意〕の地にありと雖も、その情実の貫徹せざるに当ては実に霄壌《しょうじょう》〔極めて離れているの意〕の異なることあり、〔中略〕若し人民に代て公議を立てんとせば民心を探り民情を察せざる可らず。否《しから》ざれば開化の治を資《たす》くる議ありとも地方官一人の私議にして人民の公論にあらず。若し謬《あやまり》て之を取て事を決せば即ち政府独断の政なり。何を以て公議協同といわんや。嚮者《さきに》会議所より建議して府下各区の議人を集めて会議を起さんことを請《こ》へり。然るに未だ允許を蒙らず。蓋《けだ》し当今の時態、猶《なお》その機会に至らざるを以て事を速かにせば、反《かえっ》て害あるとの説によりてなるべし。然るに今般勅文に拠れば、地方の長官人民に代るとの事あれば、勢ひ人民の会議を起さざれば民心の在る処を知り難く民情の赴く所を察し難し。伏て請ふ、断然俗論を排斥して各区代議人集会を許可せられ、地方官会議の時に当り、事若し人民の利害に係らば必ず代議人の公議を採り、更に長官の説を斟酌《しんしゃく》して発議あらんことを。

5　各地での地方議会開設の試み

ところで、上からの意見聴取だけで人民代議人の体裁を繕おうとする地方官だけではなかった。明治八年二月二七日付『報知』は、延期されてしまった明治七年九月開催予定の地方官会議を「民撰議院を起さんとするの大趣意にてありしなるべし」と高く評価し、しかし「人民を愚かとみて代人に官員を用ひんとせしのみの誤、大主趣は少も誤る処無し、是を以て今度会議を起さんとするには必ず許多の商量比較を費すに及ばず、かの地方官会議を根基として其代人を民間に徴するのみ、豈簡《あに》にして為《な》し易《や》すからずや」と主張、前年においても「少しく道理を解するものは令を下して人民の議論を聞かんとし、又は人民の代人を同行せしめ議論を傍聴せしめんとするものあり」と指摘する。

実際かなりの県で何らかの会議体を組織し、それなりに下からの意見を聴取しようとする態勢をとったのである。

西国での動き　九州では筑後国を管下に置く三潴《みずま》県で、明治七年六月、「議事定則」を制定、大区ごとに区長一人を公選、各区長をもって大区会議員とすることを定めている。八月の報道では、各区長・戸長・保長〔町村長のこと、入札で選出〕の選挙法を定めたとある。[14] ただし地方官会議への意見聴取との関連は、新聞報道の限りでは明らかではない。

四国では阿波・讃岐・淡路三カ国を管下に置く名東《みょうどう》県で、「今般集議院開かせられ、各県の令東上の命あり。故に県下民情熟知の為県会議事を設けられ候際、各区代議人撰入札の件に付、当第六大区の如きは、区戸長私権私利を貪り、各々其任に当らん事を欲し、終《つい》には合従連衡《がっしょうれんこう》の争い、蘇張《そちょう》〔中国戦国時代の縦横家蘇秦と張儀を指す〕の智を奮ふの景況」と報じられている。[15]

山陰地方では浜田県庁が五月、告諭書を発して、六月一日意見聴取のための会議を招集する旨を次のように説明する。[16]「今般人民を会同して議事を興し、上下の情を開暢《かいちょう》〔開き伸ばすの意〕せんと欲す。此会や汎《あまね》く古今を参酌《さんしゃく》し、時勢を商量《（はかり）》し、得失を商議し、空理を去り実践に基き、多事因襲の積弊を芟除《さんじょ》〔除去する意〕し、施為《しい》の便否を論定して、扞格枝梧《かんかくしご》〔衝突する意〕の患なからしめ、民事凡百の振興、将来施為の修整を期す。各其《その》胸臆を披《ひら》き、勉《つと》めて詳論・熟議せずんばあるべからず。依て来六月一日を期し会同議事相設候条、別紙章程の通《とおり》相心得べし」。

ここでは地方官会議との関連には触れていないが、時期的には意見聴取の目的も含まれていたはずである。

鳥取県では七等出仕黒河正治が七月一五日以前の段階で布告を発し、左のごとく達している。[17] 即ち、「議院憲法」に従い地方官は「不日召集可相成、当長官に於ても管下三九万人の代議人として協同公議、以て律法擬定の事に参与すべきの義務あり」、「三九万人中言はんと欲する所、議せんと欲する所、前もって承知致し置きたく候条」、本県議事所の件は既に第四七号達で布告しているが、代議人入札が延引し、今もって開会不可能、しかしながら本件は切迫しているので、「各々忌憚無く意見書書取り、本紙表紙共、住処・姓名詳記押印の上、封物にして、七月一五日限り指出すべし」と。

城崎《きのさき》に県庁を置き但馬・丹後両国一円、丹波三郡を管下に置く豊岡県では、参事田中光儀《みつよし》が七月、布達を発し⑱、「議院憲法」でいう議院とは民選議院ではなく、「皇上特裁の御政体より成立処《なりたつところ》」の議院、官選議員として自分は上京する、「管下五十余万の人民より代議の委任状を受取候て議員に列し候訳に無之」と断る一方で、しかしながら「光儀の憶測と民間の実情或は齟齬《そご》致すべき哉と不堪顧慮、仍《より》て本県附より二人、支庁附より各一人宛、今般の会議に付、下問総代の者、人民一般公撰いたし、来る九月一〇日を期となし上京可致候」、彼らに人民一般に代わって代議士光儀まで建議する権限を与えることとする、と述べるのである。

ただし同県ではこの田中参事布達以前の六月、区戸長の公選制を実施しており⑲、一大区に区長一名、副区長は二〇〇〇戸に一人、戸長は一〇〇〇戸内外に一人、副戸長は一〇〇〇戸内外に一人、と定員を定めている。この区戸長公選制度が、田中参事布達の前提になっているのである。

畿内では和歌山県が明治七年五月、議員二二名と医生一二名を公選している⑳。

北陸では六月二二日、石川県令内田《うちだ》政風《まさかぜ》が次のように布達する㉑。「当県仮会議所、近日発会可致。然る処、今般地方官議事憲法御発令に付、重て期日達せられ候上は、政風出京致し、管下人民の代議士と可相成儀に付、心附の儀も候はば、人民一般忌諱なく可申出。尤《もっとも》各自見込の趣は区長にて取纏《とりまと》め、前文発会日差出候筈に候条、此旨管内無洩布達候事」。これによると、県会発会日に合わせて意見書を集約する姿勢を内田県令は打ち出しているのである。

佐渡国を除いた越後国一円を管下に置く新潟県は、明治七年四月、県下二二九の小区から戸長らを参集させ、第一回県会を開いている。さらに七月、「新潟県会議則」が『真事誌』に報じられている(22)。同県では四月の県会討議が県令の「代議士」資格を保証したものか。時の県令は旧大村藩士で、松林飯山のもと尊攘派リーダーとして活躍し、明治八年の地方官会議では幹事に選出される楠本正隆《くすもとまさたか》である。

著者が各新聞を調査する中で気づいた以外にもこの型の県が存在していた可能性もあるが、挙例はこれまでにして、より詳細に明治七年の動きが判明する諸県に絞ってさらに検討していこう。

神奈川県では

第一が神奈川県である。同県はこの時期は横浜を中心とし、県西部と伊豆半島を管下に置く小田原県を未だ併合せず、逆に多摩郡全域を包摂していた県であり、土佐勤王党出身の中島《なかじま》信行《のぶゆき》が県令に任じられていた。国際港横浜を管理し、在留外国人に常時対応しなければならず、他面で幕末期から在地豪農の活躍がめざましく一般農民も能動的な武州多摩郡の動向にも目が離せない立場に彼は置かれていた。同県では地租改正問題のため大区が代議人を選出、区長が県会を組織する。五月二一日、中島県令は県会を開くに当たり、その理由を各代議人にこう説明する(23)。

> 今や政府ありて却て民権を抑束し、其便利を奪ふ者少なしとせず。蓋《けだ》し下民の蠢愚《しゅんぐ》〔おろかの意〕なる、之を教誘するは諸官員および区長・戸長の最も注意すべき所とす。然るに一言の上申も必ず之が書面を徴し、一も式の如くならざれば、輒《すなわ》ち叱《しっ》して更正せしめ、之が為めに多少の時間を

> 費《ついえ》さしむる事比々《ひひ》〔頻繁の意〕之あり、又徴求する所は必ず期日を急にして督促するが如き、官省は之を府県に令し、府県は之を人民に令する、其次第宜しく然るべきが如しと雖《いえど》も、其日力〔胆力〕精神の限りある主任者、協力従事するも、毎々官省の需《もと》めに応ずる能《あた》はざること、諸官員平生躬《みずか》ら経験して、其窘困《きんこん》〔苦しんでいる意〕を訴る所たる、然るに、転じて之を空手無力の徒に施し責《せむ》るに、其能はざる所を以て能《よ》く堪《たえ》んや。是瑣《さ》事と雖も、現今官府の事、率《おおむ》ね是に類するときは、人民地方の政知（マヽ）を厭苦する、推て知るべきなり。

中島県令は自分が直面させられている、上からの不断の指令と下からの反発の矛盾を率直に吐露しているのである。

中島県令下の神奈川県は、さらに管内各区に会議体を設立し、在地の意向を可能な限り県政に反映させていこうとし、その趣旨を説く告諭書をこう発する[24]。

> 政府人間の間、一致親睦、其便益を謀るの方法に至ては、只広く会議を起し、輿論公議を取るの外、決して他に在るべからず。依て今より以来、順を逐《お》い条規を設け、管内各区に議会を開き、毎町村議人を公選し、民政民事委件を議定せしめ、余《よ》亦《また》時に臨《のぞん》で其情意を通暢し、相共に裨益を謀らんとす。

同県ではこの八月、各大区が選出した代議人を認め、民情実際に験する事項はすべて代議人への下問を命じているのである。

このような姿勢のもとに、中島は地方官会議に対する下からの要望を聴取しようとしたのだった。

千葉県では　第二は千葉県である。同県の成立事情には極めて複雑なものがあった。安房と上総には当初木更津《きさらづ》県が、下総には印旛《いんば》県がそれぞれ置かれたが、明治六年六月、合併されて千葉県が成立、ただしこの時は新治《にいはり》県が下総国北東部をも管下とし、逆に結城《ゆうき》にまで達する下総西部は千葉県に所属しつづける。この形態が利根川を境界線とする現在の県域となるのは、明治八年五月(この月、新治県は茨城県に合併される)を待たなければならなかったのである。従ってそれまでの全一六大区からなる千葉県においては、第一五大区なるものは猿島《さしま》・結城両郡、第一六大区なるものは豊田・岡田両郡であり、共に利根川以北の下総地域(現在は茨城県域)なのである。

さらにこの地域全体は、下総佐倉の堀田家を除いては大きな大名領が存在せず、小大名領・旗本領・幕領という極めて込み入った所領関係にあり、それぞれの支配機構と在地体制も異なりつづけた。しかも駿河・遠江・下野三カ国からの転封が明治二―三年におこなわれている。それが廃藩置県により、統一的な地域体制をつくらなければならなくなったのである。

この間の事情を、明治六年一一月下旬の『新聞雑誌』第一七〇号がよく伝えている。即ち、山田安積がこの間千葉県下を漫遊した。彼の来話は次のようなものであった。

当県は印旛・木更津の両県を合せしに、方今庁内に議事所を開き、管下一大区毎に二名宛の代議人を出し、令・参事を始め、此代議人と民事を議せりと。始め木更津県に於て此代議人を撰挙するに当り、素《も》と旧旗本等数百の管轄を合せし事故《ことゆえ》、一大区中、如何なる賢才の者有るや否やを知らず、従来豪農商の聞へあるもの、又は士族門地の者を撰びし所、方今実地を論議するに至り、却て聞ける所に違ひ、人民本に依頼の望みを失ひ、種々の物議を生じ、自今代議人を始め一大区中村々戸長、副戸長等、時々集合し、実地を論討し、其管下人民の依頼すべきものを公撰せんと決せし由、実に是迄《これまで》の撰挙は疎漏と云ひ、姑息と云ひ、名ありて実なきものなりしが、此議論の生ぜしは、亦《また》喜ぶべきの一事ならずやと。

この試行錯誤の中で、二重選挙という間接選挙により一大区二名ずつの県会議員が公選され、明治六年一〇月、第一回千葉県議事会が開催、同月「代議人は県民の代表者」と明記された千葉県議事則が制定されるのであった。同年一二月、臨時県議事会が開かれ、翌明治七年一月千葉県議事条例によって、県議事会は年四次開催、大区会は四次を除いた八次開催、三分の一が定足数、ただし議論が国政に及ぶことは禁止、との制約が設けられるのである。

明治七年八月、第二回千葉県議事会が開かれるが、第三七番議員藤田九万から、今回の地方官会議に、同会議に出席の柴原和《しばはらやわら》県令に随行させるべき議員を県会から選出しようという議案が提出され、選挙の結果、第四大区代議員重城保《じゅうじょうたもつ》、並びに第一六大区代議員秋葉桂園《あきばけいえん》の両名が選出された㉕。両名ともそれぞれの地域を代表する大名望家である。

兵庫県では　第三は兵庫県である。この時期の同県は神戸に県庁を置き、国際港神戸をかかえ、摂津国五郡を管下に置いていたので、横浜と同様、在留欧米人に常時対応しなければならなかった。時の県令は開明的な旧幕臣で洋学者の神田孝平《かんだたかひら》である。

六月、神田県令は県会開催を告げると共に、管下人民より意見を県庁に提出するよう、左のごとき告示文を発する㉖。

「(地方官会議出席に関し)衆庶の存意と拙者の見込との間に相違の廉有之候《かどこれあり》ては、相務め難き職掌に候間、右様行違の儀無之《これなき》様、出京前に管下一同の見込《みこみ》を篤《とく》と承《うけたまわり》度《たく》」、「心付次第、聊《いささかも》忌憚《きたん》なく、夫々《それぞれ》見込を立、早速可申出候。出京期日の儀は元より難相分候へども、多分暑中過と相察候間、夫《それ》迄に取揃、一応県会にて取調、整頓の上持参致し候方可然と存候条、其心得を以て最中限りに差出候様心懸可申」。

神田県令は他方で六月一九日、左院と三条実美太政大臣に宛て、「管下人民の中より一、二名を選挙し召連れ罷《まか》り出で、議事参聴為仕《つかまつらせ》候はば、上下協和、民情暢達の捷路と奉存候」と伺い[27]を提出するが、太政官は七月一三日、「伺の趣難聞届候事」と拒絶回答を達するのであった。

兵庫県においては各町村会議を県下で開いた上で、八月一六日、各区長が議員となる兵庫県会を神戸で開催[28]するも、地方官会議の延期が各府県に達せられるのが翌一七日のこととなる。

地方官会議への上申案

ただし神田県令と兵庫県会は、地方官会議に当たり「発議・討論」の際の県令「腹稿」を、それまでの討議を踏まえ以下の七カ条に取りまとめたのである[29]。大意次のごとし。

第一　坑夫戸籍の議

坑夫は坑主又は夫長の進退に係り、本籍・寄留等の証を問うことはせず、「只営業力の強弱」を問うのみ。その結果、坑夫が死亡しても①原籍存名のままか、②原籍除かず他所へ入籍、一身二名となるか、③浪籍《ろうせき》の者となるか、のいずれかとなっているので、以来は坑夫編籍は坑主又は夫長に責任を負わせ、証券調査の上、無券の者は精密に取締為致《いたさせ》可有之事。

第二　農税減少の議

今般の徴兵令は古昔の丁壮に類似している。このことによって、農家は苛重の納税をおこなって「国家保護の恩沢に報」じる上に、さらに「国家防禦の為に尽力」することになり、「重復の国役」を務めることになり、「下民豈《あに》命に堪へんや。古昔徴兵の法、既に御施行の上は、中古武家にて定めたる重税法は御廃止相成り当然に可有之事」、地租改正においては地価一〇〇分の一を地租とし、収穫の一〇分の一を作業税とし、この合計を公租とすべきである。田一反歩、収穫米二石三斗、地価八〇円とすれば、地租は八〇銭、米二斗二升は作業税となる。

第三　雑税改正の議

旧藩管下雑税、旧慣据付分、只今に至り同一管轄内に在りて、比隣村落と比較し不平の廉《かど》不少、一般同様相成候様、御改正有之度事。

第四　徴兵資金 賜《たまわりかた》方の議

徴兵の御趣意、兎《と》角《かく》貫徹不致《いたさず》、年令相当の者、其父母一子を殺戮場所へ差出す如く患ひ歎く者計《ばか》りに有之。右を免れんと欲し、分家・養子、或は相談の上脱走等にて身を隠し、即今の姿にては、四五年を経ずして徴兵相当の者無之様《これなきよう》可相成候間、満期の砌《みぎり》、御賑恤金《しんじゅつきん》の外、別に産業資本金下賜候様成し下されたく、左候はば、右徴兵忌避の弊を頗る《すこぶる》挽回可相成。

第五　地租改正の議

規則では、纏《まとま》り次第、一区一郡ずつ差し出すべしとあるも、取纏めに緩急遅速も難《はかりがたく》計、仮に一村たりとも許可有之度事。

第六　地所入札払の議

官林並社寺上知の地所、家禄奉還の士族へ御払下の中、望の者無之地所も有之、其儘御据置相《あい》成候《なり》ても格別御国益にも相成間敷《まじく》、右様の地所は其期限中御払下願出ざる分は、何人を論ぜず、広く入札払相成候様。

第七　潰地除税の議

従来道敷・溜池用・悪水路潰地は高内引相成来候処、近来右様の地所は、潰地免税願出候はば、七ヶ年分の税一時上納仰せ付けられ候。右にては民間難渋差支《さしつかえ》の廉少なからず、何《いず》れも一己の私有に無之、国家有益の事件に候条、是迄の通り潰地除税相成度事。

以上の諸件は兵庫県のみならず、全国的に当時喫緊の大問題とされていたことである。

小田県では

第四の例は、備中一円と備後六郡（旧福山藩領）を管下に置き県庁を備中笠岡に据える小田県である。権令矢野《やの》光儀《みつよし》は薩長藩閥の支援のない千葉県の柴原和と同様、豊後の小藩二万石の旧佐伯藩出身で、同藩改革派儒者水《み》筑《づき》竜《たつ》（秋月橘門）と共に幕末期に活躍して名郡代兼町奉行とうたわれ、新政府よりその能力を認められ水筑の後任として明治三年一月、葛飾《かつしか》県大参事より同県知事に昇進し、廃藩置県直後の明治四年一一月から小田県権令に転じることとなった官僚であった[30]。民権家矢野竜渓《りゅうけい》の父親でもある。

小田県は備後旧福山藩を除く備中国においては、幕領・小藩領・旗本領が錯綜した千葉県と同一性格の地域だったことが要因と思われるが、県治貫徹のため矢野権令は明治五年一〇月、各郡戸長総代の詰所として小田県議事所を県庁下に開設、同月一五日に初会議を開催させている。

この制度を前提としたことだろうか、坂谷朗廬《さかたにろうろ》が開設し、幕末期から全国的に著名な備中国後月《しつき》郡寺戸村の漢学塾興譲館《こうじょうかん》の坂田丈平（朗廬の甥）ほか四名は、明治七年六月二七日、矢野権令に、「民撰議院の儀に付」、左のごとき願書を提出する。㉛「東京日日新聞第七百十五号江湖叢談中、兵庫県県令より管下え告示写並議長え伺書写記載有之、㉜開化の御時節なれば、実以《じつにもっ》て左《さ》も可有之《あるべき》儀に付、当県に於ても右様の御高挙有之度偏《ひとえ》に奉願上候」。

七月五日、この願書を敷衍《ふえん》して、出願者の一人、第六大区備後国安那《やすな》郡一五小区粟根村平民で医師取締、兼病院学校創立周旋方の窪田次郎(朗盧の再従兄弟、興譲館に入門している)が、矢野権令に次のごとき長文の献言をおこなうのである。㉞

天朝、民撰議院の盛挙あるを知り、私に相議して曰く、四方府知事・県令を以て、卒然群小の名代人と為すこと豈《あに》難事ならずや。今小民等、白眼を開き世上の形情を熟視するに、三歳の小児も御誓文を諳《そらん》じ、其名は君民協和、其実は上下隔絶、試《こころみ》に小田県を以て論ずるに、律例・監獄則等に考へて少々疑ふ所あり、御布告中少々疑ふ所あり、御説諭中少々疑ふ所あり、入籍送籍の件少々疑ふ所あり、租税少々疑ふ所あり、上地《じょうち》〔あげち〕の入札少々疑ふ所あり、道路修繕少々疑ふ所あり、勧業少々疑ふ所あり、御官員を初め戸長の行状少々疑ふ所あり、芸妓横行少々疑ふ所あり、角力芝居《すもう》鶏市賭博等少々疑ふ所あり、官立学校私立学校の分界応否少々疑ふ所あり、小学教員の定価少々疑ふ所あり、学制学則少々疑ふ所あり、小児と童子との教育法少々疑ふ所あり、聴訟少々疑ふ所あり、裁判賞罰少々疑ふ所あり、民時を弁ぜず延引の件少々疑ふ所あり、(中略)少々の疑ひ砂塵積《つもり》て終《つい》に山を成すべし。(中略)奔走尽力、何を先にし何を後にすべき、実に方向に迷ふに至る、恐らくは小田県のみならず他県も亦《また》然らん。然り而して其長官たる人、其情を顧みず、突然独裁の名代人とは豈奇《あに》ならずや、豈難事ならずやと。〔六月二七日、坂田丈平らと共に兵庫県に倣い県会開催方を出願したが」令公閣下、先《ま》づ県庁に於て公然たる臨時議院を開き、毎一小区より両三名を撰び出し、(中略)天朝議院の則に倣ひ忌憚なく究論せしめ、(中略)然《しか》らずんば小田県小と雖も、下民愚蒙と雖ども、生霊五十余万の名代人は乍恐《おそれながら》覚束《おぼつか》なく奉存上候。

小田県小区会 大区会県令

七月九日、さらに窪田次郎は坂田丈平と連名で、先の六月二七日願書の旨を早速実現するよう伺書を矢野権令に提出する。[35] 同日「書面不日何分の沙汰に可及候」と県庁は回答し、その直後「区会議概則」を公布、地方官会議に上京するのに先立ち「予め一般人民の意見を領承致度」、施政上の便不便・民間の利害得失を討議するため、各大区会議を興し、各区の決案を以て庁下において大いに合議致したく、と布達する。[36] 大区議員はすべて公選、選挙権・被選挙権には財産制限は設けず、会議は公開して一般人民の参聴を許すというものであった。具体的には七月下旬より公選制の小区会会議が、八月二日より一〇日の間に公選制の大区会が開かれ、八月一六日より二五日まで県庁下の笠岡地満寺(真言宗)において各大区より正副二名あるいは一名、総計二五名の代議人が参集、小田県会が開催されるのである。

県会が前提とする小区会・大区会で討議する項目も第五二号県布告に左のごとく定められている。[37] 即ち①国体、②官費民費、③万民一族、④任務期限、⑤国債、⑥(伊勢神宮)大麻、⑦除地山林入札、⑧台湾征討、⑨小学名義、⑩男女礼式衣服制度、⑪地租改正、⑫雑税、⑬桑蚕規則、⑭地方裁判所、⑮工部省、⑯頒暦、⑰米輸出入、⑱糸竹管弦、⑲芝居、⑳相撲、㉑芸妓娼妓、の二一項目であり、国政全般への地域住民の率直な見解が正面から問われるものとなっている。

窪田次郎の居住する第六大区の大区会は八月二日より八日まで、一九小区からの名代人二九名が参集、県より求められた各項目への「決案」をまとめるのである。なおこの二九名の中には窪田の名前は入っておらず、「拾遺」とされている。

次に主な「決案」を紹介しておこう。(38)

一、国体に関しては、太政大臣は「臣民の大棟梁、左大臣は左院の棟梁、右大臣は右院の棟梁」とし、右院の官員より以下戸長・諸締役迄全員は行政官とする。左院の官員より以下小区の名代人まで全員は議政官とする。立法のため上議院と下議院の両院を設け、前者には君族及び諸省寮使の名代人が出勤、後者には各府県の名代人が出勤、同院には県令・区会一切の議政官が所属するものとする。

二、官費民費に関しては、太政大臣より以下戸長・小区名代人まで議政・行政一切官の名称ある者は、その給金皆官より給すべし。

三、万民一族に関しては、既に穢多非人《えたひにん》の名称御廃止これある上は、すみやかに華士族の名称並びに閏刑《じゅんけい》(官人・士族などへの正刑に代える寛大な刑罰の意)を廃止して、人民一般旧来の陋習を破り天地の公道に基づくべしとの御誓文を仰ぐべきである。

四、任務期限に関しては、上は太政大臣より下は区戸長に至るまで、期限を決め、かつ入札選挙とすべきである。

六、大麻に関しては、各小区の伊勢神宮遥拝所へのみ一個を御下げになるべきである。

七、除地山林入札に関しては、華士族家禄奉還の者にのみ半価にて御払下げとは不当な決定、寺禄・社禄奉還者には未だ救助の法はつくられておらず、「抑圧の憾潜然たり」、公明正大の大政に基づき入札法は御改定を仰ぐ所である。

八、台湾征討に関しては次のごとき正論を吐いている。

「台湾征討の義は大日本国中吉凶禍福の根基、日本国政府と日本国人民とに於て最大事件なり。然るに一般人民へ絶へて御下問御布告等無し。（中略）広く会議を興し万機公論に決す可しとの御誓文に背《そむ》けり。是れ必ず叡慮に非《あ》らざるべし。然る時は日本国政府と日本国人民に於て関係す可らず。縦令《たとえ》討つべきの名義あり共、全く其議に参与する官員のみ今議の戦闘に属すれば、日本国台湾を討つと言ふ可らず。日本官員の内幾名合議御許可の上台湾を討つと言ふ可し、故に之を会社の征討と言ふて可ならん、然る時は其費用大蔵省より出す可《べか》らず、右合議の官員、各其私財を以《もって》弁じ、且《か》つ右征討より生じたる事件は、右官員其責に任じて後来の禍福を日本国政府と日本国人民に及ぼす可らず」。

一〇、米価を一石四円から六円の間に維持するため、米の輸出入政策をたてるべきである。

一一、地租改正に関しては、正確な丈量がなければ平均公明の本旨に違《たが》う。

右に紹介した第六大区の「決案」は急進的すぎたのであろう、小田県会全体では多数派にはならなかったが、本書の目的においてより重要なことは、このような小田県の一大区の意見が、明治七年一〇月一四・一五・一六・一七・一八日の連続五日間、小田県からの投書として『報知』に掲載されつづけ、そのことによって、この国政全般にかかわる二一項目の小田県内の一大区という狭い地域の討議の内容が全国化され、全国人民の共有知識、共有財産になっていったということである。[39]「公論世界」がこのように成立し成長していく中で、有司専制政府はいかに対処するのか。

6　太政官政府に対峙する地方官たち

ここで見た全国各府県の動きは、根本的にはそれぞれ各管下の士族並びに平民の圧力によって生み出され、上の有司専制政府と下の地域からの二種の強圧に挟まれる多くの地方長官に何らかの動きをとらせることとなるのだった。

六月中旬、茨城県七等出仕樺山資之《かばやますけゆき》・宮崎県権参事上村行徴《かみむらゆきあき》・島根県権参事境二郎《さかいじろう》・名東県権参事西野《にしの》友保《ともやす》・岡山県参事石部《いしべ》誠中《あきただ》・秋田県参事加藤祖一・静岡県参事毛利恭助《もうりきょうすけ》・山形県権令関口隆吉《せきぐちりゅうきち》・佐賀県権令岩村高俊《いわむらたかとし》・鳥取県権令三《み》吉周亮《よしかねすけ》・大分県権令森下景端《もりしたけいたん》・福島県令安場《やすば》保和《やすかず》・神奈川県令中《なか》島信行《じまのぶゆき》・新潟県令楠本正隆《くすもとまさたか》の一四名は、開期を明示するよう政府に左のごとく建白する。㊵

今や邦国の大事目下に迫り、人民疑懼《ぎく》〔疑い不安がるの意〕の色あり。会同開場は唯此時《ただこのとき》を然りとす。願《ねがわ》くは速《すみやか》に会同の時日を定め天下に令し、省使府県の長官を会し人民に代りて肺腑を吐露せしめ、ねんごろに公議輿論を執《と》り、官省主掌する処の権限を確立し、随《したがい》て府県奉行する処の条例を改定し、臣等をして憑《たよ》る処と将来の方向を知らしめ、人民をして疑懼の念を去り、各本分に安んぜしめんことを。否《しからざ》れば船を洋中に泛《うか》べ、唯風力に任せて西飄東馳《せいはんとうち》、至る処を知らざる如し。

右の要請を受け、六月二二日、九月一〇日限り会議のため着京すべき旨が各府県に達せられる。

七月五日、一二名の県令・権令・参事は再建白をおこなう。㊶ 前回名を連ねるも今回参加しなかった県は茨城県・岡山県・大分県・新潟県の四県、前回名を連ねず今回参加した県は磐前《いわさき》県（権令村上光雄）と広島県（権令伊達《だて》宗興《むねおき》）の二県である。

再建白は議院憲法につき左のごとき修正を要求する。

第一条に関し、民政の多忙、厳寒酷暑を避けるため、開院を三月一日より四月三〇日を定則とすべきである。

第五条に関し、可否は天皇陛下の特権といえども、可となった案件を否とし否となった案件を可とした時は、可否の所以《ゆえん》と道理を詳細に議院に下し、もしもなお議員の三分の二以上が服しない時は再び「其道理を覆奏（繰り返し調べて上申する意）」することを認めるべきである。

第六条に関し、「立法の事件は必ず先《ま》づ議院に於て其衆議の可否する所に就《つい》て之を決定し、猶《なお》之を施行すると否とは暫《しばら》く第五条・一〇条・一一条の憲法に随ふ」こととすべきである。

第九条（「垂問に付、若《も》し議院の議論時勢の適度を得ざれば、勅旨を以て其議案を収むべし」）に関しては、時勢の適度を得ざることの原由と道理とを詳しく議院に下示し、議員を「甘服」させるべきである。

また一二名の県官は、①議院を公開にすべきこと、②人民のうち議員の職掌に任ずべき者ある時は、我々と共に議院に参じさせるべきこと、の二点を一二名の意見としてつけ加える。この要求は政府部内の強い反発を招いたと思われ、七月二二日付で拒否される。

地方官会議延期につき改良案

ただし、日中関係の緊迫化により地方官会議が八月一七日付で延期されたことは、この会議に強い期待を寄せていた地方長官たちの、それまで抱いていた危機意識をさらに加速させることにもなった。延期が内達された翌日の一八日、宮崎県権参事上村行徴・豊岡県参事田中光儀・水沢県権令増田《ますだ》繁幸《はんこう》・鳥取県権令三吉周亮・小田県権令矢野光儀・大分県権令森下景端・

福島県令安場保和の七名は、三条太政大臣に左の「愚存書」(42)七カ条を提出する。

第一条、「廟堂即今の急務」は五カ条の誓文の聖旨を拡充、輿論に基づき公議を尽くすことである。

第二条、「支那御談判」に関し廟議一決、全国人民の智識・財力を量り、軍国権宜《けんぎ》の措置を周知・合意せしめなければならない。

第三条、戦争に突入した場合には「多くは士族を募らざるを得ざる勢い」にもかかわらず、士民も平民も全く今回の事態に立ち至った事情を知らないまま「此際に当り法令煩苛・変更有之、士民頗る《すこぶ》失意の情体あり」、胸襟を開き「不得止《やむをえざる》の情体を細諭」しなければならない。「即今如何《いかが》の御廟算」なのか。

第四条、戦費をいかに調達するのか、「御目的相伺置度候」。

第五条、いかに新築土木費用をはじめ「不急の冗費」支出停止の命が下ろうとも、五穀収穫・貢租収入の道を立てる上での不可欠な出費に関しては地方官からの上申を認めるべきである。

第六条、「三民の本業を勧め便益を通ずる要務」は「奨勧せざれば財用生ずる処なし」、冗費節倹の限度に関しては確定すべきである。

第七条、「全国各地の人心穏静ならざるの際外事起れり」、各地取り締まりは方今の急務、実地景況を上申するので、御見込等伺いたい。

今回の事態に突入してしまった経緯を知らされてもいない上に、管下の徴兵並びに治安維持に突如腐心させられることになった地方官の不満がこのような「愚存書」の形をとらせたのである。

さらに、このような事態の再現を許してはならないとする鳥取県権令三吉周亮・福島県令安場保和・神奈川県令中島信行の三名は、八月二六日「方今国家多事、天下の人心錯乱して一定の方向なき紛議朝野に満」ちている、この事態は五カ条の誓文が天下に貫徹していないからだ、憲法全備の期までは、①内外国債の起債、②外国との条約締結並びに改正、③外国との講戦・講和、④金穀人民への賦課、⑤租税改革、⑥各省定額金の六項に関しては、「当今の内、各省府県の長官をして周悉協議公論」させた上で決定すべきだ、と太政官政府に要求する。[43] 既出（本章2節）の福地の批判は直接にはこの三名の要求を指したものだろう。

7　明治八年六月地方官会議への歩み

政権危機に見舞われた岩倉・大久保政権は危機脱出のため、一方では非論理的で機会主義的な台湾出兵を、他方では民選議院設立要求に対応する形で人民代議人の資格を与える地方官会議を招集、さらに権力内に安定性を保たせるべく島津久光を岩倉右大臣より上位の左大臣に任命するが、台湾出兵は大清帝国の強烈な撤兵要求に結果し、八・九・一〇月の三カ月間は日清開戦不可避かとの暗雲が日本全体を覆いつくす。結局八月一七日、地方官会議は延期と決定、対清戦争準備に太政官政府の全力が傾注されることとなった。一〇月三一日、意想外の清国軟化により日清開戦の危機は去り、全権大臣大久保利通の「必死の跳躍」は成功、凱旋将軍のごとく太政官政府高官に迎えられるが、あまりに強引な薩閥の政権引き回しに、下野した木戸孝允以下の長閥系官僚はソッポを向いてしまう。しかも長閥の協力なしには政権継続の目処は大久保にもつけることは不可能だった。他方木戸はこのままの薩閥独走に歯止めをかけるべく、在野の井上馨がフィクサーとなり、建白起草者古沢滋《ふるさわしげる》・小室信夫《こむろしのぶ》を介し高知の板垣退助を引き出し、大阪で妥協点を探る会議を明治八年一月に開かせるのである。民間での地方官会議への期待も冷え込むどころの話ではなかった。延期が宣せられた八月一七日以降にあっても、区戸長会議の動きのなかった浜松県においてすら、豊田郡恒武《つねたけ》村小栗松靄《おぐりしょうあい》は、その失望の念とあるべき傍聴人の性格規定を第一〇章7節に示すように具体的に発言している。

また明治七年段階では県会が設立または招集されなかった島根県でも日清開戦の危機が去った後、公選県会を開催すべき旨、島根県第四区松江西茶《にしちゃ》町伊達禎一が、県令井《い》関盛艮《せきもりとめ》に左のごとく建言したと、明治八年一月九日付『真事誌』は伝えている。

自分は明治六年四月一四日、「富且強なるも、国民と共に守るに非ざれば、徒《いたずら》に国家を安んずること能《あた》はず」、故に「管内一般に会議所を建設するに如《し》かず」と建言したのに、「詮議中」との指令はあっても未だに着手されていない。今や支那政府異議紛紜《ふんうん》の事件、既に平和に属すと聞く、「我神州をして外国に光輝せしめ、以て天皇陛下の福祉を昌隆ならしむるの秋《とき》」が到来、至急会議所を開き「官民共に権力を尽し国家の裨益を為」す基《もとい》をつくるべきだ、と。

しかしながら、参議伊藤博文の斡旋により大阪会議に大久保利通が加わっても、三者会談の内容は諸新聞を見る限りでは全く漏洩《ろうえい》してはいない。日本人民が大きな変化の予兆を感じるのは、木戸が三月八日、板垣が同月一二日、各々参議に復帰という人事報道に接した時であった。

ただし、大阪会議が極秘裡に進行していたとはいえ、今年も地方官会議が開催されるはずとの期待は強かった。二月二七日付『報知』は「論説」で大意次のように主張する。

昨年の地方官会議は民選議院を起さんとする大趣意にてありしなるべし。しかし人民を愚かと見て代人に官員を用ひんとせしのみの誤り、大主趣は少も誤る処無し。是を以て今度会議を起さんとするには必ず許多の商量比較を費すに及ばず、かの地方官会議を根基として其代人を民間に徴するのみ、豈簡《あに》にして為し易すからずや。〔昨年においても〕少しく道理を解するものは、令を下して人民の議論を聞かんとし、又は人民の代人を同行せしめ議論を傍聴せしめんとするものあり。抑《そもそ》も地方官会議は我邦に在て容易ならざる変革なり。其故如何とならば即人民の代議士たるの義なり。人民の代議士にして国家の政事に干与するを得るは是《これ》豈一大革ならずや。これを是とするか、極力称賛して此一挙を速に行《おこな》わざる可らず。

地方官会議を、このように民選議院開設への第一歩と積極的に位置づけようとするのである。

立憲政体の詔と地方官会議　四月一四日、「漸次立憲政体樹立の詔」が出され、五月五日、東京での六月二〇日からの地方官会議開催が告示され、問目四条（道路等の修築・地方警察・地方民会・貧民救助方法、ついで小学校設立・保護法が追加）が示され、また区長・戸長等の傍聴を許可するとした。

これを率直に喜んだ『報知』は五月八日付「論説」において、この二年間の動きの歴史的位置づけを概略左のごとく試みる。

元来此会議は源《みなもと》を民選議院の論に取り、其論の汎濫《はんらん》せしより起りしものにして、即ち民選議院論の第一果なり。第二に顕はれたるは四月一四日の詔令なり。此等は皆世に如何なる利益をなすか、未だ知るべからずと雖《いえど》も、全く民選論の鼓舞の為めに世運の動攪して出来たるものなれば前途に望みなき能《あた》はず。

このような期待はさらに膨らんでいく。『報知』は六月二四日付「論説」において、「県官の会議は政府専制の道具と計《ばか》り云ふ可からず、漸次に之を拡充して全国人民の代議人を集会するの初歩とも云ふべきなり」とまで評価するようになる。

しかし、押せ押せの動きと見えていたものの中に無気味な気配が漂い始める。

六月一七日付『曙』に草間《くさま》時福《ときよし》は「聞新聞条例改正云々風説」と題する一文を投書する。彼は言う。今政府への評価は分かれている。現在の政府は「ミクスト・キャラクター」だ、どちらが本当かは噂になっている新聞条例がどのようなものであるかで明白となる。悪法だったならば「其手は我国独立の元気を打崩せし悪魔の手と名」づけ、その人物を詳細に探知し名を明らかにして、「我大日本帝国独立の基を打崩せりと大書特筆して永く我々子孫の記憶に収めて忘るなからしめんと欲す」と。

また六月二八日付『朝野』は、二十一回生なる者の左の投書を掲載する。

自分は六月二〇日、政府が新聞記者の傍聴を禁止してしまったので地方官会議への期待を喪《うしな》ってしまった、「我儕追て考るに、政府は此会議を開くといえども、真誠に公論讜議《とうぎ》〔正しく討議する意〕を尽して我日本国の開化を進めんと云《いう》旨意にあらず、権《（か）》りに此議院だの士族会議だのと云ものを圧倒し、併せて所謂《いわゆる》議論家なる者の気焔《きえん》を洩出《えいしゅつ》せしむるの地と為したるに過ぎざる歟《か》、恰《あた》かも征韓論の余気を台湾に散ぜしめたると同一轍の姑息法と謂《い》はんも亦《また》不可なる無きに似たり」と。

8　地域輿論は地方官にいかに反映されたか

明治八年五月五日、六月二〇日よりの地方官会議の開催が告示され、それへの区長・戸長ら各県二名ずつの傍聴が許可される。これに向け各府県はどのように動いたのか。

千葉県では五月段階で柴原県令が、各大区代議人に宛てて、六月五日より第二回県会を開催するので六月四日限り参集のこと、その際地方官会議の御下問につき毎件各自の意見を提出すべし、と達し、併せて県下一般に「各人民見込相立候者は聊《いささ》か忌憚なく封書を以て六月五日迄に差出すべし」と布達する。(44)

八年会議への各府県の準備　柴原はこの県会招集・傍聴人選出に関連して五月一〇日、大久保内務卿に傍聴人の旅費支出について左のごとき伺いを差し出すのである。

府県への通達には「傍聴は自費たるべし」とあるも、千葉県では県会・区会を開き、代議人を選挙することになっており、その中より抽籤で一両人を公的に傍聴人に選出する、従って適宜民費に賦課しても差し支えはないのか、と。(45)しかしこの伺いは直後に却下されている。

結局、柴原県令は六月一八日、各大区代議人の傍聴希望者一四名、一日二人ずつ、六月二〇日より七月七日まで交代で傍聴させたい、一四名の総代は重城保《じゅうじょうたもつ》と板倉官次郎《いたくらかんじろう》との旨を木戸議長に届け出る。(46)なお千葉県と茨城県は明治八年五月以降、利根川を県境としたため、六月の県会には現在茨城県に編入されている地域の県議は出席しなくなっている。

敦賀《つるが》県では五月二一日より一〇日間、各大区長およそ二〇名を招集、仮に人民の代議人とし、県令山田武甫《たけとし》が議長となり、四カ条の「御下問」に関し討議・集約する。(47)同県の傍聴人は二名、県令が選定した区長のはずである。この会議を報じた越前坂井港平民五十嵐七郎平《いがらししちろべえ》は、大区長は県官の私選であって選挙された者ではなく、「諺に謂ふ一ツ穴のむじな」「結局無用の長物」でしかない、故に一日も早く「正権区長を民撰して真の人民代議士とし公明正大至当の処置」を望むと批判姿勢を明白にしている。

豊岡県では参事田中光儀が「御下問」の内容を述べ、区内の民情並びに区戸長の見込みを取り調べ、六月八日限り提出すべし、との布達を発している。(48)区戸長会議的県会も開催してはいない。同県の傍聴人は一名である。

播磨一国を管下に置く飾磨《しかま》県は五月一九日より臨時会同を開催し、「御下問」に関し討議の場を設定する。(49)会同議員は県庁内各課官員、各区長、一郡中より名望あるものを一名ずつ公選して「人民の代議人」となった者たちで構成される。この代議人公選に関しては県の策定した「臨時会同規則緒言」の説明では、地方官会議が東京で開催され、そこに出席する飾磨県官は、区長が一区の名代人であると同様、「飾磨県の名代人」となるのだが、「或は恐る、其答議する所宜に適せず、衆論民情に背《そむ》ひて朝廷下問を垂るるの旨趣に副《そ》わざるものあらんこと」を慮《おもんぱか》り、公選議員の制度を設けた、とある。飾磨県からの傍聴人は二名である。

佐賀県では地方官会議に向けて区戸長会議を招集、その場で「投票公選」をもって持永秀貫・松永方一が傍聴人に選出されている。(50)

このように府県ごとの地方官会議への臨み方は様々なものがあり、府県下の下からの圧力如何が大きくかかわっていたはずだが、明治七年と比べて気になるのが、先進県であったはずの小田県である。権令矢野光儀は明治八年には県会もしくはそれに類する会同を全く招集せず、県選出の傍聴人として、倉敷町区長の林孚一《はやしふいち》と県庁所在地笠岡の副区長森田佐平の二名を、地方官会議事務局に六月一八日に届け出る[51]。単に矢野の個人的変心なのかどうか。参考になると思われるのが隣の広島県の事例だろう。

広島県下の士族民権

日清開戦の暗雲がさらに濃厚となり、八月一七日に地方官会議が延期され、開戦となればば士族動員不可避の事態に突入した九月二八日、広島県士族西本正道《にしもとまさみち》及び平山靖彦は、左院に対し人民の代議人を徴集すべしとの建白をおこなう。その趣旨は左のごとくである[52]。

延期になった地方官会議では地方長官を人民の代議人としているが、いわゆる代議人とは人民の総代にして、これを選ぶ権義はもとより民にあって官にはない。しかも日清開戦となれば「恐《おそら》くは政府其費用に堪《たえ》ざらんか」、「此時に当て誰れか報国の志を奮起せざる者あらんや」、「之が用度を弁ずるも亦独《またひと》り政府の之を謀るのみならず、広く人民に議し以て之を処せずんばある可らず」、「即今の急務は今般地方官御会議御延期の折柄、地方長官の代議御差免じて、更に人民実当の代議人御徴集、迅速御会議御始め有之、広く公議を御尽し相成度」というものである。

また西本と平山の両名は、一〇月三日、広島県に対し、左院に建白はしたが、万一の事態に備え広島県限りの対応が緊急に必要だと、当県限りの措置として一小区ごとに一名の代議人を選出、一大区中に集会させて公議を尽くすべきだ、「既往の是非得失を論ずべからず、到底〔ここでは徹底的にの意〕国民挙て敵愾《てきがい》を発起し護国護身の方法」を建てるべしと建言する[53]。

この西本正道は寺川行従と連名で、一〇月一〇日、千八百余名の署名をもって日清開戦の際の従軍願いを広島県に提出してもいるのである。[54]

広島県は西本らの県限りの小区会・大区会設立要求の可否を内務省に上申するが、内務省は「右は人民会同、議すべからざる事に関渉し甚《はなはだ》不都合の廉《かど》も有之に付差留めさせ可申」と、一一月二二日に太政官の決裁を経て県に不可を達するのである。[55] 県会あるいは臨時会同の場での国政に係る論議と決議は許さないとの姿勢は、日清開戦の危機が去った直後から極めて強固なものとなる。明治八年に入ってからの小田県や豊岡県などの姿勢の変化は、この危機消滅後の太政官政府の態度変化と結びついたものと著者は見ている。

広島県の慎重な態度に対応したのか、明治七年一一月一七日、西本正道・平山靖彦・寺川行従・寺尾小八郎・岩本元行・岡田良彦ら六名の広島県士族は、県に寄留している豊岡県士族坂本忍（師範学校事務係）と福島県士族浅岡一（師範学校教員）両名と共に、月一回、広島市中の正清院《しょうせいいん》（浅野家菩提寺）において有志会同を開催する旨を、権令伊達宗興に届け出るのである。[56]

地方官会議に向け特徴ある動きを示したのが、東京府と石川県である。

東京府下の動き

明治七年、（東京）会議所を民会に発展させようとする動きを既に見たが、（東京）会議所は明治八年六月九日、東京府庁に対し、「現在の会議所を廃止し真正の民会なる東京会議所を創立する儀につき」次のように上申する。[57]「現に地方官会議傍聴の如き、既に民会を起したる諸県に於ては真正の名代を県民の手にて選挙し以て傍聴せしめんと企てたり。然るに東京府下に於ては誰を指して人民の名代人と認め傍聴の情願を為さしむ可きか」。

東京府では区戸長会議的会同もなく、府知事の人選により二名の傍聴人が地方官会議に出席する。ただし、前年からの下からの突き上げと民選議院設立運動の全国的展開に押され、また支えられたのだろう、府知事大久保一翁は、後に見るように地方官会議は区戸長会議ではなく公選民会支持の立場を明確にする。この情報が流れ出す八月一四日付『朝野』はその「論説」欄において、「秘かに聞く、東京府の知事公は会議に於て民会を可とし区戸長会を不可としたる議員の一人なり」と。「(会議所も民会を主張しているので)然らば則ち我が東京府下は最も速かに民会に着手あるべき者たると信ず」と述べるのである。

士族大県石川県下の動き

石川県では、明治八年三月末まで県令を務めていた鹿児島県士族内田政風が県下士族と協調態勢をとりつづけてきたが、後任の権令桐山純孝《きりやますみたか》(岐阜県大垣士族)は内田県政と異なる方針を採ったため、士族層との関係は険悪なものとなっていった(58)。日清紛争の泥沼からようやく脱却し得た岩倉・大久保政権の姿勢の反映がここにも現出してきたのである。桐山権令は地方官会議に臨むべく、「御下問」の箇条に関し区会を開かせ、その討議を県会に集約しようと布達するも、各区長を占めている士族たちは桐山県政に強い不信感を抱き、全四三区の意見を集約したところ「各区の議暗合」せりとの趣をもって、下問四カ条に対する答議書を独自にまとめ、直接地方官会議に提出する方針を決定、県側は県のみが地方官会議にその討議内容を報告するものとの立場をとり、両者平行線のまま、結局石川県は県下に予告していた県会開催を、時期が間に合わなくなったので差し止める旨、六月七日に布達せざるを得なくなった。県会の組織のされ方とその権限をめぐって、区長側と県側の意見が対立したものか。

四三区全体の答議なるものは、①道路修築等民費区分の議、②地方警察設置の議、③地方民会設立の議、④貧民救助方法の議、の四項目の下問に沿ったものであるが、地方民会に関しては次のように答申する。即ち、「民会を起す所以は、民あり、民あれば百般須要の事件あり、民会を起し民議を尽さざれば我が邦の隆替に関し人民不幸に係る。是《こ》れ民会を開く所以」と断じる。そして県下加賀・能登両国の人口は約七〇万で、これを七〇巨邑（一巨邑は約三四カ村をかかえる）に区分し、石川県内を加賀国では石川郡区・河北《かほく》郡区・能美《のみ》郡区・江沼郡区の四郡に、能登国では羽咋《はくい》・鹿島両郡区、鳳至《ふげし》・珠洲《すず》両郡区の二郡にまとめる。大村は一村一村長、小村は二、三村を兼ねての村長、その下に二、三の副村長を置く、村長は公選制、邑長は各村長が選出、郡会長は邑長が選出、県会長は郡会長が選出する。この間接選挙制度により県会長一名、郡会長六名、邑会長七〇名、正村長二三八名（副村長は六八五名）となる。ただし「国会議院」が開設されなくては民会を開いてもその効はない、と答議するのである。

六月一八日、石川県下各区長総代理となった中村俊次郎・杉本政春・池田正公・後藤松吉郎・吉田成道・松田憲一・江守精一の七名（全員石川県士族である）は元老院に対し、「地方官会議御下問答議に付」建白、地方官会議に答議書を付すべき旨を求めるが、元老院側は「未だ開院せず、其儘留置き、開院を待って討議する」と返答。中村俊次郎らは七月二日、三条太政大臣へも「別冊民議を以て之を廟堂に議し、地方官会議議場に附」してほしいと出願[59]、七月八日、元老院は地方官会議に答議書を回達するが、翌九日、「御下問答議」とあるので、「石川県長官に申し立てるべきもの」との理由をもって元老院に地方官会議幹事は返却する。そうこうしている間に地方官会議は終了し、中村ら総代は元老院が本答議書を留め置き、当該問題再議の際の検討材料とするとの言質を交渉の中で取ったとするが、収まらないのは石川権令桐山純孝で、元老院には留め置くだけで検討の材料云々の返答はすべきではないと元老院に確認を求めることになり、大論争は明治九年の大阪上等裁判所にまで持ち込まれることとなった。西南戦争結了までの士族大県が太政官政府にとっていかに難治県であったのかを示す好例である。

9　明治八年地方官会議の経緯

第一回地方官会議は、明治八年六月二〇日に議長木戸孝允のもとに開会し、七月一七日に閉会する。傍聴人は、民選の者、地方長官指名の者、両者混在の者と、府県の下からの力量との関連により様々な事情のもとに上京するのだが、一名の傍聴人もいなかったのは茨城県・新潟県・相川県・青森県・岩手県・秋田県・滋賀県・北条県・鹿児島県の九県であった。定員は二名までとされていたが、交代制をしくなどして三名以上の県となったのは、一四名の熊谷県、四名の千葉県、五名の足柄県、三名の静岡県、四名の長野県、三名の水沢県、六名の宮城県、七名の福島県、三名の石川県、三名の京都府、四名の岡山県、七名の愛媛県、五名の浜田県、六名の広島県、三名の高知県、三名の三潴《みずま》県で、傍聴人は総計一四四名にのぼっている。

千葉県は六月一八日、一四名の交代制傍聴人を届け出ているが、事務局側の押さえている人数は四名、希望者欠席のためか、他の理由からかは不明である。宮城県六名のうち、四名が区長か戸長で、剣持伴秀と入間田憲二郎の二名は「代議員」となっているが、同県では区会及び県会を既に開催しているので、県会からの選出者と思われる。[60] 熊谷県の一四名は最多傍聴人で、六月一四日、権令楫取素彦《かとりもとひこ》は交代で出席させると届け出ているが、内訳は大区長一名、大区副区長八名（うち二名は学区取締兼任）、小区戸長一名、小区副戸長三名、大区学区取締一名となっている。[61] 前述したように石川県は桐山権令と全区長との対立が激しかったが、六月一八日の桐山権令届出名簿[62]は、松田憲一（能登国第一区長）、後藤松吉郎（加賀国第二二区長）、江守精一（加賀国第一〇区副区長）の三名（万一を慮って三名とするとの但し書）で、三名とも「県下区長総代理」として県を通さずに区会決議を地方官会議に持ち込もうとした石川県士族の面々である。

ところで、府県選出・届け出以外の傍聴は禁じられている。新聞記者の傍聴は許されず、また六月一四日に岡本健三郎・井上高格《たかのり》・小室信夫の三名が愛国社総代の肩書をもって東京府知事に愛国社中の者も傍聴させてほしいと出願するも、府への伺いは拒絶されてしまうのである。[63]

右のような全国衆人環視の中で地方官会議の審議が進行するが、民権運動の視角からすれば、府県会を公選民会方式とするか区戸長会式方式とするかが最大の関心事となるのだった。

地方官会議事務局の整理によると、開催以前に公選民会を既に設けていたのは、鳥取県・北条県・高知県・千葉県・山形県・福島県・宮城県の七県となっている。[64] 他方全く設けていないのは、東京府と京都府、飾磨《しかま》県・豊岡県・岡山県・小田県・広島県・栃木県・茨城県・足柄県・山梨県・静岡県・浜松県・長野県・筑摩県・新川県・相川県・酒田県・置賜《おきたま》県・滋賀県・岐阜県・愛知県・三重県・福岡県・大分県・佐賀県・宮崎県・鹿児島県の二六県と数えられている。ただしこの中での差異は大きい。士族勢力の強大な鹿児島県や酒田県のように、当初から開催の必要なしとの態度をとりつづけてきた県もあれば、滋賀県のように「曩《さき》に民会を開くと雖も其益あるを見ず、故に鎖す」と回答する県もある。明治八年三月まで県令を務めていた鳥取士族松田《まつだ》道之《みちゆき》は、このように上意下達の県治方式が最適とする典型的官僚タイプであり、彼が内務卿大久保利通に見出され、大久保腹心の内務官僚として大活躍することになるのは当然のことだろう。

ただしこのジャンルにくくられる府県にも、そのバリエーションは多い。飾磨県では前述のように臨時会同を開いているし、小田県は明治七年には先進的な県会を下からの圧力でつくらざるを得なかった県、足柄県は春秋両度、区戸長を小田原に招集し、実質的県会を開いてきた県[65]、長野県は「臨時戸長を会」する県、筑摩県は「学区取締其他名望ある者を召集し会議す」る県、相川県は「県会議事所、去る庚午年（明治三年）相開候処、実施不被行候に付廃絶、当今民事関渉の大要議これある節々、区戸長人・人望ある者県庁へ呼出、諮詢・協義」する県、福岡県は「一ヶ月一度区長を県庁に召集、上下の情状を暢達し、或は学校及興産、授産等を議」する県、佐賀県は「毎月区戸長を県庁に召集し、教育・勧業・区費等のことを議」する県、宮崎県は「区長戸長を庁下に集め県事を議」する県なのである。

従って、県会は未だ存在せずとされるこれらの府県と、一府二二県に数えられている区戸長をもって県会を構成している府県との区別はなかなかつけにくい。

他方で、公選県会と区戸長構成県会との差異にも微妙なところがある。神奈川県では「毎月次区長会し県会を開く、令参事議長となる、又一大区にのみ民会あり、議長を議員中より選挙す」と、将来的には公選民会への志向性を明瞭に抱いている。同じく区戸長構成県会に分類されている兵庫県会は、実際には区戸長議員と公選代議人をもって構成されているのである。

地方官会議中、地方民会の形が議題になった際、公選民会方式に賛成して発言した地方官は、秋田県権令代理加藤祖一・佐賀県令代理伊藤謙吉《けんきち》(66)・奈良県権令藤井千尋《ちひろ》・置賜《おきたま》県権令新庄厚信《あつのぶ》・青森県参事塩谷良翰《しおのやりょうかん》・神奈川県令中島信行・福島県令安場保和・愛媛県権令岩村高俊・山形県権令関口隆吉・高知県権令岩崎長武《いわさきながたけ》・三重県権令代理鳥山重信《とりやましげのぶ》・三潴県権令岡村義昌・岡山県参事代理権参事西毅《にしき》一《いち》・若松県令代理参事小池浩輔であった。

木戸議長の裏工作の結果、区戸長県会案を支持する府県長官が議決において多数を占めることとなる(67)。この七月八日の採決の際、公選府県会方式に賛成した府県は、東京府・岡山県・三潴県・福島県・秋田県・北条県・置賜県・鳥取県・青森県・小倉県・磐前県・山形県・三重県・愛媛県・浜松県・高知県・長崎県・奈良県・佐賀県・神奈川県・和歌山県の一府二〇県となった(68)。なお兵庫県令神田孝平は、議員の半数は区戸長、残りの半数は公選と発言したことにより、この一府二〇県の中には数えられてはいない。

10　区戸長会式府県会方式決定への疑義・質問

あまりに当然のこととなるが、この決定以前に公選県会や類似の会同を組織してきた諸県では、右の太政官政府の決定となるだろうものにいかに対処すべきかが焦眉の課題となってきた。七月一〇日、岡山・福島・三潴・秋田・北条・愛媛・鳥取・青森・高知・長崎・神奈川・兵庫の各県は、今後自身の県ではどのようにするか、木戸議長に伺いを立てるのである。即ち、

一、既に公選議員をもって開会している場合。

二、公選議員と区戸長議員を互用している場合。

三、即今公選議員をもって開会のつもり、人民と協議している場合。

四、区戸長にて開会の上、公選議員情願の趣、人民より申し出ている場合。

の以上四点につきそれぞれに指示を仰ぐ。八月一〇日付の政府指令は、一・二の場合はこれまでどおり、三・四は認めない、町村会準則を出すので、これに従え、というものであった。(69)

右の一二県連名伺いのほかにも、個別の伺いが次の五県から出されている。

第一が七月一二日の千葉県伺いである。柴原県令は当県は公選議員をもって県会を開いている、区戸長会式府県会方式に「引直し候ては、却歩《きゃくほ》の姿に立至り、人智開進の障碍相成可申に付」、現行どおりとしたいがどうか、と伺う。(70)

第二が同日の足柄県伺いである。城多董《きだただす》権参事は、当県は昨年来、仮に区戸長をもって議員とし会議を開いてきており、いささか会議の功績も見えてきた、しかし大区数はわずかに五区、区長のみでは県会議員が少な過ぎるので、当分区戸長及び公選議員をも相交え、漸次進歩の適度に応じ、「終《つい》に公選の民会興立いたし度《たき》見込に付」どうか、と伺う。(71)

第三が同日の熊谷県伺いである。楫取素彦権令は、一昨年来会議を興しており、現在は大小区とも毎月両度議場を開いている、「管下人民一般、民会を企望罷在《まかりあり》候。就《つい》ては区戸長の外《ほか》、夫々《それぞれ》人物選択、

議員に加へ候様仕度、右様相成候えば、民費其外却《かえっ》て疑惑無之、言路洞開、一般の公利を興す場合にも致るべき哉」、「随て公選議員の法案下されたく」願っているがどうか、と伺う(72)。

第四が七月一四日の埼玉県伺いである。白根《しらね》多助《たすけ》権令は、「本県に於ては既に区戸長の議会相成、加ふるに有志の輩は該日出会、建議差許《さしゆるし》有之」、現在のような区戸長だけの会同では自ら「跼蹐《きょくせき》の姿に相成、事実差支《さしつかえ》候に付、向後公選議員をも相交へ度、付ては公選議員を用ゆる民会法案御下渡し」を願っているがどうか、と伺う(73)。熊谷県伺いと同一のものである。

第五が七月一五日の宮城県伺いである。宮城《みやぎ》時亮《ときすけ》権令は、「当県の儀は昨七年、区画更正の際、人民の開進を誘導し行政上に於て小補あらんことを斟酌し、仮りに規則を制し、議月を設け、区戸長及び各区代議員等を会し県会を開き、又区会も開かしめ有之候に付、右議員等をして県会・区会を開張し、一層国益民利の公議・実論を悉《つく》し度《たく》」、「内規則等相立、追て上申可申」、「此段御開届被下度」如何(74)と伺う。

千葉県伺いに対しては八月五日付で、「先《まず》従前設立の方法を以《もって》継続すべしとの指令が発せられるが、その他の計画段階のものは「追て町村会準則可相達候条」、それまでは現行どおりのものに据え置くべしと命じられるのである。なお名東県権令古賀定雄《こがさだお》から七月一〇日、建議の形式をもって当該問題に関し太政官宛て意見書が提出されているが、この件は第六章5節で触れることとする。

ここで検討してきた明治八年の地方官会議は、六月二八日の讒謗律《ざんぼうりつ》・新聞紙条令の公布を境に政治潮流が、動から反動に大きく変わる時期とちょうど重なっている。全国からの傍聴の人々がこの動向を感じないわけがない。いかに対処し、公選民会の運動を再構築すべきなのか。

傍聴人の動き　明治八年六月二六日、磐前県傍聴人河野《こうの》広中《ひろなか》並びに影山正博《まさひろ》は『日日』に投書し、二日後の二八日に掲載されるが、そこで二人は「傍聴人会議を開き、各員同力協合して衆思を集め群力を述べ意見を尽」くさん、と呼びかけるのである。

右のような六月下旬の傍聴人の動向を、六月二七日付『報知』は次のように伝えている。

〔傍聴人の人々は〕流石に投票《にうさつ》にて出来し者は皆夫々《それぞれ》才・学・識を具《そなへ》したる立派な人物あり、（中略）各民権主張を期せる者から、自然意気相投じ、過日自助社中より招にて三十余人会し、猶《な》を各意見を討論せんとて昨二六日は浅草辺へ集会せりと。傍聴人を多く出せる県は広島にて、傍聴人の出ざる県は鹿児島・佐賀及び茨城なり。又近県にては熊谷・栃木・千葉の三県、人才尤《もっとも》振ふと聞けり。抑《そもそも》此三府六十県の人物が袂を連《つらね》て一堂に集会し、兄弟の思を為すは実に開闢以来の美事なれば、我々新聞記者も之を聞て賀し且《かつ》祝せざるを得ず。

もっとも七月三日付同紙は「自助社に召集」と報じたことは記者の誤りと訂正記事を出してはいるが、この間の公選民会設立を要求する傍聴人の組織化に、河野広中と共に自助社が深くかかわっていることは明白である。

地方官会議がいよいよ地方民会の件を討議・採決する段階となった七月六日、幸福安全社に集った傍聴人は、⑮ 酒田県の県官を相手に訴訟を闘争中の森藤右衛門《もりとうえもん》、⑯ 磐前県の河野と影山、千葉県の柴田源六と元吉元平、栃木県の安生順四郎《あんじょうじゅんしろう》、熊谷県の石川弥一郎・竹井澹如《たんにょ》・諸井興久、足柄県の中村舜治郎、筑摩県の窪田畔夫《くろお》と清水又居、岐阜県の高橋瀬一郎、岡山県の水谷亥孝太と太坪目惣治郎、島根県の但見善五右衛門と松本心十郎、名東県の岩本晴之《いわもとはるゆき》と湯浅直通《ゆあさなおみち》、高知県の中岡正次郎、他に広島県と三潴県からも出席者があったが、「某」とのみあって氏名は不明である。ここで残りの日程切迫、是非とも最重要の民会の件を討論決議されたしとの建言書を作成し、議場に提出する。

しかしながら公選民会を切望していた傍聴人たちは、七月八日の区戸長会式府県会方式の決定に落胆、再度幸福安全社で会合し、七月一〇日、元老院に対し次のような建白書を提出する(77)。

区戸長会と決せられたことに「小人等是に至りて茫然自失し、為すところを知らず」、「区戸長会は是皆行政官吏の集会と云ふべきのみ、豈《あ》に之を指て民会と言ふ可《べ》けん」、「小人等の切望する所は、議員も公撰にとり、議長を公撰にとり、之に与ふるに幾分の立法権を以てし、屹然《きつぜん》府県庁に並立せしめんと欲するなり」、「地方官会議院の決議を改め、公選民会の施行あらんことを」望む、云々と。

「地方官会議書類」によれば、傍聴人との肩書で署名する者は、酒田県の森藤右衛門、磐前県の河野広中と影山正博、岐阜県の高橋瀬一郎、筑摩県の久保田畔夫（ママ）、鳥取県の大賀貞観と木下荘平、熊谷県の竹井澹如・石川弥一郎・大戸甚太郎・諸井興久・北野智行・水村精・繁田《はんだ》武平《ぶへい》・渡辺政方、栃木県の安生順四郎と武藤幸逸、名東県の湯浅直通・岩本晴之・松浦一郎、高知県の平井(西山)志澄《ゆきずみ》、以上二一名である。

七月一二日付『報知』報道によると、二五名（ママ）による元老院宛て建白と報じられ、右と違って鳥取県の大賀貞観は愛媛県の大岡貞観とされ、また滋賀県の億谷秀太郎、埼玉県の堀越庭七郎と高橋庄右衛門《そうえもん》、筑摩県の清水又居、愛媛県の秋山静の五名が加わって総計二六名となっている。

千葉県令への非難

ところで、この地方官会議に出席した地方長官の中で、激しく攻撃されるのが千葉県令柴原和であった。全国的に見ても先進的な公選県会を以前から立ち上げてきたにもかかわらず、区戸長会式府県会方式に賛成したからである。

しかも彼は地方官会議開催直前には、地方民会のあり方について意見[78]を上申しており、①一〇〇名ごとに撰士一人選出のこと、②撰士は士族・平民を問わず、財産と年齢をもって制限すること、③撰士を選ぶには所有財産の多寡を問わず、戸籍上戸主たる者に選挙権を賦与のこと、④府県会議員は府県の大小により二〇名から六〇名、⑤大区会・小区会も民撰のこと、と主張していたのである。

柴原県令は七月二八日付『朝野』に、様々な攻撃に答え「問答書」を寄せ、

一、全国を平均すれば区戸長会が適度である。

二、千葉県では民会に似たものがあるが、全国的に制度化するならば区戸長をもって可とする。

三、自分が区戸長会を支持する根拠は、四月一四日の詔にある「進むに軽く、為すに急なること莫《な》」かれ、にある。

四、公選民会は抑圧がなされることによって、やむなく強いられるものである。

と、右の四点を挙げるのであった。

この柴原の「問答書」にただちに二つの反駁がなされ、共に八月一八日付『日日』に寄書として掲載される。

一つは手島精一・高木貞衛《さだえ》・土居《どい》通予《みちやす》の三名からの反論である。第一点、千葉県では民会が既にあるとすれば、その権限を拡張すべきではないか。千葉県にならい他県もその方向で動いている。神奈川・三潴・兵庫・愛媛・山形・置賜・三重・岐阜・鳥取などは既に開設している民会を維持することを曩日《のうじつ》その筋に建白したではないか。第二点、区戸長なる者は行政の属吏であって、その職は政府の

指令するところを受理して人民に告知し、よく政府の意を奉じ、人民にその旨を守らせることにある。区戸長が決定し人民の頭上に施行しようとした際、もし人民が心服できず、これをその代議人に「追責」するに至れば、何の方便を使用し説諭することができるのか、「人民の其代議人に依頼したる約束に有らざれば、随て之を甘受すべきの義務亦《また》有らざるなり」。第三点、「軽進急務〔為〕」と非難するが、人民が選出する人物は人望のある者だ。第四点、抑圧の結果として公選民会が出てくるというが、抑圧すれば事態の収拾は不可能となるだろう、と。

もう一つは豊岡県の松本誠直、名東県の一坂俊太郎《いちさかしゅんたろう》と伊坂淑人《いさかよしと》の三名からのものである。第一点、全国平均すれば区戸長会が適度だというが、確証がない。第二点、何故に千葉県の人民は公選民会の制度に堪えられ、他県の人民は堪えられないというのか。しかも千葉県は区戸長会から民会に「進入」したのではなく、最初から民会を起こした県ではないか。第三点、区戸長会式府県会方式を支持するのに、詔勅の「軽進急為」否定をもってするも、詔勅上文に従っても今日民会を開くことはまことに適度を得たるものではないか。第四点、民会を強いるのは政府の圧制だというが、「圧制とは政府暴虐・苛政を逞《たくまし》うし、無理無益に人民の自由・自主を妨るを云なり。君は此の訓導・奨勧を以て圧制とするか」と。

柴原県令における千葉県の公選民会方式採用と全国的制度化では区戸長会支持という微妙な立ち位置は、著者は柴原が藩閥からの支持のまったくない小藩旧竜野《たつの》藩出身の実務官僚という経歴からとられたものと見ている。公選民会推進の府県長官とは声明・建議など決して同一歩調をとろうとしないことも、同じ理由ではなかったか[79]。柴原は土佐派にも肥後実学党にも、そして旧幕臣開明派のいずれにも与しない立場を貫くことによって、自らの微妙な政治的立ち位置を保ちつづけようとしたのであろう。

11　公選民会を求める輿論 対 太政官政府

区戸長会式府県会方式に決定されてしまったことは、区戸長は行政によって任命された官吏で、人民を代表するものでは決してないとのそれまでの非難をさらに強烈なものにする。挙例には事欠かない。後日、遠州民会運動の中心人物の一人となる、浜松県第二大区一二小区の足立孫六の意見は、第一〇章7節に示すこととする。

区戸長会議決定への不満　新聞の編集方針として公選民会方式を強く主張してきた『報知』にとっても、今回の結果は大きく落胆させるものとなった。決定直後の明治八年七月一五日の社説ではこう述べる。

「〔地方民会は〕地方に関するの大事は悉《ことごと》く之を民会に持出し、広く衆諸《しゅうしょ》の熟議を取らざる可らざるが故に、云はば民会なるものは百般の事務をして公平に取扱はしむる為の土台なり。而して世人の民会を希《ねが》ふ心、頗《すこぶ》る切なるを以て、必ず衆議員の議も之に決すべきと思ひの外《ほか》、官選の区戸長を以て議員となることに〔取りも直さず官会也〕決したりと云ふ」、自分もこの決定を非難する者と同意見だ、民会方式に反対する県官は、県会は政体・国法を議すべきものではなく、またその方式は共和政治のやり方だと攻撃するが、共和政治なるものは、人民が主権を握る政体であり、ヨーロッパでもその例は少なく、日本では思いもよらないこと、また権限を超えると難じるが、衆議が県令の意向に沿わねばならないということにはならないだろう、と。

また『報知』が七月一三日から一五日の論説欄に、福沢諭吉が『民間雑誌』六月号に執筆した「国権可分論」を連載していることにも注意すべきだろう。福沢はこの論文で公選民会方式を支持、一五日の分載部分には「今の国権を平均して、政府と人民と相半《あいなかば》せんとするには、左院なり元老院なり地方官会議なり民撰議院なり市会なり或は立会《たちあい》取締と云ふも可なり、或は吟味検査と云ふも可なり、其体裁を問はず其名目を論ぜず、東西にても左右にても公私にても上下にても、唯双方に分れて互に相制するの法を設けざる可らず。若《も》し然《しか》らざるときは、今の政府の本色に非ざる専制も遂には慣れて本色と為」るだろうと、彼らしい論法で明快に論じているのである。

傍聴人で公選民会否決直後、元老院に民会方式を取るべきだと建白した人々の中からも怒りの声があげられる。一人は熊谷県の傍聴人竹井澹如(懿貞)である。彼は明治九年二月一八日付『日日』に「民会起さざるべからず」と題する七名社なる民権結社での演説を投稿する。「苟《いやしく》も人民自治の精神に乏《とぼし》きときは至美の良法も下民の情意に達せず、下民の情意に達せざれば安寧を破る無きを保す可からず。之を疎通するの策果して何にかある、曰《いわ》く民会を興立するのみ」と堂々たる正論を展開するのである。また同月二八日付『日日』には男女平等論を投じ、「西国の成丁別に家を有するの風習に比すれば、其の幸不幸果して如何んぞや」と、日本の「家」制度と家父長制を批判していることにも注目すべきであろう。

地租改正に公選民会は不可欠

あと一人は筑摩県の傍聴人窪田畔夫である。七月二六日付『報知』投書欄に、社友のところに「学友窪田畔夫過日来りて」語ったとの形式で、窪田はこう述べるのである。

傍聴人として出てきたのは、会議御垂問のうち地租改正の件につき、ぜひ公選民会が開かれなくては、「人心悦服致さざる事あれば、之を各地方官に質して上陳を希《ねが》はんと」したが、その甲斐もなく既に閉院となってしまった。自分は各県の傍聴人はその地方の情実を聞かれ、区々の赤心を吐露する「期会」があるだろうと遠路をいとわず、自ら資斧《しふ》（旅費の意）を弁じ、請うて傍聴人になったもの。「豈《あ》に他あらんや、一に県下人民の為めに寸毫も補益する所有《あら》んとするに在り」。しかるに区戸長会の決定となる七月一〇日、一二県二六名が連署し、公選民会設立の旨を建言したが、十余日待っても指令はない。しかし公選民会でなければ地租改正はできない。

調査は「県々の適宜と見込とに任せ緩急疾徐〔早いことと遅いこととの意〕、所に従て変じ、小民自《おのずか》ら疑惧の心を抱き、復《ま》た政府の号令を信ずる能《あた》はざるに至れり」。「官吏は惟《ただ》に地価の低下して税額の欠減する所あらんを恐れ、往々一箇の想像を以て其価位の高下を壟断し、実地の状態果して如何なるを推究せず、是を以て官吏の定むるところ、村吏の見るところ、常に枘鑿相容《ぜいさくあいい》れず〔くいちがう意〕、其小民等予《あらか》じめ期する所の上に出る、一層の高《たか》に至るものあり。地味の厚薄と耕穫の難易とは一村一落の間に於ても多少の不同あり、今官吏は徒《いたず》らに想像を以て之を壟断せんと欲す、小民の疾苦を唱へて不平を訴ふるに怪むなきなり」。地租改正は「必ず人民の公議を採り天下の承諾を得て、然る後之を徴集せざるべからず。新法を布《し》き賦税の目的を定めんとするの時に当り、徒《いたずら》に政府の便宜を計りて人民の休戚《きゅうせき》如何《いか》んを顧《かえり》みざる、所謂《いわゆる》立憲の政体果して此の如くなるべけんや。今天下の人心は地租改正の苛酷なるに苦み、憤懣不平の色あらざるはなし」。

「もし上下の事情相貫徹して長く乖違《かいい》の憂なく、一国経済の基本たる地租改正の速《すみやか》に行はれて、人民欣然と其法令を遵奉するに至らしめんとすれば、公選民会を各府県に開くにあるのみ」。

この窪田は七月二二日、元老院へ献書して、いったん国に帰ったと投稿者は付言している。

右の窪田は『曙』編集長末広鉄腸《すえひろてっちょう》にも、地租改正の問題点に関して面会を求め、同趣旨のことを語り、手紙にも認める。末広はこの手紙を新聞に掲載する許可を元老院に求めるも、二十余日たっても可否の返事がないため、八月一八日付社説欄で紹介するのである。公選民会と地租改正問題との不可分の関係は、『報知』と『曙』両紙によって日本全国に周知されていく。

しかしながら『報知』編集長岡敬孝は、窪田口述記事並びに小幡篤次郎の新聞紙条例批判を掲載したことをもって新聞紙条例第一四条「成法を誹毀《ひき》して国民法に遵《したが》ふの義」を乱したことを問われ、禁獄一カ月・罰金一〇円に処せられるのであった。公選民会を正面から論議すること自体に、讒謗律と新聞紙条例によって二重の縛りをかけられるのである。そうした中でいかに前進させていくのか。

八月七日付『曙』投書欄で、愛知県の芳野作郎はこう新聞に期待する。即ち、地方官会議は結局官吏の会議でしかないことが判明してしまったが、他方依然として民選議院はできてはいない。この間は公論を知らせ広めるためには新聞に頼るしかないのに、そのために尽力しつづけた『曙』編集長末広鉄腸氏が新聞紙条例によって処罰されてしまった（第一章8節参照）。この困難にも屈せず、「飽《あく》までも理義を主張し、猶《なお》政府用ひざれば、啻《ただ》一の義　死《（マルチルドム）》ある耳《のみ》」だ、と。有司専制政府への新聞記者たちの不屈の闘いに熱き期待を寄せるのである。

12　国会設立が先か、地方民会が先か

民選議院設立の方法論には、「国会からか地方民会からか」をめぐる意見の対立と論争が存在する。『日日』は漸進論を主張するものの、日本人民の民度は国会設立のレベルには到底届いていないとの立場からの漸進論であり、民選議院を実現する上での戦略論とは異なる論理なので、ここでは正面からは取り上げない。地方民会実現よりも、まず民選国会を実現させなければならないとの立場を主張しつづけるのが『報知』である。

『報知』の立場　明治八年一月二四日付『報知』は、「論説」欄の中で大意次のように力説する。「維新後も其枢機の運転斡旋は常に薩長土三藩中人士の手に専らなりし者にて、其他の人々は只其外面を見るを得可《うべ》く、決して其内部を窺ふを許されざりし者」、「彼の民選議院を首唱する前参議等諸公の如き、皆な維新以来我政府の中に在つて其の自己の手を以て自ら其の機関を運転し来りし者にして、豈《あ》に唯に其内部の如何《いか》んを窺ひ得しのみならんや、是れ所謂《いわゆ》る実際政事家なる者なり。去れば是等《これら》諸公の斯院《かかるいん》を以て急なりとする所以んなり。故に我々は断じて彼の尚早しと云ふ学者の言及び不急なりとする文章家の説を以て皆な揣摩《しま》に失して今日我国我政府上、実際実地の話に非《あらざ》る者とす」。「我々は断じて民選議院設立の我国今日第一の急務たるを信ず。若《もし》市会や県会の如きに至ては亦《また》其の支派なるのみ」。

同紙は六月八日付「論説」では、発足したばかりの元老院の不具状態を踏まえた上で、右の主張を

さらに具体的に、大意左のごとく展開する。

> 民会は小より大に及ぼすの説、道理に背《そむ》けり、東京会議所を見よ。小なるが故に制を他に受けて仕組を全ふすること能《あた》はず。「若《も》し大議院興りて君民の権衡平均せば、小なるものは自《おのずか》ら能《よ》く振起するに至らん。試みに今日の有様を見よ、民撰議院に非ずんば施し能はざるの事少からず、民撰議院に非ずんば行ひ能はざるの事多し」。「我々は自己の臆断を以て言はんとす、民撰議院論の一部は元老院に埋めたり、又一部を元老院に休めたり」。

『報知』はさらに地方官会議のみじめな結果を踏まえ、それを乗り越えなければならないと、態勢再構築の必要性を、八月二日付「社説」で大意次のように力説する。

> 民選議院論が俄然退潮してしまったのは、一つに元老院、一つに地方官会議が制度化されたからだ。しかし民会を期待していたのに地方官会議は「区戸長寄合」に決定、小より大に及ぼすことは不可能、現今の形勢は区会・県会よりは国会建立を望んでいる。望を国会に嘱《しょく》し退潮の勢をなしたる民撰議院論を再度挽回することを希望している。民選議院論勃興の「堤防」となりし一つ〔地方官会議〕は全く其性質を顕はし、一つ〔元老院〕は未だ之を顕はさずと雖《いえど》も、已《すで》に「堤防」の役目を終りしが如し。宜しく「進潮」を漲《みなぎ》らすべき時なり。

『朝野』の立場

ただし、民権伸張と民選議院設立を主張する新聞の中でも『朝野』はその展望を『報知』と共有してはいなかった。焦点は、東京会議所が民選議会たる東京府会に成長転化しうるかどうかであった。『朝野』も『報知』も東京に本社があり、そして明治七年、東京会議所を東京府会に改組させようとする取り組みに中心的役割を果した依田《よだ》学海《がっかい》が、明治七年一一月から八年三月まで

『朝野』編集部で活動していたことも影響したのかも知れない。『朝野』は明治八年、一貫して東京会議所の改組に期待しつづけるのである。

明治八年六月一四日付『朝野』は、その付録に六月九日付、東京府庁宛ての東京会議所からの建言を収録するが、その大意は、現に地方官会議傍聴のごとき、既に民会を起こした諸県においては、真正の名代を県民の中から選挙して傍聴させることを企てた。しかるに東京府下においては誰を指して人民の名代人と認め、傍聴の情願をさせるべきなのかと府知事に詰問、「現在の会議所を廃止し真正の民会なる東京会議所を創立すべし」と建言する。

この建言を踏まえた上で、六月一七日付『朝野』「論説」欄の水原直言《みずはらちょくげん》は、人民が卑屈である故に今日のような政治状況になっているのではない、政府の官吏に圧制の旧套《きゅうとう》を楽しむ心が依然として往日に同じく根を張っているからだ、人民の建言の中でも酒田県の森（藤右衛門）氏の建言、東京会議所の地方官会議への着手を促す建言のごときは、「皆是人民に於て切要なる」もの、それらに対する政府の回答が「御詮議」ばかりなのは政府に愚民感が存するからなのだと断言する。

『朝野』における府知事への期待はふくらみ始める。八月一四日付同紙はその「論説」欄で、ひそかに聞くところによれば、東京府知事は地方官会議において民会を可とし区戸長会を不可とした議員の一人であると。東京会議所も民会を主張しており、そうであるならばわが東京府下は最も速かに民会に着手するものであることを信ず、と述べるのである。

この期待は投書の中でも表される。明治八年九月二九日付『朝野』投書欄において安川雪庵《やすかわせつあん》は、東京会議所から府会設立の建白がなされ知事公も賛成、内務省に上達したと聞くが、その後は何らの話もない、速かに許可すべし、と発言する。

愛媛県会の活動

地方民会振興が社の基本姿勢となっていることは、一一月二〇日付『朝野』が府下寄留の古井作郎の投書を掲載していることからもうかがえる。古井は自分の学友で目下、愛媛県立英学所所長を務めている草間《くさま》時福《ときよし》からの知らせによると、同県下で区会が開催されていると、次のように紹介するのである。

過日県下区入費の方法を議するが為めに区会が開催された。議員百余名、其議する処頗《すこぶ》る聞くに堪えたり。議事の面目も亦《また》備はると謂《いう》べし。「之を以て之を推すに即今県会を起し国会を起すも其愚会とならざるは今日の実地上に於て之を保証すべし」、「吾県下は当春以来町村会議を開き、已《すで》に民会の基礎を開けり（其規則は曽て曙新聞に出でたり）、其人民をして国事に幹たるの志気を発せしむるは之を実地上に錬磨せしむるにあるのみ、夫《そ》の公選民会を以て人民の適度に合はずとなし、猶早の二字を以て国会を議するものの如きは、要するに想像の妄言なり。百聞は一見に如かず、民会の模様如何んを知らんと欲せば請ふ、去て吾愛媛県下の近状如何を見よ」。

東京府知事の上申にもかかわらず、その回答があまりに遅延していることに『朝野』はいら立ちを隠さない。一二月五日付同紙「論説」欄は左のごとく人々に呼びかける。

知事公は公選府会を可としている。しかるに「なお民権を張るを好まず民利を興すを意とせず、官吏の威権を以て人民を抑束せんとするを以て快《こころよし》となす蠹《と》賊《ぞく》（虫けらのごとき小賊の意）幾千百名あるを知らず。この事豈《あに》軽易の事業ならんや、仮令《たとえ》賢明なる知事公の上に在るも、諸君亦《また》各々剛毅不屈の志を以て其成功を謀るに非ずんば何を以てか我輩人民の望みに副《そ》ふ可《べ》けんや」。

他方『報知』は、地方からの積み上げ方式への拒絶感を増大させる一方である。明治八年一一月一三日及び一七日付同紙は、その「社説」で己の拒絶感をこう敷衍する。

「今其漸次の二字を掬《きく》して、国会は宜しく地方民会よりすべき意味を含蓄したりと牽強付会し、拠《より》て以て守旧の本城を守るべき要塞となし、雄弁を以て我儕を圧倒せば、我儕復《また》何をか言はんや、天を仰ぎ痛哭する而已《のみ》。人民の康福、我儕の企望は草頭の露と共に消《きえ》ることあらんとす。地方民会は果して何等の影響を生ずべきや。地方長官の会議が我儕に与へたる実例は宜しく後来の亀鑑とすべし。我儕が我国の現況に望むは国会に在り、国会に非《あらず》んば国民の康福に関すべき影響を生ずること能《あた》はず」(以上一三日付)、「公益の精神を培養し能《よ》く之を利用せしむるものは国会に非ずして何んぞ」。「区会県会なる者は何等の性質を備へたるか、町会所及び其種類に外《ほか》ならず」、「国会には発展せず、「英国下院金穀の権一たび議院の手に落てより発達せり」。「嗚呼《ああ》かの一小区一大区一小県の会議は、其漸進の進路を経て終《つい》に此極に達するの期望を表するか、此の如き結局には全く無縁無親の小民会に頼りて其結局を得んと欲するか、かの英国にして初めに国会の設立なくんば、豈《あに》今日此の隆盛を極むるに至る方便を得んや」。

このような立場をとる『報知』は、前述の一二月五日付『朝野』「論説」に対しその憤懣を爆発させ、一二月八日付「社説」では、正面切って五日付記事を名指しした上で、そのような運動をして、そこから国会が出てくるのかと詰問する。よしやこの運動が公選民会を実現したとしても、「民選議院の萌芽となるが如きは全く期望の外に存せり、小民会の大議院に基礎を与へざる実例及び論議は我儕之を論ぜしこと数回、請《こ》ふ参考せられよ、朝野先生が之を賛して国会の基とするは、日報問屋〔『日日』を指す〕が脳裡の産物なる区会県会より漸次国会に進むの糟粕により得来りし店売《みせうり》ならん」と嘲弄する。

売り言葉に買い言葉

『報知』はさらに一二月一九日付「社説」で杉山繁《すぎやましげる》が「東京会議所の件」とのタイトルで、『朝野』は漸進論に屈してしまった、東京会議所は国会の基礎にはならない、何故国会開設を正面きって主張しないのか、マグナカルタは英王が好んで与えたのではない、英民の進取の気力がそれを実現させたのだと追い打ちをかける。

『朝野』は『日日』論理の受け売りと皮肉られたことに憤慨、ついでたたみかけられたからだろう、売り言葉に買い言葉、一二月二二日付「論説」において次のごとく切り返す。

「我輩は会議所に向て其民権拡張を望みし者にして、未だ嘗《かつ》て一語の国会を建設するを放擲して専ら会議所に依頼せんと謂《い》ひたること無きに於てをや」。「報知の諸教正（オツト諸君の誤）、我が本山（ドツコイ本塾）なる慶應義塾は起立より微々たる灰吹にては非ざりし、曖昧なる瓢箪には非ざるなりと御弁解あらば我輩亦《また》何をか言はん」、最初は小なるものでも今日では大きくなっているではないか、会議所の動きもそのようなもので、東京会議所を「微々たる曖昧会議」というべきではないだろう、と。

『報知』は慶應義塾の出店なのだと揶揄しているのである。

他紙の当該テーマへの態度は、『真事誌』では『報知』的記事は皆無、明治八年六月二二日付同紙への投書で「民権堂主人」なるものが、「聞く府下の会議所も亦真正の会議所を創立せんと協心する由なれば、誠に以て民権を拡充《ひろめ》するの好機に非ずや」と声援を送っているのがめぼしい程度である。

論調に極端な浮き沈みのある『曙』は、一二月一六日付投書欄に高橋矩正の意見を掲載する。彼は左のごとく急進論を主張する。

一一月二日付『日日』はその社説において、急進論は共和政治に帰結するとその危険性を切論、同月四日・五日付『報知』は、我々は共和政治を主張してはいない、非難するならば立憲政体の害をこそ指摘すべし、と切り返している。両紙を読んだ上で「豁然大悟、急進に非ずんば国安を維持する能《あた》はざるの理を知るに至れり」、「今夫《そ》れ国会を立て而後区県会を起すは其勢尤《もっと》も易し。然るに先《ま》づ区県会を起して後に国会に及ばんとするは事甚《はなは》だ難きに似たり」。漸進論は国安を攪乱することを恐れているが左にあらず、「一国の人民知識未だ明かならず、自由を好むの気象酷《はなはだ》しからざる時に於て国会を設くるあらば、其初に当て或は愚論の府となり或は少許《すこしばかり》の紛擾あるを免がれざらんと雖《いえ》ども、要するに国家に大害を引起すの患は決して有る可らざるなり」。我寡人政府が国会開設の機会を見い出すのは実に一難事にて、其好機会は間髪の間にあり、恐らくは寡人政府それを看出し能《あた》はざるを信ずるなり。「若《も》し機会を看出すこと一日後《おく》るれば、其反動を養成する、亦一層を強くするなり。豈《あに》危道ならずと言ふことを得んや」。

しかるに明治八年四月一四日の「漸次立憲政体樹立の詔」が日本人民に与えた明るい展望は、七月地方官会議での区戸長会式府県会方式の決議によってまず挫折させられ、次に年末の元老院職務権限の大幅削減によって追い打ちをかけられ、大久保一翁東京府知事による東京府会の公選府会化の上申は聞き届けられるどころではなく、逆に一二月一九日に大久保は罷免され、無力な官庁の教部少輔に転任させられるのである。

国会からかか地方民会からかかの戦略論は、双方共にその戦略を具体化する手がかりそのものを喪失させられ、さらに厳しい法的弾圧が待ちかまえる事態となってきた。この運動の袋小路をいかに打ち破るか、民権運動はのっぴきならない状況に追い詰められていく。

第Ⅱ部

士族民権と平民民権

第六章　士族と豪農商の共闘
――阿波自助社活動顚末――

1　名東県権令久保断三

明治七年一月一七日の下野参議たちによる民選議院設立建白から明治一〇年二月の西南戦争勃発までの有司専制批判・国会開設運動について検討する際に注意すべきことは、この運動の中に士族民権的色彩の強いものと、反華士族の立場を明白にした平民民権的なものとが混淆していたことである。

設立建白そのものが征韓論を主張して下野した土佐・肥前出身前参議たちがおこなったものなのである。西郷隆盛ら薩摩士族のほとんどはこの運動には関係しなかったとはいえ、珍しく鹿児島県噌唹《そお》郡襲山郷《そのやまごう》郷士竹下弥平なるものが明治八年三月四日付『朝野』に憲法草案を投稿している。彼は、立法権は左右両院が掌握すべきであり、右院議員一〇〇名は勅任官並びに皇族・華族より選出、左院議員一〇〇名のうち三分の一は官省奏任官・判任官のうち主務練達の者を選び、三分の一は府県知事令参事が管下の秀俊老練、民事に通暁している者たちを推薦、残りの三分の一は、現今衆庶著名な功労ある旧参議諸公のごとき在野の俊傑並びに博識卓見なる福沢諭吉・福地源一郎・箕作麟祥《みつくりりんしょう》・中村正直、新聞家の成島柳北・栗本鋤雲《くりもとじょうん》などを選任すべし、と主張していることからも、このことはうかがえる。有司専制批判・国会開設運動の中には、下野参議の復権・復活要求そのものが濃厚に含まれていたのである。ここでは士族が組織し在地豪農・豪商層がそこに参加する形をとった典型例として、名東《みょうどう》県阿波《あわ》自助社《じじょしゃ》の活動の起承転結を検討してみよう。なお当初の名東県は旧徳島藩域の阿波と淡路のみで、明治六年二月に香川県が名東県に編入されて三カ国を管轄するようになる。明治八年九月に名東県から香川県が分離されて、明治九年八月、名東県が高知県に、香川県が愛媛県に、淡路が兵庫県に編入され、名東県は廃県となるのである。

明治五年九月より七年九月まで名東県参事・権令を務めたのは、吉田松陰の親友であり松下村塾《しょうかそんじゅく》の共同経営も担当した久保清太郎である。久保は明治二年に断三と改名、明治三年、山口藩権大参事、廃藩後も山口県官をつづけたのち名東県に参事として転任した、民政に卓越した牧民官であり、高知県士族で名東県権令の林茂平《もへい》が明治六年一〇月二二日に免官・位記返上となったのにかわって県参事・従六位の久保断三が権令に任命されるのである。

久保にとっても民選議院設立建白は大きな衝撃であり、旧藩主蜂須賀茂韶《はちすかもちあき》の家令として建白者の一人となった旧徳島藩大参事の小室信夫《こむろしのぶ》が徳島に来た際に面会し、彼の真意を糾《ただ》し、それを明治七年二月六日付書状で在京の木戸孝允に報じているのである[1]。

久保と古沢の問答

久保が幕末維新期という激動の中で得がたい経験を蓄積しつづけたサムライならば、小室も丹後岩滝《いわたき》の、京都にも出店していた豪商で、徳島藩士中島錫胤《ますたね》と共に文久三年二月の等《とう》持院《じいん》足利《あしかが》三代木像梟首《きょうしゅ》事件に深くかかわり、幕末期には徳島藩に幽囚の身となるも、王政復古とともに立場が逆転、徴士となって上州岩鼻《いわはな》県権知事に登用され、明治三年五月には徳島藩大参事に就任、藩主茂韶の信任厚く、稲田《いなだ》騒動（士族家禄削減政策に反対し淡路国家老稲田家家臣が徳島藩から離脱、稲田家を独立大名にしようとする同家の動向に徳島藩士たちが主従の義・君臣の義をみだすものと怒り、洲本城下を襲撃、多数の死傷者を出した明治三年五月の事件）の事後処理を済ませ、廃藩後は太政官左院少議官となり、左院少議官茂韶に従って欧州視察を命じられ、明治五年一〇月には調査期間が短すぎると依願免本官を出願、その後も欧州憲政の実態を調査しつづけ、帰国後は土佐の古沢滋《ふるさわしげる》と共に民選議院設立建白書起草に関与するのであった。この小室は久保の質問に左のように答えている。

自分は左院にあって議院の体裁がはなはだ宜《よろ》しくないのを見て、後藤象二郎議長・江藤新平副議長に相談したところ、両者は自分に欧州議会の調査を下命、しかしあまりに期間が短いため、議官を辞職して古沢滋・福原《ふくばら》五郎(2)らと共に調査を進めて帰国した。しかし後藤と江藤は免職、だが復命責任は果たさなければならない、また板垣とはかねてより至極懇意の間柄、阿波と土佐が対立している従来の弊風を打破することを誓いあっており、彼にも相談しなければならない、そうすると副島種臣《そえじまたねおみ》一人残しておくのもいかがかと、彼にも相談することとなった。江藤は建白草案が完成しない段階で帰郷するが、同意故連署するように、と言い残して去っていった。逆に貴君に糺《ただ》したいのだが、「今日は君主擅政に候や、君民共治に候や、其別不分明、是にては如何《いかが》しく可有之」と鋭く切り返している。

久保権令は「語気少も前参議に荷担の気味無之」「県地滞留の間も今日の政府を非《そし》り候事も無之様相見へ申候」と、木戸に面談時の小室の印象を述べている。小室が出県、帰京するのは二月五日のことであった。

ところで久保権令は明治六年七月、讃岐西部諸郡を席捲した名東県新政反対大一揆を経験、県下讃岐の治安維持にも腐心し、いかに安定した県治を実現するのかにも心を悩ませていた。他方で廃藩後の府県庁人事が完全な藩閥人事となってきたこともあり、明治五年一一月から名東県典事《てんじ》(判仕官)には久保断三旧知の長州藩士久保無二三《むにぞう》(秀景)が赴任してきている。彼は元来、紀州日高郡出身の草莽活動家で剣客、文久二年には攘夷運動のため越後で農兵の組織化を図り、文久三年八月の八・一八クーデタ後は長州に入って遊撃隊に加わり、禁門の変では戦って重傷を負い、慶応二年の四境戦争(「長州征討」)では芸州口参謀、戊辰戦争では越後口に出征、明治三年二月の脱隊騒動鎮撫にも尽力するといった、幕末維新期の激動を全身に染み込ませていた武人で、名東県新政反対大一揆に際しては現地に出張、治安回復の指揮に当たるのである。

この無二三を信頼する断三は、彼をなんとか奏任官の七等出仕に昇進させられないかと、明治六年一二月付木戸宛て書状で懇請してもいる③。

2　自助社の成立

一方で、久保権令が藩閥政府の立場から難治県たる名東県民政に頭を悩ませるならば、他方で有司専制批判を旗印として、名東県士族の政治的結集と活性化を図ろうとするのが、明治七年一月に帰県した小室信夫だったのである④。民選議院設立建白自体が各地における運動胎動への高らかな号砲でもあった。土佐では板垣本人が帰郷、四月に立志社を創設し、土佐士族民権運動の策源地とする。

小室は、大参事時代に彼のもとで少参事を務め、廃藩後は、大阪に出て商業に従事し投機で巨万の富を蓄積していた西川甫《はじめ》を帰県時に同行していた。徳島の地では小室のあとに名東県（明治四年一一月、徳島県から改称）大参事となり、明治五年九月、額田《ぬかた》県参事[5]への転任命令を不満として辞職した井上高《たか》格《のり》、小室のもとで権大参事を務めていた日比野《ひびの》克巳《かつみ》などと連日会議をおこない、小室が上京したのちは井上や高井幸雄《ゆきお》・賀川純一らが上京して協議を継続する。土佐の板垣退助・片岡健吉らの立志社設立とその運動方針をにらみつつ、名東県での具体的方策を検討するためである。なお、この運動は名東県士族の中心メンバーが展開していくのだが、賀川純一だけが平民で、板野《いたの》郡大幸《たいこう》村の酒造家で名望家の磯部《いそべ》柳五郎《りゅうごろう》の三男で、同郡馬詰《うまつめ》村、板野郡一九カ村の大庄屋で藍《あい》商の賀川家に養子に入った人物である。明治一二年一〇月、高知県議会において片岡健吉議長と並び副議長[6]を務めた磯部為吉は家を継いだ長男である。純一は後年廻漕業を営み、社会運動家賀川豊彦《とよひこ》の父となる。

当然井上らの運動は、高知の動向と共に全国的政治状況をもにらみあわせてのものであった。二月の佐賀の乱、同月からの政府の台湾出兵への動き、他方で民選議院設立要求への全国的気運の高まりに対応する太政官側からの五月二日の議院憲法の公布、そして九月の地方官会議開催予告などが、彼らがその運動を具体化する諸前提だったのである。

特に阿波の彼らを激発させたもの[7]が、明治七年五月、権令久保断三による、三カ国を管轄する名東県の特殊性を踏まえ奏任官一名を増員してほしいとの要請書（木戸の参議辞職で彼に頼っての増員が不可能となったためか）に添えられた久保断三権令・西野友保権参事連名の左のごとき別紙[8]なるものである。

士族以下知覚有之輩の概略を挙て論ずるに、其慮《おもんぱか》るべき者、阿は慧黠《けいかつ》多く、讃は頑僻多し、一は声息を窺て陽従陰背の風を為し、一は論説固結、稍々《やや》上を凌轢《りょうれき》するの風習有之。右の風習延《ひい》て民間に及び候ては其害も不少《すくなからず》候。

この別紙が八月の自助社設立を引き起こしたという説明は間違いではないだろうが、十分とはいえないと著者は見ている。議院憲法において地方官会議に臨む府県令参事が管下人民を代表する者だとされるならば、人民の意見を徴することが出席の前提でなければならないからである。

久保権令のもと、名東県は明治六年一一月、県会・大区会・小区会で会議を組織させるための議事章程を公布した⑨。もっともこの時点では県議の選挙人は各大区内の戸長と副戸長とされている。明治七年八月、久保権令が議長となり、旧徳島城西の丸に置かれた徳島師範期成学校において、右の規定で選出された議員が招集されて臨時県会が開催され（一大区二名ずつ）、地方官会議に出席するための参考資料として県下の民情が聴取されるのである⑩。

このような久保権令の政治方針に対抗すべく、自助社が同じ八月に創設されたのか、あるいは県の方針をさらに前進させるために自助社が創設されたのか、微妙なところであろう。

明治七年九月二三日付『報知』投書欄に、阿波国勢見《せいみ》下（徳島城下の武家地）住岩野端人なる人物（非役士族）が自助社設立に関し、二つの説があることを紹介している。「色々の風説にして、斯様《このよう》な者を拵《こしら》へて県庁を圧し倒さんとする趣向なりと云ひ（県庁びいきの人の説）、又は自助社は県庁と人民との仲人《なこうど》にて、双方の便利になる様にする積りならんと云ひ（人民論を主張する仲間の説）、彼れ是れと議論あ」り。

そして久保権令自身が幕末期からの経験を積んだ牧民官として、議会制度には肯定的立場をとって

いたのである。名東県臨時県会開催を前にした七月四日付木戸宛て書状で、彼はこう述べている。(11)

民撰議院の論起り候より、大政府も孤立の勢にて、少し失策有之候えば満天下喋々の論と相成候勢、不得止《やむをえず》議院御開の方可然《しかるべき》歟と奉存候、九月十日揃にて地方令参事会議御開被仰出《おおせいだされ》候えども、是は矢張《やはり》官撰の人にて、且《かつ》御撰挙の節も一・二の長所を以て御採用相成候人物にて、皇国の大政を議候程の人物は無之、人民の代議士と申す御見込にても、奉職以来一年や半年にて中々其地の民情も分り不申、県治条例を改正候様の議より外の事迄及《およ》び候ても、上下の御為に相成候程の益は有之間敷《これあるまじく》奉存候、民撰議院も初の程は同様にて可有之候得共、是は公撰入札丈《だ》けが、自然人民国事を任候気味可有之奉存候。

このような考えの久保権令と井上高格らが親しく意見を交換したかどうかは不明だが、彼が度会《わたらい》県権令に転任する明治七年一〇月には、井上らは別れを惜しんだと伝えられている。

自助社の成立と活動

臨時県会と同月の八月、届け出方法を立志社に問い合わせた上で設立願いを県庁に出願、県が聞き届けた自助社の届け出人は、井上高格・新居《にい》敦次郎《とくじろう》・賀川純一・湯浅直通・藤本文策（元藩医）・岡田真・高井幸雄の七名（賀川以外すべて名東県士族）で、翌九月に印刷に付された「結社の大意」(12)の署名人は、日比野克巳・筒井誠一・村上宣重の三名が加わり、新居が除かれた九名である。

「結社の大意」に述べられている趣旨は、すべての人々は天より通義・権理を与えられており、これらを保有するためには、自ら治め自ら立つ義務を尽くし、人々は不羈《ふき》独立の地位に至ることを期さねばならない。しかるに我が国は封建の余習が除かれておらず、人民はその政府に依頼すること過甚《かじん》で、いたずらに政府の善良でないことを責めるのみ、これは本分の通義・権理の何物なるかを知らないためである。ここに一社を結び、同志相会し、いやしくも人民に益し政治に補益あるもの、法律を始め諸般の事務に至るまで講究合議し、共に自ら治め自ら立ち、もって天賜の通義・権理を保全する所以《ゆえん》の道を拡充し、遂に彼の欧米各国開明の民と立ち愧《は》じることがないのみならず、我が帝国をして宇内各国と対峙並立することを企望する、というものである。民選議院設立を直接呼びかけるものとはなっておらず、また士族のみならず、農民・商人たちも参加しうる幅をもたせたものとなっている。

九月中旬より本格的活動を開始し、徳島城下寺島町の賀川純一宅に法律講究所を構え、毎月一日と一六日には定期集会を開き社員の資質向上に努め、一日と一六日以外は毎日会合して諸般の法律書を研究することとなる。政治結社活動としては日常的に政談演説会を開くとともに、新聞縦覧所を設け公論周知の場をつくっていくのであった。

自助社においては出発時点では士族民権的色彩が強烈だったことは、立志社が台湾問題で寸志兵（ボランティア兵）組織を試みたように、九月五日、「徴兵の儀に付伺」を久保権令に提出し、徴兵令に反対の一揆が起これば百方説諭するため自助社社員が行動する、県下の徴兵方法を示してくれと要求したり、日比野克巳が自身の居住する勝浦郡大谷村の士族に義挙報国を説き、一〇月一二日居村士族義挙同志連名簿を県庁に提出したりしたことからもうかがえる。

また旧藩主を中核とした士族授産事業活動を展開しようともしており、一〇月には有隣社を結成、西川甫（出資五万円）・井上（五万円）・小室（三万円）・日比野（三万円）・林厚徳《あつのり》（浜松県令、二万円）・伊吹直亮（蜂須賀家家令、二万円）・森先雄（二万円）の出資金総計二二万円のすべてを、旧藩主家からの借用金をもって活動を始めている。頭取は日比野克巳、事務所は徳島城下の船場町に設置される。

3　愛国社主力組織としての自助社

自助社は最盛期には一〇〇〇名余の社員を獲得、撫養《むや》と淡路島の洲本《すもと》に支社を設置するまでになり、豪農商層の積極的参加を実現、全県的展開を可能にしたのは、自助社が地方民会の内実を豊かにし、名東県庁を闘争の中でその方向に大きく前進させていったからであった。全国的に見て最も先進的な運動を自助社は組織していったのである。

出発点は明治七年八月の臨時県会にあった。そこでは選出されてきた代議人でかつ区戸長なるものが、県下人民を代表しうる者かどうかが問われたのである。

名東県権少属の肩書を有することになった賀川純一（自助社発起人）は、九月二八日、「阿淡区戸長足下」宛てに、次のように呼びかける。⒀

純一謹《つつしん》で各区戸長両長の足下に白《もう》す、頃日臨時会議（八月の臨時県会）開場の時に当り、首として論ず、区戸長の職たる、官に属せり、果して官に属すべきや否やを久保（断三）議長公、之れを判じて曰く、今の区戸長は官等あるを以て其給を官に乞ふも一理あり、人民総代人と目して官等を受けざるも亦《また》一理ありと、嗚呼果して然らば、則ち我阿淡区戸長の如きは官に属するに非ず、民に属するに非ず、只其中間、飄然《ひょうぜん》に位するのみ。若《も》し夫《そ》れ飄然の位を以て、等級を官に受け月給を民に取る、其理真に解せざるなり。且熟《つらつら》其事務章程に就て考ふるときは、固《もと》より行政官吏の一人たり、是故に常に其官府を佐《たす》くるの意に在《あり》て、人民の情願を保つに乏し。倘《も》し猶《なお》向来如此《かくのごとく》にして其地位を占る能《あた》はず、曖昧官民の間に漂泊し、従前の如くなるときは、何の時か習襲の旧弊を一洗し、此人民の権利義務を伸張し、不羈独立の気風を振興し、開明の進歩を裨補するを得んや。抑《そもそも》区戸長の職掌地位、果して官に属すとせば、断然月俸を官に求むべし。若《も》し乃《すなわ》ち其俸を民に取るものとせば、速に足下等の官等を返上し、一般人民と其権を斉一にし、以て其区内人民の意向と均しく事務を挙げ、其人民固有敢為の気風を起し、其義務を勉めしめんことを企望す。不然《しからず》んば皇国一般の気骨を損耗し元気を萎粛せしむる所以にして、安《いずくん》ぞ能《よ》く我一般人民の地位を進め、以て一国の独立を図《はかり》て、欧米と併立するに至るを得べけんや。

この賀川の呼びかけは自助社社員の立場からのものだが、その彼が既に名東県権少属の地位に就いていることが、久保権令の性格を物語ってもいるのである。

明治七年一〇月、久保断三の後任権令として赴任するのが、佐賀藩尊攘派の中心人物として江藤新平・大木民平(喬任《たかとう》)と共に「佐賀の三平」と呼ばれた才人士族、古賀定雄《こがさだお》(一平)である。一方では江藤新平の死を悼みつづける肥前のサムライであり[14]、他方で権力的・強権的治政を貫徹しようとする典型的な官僚的人物でもあった。

公選県会の成立

赴任直後の古賀権令は、自助社の協力を仰いだようである。八月臨時県会開催に際しての臨時的措置だった代議員選出方法を改めて、一一月に大小区会議事章程を公布、小区・大区の各議員を公選方式としたのであった[15]。

この動きを明治八年一月五日付『報知』は次のように説明した上で、公選制実施を喜ぶ自助社社長井上高格の明治七年一二月一六日の演説の趣旨を紹介するのである。

昨年五月、旧名東県権令某氏、内務省へ上申せる文中に「阿は慧黠・陽従陰背云々」と罵言せしより、元徳島士族等大に激励奮走し反求〔我が身に反省し正しい道を求むる意〕して己を責むるの論を以て自助社を結立し、井上高格氏を推して社長と為し、（中略）権令某氏は辞職して他に転徙《てんし》、（中略）一時の行き違ひ、却て県庁官民の間、真正一和の結果を媒《なかだち》し、去る十二《（ママ）》月中、県庁より管下に令して各区に会議を起こし、自助社の社員を以て之れが幹事となし、右社員等、各区長等と相ひ戮力《りくりょく》して、盛なる哉、阿淡讃三州各区の会議、遂に一日にして興立せり。

会議開場に付演説　井上高格

須《すべか》らく先《ま》づ会議を開き同志相《あ》ひ集り、一身一家の幸福安全を求るより、天皇陛下の尊栄福祉を増すことを計るべきなり。而して其会議なるものは、殊更に難問弁論して徒《いたず》らに喋々喧々たるには非ず、小にしては一身を保護し、大にしては国家を維持するものにして、其主とする所は、道理を講究し智力を練り識見を磨《ま》するに外《ほか》ならず。而して天下の事理、一人一箇の定見を以て之を裁制すると、数十百人の公議輿論に決すると、其得失利害果して如何ぞや。是れ会議の一日も止むべからざる所以なり。

右の井上演説は明治八年二月二八日付『曙』にも掲載され、自助社の旺盛な活動と名東県民会の動きは全国的に周知されていく。

実際にどのように動き出したかは、明治八年二月一〇日付『真事誌』への淡路国三原郡守本某投書に明らかである。守本は言う。「民撰議院の論、我輩喋々を不容《いれず》、既に各県下に於て其端緒を発《ひら》き、民会議事を興す不鮮《すくなからず》、我名東県下に於るも今般大小区に令して議場を開き大に輿論を尽さしむ。而《しこうして》其議員を抜くに入札法を以《もっ》し、県下一般人民をして之を擢《えら》ばしむ」。

ただし、この動きを名東県下の事情のみで説明しようとすることは適切ではないとも著者は考えている。日清開戦への日ごとに強まる緊迫感は明治七年一一月初頭まで続いており、全権大使大久保利通の一世一代の外交交渉により開戦は回避され、ここに土佐立志社が中軸となり反有司専制政治運動の組織化問題が全国的課題として登場する。明治八年二月下旬の大阪での愛国社結成の動きである。阿波自助社は士族民権で立志社と並立する大組織であり、明治八年二月、小室信夫は徳島に帰県、井上高格他自助社幹部と懇談協議をし、前月の一月には大阪の西川甫《はじめ》も来県、小室は井上・西川を伴い一足先に大阪に赴く。二月一一日、大久保と面会後帰県した板垣は、林有造・片岡健吉・古沢滋・西山志澄《ゆきずみ》ら立志社幹部を伴って、同月一七日に来県して自助社に出頭、翌一八日、自助社は徳島師範期成校で板垣臨席のもとに臨時会議を開催、一九日には日比野克巳・賀川純一・新居敦次郎・岩本晴之らは立志社一行と共に神戸に赴き、既に大阪で待機していた小室・井上・西川らと合流する。愛国社結成大会に参加する自助社社員は二〇名余[16]である。また自助社は井上高格・藤本文策・筒井誠一の三名連名の書状を讃岐の有志者に送り、大阪会議への出席方を要請[17]する。しかも蜂須賀家は小室を保証人として、一月一日付で板垣に一万五〇〇〇円を貸しつけるのである[18]。

内務省の干渉

明治七年九月の「結社の大意」だけでは、全国的運動を立志社と共に牽引する上では不十分、結社形態をより明確にしなければならないと自助社は判断し、井上高格は自助社総代の肩書で「自助社法則」の認可を県庁に出願するのが明治八年一月のことである。そこでは第二条で社務は社員会議・法律講究・新聞広布とし、第七条で困難者の訴訟を引き受ける等々を明らかにし、また会議条例、法律講究所規則等の細目も整備している。また社員会議は第一大区一小区期成校を借用すること、第一大区一小区寺島橋際に出張所を設け新聞縦覧所とすること、第一大区二小区船場町五丁目七八番地に法律講究所を設け、一社の事務を「調理」することなどがこの「法則」で文章化されることとなった。

ただし内務省宛て名東県許可申請は難航する。問題となったのは次の三カ条である。

第四条　政府より施行する所のもの、果して時勢に恰当《こうとう》し人心に適切するや否を講究弁論し、若《も》し其民権を屈撓《くっとう》〔曲がらせるの意〕し或は物情に関するもの、曁《およ》び新に人民より憲法、民法上に就て其創定を乞はざるを得ざる等の事あらば、必ず社中協議して其可否を決し、然る後直《ただち》に之を政府に上申建白する事。

第五条　凡《およそ》人民間新に物産を興すか、何事によらず国家の幸益を図らんとして、其旨趣を政府に上告するも、情実暢達せざる等の如き、本社に就て其事理を協議する者ある時は、其旨を丁寧に判断し、其情実の暢達を助くる事。

第六条　政府より施行する所の者、全く人民の幸益を慮《おもんぱか》るの意に在るを、人民其事理を弁ぜず、叨《みだ》りに苦情を唱へ、一郡一国の安危に関する等のことあるときは、何処に拘はらず、社員の内派出して之を丁寧に説諭し弁解し、人々相親愛するの義務を尽し尽さしむる事。

何が有司専制態勢の太政官政府にとって施政展開の障害となるのか、即ち「社則四・五・六条の廉々行政上に渉り不都合に付、右刪除の上」、明治八年七月九日、ようやく自助社法則の許可が下るのであった⑲。

4　区戸長公選運動の勝利

明治八年三月に入ると、一方では自助社の全県的活動の中での高揚、他方では古賀権令の官僚的県治強化の中で、両者間の対立が鮮明になってくる。

久保権令期からの昇進要請が認められ、明治七年七月三一日、奏任官七等出仕（明治八年五月二七日には七等判事となっている）となった久保無二三は名東県高松支庁の責任者に就いていたが、無二三は恐らく木戸宛て書状（明治八年三月四日付）の中で古賀権令の官僚的手法を非難、邏卒制度を愛憎をもって改め、人望ある三橋政之《みつはしまさゆき》を転課させ、しかも権令の失言によって邏卒残らず辞表提出という事態をつくり出し、また無二三を名東県本庁に異動させようとして讃岐国区戸長の苦情を引き起こし、無二三はなんとか条理をもって「切迫に申遣し候処」、古賀権令は悔悟してこの無二三をもとどおりの讃岐在勤としたので今はおちついた、と報じるのである。そして「何分人民も昔の人民に無之《これなく》、条理を以て諭し不申《もうさず》ては治《おさま》り兼《かね》候。圧制にては小児も不服、近頃の地方官は六ケ敷《むつかしく》、学者の迂遠より、万事実地に渉《わたり》、人情と条理に貫通する人でなければ、中々長官には相成兼《あいなりかね》候様相考候。古賀権令は三平の一名にて一統渇望罷在《まかりあり》候処、事務迂遠にて大に先生名声落《おとし》、最早讃人慕《した》はざる様子に相考候。讃は以前の久保権令を慕ひ申候」と感慨を述べるのであった⑳。

また明治八年五月一六日付『報知』には、名東県第五大区（麻植《おえ》郡）二小区の農在東京民野仲権なる者が投書し、古賀権令は先頃から大坂山(阿波讃岐の境にあり)の道普請《みちぶしん》をするから義金を出せと、無理無体に金を募り、集まりが少なければ採用しない、出さぬと言ったら身代を調べるの何だのと「強談」を始め、むやみに金を絞り取っている、との非難が掲載されるのである。

このような名東県人民の強硬な姿勢は、自助社の勢力拡大と表裏一体の関係にあった。明治八年三月には自助社淡路分社が設立される。呼びかけ人は蜂須賀昭融・稲田植里《たねさと》・伊卿(郷)義明・岡田真・山口逸郎・加集寅二郎(賀集寅次郎)・千葉胤寛・今田経知・林民津・山下勲・角村心一らである。その「分社演舌書」㉑はこう淡路島民に呼びかけている。

客歳本県に於て自助社なるものを設け、同志集会・協議し、朝夕相勤勉して専ら此等の理(一人民の元気振作・興起するときは則全国一人民の富強を生ずる者なり)を講究せり。則当時の報告を以《もって》諸君の夙《つと》に領知する所たらん。爾来本県の景況、民風日に伸び気力月に旺《さかん》にして、現今入社の員、会議に与《あずか》る者殆んど将《まさ》に千を以て之を数《かぞ》えんとす、豈《あ》に亦盛ならずや。嗚呼《ああ》阿淡の間、其去ること纔《わずか》に一衣帯水而已《のみ》、而して気力の軒輊《けんち》(優劣の意)或は異なる者あり。是れ深省せざるべけんや。於是《ここにおいて》我輩敢て自ら揣《はか》らず、今又爰《ここ》に斯《この》分社を設け、苟《いやしく》も人民に益し政治に補ある者は講究討論し、相共に自ら治め自ら敬し、務《つとめ》て無気の風習を脱し、不羈の地位を占めんを希ふ。

このように自助社の活動は特に淡路国では在地豪農商、さらには一般農民にまで浸透していくのである。

下からの動きは、この三月、最後の関門である区戸長任命制廃止、区戸長公選制の実現という政治運動に具体化されてきた。

明治八年三月二三日、自助社総代日比野克巳・湯浅直通(会長代理を務めている)両名は古賀権令に、「区戸長選任、宜《よろ》しく公撰に附すべきの議」を自助社は決議した、この議案を各大区会議に付して議決させるべし、との意見書を提出する。㉒

淡路では小区ごとに二〇名の議員が公選され、大小区会議が隔月に開催されることとなったが、明治八年三月、洲本において開かれた淡路国両大区会議において、区戸長は人民の四年ごとの公選をもって定むべしとの発議がなされ、討論の上可決、古賀権令にこの決議を上申する。㉓

自助社に対立する古賀権令

自助社の意見書に対しては、古賀権令は四月一二日付で不可と回答、淡路両大区からの再三の公選要求に対しても「詮議の次第有之、即今採用難致」と不可と回答しつづけるのみであった。島内人民の不満と怒りに対応し官選区戸長及び伍長の辞職が相継ぎ、県行政自体が麻痺状態に陥りはじめるのである。㉔

五月二一日、自助社在東京社員の高木貞衛・一坂俊太郎両名は古賀権令を鋭く批判する声明を発表する。四月一二日、権令が自助社からの要望を否決、その後社員の高井幸雄や賀川純一が数回にわたり権令に弁論するも、すべてに応ぜず、しかも何故に不可とするかの理由は述べず、詮議の次第云々の数語をもってするのみ、名東県民を愚民と思っているのだろうが、県民は愚ではない、前年九月久(ママ)保前権令が臨時会議を開催した時、選挙されてきた代議人を見るに、皆その区内俊秀の者にして決して愚ではなく、今年選挙された大小区会議員もまた皆よく区民に代わってその事を議するに任ずる者で、「然るを閣下独り其区会議長の責任を負う区戸長を公選するに至らば、反《かえつ》て愚者を選挙せんことを危《あやぶ》むも、我々は亦《また》愚を議長に見て、決して議員に視ざるなり。名東県下一三大区、百三十万の人民を如何せん、既に有名県令の在る滋賀・山梨・千葉・兵庫等の諸県は既に已《すで》に区戸長を公選に取れり」。

六月には淡路国自助社分社からも、千葉胤寛・伊郷《いごう》義明・岡田真の連名で古賀権令宛てに「区戸長公選の義建言書」が提出され、明治七年九月《（ママ）》と八年六月の両度の県会で責任を果たした者は皆人民の公選した議員である、浜松・滋賀・高知・兵庫は既に公選となっている、なかんずく地租改正の際に当たり、公選の成否は深く今日の事務にかかわってくる、と農民の立場からの公選論を展開する㉕。

淡路国両大区においても大区会決議が店晒《たなざら》しにされるがままになることを許さなかった。東京で古賀権令も参加しての地方官会議が開催されている七月一日、第一一大区（三原郡）区長賀集《かしゅう》寅次郎と第一二大区（津名郡）区長佐野助作の両名は業を煮やし「淡路国人民総代」の肩書をもって「区戸長民撰建白書」を元老院に提出するのである㉖。

右のごとき淡路国民権運動を、七月三一日付『真事誌』に詳細に伝える、第一一大区淡路国三原郡一〇小区賀集白川敏儒《としみち》㉗は、右の報告の末尾に「当時有名なる県令のある兵庫・滋賀・高知・山梨・浜松・神奈川等の諸県も皆既に公撰に取れり、然らば彼の県人民の幸福にして当県人民の何ぞ不幸なるや」「公撰に附すべき者を官選し、取りて等級を与へ、惟《た》だ給料を民費に課す、亦《また》人民の区戸長を見ること官員の如く、之に畏懼従事するを知て、愛敬依頼するを知らず、動《やや》もすれば仇敵相視るの甚しきに至る。果して撰任、其当を得たりと言ふ可からず」と嘆くのである。

しかしながら、県庁レベルでは、このような下からの圧力に抵抗しつづけることはもはや不可能となってきた。八月三一日付『真事誌』には、三原郡一〇小区印部俊平の「不穏の景況あるを以て、今度権令代理西野参事より、本月一二日、果断し以て公撰許可の発布あり[28]」との二〇日付投書が掲載されるのである。この印部も前出の賀集(寅)も佐野も守本も、皆明治一〇年代の淡路民権運動で活躍することとなる人々なのである。

ただし、この区戸長公選要求運動もまた、淡路一国や名東県一県といった地方史レベルで捉えるべきではないとも著者は考えている。一方では、この地域レベルの運動が民権運動の全国化に機能する。徳島地域にはその情報収集の足場を有していなかった六月八日付『朝野』でさえも、『日日』の記事によると区戸長公選につき自助社が建議書を再提出したとあるが、そこには「千葉・山梨・山口（マヽ）・兵庫の例を引きたれど、この諸県は区戸長公選のみならず、公選県会を開きたるにて一段上等の沙汰なり」との鉄拐《てっかい》山人の投書が載せられており、この記事のもとになったのが、民権運動とは一線を画しつづけている『日日』五月二四日付で、そこには三月二三日と五月二一日の建議書全文が掲載されているのである。一地域の動きは「公論世界」の成立によってただちに全国的に周知され、他地域の人々はまたただちにそれを自己の運動の武器として活用する。

全国的運動の中の自助社

他方で名東県下の自助社と人民の活性化は全国的動向としっかりと連動し、その刺激の中で展開していったものでもあった。特に四月一四日の「漸次立憲政体樹立の詔」並びに人民代表の資格を賦与されての六―七月の地方官会議が、その機能を果たすのである。

自助社は四月一四日の詔を双手を挙げて歓迎、同月「祝詞」を発表し、四月二七日付『報知』及び四月二八日付『日日』にその全文が掲載される。二月の愛国社創立大会、三月の木戸と板垣の相継ぐ入閣は、自助社の最も望んでいた政府部内改革のコースであり、即ち有司専制批判・立憲制度確立への最適の途は板垣・木戸が連携しての政権復帰パターンだと切望していた方向性が、これによって具体化されたと判断されたからである。(29)

自助社「祝詞」は左のごときものである。

抑《そもそ》も我国中世已降《いこう》、政権武臣の手に落しより、人民の権利を剝奪し、其之《そのこれ》を視る、奴隷よりも甚《はなは》だしきものあり。而して戊辰の一新は実に二千有余年来の一大変革と謂《い》ふとも、然も要するに幕府の政権を王室に復し、僅かに中興事業の基礎を立てられしのみにして、猶《な》ほ政府は専裁横《おう》縦《じゅう》〔横暴で際限がないの意〕の政府にして孤立し、人民は無気無力の人民にして流離す、故に其喜《き》戚《せき》を視る、秦楚の肥瘠《ひせき》に於けるが如し、故に人民も亦其権利義務の何物たるを弁知せず、徒《いたずら》に政府に依頼し卑屈狡獪《こうかい》の風を甘んじ、曽て愛国愛君の何たるを知らざる者多し。是を以て我輩夙《つと》に爰《ここ》に感あり、相共に此無気無力の病根を剗除《さんじょ》し、自主自由の精神を滋養し、以て不羈独立の地位を占め、終《つい》には我帝国の尊栄福祉を図り、我帝国の幸福安全を増し、以て海外文明の国と匹交《ひっこう》〔対等に交わるの意〕対峙せんことを誓ひ、茲に此自助社を創興し殆んど一周年、而して（中略）五事御誓文の旨を拡充し玉ひ、更に立憲政体の基礎を立てさせられ玉ひしは、実に我々三千有余万兄弟姉妹の幸福にて、（中略）実に我輩此詔諭の下《くだ》るに遭遇し、恰《あたか》も暗夜に月光を見るが如く、相共に慶賀すべきなり。

5　自助社の「通諭書」作成・頒布

「双手を挙げて歓迎」とは著者の修辞上の表現ではなく、この喜びようは自助社の実感であり、前年からの活動がここに結実し、前月三月に県に建議した区戸長公選要求も、この詔勅発布によって大いに促進されるだろうとの思いも、そこには込められていたはずである。

しかも地方官会議に向けて県下人民の意見を徴するべく、六月には名東県臨時県会が開催されることになっているため、参集する議員たちにこの詔勅の内容をしっかりと伝え、議員をしてその精神を体得させ、積極的に意見を開陳させなければならない㉚。

「通諭書」作成の経緯　在京中の自助社社長井上高格からしてこのように考えていたのであり、上京してきた山田楽《やまだだのし》名東県大属(文教・学事担当者)㉛に対しても、「尋常の布達に混ぜず、謹みて拝見致させるべきもの、別して下民に徹底させるべく、一層の注意を以て取計らうべし」と語るのであった。

井上高格の意を体し六月三日、徳島に戻るのが、明治八年一二月で満二六歳九カ月となる新居敦次郎と、明治九年一月で満二〇歳となる一坂俊太郎、共に名東県士族である。敦次郎は、徳島藩儒で稲田騒動の首謀者と見なされ明治三年九月東京の徳島藩邸で自刃を命じられた新居与一助(水竹)の二男で、徳島藩としては宗家に尽くした人物の子息として特別に好遇しなければならない青年でもあった。明治六年二月に上京して慶應義塾に入学、明治七年二月から蜂須賀家書物方手伝を家令の伊吹直亮に命じられ、蜂須賀茂韶邸内に寄留することとなる。この年九月《ママ》(ただし八月三日の結社届け出に連名している、九月が正しいのか）、井上高格からの書状が届き、自助社設立につき加入を勧誘され、もとより趣旨に大賛成のため、同年一〇月帰県し入社する。二月の愛国社創立に大挙出席した自助社は意気大いにあがり、敦次郎には東京事情連絡担当の大任が与えられ、明治八年三月に上京するも、四月一四日の詔勅は、いよいよ英国の立憲政体を日本が採用する意思を表明したもの、帰県して立憲政体の大意を県民に説諭したいと、一坂俊太郎と共に在京中の井上高格に相談したところ、もとより彼も異存などなく、在京連絡員ながら井上社長の許可を得た上で、一坂と共に五月下旬に東京を出立、六月三日帰県する。

一坂は明治七年九月より自助社の会議所活動に参加、明治八年二―三月、文学修業のため上京しており、新居敦次郎と同様、四月一四日の詔勅の意義を同郷の面々に演説すべきだと、敦次郎と共に帰県する。各大区より議員二名ずつ徳島に出張しての臨時県会開催の時期を見計らって戻ったので、当然のことながら、四月一四日詔勅にいう立憲政体とはそもそも何であるかを敦次郎は彼らに説明する、そのための原稿（「通諭書」と呼ばれることになるもの）を執筆し、一坂はその草稿に修正意見を述べるのであった。

明治九年、大審院での敦次郎の申し立てを引用するならば、この演説書原稿は「我々人民は実に明治八年四月十四日より当然の人間に生れ更《かわ》りたる如く、固有敢為の気象・本分の権利を取戻したるものにして」、「去年の台湾征伐の様な大切な事を政府計《ばか》りの思ひ付にて」、「右は全く詔書中、漸次に国家立憲の政体を立て、汝衆庶と倶《とも》に其慶に頼《たよら》んと欲すとの聖意に依り、此上英国の如く弥《いよいよ》立憲政体に御変更相成候上は、我々人民迚《とて》も国家政体の一部分に干与するの権利を有する訳にて、向後は天下の事に別して心を用ひずば相成ざる理《ことわり》を同郷の人民に知らせたる」ものであった。

ところが県会に参集した議員たちから、各大区へも出張してこの趣旨を演説してくれないかと依頼され、それぞれの地に派出、演説することになったが[32]、自助社社員だけでも、千有余、一々謄写しては煩労に耐えず、かといって一時に社中各員がこの原稿を通覧するわけにもいかず、自助社社長代理の湯浅直通に相談し、湯浅が徳島新聞社の撃壌館にて一〇〇〇部を活版印刷させ、七月中旬に帰県した井上にも敦次郎は印刷物を見せたところ、井上にも異存はなく、湯浅もこの趣意にはいささかの不都合な点をも認めなかったのである。

新居敦次郎はこの活版「通諭書」を、名東県下だけではなく全国的に広布したいと念じ、七月一二日に元老院権少書記官に就任する賀川純一に諮った上で、報知新聞社経営者の小西義敬に依頼、この結果、『報知新聞』明治八年七月二七日付に全文が掲載されるのであった。この『報知新聞』への掲載依頼の件は井上社長にも相談しているが、井上も異議を差しはさむことはなく、在東京の賀川純一から郵送してきた『報知新聞』版「通諭書」を県大属山田楽にも渡しているのである。新居敦次郎執筆の「通諭書」的詔勅理解は、自助社社員全員の詔勅理解と考えて間違いない。新居・一坂らの県議への解説、県下各区での演説、「通諭書」[33]の活版印刷とその頒布といった自助社の大活躍が、八月一二日の区戸長公選許可という県庁の対応を引き出すのに多大な役割を果たしたことは確実である。

古賀権令の危機感

自助社と県下人民の下からの突き上げを受けながら、古賀権令は東京の地方官会議に出席しなければならなかった。五月二〇日、参事西野友保は、名東県は阿淡讃三カ国にまたがっているので一―二人とされている傍聴人を三名にしたいが如何と伺いを出しているが[34]、これは六月一二日に却下される。事務局に名東県が届けた県「公選民会」とは、「小区会の議員を公選し議長は戸長を以之《もって》に充《あて》、大区会は議員を公選し議長は区長を以之れに充、県会は未だ確定せず。只《た》だ臨時会を設くるのみ」というものである㉟。古賀権令の頭を悩ませつづけるものは、県下の激烈な区戸長公選要求にいかに対処するかであった。従って彼は七月一〇日、開催中の地方官会議に左のごとき建議をおこなうのである㊱。

試《こころみ》に今日を以て戊辰以前に比較せば、人智の開否論を俟《ま》たざるなり。故に今民会を開き人民の公議を採り、以て行政の一助と為す、固《もと》より可なり。然《しかれ》ども能《よく》其度を量り能く其法を設けずんば、上下矛盾、官民抑凌《よくりょう》〔抑えつけたり押しのける意〕し、弊害を生ずるの浅々ならず、要するに民会の可否は節制得失如何にあるのみ。宜《よろ》しく先《ま》づ其権限を定め、毫も侵凌す可《べか》らざるの法則を確定し、次に村会小区会大区会県会を開き、議長は地方長次官及区戸長之を勤め、議員は公選とせば節制宜《よろしき》を得るに庶幾乎《ちかからんか》。定雄恐懼再拝。

ただし、府県令参事だけが地方官会議にかかわりがあるのではない。立法府とされる元老院のあり方と並行して、民選議院の前提となるべき公選府県会がこの地方官会議で議決されるかどうかは、板垣・木戸連携のもと立憲政体の樹立を切望する全国の民権運動家にとっての最大の関心事なのであり、傍聴人は全国各地から参集、会議のなりゆきを凝視しつづける。もちろん自助社社員もその中にいる。既述したように、六月一四日は、社長井上高格も小室信夫・岡本健三郎と共に愛国社総代の肩書をもって愛国社中の傍聴を出願しているし、その後も会議開催期間中は東京に滞在しつづけ、議論のゆくえを監視している。六月二七日付『報知』には、「〔傍聴人は〕各民権主張を期せる者から、自然意気相投じ、過日自助社中より招にて三十余人会し、猶《な》を各意見を討論せんとて昨二六日は浅草辺へ集会せり」との記事が載り、七月三日付同紙には「自助社に召集云々は全く記者の誤」との訂正記事が出されるが、六月二六日に呼びかけたのは河野広中ほか一名で、報道に実質的な間違いはなく、その会場も民選議院設立建白者たちが東京に設けていた銀座三丁目幸福安全社なのである。板垣が参議になっているので意図的に愛国社の名前を伏せたものか。

名東県からの傍聴人は、第五章10節に既述したように湯浅直通（傍聴のため六月一四日出県）・岩本晴之・松浦一郎の三名だが、この間在京して討議の動向を見守っていた者は、井上・小室のほかに高木貞衛・伊坂淑人、そしておそらく一旦新居と共に帰県した後再上京した一坂俊太郎など、すべて自助社のメンバーなのである。

また自助社並びに士族民権の全国組織である愛国社の人々が地方官会議と共にこの時期重視していたのが、立法府とされた元老院の構成如何であった。新居敦次郎もその「通諭書」の中で立憲政体では国王のもとに立法官・司法官・行政官の三官が鼎立（図で示している）し、その中でも「立法の一役は最上の重役《おもきやく》」、それは「元老院・国会・府県会・大小区会」から成りたっていると、元老院をトップに据えているのである。参議に復帰した板垣も、元老院副議長に就任した前参議後藤象二郎《ごとうしょうじろう》も、ここを拠点に太政官の内部改革を意図していたのだった。

自助社と元老院事務局　自助社メンバーのうちでも新居敦次郎は明治八年八月二八日、元老院中書記生に任じられるのである。「太政官職員録」によれば、七月八日現在では高木貞衛が十五等出仕、一〇月五日現在では賀川純一が権少書記官・正七位と記載されている。官等から見ると、中江兆民と同等の官位官職に任じられた賀川、次に新居、そして高木の順序となる。この賀川は七月二七日付『報知』に掲載された「通諭書」を東京から徳島の井上高格に郵送している人物なので、多分地方官会議の期間中在京していたと考えられる。

自助社の活動は全国的にも周知のこととなり、その中で慶應義塾との関係も生まれてくる。自助社の幹部新居敦次郎が慶應義塾に学んだことだけではもちろんない。慶應系の『報知』自体が自助社と共に士族民権的色彩を帯び、「通諭書」掲載もその関係が働いたためと思われるが、慶應義塾が明治六年一一月、大阪に分校を設立、一年七カ月間の入門者八六名のうち、名東県からが四一名と圧倒的に多く、西日本全域を対象にしたにしては大阪分校はその規模が振るわず、他方自助社は蜂須賀家の後援を受け（小室信夫が家令のトップとして采配を振っている）、福沢諭吉に徳島での分校開設を働きかけていたのであった。大阪分校で教えていた矢野竜渓が大阪分校を閉鎖、徳島分校（第一大区五小区富田《とみだ》浦《うら》三番地）に赴任するのが明治八年七月のことである。(37) 明治八年一〇月九日付『報知』に自助社の伊坂淑人が投書しており、「東京え来るとも国家の形勢を思察し見聞を博《ひろ》くすること難く、郷里に居て以て新聞紙を閲すると同等一様なり」「抑《そもそ》も我郷里に於てや、近頃慶應義塾の分塾設立したりと。而して此分塾たるや悉皆東京の本塾と異なることなし」と述べているところからも、自助社が慶應義塾徳島分校に多大な期待をかけていたことがうかがえる。

6　「通諭書」の問題化

しかしながら自助社の「通諭書」に見る詔勅理解は、太政官政府の理解と全く異なったものになっており、しかもそのような理解のもと、県下豪農商層と連携、名東県庁の施政方針に対決姿勢を明確にし、県庁をジリジリと追いつめている。他方、府県行政を統轄する内務卿大久保利通をいただく内務省は既に一月以降、「自助社法則」裁可をめぐって自助社の政治行動を鋭く監視してきたのである。

明治八年七月一日、内務省七等出仕、長閥の国貞廉平《くにさだれんぺい》は県政に参与すべき命を受け名東県に派出される㊳。国貞は一方で名東県庁の内部事情を精査、高知県士族で名東県参事、従六位の位階を有する西《にし》野友保《のともやす》を八月三〇日に「依願免本官」の形で免職処分とし、代わって国貞が参事心得として事務を代理することになる。西野が板垣並びに立志社と通じているからである。この件では高松支庁長の同じく長閥久保無二三からの通報も利用したはずである㊴。西野は高知に戻るや立志社にかかわり、片岡健吉不在時には社長代理を務め、明治一一年一一月の土佐州会開催に当たってはその名義上の責任者となって活動する。また自助社の高松士族への働きかけを切断するべく、讃岐一円を名東県から割《さ》き香川県を再置する九月五日の太政官措置のお膳立てをおこなう。この分離案も三月四日付書状で久保が強く主張していたところである。そして同日、責任をとらされた名東県権令古賀定雄《こがさだお》は小県香川県権令に左遷され、それもわずか三カ月、一〇月二〇日に罷免される。

政府の自助社弾圧の開始　他方で国貞は「通諭書」がどのような経緯で作成され、そして印刷に付されたかの事実解明に全力を尽くし、その中で自助社社長の井上高格を九月一七日に県庁に出頭させ、一〇月二二日に井上に左のごとき「通諭書の儀に付御答書」を「名東県出張内務省七等出仕国貞廉平」宛てに提出させるのである。

私儀、四月一四日の勅詔に付、同郷人民へ通諭篇冊の儀は、新居敦次郎・一坂俊太郎の手に成り候者にて、関係無之《これなく》候へども、其後通読仕、不審の条両人弁解を以て了解仕、尚亦《なおまた》其後報知新聞社より印刷致度候に付、差支の有無掛合有之旨、新居敦次郎より承り候に付、兼て官許新聞社の儀に付、何人の投書たるを論ぜず、其社に於て出版致候共、当方より故障申立候筋に無之旨相答候。其後如何様の結局にて出版仕候哉、東京出立後に属候に付、相心得申さず。最《もっとも》前条通篇の趣意柄に於ては不都合無之と信、同意に御座候。此段上申仕候也。

具体的に名東県精査の中で「通諭書」のどこが問題にされたのかは、「通諭書詰問答書㊵」という史料から判明するので、概略を見てみよう。

一、「天子様は即ち国王と云ふ御役人」云々に関し、我が日本固有の帝位を貶《おと》しめ王国となし、至尊を一官吏と見做す者の如《ごと》し、不敬の言に非《あら》ずや。

二、「人民より収めたる税も年貢も皆役人の遣ひ次第」云々に関し、役人の遣ひ次第とあるのは官員の「自儘に」税金を浪費するといふが如し、その確証ありや。

三、「〔三千五百万余の人民に〕自主自由の権も与へず、不羈独立の地位にも到らせず、諸役人の思案計《ばかり》を以て政治を成されては」云々に関し、太政大臣をはじめ諸官員は上天皇を蔑視し下人民を束縛し自己の思案をもって圧制を擅《ほしいまま》にするといふが如し。

四、「〔自今〕悉《ことごと》く人民一体の見込存意を聞くに、小区会大区会県会国会と順々に人民議院を開かせて此人民議院にて決議したるものに非ざれば決して役人の随意には処置させぬと云ふ政体」云々に関し、国家の事、大小軽重を選ばず「政府の御所存には任せられ難きものに候や」、且《かつ》自今と言へば、即ち今よりといふ意にはこれなきや。

五、「明治八年四月十四日より当然の人間に生れ更《かわ》りたる如く、固有敢為の気象・本分の権利を取戻したるものにして、向後は決して去年の」云々に関し、向後は決して去年のとあるのは、現今をただちに政体変革と指すもののごとし、その故如何。

六、「台湾征伐の様な大切な事を政府計りの思ひ付にて軍を起して、黒汗かひて収めた年貢金を無暗《むやみ》に費したり」云々に関し、台湾征伐は小田県人民及び琉球の漂民が残害に逢ったのを憐みたまふ人民保護上の御義務を尽くしたまひし義挙と承りおる所、その社においては、不義無名の暴挙にして、貢金を無暗に耗費するものと見做すのか。

七、「空費を吝まず無暗に大金を遣ふこと」云々に関し、政府は人民の助言なきを幸ひに無駄遣ひをしたとは具体的に何を指すのか。

八、「天子様の御養料即ち国王役給料」といふは「天皇陛下は役給取りの一官員にして彼共和政治国の大統領と一般の者」か。

（中略）

一一、「此日本帝国をして、永く独立不羈の国たらしめん」云々に関し、しきりに国王と呼び給料、役割とまでいいたて、ここに至って始めて日本帝国と称する上は、向後前に記載するがごとき制度をたてることは、すべて人民の「勉強」にありといふのか。

この「通諭書詰問答書」は、その内容から推測するに、国貞廉平の自助社社長以下各社員への糾問審査に対処すべき自助社作成の想定問答集ではなかったろうか。

そして、このような厳しい取り調べを遂行、全体の経緯を掌握した上で名東県政の全権をにぎった国貞廉平は、九月二九日、県下に布達、「通諭書」を一〇月一〇日限り県庁に差し出すべしと厳達、当然区戸長公選制度も明治九年に入って取り消される。

7　小室信夫と元宮津藩士有吉三七

本章において、自助社の活動は阿波・淡路の地域史として捉えるのではなく、全国的動向の中にしっかりと位置づけなければならないとの著者の見解を述べてきた。とりわけ丹後国天橋義塾《てんきょうぎじゅく》との関連は、注目すべきものがある。

阿淡自助社活動の要である小室信夫は、当時はその活動の拠点を東京の蜂須賀邸に据え、全国的な愛国社組織活動の結節点の機能をも果たしていたのである。その小室は幕末期、京都の巨大縮緬《ちりめん》問屋と拮抗する丹後岩滝村の豪商であり、縮緬の原料生糸供給、広汎な問屋制家内工業歩機《ぶばた》(＝歩取機)農家の統轄、製品販売等を一手に取り仕切る問屋制家内工業企業家、山家屋《やまが》小室家一門の代表格として、京都出店の責任者となっていた人物である。彼らの資本は海運業により蓄積されたものであった(41)。また丹後縮緬の生産・販売は収税面からいっても丹後七万石宮津藩の重要な関心事でもあり、小室は藩政指導部とも幕末期に関係をもっていたはずである。徳島藩での幽囚からの解放後は郷里との連絡を確立、長男佐喜蔵に岩滝の家業を継がせると共に、妻と次男三吉を徳島に呼び寄せ、次男には徳島藩士族籍を獲得させ、妻並びに次男を欧州出張に同伴㊷し、ロンドンのユニバーシティ・カレッジに入学した次男は明治一二年蜂須賀茂韶と共に帰国、後に三井物産の幹部となる。信夫は阿波地域での養蚕・生糸業の振興を意図し、郷里山家屋総本家の真名井《まない》純一を明治三年に権少属待遇で呼び寄せ、明治九年まで現地指導を委嘱する㊸。真名井は丹後縮緬の製品改良の鍵は地域での桑栽培の振興と生糸の品質改善にあるとし、既に幕末期の万延元年、米沢に出張、同地の養蚕・製糸技術を実地に習得した篤農家でもあった。

他方、岩滝村を含め丹後国七万石の宮津藩本荘《ほんじょう》家にとっても、幕末維新期は激動の時代となった。藩主本荘宗秀《むねひで》は譜代大名でありながら西洋砲術にも関心を示し、桜田門外の変についても水戸浪士への同情を公言して幕臣の怒りを買うなど、ユニークな性格㊹であった。それが故に慶応二年六月、老中として第二次征長の役においては広島の地で軍務を統率するも、宗秀は幕軍・諸藩軍軍備のあまりの旧態勢と戦闘力のなさに、これでは勝算は皆無と、拘禁されていた宍戸璣《ししどたまき》・楫取素彦《かとりもとひこ》両名を独断で釈放し、和平の糸口をなんとかつくりだそうとしたため、七月に老中を罷免され、一〇月には江戸にて隠居謹慎の処分を受けることとなった。重臣で用人兼番頭の河瀬《かわせ》秀治《ひではる》は、宗秀処罰の不当性につき各方面に陳情するも、藩内守旧派重臣たちに嫌われ、用人兼番頭を免じられ、御勝手掛御役も御免となり、さらに慶応三年四月には知行高のうち一〇〇石を召し上げられ、謹慎処分が下される。

ところがである。同年一二月九日に王政復古クーデタ、西園寺《さいおんじ》公望《きんもち》をいただく山陰道鎮撫使の丹波への出動があり、藩主宗武並びに父の宗秀は共に江戸にあるため、宮津藩重臣一同は対処に関し河瀬の意見を聞くほか手がなく、河瀬は断固「一藩勤王」を主張して重臣たちを説得し、ついで西園寺一行の滞在する福知山に急行、必死の弁明の結果、宮津藩の恭順姿勢は聞き届けられ、さらに鳥羽・伏見の戦いの時、八幡《やわた》にて新政府軍に発砲した小泉・柴田両部隊長も、西園寺を護衛して山陰道を下向する長州藩から助け船が出されたこともあって、かろうじて死罪を免れることができたのである。宮津藩救出者の河瀬秀治はこの年七月、宮津藩公議人に挙げられ、一二月には徴士に抜擢、同月武蔵知県事に任命され、俊英なる地方官としてその官歴を歩み出す[45]。

有吉三七の履歴

しかしながら、守旧派の固める宮津藩の執行部体制は維新期に入っても依然として存続、藩政改革のイニシアチブを握るのが若手改革派一八名（「清議十八士」、この中に小室信介がいる）に擁された一八四六（弘化三）年生まれの有吉三七《ありよしさんしち》である。有吉は、主君宗秀の信頼が厚く、第二次征長では戦闘中に崖から転落するもかろうじて助かり、また左ひじに弾丸を受け重傷を負って、宮津に帰郷できるのはようやく一〇月に入ってからのことで、その後京都に遊学、中沼了三塾に入るも、明治二年一月、祖母大病の報に帰省し、在塾中は学資がなく中沼塾の学僕を務めたという。長男有吉忠一の記するところによれば、「恒《つね》に曰く、士《し》、事を成すにまさに自ら其力を恃《たの》むべし、家系・氏族何ぞ問うを須《もち》ひん」という性格の持ち主で、門伐家《もんばつか》の居住する「外側《そとがわ》」町（宮津城の堀外にある上級侍町）の子弟に対抗し、居宅のある安智《あんち》町の若者ザムライを団結させ、事あるごとに勢家子弟と争ったと述べている。帰藩後は守旧派の権大参事伊《い》従数馬《よりかずま》の専制・横暴に憤激、暗殺を企図する改革派集団

「清議十八士」から「除姦一件」の委任をかちとり、藩主を動かして伊従一派の排除を実現、京都留守居に任じられた後、版籍奉還後は藩少属として藩政改革の主導者として尽力する。(46)

このような政治的立場の有吉三七は、終生小室信夫並びに生野《いくの》の乱でかろうじて生き延びた但馬出身の北垣国道《きたがきくにみち》と親交を続けるが、北垣が山陰道鎮撫使に従った時期は、伝記では中沼塾在学中なので、その後北垣が弾正台《だんじょうだい》（政府監察機関）幹部として活躍する時期が、面識をもつ妥当な時だろうか。あるいは元老院事務局の時期が最初なのか。丹後出身の小室信夫とは、小室が徳島藩執行部トップとして活動している時期に知り合ったのではないだろうか。幕末期だとすると有吉の方が若すぎる。

有吉は廃藩後は三丹地域（但馬・丹後の二カ国と丹波の三郡）を管轄する豊岡県に出仕するが、参事田中光儀の専擅を忌み辞表を提出、明治五年八月には帰郷してしまう。

ところで、明治一桁代の日本を、地方制度が確定される明治一〇年代以降の目で結果論的に見ることは極めて危険である。第五章5節に言及した豊後佐伯藩の水筑竜《みずきたつ》・矢野光儀の例のように、幕末維新期に民政に練達した各藩・各地の能吏たち、「良二千石」を府県治政に登用しなければ廃藩直後の太政官政府は各地域を統治することは全く不可能であった。この特質は同時に水筑が矢野を引き上げたごとく、自己の手足として駆使しうる同郷の有能な人材を次々と属僚に登用することにもなるのである。宮津藩出身の河瀬秀治は明治二年七月には小菅《こすげ》県権知事、明治四年一一月には印旛《いんば》県令、そして明治六年二月には入間《いるま》県令、同年六月には熊谷《くまがや》県令と昇進している。

どこで有吉三七の豊岡県出仕辞職の情報を得たのか、明治五年一一月には河瀬は有吉を印藩県官吏に呼び寄せる。(47)有吉の豊岡県出仕拒否からわずか三カ月後のことである。河瀬は明治七年七月、熊谷県令を免じられ内務大丞に転じ、後任の熊谷県令には楫取素彦が任じられるが、河瀬による豊岡県士族の人事登用の実態は、明治八年二月現在の「熊谷県職員録」によっても歴然としている。豊岡県士族と明記されている県官には、次官の権参事・正七位津田要《つだかなめ》(元柏原《かいばら》藩執政)、七等出仕田辺輝美《たなべてるざね》(元柏原藩重臣で尊攘派)、中属直村種徳、権少属有本久豊、史生有吉三七(元宮津藩士)、史生荘正衡、十五等出仕菊池艮六、等外一等出仕星野尚孝、等外三等出仕田健二郎《でんけんじろう》(彼だけ士族ではなく「豊岡県農」)、等外四等出仕井上万平の一〇名が豊岡県出身で、等外出仕となっている三名は河瀬の登用というより、津田・田辺レベルの人的関係者と見られる。津田・田辺共に柏原藩名儒小島省斎《こじましょうさい》の門人で、柏原藩を挙藩勤王に導いた藩重臣たちであり、大豪農の次男である田も小島省斎に学び同門の田辺を頼って上京した若者であり、河瀬の見る目に狂いはなく、津田も田辺も藩閥出身では全くないにもかかわらず、その後順調に官歴を昇っていく。百姓出身の田についても同様、他の人物についても所属藩名が判明すれば豊岡県内での幕末維新期の内情がより明白になるはずである。この中で宮津藩出身者は有吉のみである。彼は判任官の史生、官等は十四等、熊谷県は大県なので、熊谷の県庁のほかに高崎に支庁を置き、松山・深谷・高崎・下仁田《しもにた》・伊勢崎の五カ所には取締所を設置して当該地域の警察事務を担当させているが、有吉は伊勢崎取締所所長を務めている。小室は明治六年末に帰朝、翌年一月一七日の民選議院設立建白後は小室と有吉の関係は極めて密接となり、丹後宮津の動きに関しても常時話頭に上ることとなる。

8　小室信夫・有吉三七と天橋義塾設立

廃藩後の明治一桁代の研究が、一〇年代のそれと比較して大幅に立ち遅れている原因は二つある。一つは幕末維新期と自由民権期を截然と二分してしまう悪しき図式主義、あと一つは「公論世界」が明治七年に成立するにしろ、この段階では地方の情報は在地からの積極的発信がなければ、新聞・雑誌によっては全く不明のままである。史料がなければ事実が存在しないわけでは決してなく、廃藩以前であれば藩政史料が豊富に存在し、明治一〇年代に入れば各地域ごとに新聞・雑誌が出現するのに対し、豊富な事実・動向が存在していたにもかかわらず、それらを記録し報じる公的手段が存在していなかったのである。

明治六年一〇月の征韓論大分裂は全国の士民を震撼させ、特に地域の知識階級であり、二年前までは地域の支配階級として平民に君臨していた士族層にとっては、まさに我が問題そのものとして捉えられたものであった。そこでは征韓派前参議たちの民選議院設立建白に関し、いかなる立場をとり、明治七年九月に予定される地方官会議において地方長官に地域の意見をどのように反映させるのか、征台の役と日清開戦の危機において士族集団としていかに行動するのか、そして廃藩以前の青少年士族教育システムが廃藩で崩壊させられたままの中で、地域の主体性を再構築すべく、どのような方策をとるべきかが、相互関連して鋭く提起されたのである。

士族学習結社の設立も、鹿児島の私学校、土佐の立志社、そして阿波の自助社も共に明治七年、征韓論大分裂が必然的に生み出したものであり、全国的に見ても、明治七―八年に集中しているはずである。

ただし宮津と豊岡県の場合には、明治七―八年段階での相互関連性は全く不明のまま、天橋義塾なる士族子弟の学習結社創設のみが突出していたかのようなイメージが創られている。しかしながら第五章5節に言及したように、豊岡県は明治七年六月に区戸長公選制を実施し、さらに九月の地方官会議に向けて下問総代の者たちが公選されることになっていた。この動きと天橋義塾の始動とはかかわりがなかったのかどうか。また日清関係の極度の悪化のため地方官会議が延期となった際、旧宮津藩士族を含む豊岡県下の各旧藩の士族たちがどのような態度をとったのか。著者の依拠する東京の各種日刊紙には全く情報がないのである。

小室信介の登場

分かっている事実としては、小室信夫のかかわる阿波自助社が明治七年、地方官会議に向けての名東県臨時県会招集のイニシアチブをとり、さらにその動きを地方民会確立の方向に前進させるとともに、学習結社の内実をつくりつつ、同時に慶應義塾大阪分校入学者の約半数を名東県の青年が占めるという盛り上がりを相互関連的に示してくる。この明治七年段階での自助社の活動は、当然東京における小室と有吉三七との話題になったことと思われる。天橋義塾は明治八年一月、宮津士族の重立ちたちが小《お》笠原《がさわら》長道《ながみち》（明治八年一一月、小室信夫の娘と結婚[48]、小室信介と改名。以後小室信介と表記する）にその校則創定を依頼したところから始まるように見えるが、依頼者たちは「本郷《ほんきょう》人材なく、今日政府上或は民間凡《およ》そ世に顕はるる者なし。而して今少年にして此の如くんば、何《いず》れの年か彼の薩長土肥等の人と肩を比するを得んや[49]」との焦慮からその方策について小室信介に諮ったのであり、民選議院設立建白からの地域主体性形成とのかかわりがその前提にはある。しかも彼らが天橋義塾を担うことが困難だったのは、発起者たちが区戸長なり学区取締人なり教員なりに従事していたためであることから、小室信介への依頼は区長以下宮津士族全体の要望でもあったのである。事が始動するのは明治八年一月からではなく、明治七年段階での全国的うねりと動向が前提となっていると見る方が無理はない。

この郷里の動きを有吉は小室に告げ[50]、小室は阿淡自助社の活動と同様のものが丹後において創出されることを期待して、天橋義塾に自助社社則（内務省に提出した草案か明治八年七月の許可されたものかは不明）や「檄文」（印刷物としての「通諭書」）を送付している。「天橋義塾略史」の書き方によれば、本章4節に言及した淡路の白川敏儒がその実務を担当しているが、白川の意図は士族子弟の教育に限られてはおらず、「爾後交通往来して倶《とも》に自由の主義に依り民権発達の事に力を尽さん事を説」いているように、丹後における民権運動の振興・発展そのものであった。東京の小室信夫からは明治八年四月刊行の『民撰議院論綱』二〇部と、同年八月刊行の『文明論之概略』一〇部が天橋義塾に寄付されるのである。

小室信介はその抜群の能力を見込まれて天橋義塾規則とカリキュラムの作成に当たり、さらに義塾の許可に難色を示す豊岡県官吏を説得する工作に引き出されるも、従来の天橋義塾史が語るような、当初は彼が義塾教育の中心となり、明治九年の春に彼が上京した後は沢辺正修《さわべせいしゅう》が主導する、といった教育史的筋道で理解していいのかどうかは疑問である。信介は明治八年六月、それまで勤務していた山城国綴喜《つづき》郡井手学校を退職後、京都の「済衆社[51]」に身を置き、「漸次立憲政体樹立の詔」直後の政局と日本社会を凝視しているのである。政治小説研究者で実証能力に秀でた柳田泉《いずみ》は、この時期の信介は在京儒者宮原節庵《みやはらせつあん》の弟子、吉田秀穀らの門に出入りして再び書生活を送っていた、と述べている(52)。

小室信介の思想と文才

有吉三七は小室信介の人物とその能力を既に熟知しており、自己の高い評価を小室信夫に熱誠をもって語ったのではないだろうか。そうでなければ信介とは全く何のかかわりもなかった『真事誌』が、明治八年六月二〇日から八月二日までの六回にもわたって、信介（記事筆者名は「西京済衆社中山陰案山子」）に紙面を提供するわけがない。同誌は社長のブラックが政府の陰謀で編集からはずされ、権力批判の牙を抜かれてしまったとはいえ、依然として土佐派の影響力も働いており、小室信夫は有吉の推す信介の力量を確かめるべく、意図的に紙面を彼に与えたのではないかと著者は見ている。

信介は「可愛論」と題し、華族の章（六月二〇日）、僧侶の章（六月二一日）、士族の章（六月二二日）、漢儒の章（七月一〇日）、国学・神道者の章（七月一四日）、大尾夢の曙（八月二日）と、激変のさなかにある各階層の実態を鋭く、そして流暢かつ諧謔的に描写・批判している。残念ながら全文を紹介する余裕はないが、華族に関しては、「今日に於て華族ほどに人民に厄介掛くる覚えもなければ、華族ほどに政府に世話かくる了簡もなし、いかなれば我輩小民共が傲然として高位者に抵抗論弁する所以なり、いかなれば華族が其様に人民に厄介かけ政府の世話になるやと云に、一言以て其旨を知り得る可し。曰く今日華族の食《は》む所の禄は人民の膏血《こうけつ》にして政府の賄物金なり。試に思へ、人民は華族士族を除くの外、日々流汗《あせをながす》を、刻苦して其職業を務め其務むる所の利益何分を割《さき》て以て政府に納む。政府其納むる所の物を以て人民を保護す。故に年貢運上は人民が我国家・身上を保護する所の者にして、政府が私に資用す可きものにあらず。然るに今其貢納する所の何分を割き、華族の飯米とし娼妓の揚代《あげだい》とし纏頭《てんとう》とす、嗚呼何ぞ人民は斯《かく》の如く不幸にして華族は斯の如く僥倖なるや」と痛烈に批判する。

士族については、「士族は今にも知れぬ常禄に其身を繋がれ、枯木の枝にぶら下る猿の如く、上にも下にもたよる可き所もなき姿となり、新聞上には尸位素餐《しいそさん》〔無能で職責を尽くさず、俸給をもらうだけの意〕とか不廉恥とか、（中略）口を窮めて罵詈せられ、御尤《ごもっとも》とは気が付け共（気のつくのは十分一）、百姓しやうにも田地なく、商法しやうにも資本なく、資本ありても目的なく、目的ありてもかいしよ〔甲斐性〕なし、只ぶらぶらと日を送り、どうしやうこうしやう云ふ内に資本はなくなり、妻子は餓え、乞食に入らねば強盗の仲間入りするとあるは、（中略）さても可愛や可愛や」と士族の窮状を活写しながらも、結論としては「家禄を速に奉還し、或は農或は商、各其長ずる所に随て其業を営み、其力に食《は》み尸位素餐の嘲罵を免れしめんことを願ふ」と結論する。

また旧慣墨守・洋風嫌悪の漢儒には、婦は夫の圧制束縛を受け、これを女の道なりとするが如き無理なる夫婦の別と云ふ人倫は文明国にはこれなきなり、と批判して、彼らは「四書五経の糟粕」「孔子の徒にあらず」と断じ、願くは支那学大先生、非常の活眼を開き、従来愚守の因循論を廃棄し、変通の道を弁《わきま》へ、時勢の変革を察し、吾人三千五百万の兄弟と倶《とも》に人民の義務を更張し政府を裨補《ひほ》し聖恩万分の一に報じ玉《たま》へ、と今後の方向性を指し示すのである。

八月二日の最終章も、ユニークな書き方となっている。これまで批判してきた華族、僧侶、士族、漢儒、国学・神道者たちが夢の中に現れて厳しく信介を詰問、最新の改正新聞紙条例では変名又は他人の名を用いる者は処罰されるぞと非難（この「大尾」で信介ははじめて「丹後小笠原長道」と本名を明かしている）し、聞くところによれば汝の家郷に有志者が社を結び学事を研究しようとしている、これ汝が尽す所の職分を得たりと云う可し、速に家郷に帰り、彼の有志輩と学事を錬磨し民権を暢達せよ、と勧説するのである。小室信夫の期待を数層倍も上まわる才能がここに示されたのである。

信介が依頼された天橋義塾の官許工作は紆余曲折し、ようやく許可がおりたのは一〇月二九日のことで、信介は宮津にとどまるほかはない。『真事誌』はその後は信介のために自由に紙面を開放、九月九日には申請中の天橋義塾設立趣旨とカリキュラムを紹介（九月一八日付『報知』にも信介は社員百余名の天橋義塾の内容を投書）し、彼の記事と塾生の作文は、その後九月一〇日・一〇月一二日・一一月一八・二五・二七日・一二月二日と掲載されることとなる。信介は自分の代わりに義塾を主導しうるのは沢辺正修しかないと、沢辺の紹介を兼ねて一〇月七日に彼の「文明開化論」を『真事誌』に掲載してもらっている。沢辺は、文明開化を衆人が口にするも、欧州・米国共に党派の争い・政府の転覆は絶えることがない。「真の文明開化とは、人々品行を正しくし、徳義を修め親を親とし、長を長とし、一家穆々《ぼくぼく》、郷党之に化※し。天下之に随ひ、人文以て明に、風俗以て正しく、君民上下父子夫婦、各其所を得、各其分に安んずるの称にして、豈《あに》洋風を慕倣するの謂《いい》ならん、豈私慾を恣《ほしいまま》にするの謂ならんや」（○は原文）と、典型的な士族民権思想に基づいた儒学的文明開化論を展開し、※印のついた「化」の脇に細字で「化字説得て文明」と注記する。

小室信介との討議の中で沢辺は、その民権論を進化させるだろう。

9　小室信夫・有吉三七と元老院事務局人事

板垣・木戸の大阪会議での合意を前提とした、明治八年三月の両者の参議復帰、四月一四日の「漸次立憲政体樹立の詔」の発布という流れの中で、愛国社は立法権への接近と地方公選民会の法制化を二大目標に大奮闘を展開していく。小室信夫は古沢滋と共に大阪会議の裏方として活動した後は、青年民権活動家を養成すべく、東京の蜂須賀邸において立憲主義法理を学習する塾を開設、講義する。自助社の一坂俊太郎や高木貞衛も上京してこの塾に学ぶ㊸が、小室塾は自助社社員だけに開かれていたのではなく、千葉県人の手島精一も学んでいるように、旧藩青年のみならず、若手民権家を広く養成する狙いを有していたと著者は見ている。一方では地方官会議の傍聴や地方民会開設促進のための活動家が必要であり、他方では四月以降組織化されるであろう立法機関、元老院事務局への人事要員が求められているのであった。

ところで豊岡県は、明治八年の地方官会議に臨む態度を前年とは変更し、第五章8節に指摘したように、「御下問」に対する区戸長の見込みを取り調べよと下達するのみである。この豊岡県庁の姿勢と方針に、宮津を含めた豊岡県の士族と民衆がどのような態度をとったのかは、管見の限り全く不明である。ただし第五章10節に言及したように、柴原和千葉県令への公開詰問書を提出した一坂俊太郎・伊坂淑人・松本誠直の三名のうち、一坂と伊坂は旧徳島藩士で自助社社員、そして松本誠直は豊岡県士族、小室信介が天橋義塾官許工作で宮津に張りつかざるを得なかったとはいえ、松本は自助社と連携、上京して地方官会議の動向を凝視し、公選地方民会の樹立運動に向け奮闘していたのである。松本は一八五三年生まれの宮津藩士、前年生まれの信介とは親友の間柄で、天橋義塾史上では光の当てられていない存在ながら、明治一〇年現在では義塾幹事、一五年七月には義塾維持株五本に加入している[54]。しかしながら、明治一一年創業の第百三十銀行取締役に就任[55]し、その関係であるだろう、明治二二年創設の日本生命会社では専務取締役となり、明治一〇年以降の金禄公債運用による宮津士族の経済生活と丹後縮緬機業の金融面において極めて重要な役割を果たしつづける人物なのである。その後の結びつきからさかのぼると、有吉三七との関係から松本が宮津士族民権運動を代表して上京、自助社と共同行動をとったものと思われる。小室信介と同様に、有吉とは「清議十八士」以来のつながりがあるのではないかと著者は見ているが、「十八士」の姓名が依然として一部不明である以上、これは推測にとどまらざるを得ない。

元老院の事務局人事

元老院を立法府たらしむべく、副議長後藤象二郎、議官河野敏鎌・陸奥宗光らが尽力、その裏方として古沢滋・小室信夫が事務局人事で民権派のメンバーを一人でも多く送り込もうとする。自助社メンバーに関しては本章5節に言及したが、ここで改めて全体的な動きを確認しておこう。

明治八年五月二四日には大井憲太郎が少書記官、中江兆民が権少書記官に、六月九日には高知県士族土居通予が権中書記生に任命される。土居は第五章10節に言及したように、高木貞衛・手島精(誠)一と共に柴原千葉県令の論理の不合理性を追及する人物だが、既に元老院事務局員となっているのである。また高木・手島が小室信夫の法理塾のメンバーだったので、おそらく土居もその塾生ではなかったろうか。

六月一八日には豊岡県士族有吉三七が少書記生に、十五等出仕に名東県士族高木貞衛が任命され、共に建白掛となる。有吉の子息、忠一の記すところによれば、明治八年四月、鳥取県士族北垣国道《くにみち》が元老院書記官、建白課の責任者となったので、手紙をもって親友の有吉三七を招き、有吉は国道とは莫逆《ばくぎゃく》の友人であったためただちに応じ、国道の属官となったとあるが(56)、元老院事務局に入るのは有吉の方が早い。自助社の高木と同日の任命であることからすると、小室信夫の推挙が強く働いたと思われる。

六月二七日、愛媛県士族陶不窳次郎《すえふゆじろう》が中書記生に任じられ建白掛に所属する。陶は一八五二年生まれの大洲《おおず》藩士、明治七年九月に立志社に赴きその活動を確認した上で、大洲士族を軸に集義社《しゅうぎしゃ》を結成し、明治八年二月には愛国社に加盟した士族民権家である。

正六位北垣国道が少書記官に任命されるのが七月七日で、彼は明治四年八月に開拓使七等出仕となって以降、開拓使の中で昇進していくが、『太政官日誌』によれば五等出仕の時、明治七年一一月二四日に出仕免となっている。辞任理由は不明、その後は無役のままである(57)。元老院には藩閥間の均衡調整機能がもたされてもおり、鳥取県士族の扱いは一つの重要課題であり、同県士族と政府の媒介役を果たしている河田景与《かわだかげとも》は未だ議官となってはいないが、同県士族を代表する安達清風《あだちせいふう》が六月九日に大書記生となっており、北垣の任官はこの人事と連動している可能性があるだろう。

七月一二日には名東県の賀川純一《かがわじゅんいち》が権少書記官となり、七月二〇日、建白課課長に権大書記官の永井尚志《ながいなおゆき》が任じられ、北垣も同課の所属となる。七月二二日には東京府平民沼間守一《ぬまもりかず》が権大書記官に任じられるが、沼間はその直前の六月二八日、司法省五等判事の職を辞任したばかりであった。

八月三〇日には高知県士族岩神昂《いわかみのぼる》が権少書記官に任命されるが、彼は古沢滋の兄であり、また田中光顕とは義兄弟（昂の妻の兄弟が光顕）の関係である。そして九月二〇日、権少書記官賀川純一は正七位に叙せられている。

第七章　士族民権の論理

1　『報知』的士族民権論

著者は阿波自助社の活動を論じる第六章冒頭で、自助社の活動は士族民権論の立場に立っていたものと規定した。この規定は自助社幹部のほとんどが旧徳島藩士族だったことからだけではなく、その考え方も士族民権特有の色彩を有していたからなのである。青年伊坂淑人は第五章10節に述べたごとく、一坂俊太郎と共に柴原和《しばはらやわら》千葉県令に向かい語気強く、公選民会をめぐっての曖昧さについて詰問した徳島県士族だが、彼は明治八年一〇月八日付『報知』に投書し、戊辰の戦いをはじめとして、日本をここまでに進歩させたのは華士族の面々だと胸を張り、「現場《(ママ)》国家を維持し且《か》つ開明に進歩せしむる者は華士族にありて平民輩にあらざること明々瞭々たり」、(中略)「華士族を目して食客・居《い》候《そうろう》と名《なづ》く可からず、食客・居候に因《より》て国家を維持し開明に進歩するの世の中」なりと断言する。

この平民に対する士族身分優越意識は、西南戦争前の士族民権論には極めて濃厚に存在する。民選議院設立建白を支持する淫鳥生なる者も、明治八年四月一七日付『真事誌』に、「士族居候」論を展開しつづける『日日』に「挫撰民権論」と題する反論を投書するが、彼は士族を左のように位置づけるのである。

『日日』は平民を「忠良切実」と言うが、「平民の腰抜けにおいて何ぞこの四字を持たんや。平民は只《ただ》これ利穢《りわい》を知れる而已《のみ》。故に交々《こもごも》利を征《と》り損益の両端を計り、自己の安易に目を活揺させ、一として国益たるを知らず、国難大関節〔重大な局面の意〕に臨めば撮尾〔尾をつまむ意〕して遁逃し、これ何の実を有して利穢をとるの理あらんや。士族はこれ数百年恩情を蒙り高禄を戴すればこそ、官に在ては拋身、造次顚沛〔わずかの間の意〕にも報恩敢て亡失せず。国難大関節に臨めば身命を拋《なげうち》、連々続々として戦役に加はらんことを希望せり。是《これ》我国士族の激烈慨志誠忠の固《つね》に有《も》つ所、故に朝廷其誠忠武功を賞して禄以《もって》世々に賜ふ、夫《そ》れ方今文明開化、軌《ママ》文帰一の行政となるも、皆これ華士族の論議を以て成就する所にして、朝廷其功能を取り、各士をして適宜の官に充《あて》、平民は嘗《かつ》てこれに関渉せざる所なり。然ればこれ撰権を有す可きは尤《もっとも》士族にあり」、「四民の卓鷙《たくし》〔すぐれて頑強の意〕たるものを士族と為す、次なるもの是を平民と目《な》づく、故に人民の卓鷙たるもの、人民の代議士を撰挙せる権利を有すべし」と。

福沢諭吉と慶應義塾の影響を多大に受け、急進民権論を展開しつづける『報知』も、明治八年段階では、士族民権論の立場に立ち、「士族居候論」と攻撃しつづける『日日』との間で大論争を繰り広げる。

士族階層は西洋のミドルクラス

明治八年三月二四日付『報知』は「論説」欄において、「日本国の独立を維持するものは此慷慨切実なる士族の力なり、決して無気無力の民にはあらざるなり」、「我々が士族輩の気力の衰ふるを以て日本の大患なりとする由縁なり」と主張、三月二六日付「論説」欄でも「維新の時は国君は暗弱、平民は愚蒙、唯《ただ》士族なる者多少智力を有したるが故に、国の独立を維持すべき仕事は余義〔儀〕なく此種族の頭上に落ちざるを得ず。故に国家の憂を一身に引受けたる者は士族なり。此時に当って士族の気力をして平民と同からしめば、今日我国の有様は如何に成り行きしか」と平民を見る目には厳しいものがある。

さらに三月三〇日付『報知』「論説」欄は『日日』の批判に論駁し、「一国三千万の人口にして国事を担当して憂ふるものは平民に多きか、将《は》た士族に多きか」と切り返す。この段階の『報知』においては、政治的主体性を平民に見出してはいないのである。

一貫するこの姿勢は、ヨーロッパでは社会を封建制から近代へ前進させたのはミドルクラスだったのだが、日本ではそのミドルクラスの役割を果たしているのが士族階層だ、との歴史理解が前提となっていた。

『報知』「論説」欄での初出は三月二八日付である。[1] そこでは「決して士族と云ふ名称に拘泥すること勿《なか》れ。我々の貴重する士族なるものは所謂《いわゆる》「ミッドル・クラス」中等なるものにして、我々は実に其気力の慥《たしか》にして思想の高尚なるを尊ぶのみ。我々豈《あに》士族の空名を愛憐するものならんや」と述べられている。さらにこの論を敷衍するのが四月七日付「論説」欄である。「我国に於て平民と名《なつ》けられたる人種は元来無智無力にして、従順の範囲を脱し圧制に抗するの意あることなし。唯《ただ》屈指して数ふべき程の「ミッドル・カラッス」ありて政府・人民の釣合《つりあい》を保たんと尽力せるのみ。而して此《この》「ミッドル・カラッス」は平民にて組立得べき者に非ず。故に御曹司〔『日日』の福地源一郎が自己を「吾曹」

云々と記事に書くことによる〕が目指す所は悉皆平民は馬鹿なれば敬して之を遠ざけ置き、主として民権を主唱する士族も邪魔ものなれば之を放逐して、政府に圧制の上塗りをかけんと欲するのみ」、「我々は我人民をして一刻も早く民権の何物たるを知らしめんが為に、権謀《ポリシ》を用ひて士族を「ミッドル・カラッス」の内に加へ、刺衝を之に依頼せしかど、日報社〔『日日』の発行所を指す〕御曹司は「ミッドル・カラッス」の内には士族は一人も入らぬ。何も蚊も平民で沢山と仰《おお》せらるるに因て、成程《なるほど》平民自身より精神も気力も発生すると云ふ確証あらば随分日報社の先生方に同意致さふ」と。

『報知』は士族民権論の立場から、現在支給されている士族への秩禄は、禄税[2]を課せられているので家産であり、一方的に奪うことはできないと主張し、軍役が課せられていないのに秩禄支給はおかしいとの批判には、軍役の代わりに禄税が課せられているのだ、と切り返すのである。『報知』は「家禄即ち家産論」を随所で主張しつづける。

『報知』も含め秩禄支給維持の立場からは、ではいかに国家財政上の秩禄支給比率を減少させるのか、様々な意見も併せて出されることとなる。

士族民権の華族批判

明治七年六月一日、右大臣岩倉具視の斡旋・尽力により華族結集・学習の場として華族会館が創設されるが、筑摩県士族生池三八は六月一三日付『真事誌』に投書し、華族の会議を起こすと報じられたが、「此れ益《ますます》尸位素餐《しいそさん》に安《やすん》ずるの策にして恐くは貴族の任責を尽すものと云《いう》べからず。何ぞ此奮発勉強心を移して、一層上等の公平心を興し、速に其家禄の全額を奉還せざる、誠に能《よ》く如是《かくのごとく》なれば、自今一会議事を労するを俟《また》ずして、忽《たちま》ち上下を補助し国家を維持するの資金となり、而して其身は勉衣力食の人となり、士族に方向を示すの効」あり、と華族の廃禄を主張する。

明治八年九月一五日付『報知』には中山忠太が投書し、華族は「昔日の職掌無く又今日の職務無し、何を以て華族は其旧高の十分一なる数十万の家禄を領受せらるるや」と批判、「今後は五百石から三百石として暫《しばら》く以て給せらるるの策ありてのち士族の処分に及ぶべき也」と提案する。

明治八年一二月二七日付『曙』には熊谷県平民関口信篤が投書し、華族一戸当たり五〇〇円から八〇〇円の家禄を数年間支給した上で廃禄すべし、士族は除くと主張する。いずれも華族の秩禄削減・廃禄をまず先行させるべしとの意見である。

最も一般的な意見は、官職に就いている士族には秩禄を支給すべきではなく、彼らは受領すべきではないというものであった。秩禄以外頼るべき収入を失った士族にしてみれば、あまりに当然の意見となるのである。早くも徴兵令直後の明治六年六月七日付『報知』投書欄には、兵制が変わった、禄制が問題となる、「在廷の百司多くは士族より出で、各資級《（ママ）》に因て其官俸を受く」、その者たちは家禄を辞すべきだ、との意見が載る。

明治八年九月二八日付同紙には黒河内満が投書し、士族で官員になっている者から家禄を奉還すべきだと主張する。この官員家禄奉還論との関係で、官員の給料と人員を削減すべきだとの見解も出されることとなる。明治七年三月三日付『報知』に、岡山県士族大橋某は投書欄で左のごとく主張する。

「在官の人は唯《ただ》莫太の金を甘んじ家財を美にし飲食を恣《ほしいまま》にし或は驕侈す。故に人民服することなく、四民上を誹謗し人心一和せず。人心一和せざれば何《いず》れの時か開化文明となる」、「官吏の給百円を第一等の給与とし、其減少せし金を積金とし政府に備置、官吏中功をなせし者には之を以て賞」すべし云々。

明治八年三月一六日付『報知』「論説」欄は「冗官を淘汰せざる可らず」と題し、「冗員の多きが為第一に電信（縁故人事をいう）の弊を生じ、第二に入費の割合に仕事の運ばざると、及第三に官員を懶惰に導く」ことになっていると非難するのである。

もっとも『報知』の士族民権論は、士族と平民とを対立させるものというよりも、士族こそが平民を覚醒させる能力と力量を有しており、平民の力を増大させることによって、国家主導ではなく国民の内実を育成することによって万国に対峙しうる日本を形成しようとする見通しに立った士族民権論である。明治八年四月一五日付同紙が「論説」欄において、前日の立憲政体樹立の詔を受ける形で、「僅《わずか》に愛国心を養ひ気力を有するものは士族中に稍《やや》多し。或は之を悪視して頑意《かたい》地《じ》抔《など》と称すれ共《ども》（名は何と付《つ》いても）実事に於て我独立を維持し文明を進るは皆此気力精神なり。願くは此気力精神を墜《おと》すことなく、益之を盛振し、全国人民の眼を攪起《かくき》誘掖《ゆうえき》し、以て万国対等の地位に達せんことを」と述べるごとくである。

地方分権に士族登用

従って朝鮮問題や日清開戦危機問題についても『報知』は一貫して開戦に反対し、士族は授産事業や殖産興業政策の中で一日も早く職業を身につけて新時代に適応していくべきであり、座食の汚名にいつまでも甘んじるべきではないとの立場をとる。急激にではなく漸進的に秩禄処分をおこなえとの主張は、政治的には現今の中央集権的専制統治を緩和し、地方分権を制度化し、そこに士族を登用せよとの主張と抱きあわせになってくるのである。

明治八年一一月二七・二八両日の『報知』「社説」欄は、「分権論」と題して次のように主張している。

封建制度は一面では「一国の政権は之を分て数百の侯伯に附し、屹然独立の体裁を成すもの有るを以て、中心政府の権力過大に至るの弊なく、又各地自《おのず》から之に抗して庇保するもの有るを以て、中心政府の専制圧抑、各地人民に及ぶもの激烈に至らず。又各地の侯伯、其人民を待する、亦《また》中心政府の之を拘制するもの有るを以て、其虐使甚《はなは》だしきに至らざりしもの有るは、其例蓋《けだ》し二三の寡《すくな》きに非《あらざ》るなり」、「独裁政府の如きは一国の政権を尽《ことごと》く して之を一政府の下に集め、兵権なり租税なり法律なり審判なり皆之を君主一人の手中に掌握し、毫も他に権力を分与すること無し。是《これ》を以て其権力強大無彊にして至らざる所無く、又国家の重きを以て自から任ずるもの君主一人なるを以て、国中人民をして彼の高尚秀雅の気節を擲《てき》棄《き》消滅せしむ。故に独裁政府の弊は封建制度の僅々の利益をも尽く之を糜《び》滅《めつ》せしむるものなり」、アメリカを見習え、「米国に於ては各地皆「タウンシップ③」とて吾一区一郷の人民相合したるが如きもの有りて、其区の人民は喜怒哀楽を共にし、苟《いやしく》も此区内にて做《な》し得可きの事務は必ず之を做し、区長、議員の選挙より道路の修繕、橋梁の架設、貧院病院学校の設立、租税分賦の方法等、皆其内にて之を処し、会議其内に起り、区内の法律其に由て定まり、又区内小事の裁判官あり」と述べている。

「タウンシップ」の実態をこれほど具体的に述べているので、論者はもしかすると数年以上をアメリカ社会で実体験した知識人かも知れない。

このような「士族民権論」は、熊本実学党の面々や阿波自助社、自助社の影響を受けた天橋義塾の人々の立場でもあったと著者は見ている。自助社はその設立と並行して士族授産事業も第六章2節で見たように開始している。商業都市大阪は、ごく近距離に位置していた。ただし同章2節に既述したように、対外危機に際しては阿波の士族民権派も活発化する。そして土佐派の影響力が依然として及んでいる『真事誌』は、江華島《こうかとう》事件後は征韓論で溢れることになるのである。④

2　士族民権主流派の論理

しかしながら士族民権運動の主流は『報知』的なものではなかったことは、しっかりと確認しておかなければならない。士族民権運動とその思想・論理は、征韓論をめぐっての太政官大分裂と直結しているのである。

筆頭参議西郷隆盛が太政官政府のトップにとどまっていた間は士族民権運動は展開せず、西郷と対立する島津久光が代表する封建制復帰派だけが、政治党派として活動するのみであった⑤。徴兵令が発布されたとはいえ、薩摩士族を象徴・代表する西郷が政権トップに位置する限り、常職を奪われても反政府運動を起こす必要性を士族当主とその家族は考えるに至らなかった。しかし明治六年一〇月二四―二五日の太政官大分裂は、その原因を、日本国に対する朝鮮の侮辱を軍事力をもってしても雪《そそ》ぐのか、それとも内治優先主義でいくのかとの政治路線の対立であり、下野したのは征韓論派の面々、そして徴兵令が実施されたのは、この時点で東京鎮台管区二〇〇〇名のみ、全国六鎮台と各分営の将兵はすべてが士族の将校・兵卒なのである。朝鮮との交戦という事態に突入したならば士族軍隊の大量動員が不可避・必然となる、特殊な歴史的時期での分裂であった。

かてて加えて、翌明治七年一月一七日に民選議院設立建白を左院におこなったのは、西郷を除き、彼を支持して征韓論を主張、下野した前参議の面々なのである。従って征韓論派参議を放逐して国家権力を掌握した岩倉・大久保らの太政官政府に「有司専制」と明確にレッテルを貼り、五カ条の誓文を楯に民選議院開設を強く求める彼らの民権運動、即ち士族民権運動は、一方では対外強硬主義・士族の軍事動員要求と結びつき、他方では西郷を筆頭とする下野参議の政権復帰要求と結合していたのである。彼らの議院設立主張は、常に鹿児島士族並びに西郷の動向と密接不可分のものであった。第六章1節に言及した鹿児島県郷士の民選議院設立建白も、「旧参議諸公」の左院登用と結びついているものなのである。

では士族民権主流派の論理はどのように組み立てられているのか、著者の考えているその論理の特質のごく概略をここに述べてみよう。

第一に、廃藩直後の時期、直前まで支配階級であった士族の特権意識・平民蔑視意識は消滅するところの話ではない。明治八年五月二四日付『真事誌』に「民権論」と題して投稿する「東台山下寄留の一士族」はこう述べる。

「余は堂々たる士族なり。聞く近《ちかご》ろ平民等切《みだ》りに民権を主張し、我士族の大権を剝奪せんことを謀ると。余太《はなは》だ之を悪《にく》む」、「余や幸に士族の家に生長し、今に至るまで平民の智愚を問はず、都《すべ》て呼棄《よびすて》にす」、「勢《いきおい》君民の如く、然り何ぞ是れ盛なるや、平民固《もと》より無智恬然《てんぜん》として亦《また》怪まず、此を以て之を奴僕視するも何の不可か之れ有らん。今平民等切《しきり》に民権を主張すと雖《いえど》も、豈《あ》に堂々たる士族の大権を剝奪することを得んや」、「余も頃日家禄を擲《なげう》ち御情けの仕送を愧づるがため平民とならんと欲せり。然《しかれ》ども彼奴僕視せらるるを悪むが為めに猶予未だ決せず」。

明治八年一〇月三一日付『真事誌』には高知県士族池月真澄《いけづきますみ》が投書するが、その主張は左のごときものである。農工商はともかく「士族に至りては則ち天下分任の大義務を自ら担て起たざるは何ぞや、（中略）嗚呼国権振はざる、民権の拡張せざる亦宜《う》べならずや、（中略）先覚の後覚を覚《さま》す、是れ亦人の一義務のみ。仮令《たとえ》士の常職を解くと曰《い》ふと雖も、三民に比すれば豈《あに》先覚なる者に非ずや、天下分任の義務、昭明して三民に率先するは其義務に非ずや」。

士族好みて無業になりしにあらず

第二に、士族の廃藩処分に対する思いは複雑なものがある。明治七年九月一四日、左院に三潴《みずま》県権少属田中正道が建白している(6)が、彼は徴兵令によって士族の常職を剝奪したのは「国に外患あり内憂あり、事既に急なり。苟《いやしく》も有事に方《あたっ》ては兵を華士族に募らず、一に徴兵令を奉《ほうぜ》んとす、決て能《あた》はざるなり。如何となれば民既に租税を出して政府を奉ず、政府既に百官を置て家禄を賜ひ、之をして兵馬に従事せしめず、更に兵を人民に賦し、所謂《いわゆる》血税の名を以て之を責め、其定尺〔身長をいう〕と生年を以て之を役す、民実に服せざるなり」と政策の矛盾を衝く。官は華士族に秩禄を賜うというが「之を役せず、百官有司之を責るに遊手浮食を以てす、華士族或は謂ん、我自ら遊手浮食を欲するに非ず、官我をして遊手浮食たらしむと」。

明治八年一〇月一七日付『報知』に、青山寄留の平井淡叟《たんそう》が投書して士族の活用をこう訴える。士族本《もと》より好みて無業となりたるに非ず、之を無業と為したる者あるべし。今の士族は腰抜多しと雖ども、今華族士族平民と分ち、其中より智識と気力ある人を撰びたらば、其割合は士族の中に多かるべし。然れば族を分ちて論ずるときは、士族は日本にて上等の民なるべし、其上等の民を居候《いそうろう》となすは良計とは言難《いいがた》かるべし。政府の務は国中に棄材なきを肝要とす、（中略）此頃士族は衣食に汲々として漸々気力を失ふに至らんとす。士族に商業を為さしめ平民より徴兵を為すは、犬に鼠を取らせ猫に門を守らすと同様なるべし。嗚呼欧羅巴《ヨーロッパ》諸国の天下に雄視するは、其人民皆剛強不屈の気あるに由るなり。今平民は卑屈の気未だ伸びず、士族は追々其剛強の気を消磨し尽さんとす。朝廷の頼《より》て与《とも》に国を守らんとするは何者なるか。

端無くも士族のこのような気持ちを端的に語ったのが、洋行し官界で大活躍中の最高レベルの知識人、鹿児島県士族森有礼《もりありのり》なのである。森は明治八年五月一日の明六社会議でこう発言する。[7]

吾輩も亦前日廃藩置県を甘心欣喜せしが、今日に至ては則《すなわち》然らず。何となれば、人民の抵抗力消磨し尽《つき》んとす。（中略）僕幸に薩人、其（県）令は即《すなわち》郷人なり。若《もし》他県の人或は来て吾郷土に令たらしめば、吾輩安《いづくん》ぞ能《よく》恬然甘んじて他県人の頤指《いし》を受を肯《がえんぜ》んや。必当《かならずまさ》に之を拒み、己れの本土の人を以《もって》之に代らしめずんば已《や》まざるべし。（中略）廃藩置県は今日より之を見れば則其尚早きこと明らかなり。

明六社で闘わされた廃藩置県をめぐる森有礼・加藤弘之・福沢諭吉間の討論内容は、五月八日付『朝野』に銀座弓町五番地の小山生が詳細に筆録して投稿し、『真事誌』『報知』『曙』各紙も関連記事を掲載、「公論世界」に広く知れわたることになる。

第三に、士族の存在意義証明要求が平民の徴兵忌避の現実と結びつけて表出されるのである。茨城県士族岩崎恒義は、明治七年三月三日付『真事誌』投書に徴兵令を批判してこう主張する。

〔農商は徒《いたず》らに口を糊することを知るのみ〕、独り士族に至りては、其義気やや衰頽に属すと雖ども、廉恥全く地を掃《はら》ふに非ず、今の時に当り再たび之を磨礪《まれい》すれば、其往時に復すること知るべきなり。是れ兵を募るに農商を以てするの時に非ずして、士族を以てするの時に非ずや。窃《ひそか》に方今の徴兵を見るに、無智磊落《らいらく》〔ここではおおまかの意〕の細民を駆て頓《とみ》に規矩準縄《きくじゅんじょう》の間に容る、此を以て本に報ひ始に復るの道〔本に返って恩に報いるの意〕を顧みず、徒《いたず》らに規律の厳なるを悪む。独り之を悪むのみに非ず、又従って遁逃し遂に不測の罰に陥る、（中略）全国の士族を挙げ兵役に従事せしむる者、蓋《けだ》し三十万に下らずと。宜しく方今の計をなすに、此輩を挙げて常備軍を設け、其志操を鼓舞し、之を諭すに臥薪嘗胆《がしんしょうたん》の思を以てせば、誰か感奮力を出さざる者あらんや。夫此《それかく》の如くんば、一は朝廷干城の備ありて、一は士族素餐《（むだぐひ）》の責を免かるべし。嗚呼何ぞ兵に宜しき士族をして耕耘の域に趣《おもむ》き、農に宜しき細民をして干戈の場に立たしむるや。

このように考えるのは無職士族だけではなく、現役の陸軍士官生徒中川満も同様であった。

士族を活用せよ

明治七年二月一三日付『真事誌』に投書する彼は、士族の功績を次のように述べるのである。

諸侯土地奉還の説起るや、諸侯中一二の英才有て之が魁《さきがけ》となると雖も、又癸丑以来義士の遺功と当時有志之を慫慂《しょうよう》するに非ざれば何ぞ此の盛挙を得んや。而して此の挙あらざれば何ぞ開明の域に進《しん》ずる今日の如きを得んや。然らば則ち開明の縷《いとすじ》を開き斯民《しみん》をして自主の権を得せしむるは皆士の力なり。諺曰、有徳者有幸、有功者有報焉と。実に士は賞して可なり。然るを自ら奉還す、何ぞ無廉無功を以て称す可けんや。（中略）〔欧米では教育が行き届いて四民が兵役を担っているが、日本では〕三民の智識を広め義心を固結するに至るは今より十有五年の後に非ざれば恐くは能《あたわ》ざらん。而して此間国家を保護するは果して誰に属せんか、〔徴兵制度があるものの〕教化の束縛するなく義心の固結するなし。有事の日果して用を成すや否や、未だ余が詳《つまびら》かにせざる処なり。然れば則ち士たる者、目下無職に似たると雖も、国家の保護、暗に士に帰せざるを得ず。故に士の禄を収むるは十又余年後にして遅しとせず。（中略）俄《にわか》に力食を責め三民に文武を求む、豈難《かた》からずや。

　この中川の投書に関し、目今の士族処遇問題に発言するのが洋学者島村泰である。彼は『報知』経営者と親しかったのか、明治六年一一月九日、米沢町の報知新聞社が類焼したので、薬研堀《やげんぼり》の自宅を譲り、四谷仲町に引っ越した人物[8]で、立場としては開明知識人である。島村は二月二〇日付『報知』にこう述べる。

〔中川氏の論によれば〕士たる者目下無職に似たりと雖も、国家の保護暗に士に帰せざるを得ず。故に士の禄を収むるは十又余年後にして遅しとせずと。（中略）今士族の説を聞くに則ち曰く、政府は我を用ひば我能く其分を尽さんのみ。我豈《あに》好んで職を解きしならんや、且我家禄を有するは一朝一夕の故に非ず、世襲の久しき、我以て家産とす。豈之を容易に奉還するを得べけんやと。是《これ》方今士族の常言なり。況《いわん》や今日四民の中、国家を保護維持する胆力あるは士族に若《し》くはなし。（中略）余は以為《おもえ》らく、政府徴兵令の御旨意を今暫く参酌し、更に士族壮健の者に就て兵たらんと欲するものは之を徴して海陸一般、巡査に至るまでの各任を帯《お》はし、其不足を三民に課すもの十又余年、其際方今の御旨意〔前年一二月の秩禄奉還法をいう〕に因て漸次家禄を収《おさめ》しめ、之に資本を与へ、更に三民の模範となるべき物産の畜殖を極め、交易の亨利《きょうり》を得、以て人に坐食の徒なく、国に荒蕪の地なく、大に自主自由の権利を有して富国の基を開かん。

右のごとき洋学者からの妥協策を提案している。

3　日清紛争に際しての徴兵忌避の激増

太政官政府が早くも前言を翻し台湾出兵という外征を決断したのは、充満する不平士族の目を外に転じさせ、動員すべき士族は薩摩と肥後の志願士族のみで十分と踏んだからであったが、台湾からの日本軍撤退を求める清国の要求は日増しに強くなり、撤兵しなければ日清開戦不可避との状況が日一日と濃厚になってくる。ついに七月八日、太政官政府は「撤退せず、開戦已《や》む無し」との決定を下し、これ以降全国あげての戦時臨戦態勢づくりに邁進、しかしいかに各鎮台管区の補充兵を召集し、また全国的に後備役《こうびえき》相当青年の臨時徴兵に踏み切るも、開戦となれば士族を壮兵として大量に動員しなければ戦争できない事態に突入する。他方、後備役相当の青年たちまで徴兵令に則り徴兵となっては、それまでの徴兵忌避の動きどころではない大混乱が発生する。

明治七年九月一九日付『真事誌』に投書する「飯倉岡に住する宝田癡叟」はこのような状況を左のごとく描写するのである。

愚夫愚婦、今回の徴兵意外に出れば、(中略)人心洶々、百説満巷、歎声満身、徒《いたずら》に膏血を絞りて他境に空棄すと謬解迷倒、甚《はなは》だしきは自刃を決し、或は井中或は河水に投身するあり、或は神社仏堂に趨走して祈願するあり、或は遽《にわか》に一家を設け妻を迎るあり、或は婚姻を契約するあり、或は事故を虚設し徴に応ぜざるあり。

この状況は一人宝田の誇張ではない。同年一二月二九日付『真事誌』には「東京府下正受院住職滝川開竜」の建言「以士族充兵役之議」が紹介されているが、開竜はこう訴える。「先般は〔嘉永〕四五六年の賦役を命ぜられたるの徒、眼前に親戚故旧泣血傷悲の態、実に愍然中の愍然たるものなり。是等の徒徴出せらるとも、人衆《おお》くして功寡からんか、（中略）然らば年歯の多寡に関係せずして、貫属の士を重んじ用ひ玉はば、壮年の農民商夫よりも尚《なお》武勇を顕すべし。（中略）徴出せらるべき農夫商估には貧富に依て償金を出さしめ、是を以て戦士家族の俸給に備」うべしと。

他方でこの日清紛争の激化は士族にはどのように捉えられていたのか。明治七年一〇月一七日付『真事誌』には青森県下において旧八戸《はちのへ》藩士族太田広城ほか四名の同列に送る左のごとき呼びかけが紹介されている。

〔大久保参議の交渉が〕若《も》し成らずんば開戦の機目下に発せんとす。（中略）夫《それ》今の華士族なるものは政府既に文武の常職を解き、其官に任じ、其兵を取るも其族属を問はず、尸位《しい》とし以て素餐《そさん》とし、喋々口を極めて愚弄し止まず。昨年禄税の令下りてより少しく其責を免《まぬか》るに似たりと雖も、華士族の自ら奮はずして世人の軽蔑を蒙るや久し。況《いわん》や陸羽士族に於てをや。諸君此歎を同くせば、速に連署従軍を官に乞ひ、身を以て此難に当らば、上は国に報ずるの義務を尽し、中は旧主士気を養ふの厚きに背かず、下は身の恰《あたか》も土芥の如くならず、禄は全く素餐に属さざるを証し、以て陸羽士族の旧面目を爰《ここ》に革《あらた》めんことを希望す。

単に対外強硬論とか好戦的というよりは、むしろ自己の士族としての社会的存在意義証明としての従軍志願なのである。

士族民権主流派の特質は、これまで見たように、国内政治よりも国際政治の局面でくっきりと表されることとなる。

4　外に国威伸張、内に民選議院設立

明治七年七月五日、高知県士族で陸軍士官学校生徒の弘田貫二郎並びに広瀬為興は、「兵備更張の議」を左院に建白し、同月一四日付『真事誌』に紹介されるが、彼らの論理は次のごとくである。⑨

方今内憂はもとより少なくない、しかし外患の多いこともまた甚だしい。「今日の要務は大に天下の士気を鼓舞振起し、更に固有の元気を養ひ、所謂《いわゆる》士族をして悉《ことごと》く兵役に服従」させるべきだ。「士たるものも亦素餐の責を免がれ、国家社稷《しゃしょく》〔国家を指す別の漢語〕の為め報ゆるに死を以てするの一大義務」となろう。徴兵制下の兵卒は戦力にならない。彼らは「廉恥の習ひあるもの鮮《すく》なく、仮令《たとえ》幾千万隊に編伍し常備鎮台の職、平時に在っては之を尽すと雖ども、万一国家有事の日に至ては、其遁逃畏避、事に耐ゆざるもの蓋《けだ》し十に八九ならん」。（中略）「今日臣子の分、一日も坐視すべからざる者は暴慢無礼の朝鮮なり。これに加ふるに今般台島の征、遂に我朝と支那政府と一大隙《げき》を醸《か》もするは必然の勢」なり。開戦となれば国内一致、上下心を合わせなければならない、そのためには、「昨冬退職の参議諸公を起し、再び其位を復し、之をして廟堂上に置《こ》」くべし。これによって「天下の人民自ら嘱望に副《そわ》すべし、如何となれば今日人心の洶々は是れ昨冬政府の大変革より起るもの」だからである。もしそれができなければ「速に民撰議院を設立し万機公論に決し、是斯《かくのごとき》の人民、斯国に居て斯

国を保護し、以て国家と休慼〔戚〕を共にするの基礎を定め、宇内万国と対屹《たいきつ》の根本を立て」るべきであると。

建白者弘田・広瀬両名は、「開戦を辞せず」との七月八日の閣議決定を得た直後の一〇日、開戦の事態とならば、海陸諸官等級表では西郷(隆盛)大将をはじめ佐尉官の長、士官のうち三分の一が非役となっているのは理解不能、すみやかに復職せしむべし、との建白[10]をおこなうこととなる。

明治七年八月一八日付『新聞雑誌』は、左のごとき青森県士族の建白を紹介している。

「廃藩の挙は富強を外邦に比し、我が独立の権利を達し威武を海外に輝さん」との意に出たものであり、朝鮮の無礼は神州未曽有の国辱であったのに、太政官分裂によって政権を掌握した者は、兵備の不足・財政の困難を口実とし、「到る処姑息偸安《とうあん》の意念より、叡慮を矯《た》め廟議を排し正義を斥《しりぞ》け忠諫を容れず、臆断以て明とし、擅制以て公とす、政は情実に成り、賞罰愛憎に出づるの誹《そし》り隠れなく、言路壅蔽・輿論行われず、偏避邪私、利門日に開け、公明正大、其名を聞て其実を見ず、外国の跋扈《ばっこ》倍《ますます》甚しく、愛国有志の者之が為め切歯肉を食《くら》ふの憤を抱き、如此《かくのごとき》は政府施為の宜《よろし》きを得たるものか、(中略)夫《そ》れ国は人を以て立つ、人は其志気を貴とす。(中略)廟議速に因循を掃ひ姦佞《かんねい》を斥け、広く公議を採り俊傑を朝に集め、憂喜存亡国民と共にするの実体に基き、務めて人心を治めずんば災害幷《なら》び至り、殆ど治《おさむ》べからざるや必せり」。

日清開戦の危機到来を踏まえての有司専制政府批判と征韓論・公議輿論の制度化が一体となっている主張である。また廃藩置県を征韓論の根拠にしていることも、士族民権論の特質として留意すべきであろう。

著者は第五章「地方官会議と全国各地域の主体的活動」の中で8節に、広島県では九月二八日、西本正道・平山靖彦が民選議院設立建白をおこない、一〇月には広島県公選県会の建議をおこなったことを紹介したが、その中での彼らの論理は、「一旦緩急の事あらば政府其費用に堪えざらん、用度を弁ずるも、独り政府の之を謀るのみならず、広く之を人民に議し、以て之に処せずんばあるべからず。広く公議を尽せば上下一体、上下の全力以て内治外接宜きを得べし」というものであった。そして広島県士族一八〇〇名余は一〇月一〇日、西本正道・寺川行従を総代として広島県に従軍願いを提出するのである⑪。この西本は幕末期に国事に従事し、明治初年新政府に出仕、行政官弁事となるが、まもなく帰藩して権大参事を務めた広島藩重立ちの一人である。彼は廃藩後も広島県政のトップに位置していたが、明治六年一一月一七日、県権参事を免じられる。征韓論にかかわってのものであることは明白である。

また士族民権と国際政治との関連に関しては八月一五日に、立志社総代林有造《はやしゆうぞう》が義勇兵（寸志兵）編成願いを県庁に提出したことも看過すべきではない。その論理は、我が国では「武を外とし以て文を内にす」べきであり、人民のうち富がありかつ志あるものは国家緩急の需に応じるべきだ、故にわが立志社は寸志兵の制を設け、今回の清国との戦争に当たりたい、というものであり、オブラートに包んだ、土佐士族の従軍願いなのである。

士族民権派の征韓論　このような士族民権主流派の論理と行動が国際関係と密接不可分であることは、明治八年九月二〇日に勃発した江華島事件後の彼らの動向からも明白となる。

明治八年一〇月一九日付『朝野』に投書する千葉県士族大山崇一は、朝鮮への問罪に関し、「伐《う》つも公議に出で人心を固くし、伐たざるも公議に出で、大計を定むる時は幕天席地《ばくてんせきち》〔気宇宏大な意〕復《ま》た何の疑懼《ぎく》か之あらん、衆議の関係真に鴻大なりと謂ふべし。是に由て之を観れば、到底欲するものは民撰議院の開設に在るなり」と、士族の対外強硬論と民選議院開設要求との関連を端的に主張する。

明治八年一二月二六日付『曙』に三潴県士族熊谷盛美は投書し、鹿児島県士族にして陸軍中将参議開拓使長官黒田清隆が特命全権弁理大臣に任命され、江華島事件への問罪と日朝国交実現の使命を帯び、軍事的威圧をもって派遣されることが決定されたのを踏まえ、次のような理由をもって大歓迎する。

> 薩人の資望〔地位と名望の意〕威力ある、世人は朝鮮問罪の挙も其鼓張〔ここでは言い張るの意〕する所かと疑ひ、（中略）〔なぜ封建的なことを許すのかというと〕農工より徴募する兵は練にして勇なり難し、勇者あるに非れば三軍の倡《となえ》をなし三軍の気を鼓する能《あた》はず。薩人は方今最も勇悍なりと称す。朝廷赤心を推し、之をして全国の気を鼓動し朝鮮の事を幹理せしむ。（中略）吾輩薩人の益《ますます》報国心を磨き、一和一力全国の勇気を振作して和戦の権を我に有し、韓人冥（ママ）頑迷を執らば唯之を懲怨せしむるのみならず、之を幷せ之を呑み、我正朔を奉ぜしめ、石曼子[12]の名を辱しめず、凱旋功を奏するの後も、賞を邀《むか》へず勇に誇らず。以て世々の美を全ふし、衆人の惑を醒《さま》さんことを期望するなり。

熊谷は黒田人事を西郷の征韓論と結びつけ、その時果たされなかった課題をいよいよ政府が実行しようとしているのだと捉え、その先に役に立たない徴兵された兵卒ではなく、士族動員を期待しているのである。また彼は今回の挙に西郷が反対しているのではなく、黒田は西郷を先頭とする薩摩士族の声援を受けているのだと理解している。それが事実ではないとしても、在官薩閥の一部には私学校党と和解し同勢力を引き出そうという狙いがあったと著者は考えている。

江華島事件後の士族層の活性化は異常なほどとなるが、その中に民権を主張してきた人々の大半も加わっていることは注目していいことである。

明治八年一〇月四日付『朝野』「論説」欄は、「士族の志気有る者十に八九は皆征韓の説に左袒《さたん》」していると現状を述べている。

また同月一七日付『報知』投書欄に「征韓論を駁す」と題して、南海岩上武彦が非征韓論を張るが、その中で彼は「世の論客好事家は大抵可征韓論を主張し、所謂《いわゆる》民権家と称するものも亦多く之に左祖するもの多し」と指摘し、政府の今回の構えは「内国多党蜂起の害を防がんが為め止《やむ》を得ざるの情実より起りたること」と国内の不満を外に転じようとする「一時の権道《けんどう》」と解釈する。

5　元館林藩尊攘派大屋祐義の士族民権論

当該時期諸新聞での士族の意見は無数と言っていいほど掲載されており、以上のような著者のまとめ方は恣意的だと思う人々も存在するかも知れない。従って具体例を挙げて著者の論拠をさらに固めてみたい。

一つは元館林藩士大屋《おおや》祐義《すけよし》の場合である。彼は通称斧次郎《おのじろう》、「断髪党」と呼ばれた同藩尊王攘夷派の一人で幕末期国事周旋に奔走、その功をもって東征大総督府に同藩から出仕した九名のうちの一人となり⑬、群馬民権運動のリーダーとして著名となる木呂子元孝《きろこもとたか》（退蔵）と共に、大村益次郎の推挙により慶応四年五月に軍監に任じられている。その後司法省の官僚となり、明治六年一一月一九日には正七位に叙せられるも、明治七年一月二日、権少判事を免じられる⑭。征韓論分裂による辞任である。

大屋は明治七年八月一七日、左院に建白し、それは大垣用斎によって「栃木県貫属士族正七位大屋祐義建言草稿」と題され、『新聞雑誌』と『真事誌』両紙に投稿され、前者には一八・二〇・二二日の三日間連載され、後者には一括して二二日に掲載された。大屋は左院からの返事を得ず、明治八年三月某日には太政大臣三条実美《さんじょうさねとみ》に建議し、松井強哉によって『朝野』に投じられ、同紙は三月六・七・八・九日の四日間この建議を連載する。三紙がそれぞれ全文を取り上げたのは、士族民権論主流派の論理が極めて明瞭な形をとっていると判断したからだと著者は考えるが、このことによって彼の名前とその論理は「公論世界」に広く知れわたることになった。さらに彼は明治八年九月一八日には参議板垣退助に献言し⑮、一〇月七日には「征韓の義」を元老院に建白することとなる⑯。

ここではそれぞれの建白の構成を押さえておこう。明治七年八月一七日建白は、概略次のような論理展開となっている。

一、王政復古までは君主擅制政体で民権は圧制されていた。復古後立憲君主政体に改革し、ここにおいて民ははじめて権利の羈絆《きはん》（権利が束縛されている意）を脱し、ことごとく自主の良民になることができた。従って国民たる者、国家危殆の情勢を知って傍観座視している者は憂国の士ではない。

二、しかし現実には、人民は新政に服してはいない。病が内攻しており、これを治すのが遅延すれば「救薬すべからざる」に至るだろう。そこにロシア、イギリス、アメリカなどの外夷が乗じようとしている。
三、五カ条の御誓文にいうように、官民一途、その志を遂げることができれば国威は恢張できるが、もし「閉塞幽鬱」となれば国乱を醸すに至るだろう。
四、昨年征韓の議が起こった。朝鮮の無礼を糾《ただ》そうとしたのである。この挙は名義正しくして皇威を張り禍《わざわい》を転じて福となすことになり、即ち御誓文の趣旨に叶い、実に策の得たるものであった。しかし参議以下偉勲元功の名臣、故なくして職を免じられた。以来「物議洶々、人民寧所無きが如し」、ついで赤坂の変（赤坂喰違事件での岩倉暗殺未遂）が生じ、佐賀の擾乱が起こったのである。その責任はどこにあるのか。
五、征台の役がなされるも、台湾はもっとも野蛮の地、征韓と征台における損害・名分・権利の大小いずれにあるのか。これが故に人民は政府を信じず、物情騒然たる所以である。
六、しかも清国と戦争となろうとしている。「戦争は名義の止《や》むを得ざるにあらざれば起こすべからず。然るに名義判然たる朝鮮は討たず、曖昧たる台湾を討ち、なおかつ支那に及ばんとす」。
七、戦いとなれば、勝を制するには将に将《しょう》たる人を得て人心を一致させ「全鋒」（軍隊の十分な鋭気の意）を養わなければならない。「方今前参議西郷、大将の任を忝《かたじけ》なくす。板垣氏又尤《もっと》も其撰なり。就中《なかんずく》西郷の如き、挙動進退、全国の人心を感動するに至ては、是れ才望大に卓越する所なり。今兵事を託する、此人を捨てて其れ誰ぞや。前参議西郷以下を復職せしめ、広く会議を起し、情勢の此に至るを公布せば、慷慨の士は言を待たず、懦夫《だふ》も志を立て、或は自ら勇奮、国事に奔走すべし」。
八、戦争に至らず、台湾出征軍が凱旋したとしても、内憂を除くためには前参議西郷以下を復職させ、「征韓の旧義を再起し、人民をして名分の区域中に奔走せしむべし」。
九、文明各国の政体においては、両議院があって憲法・法律を議定するとともに、この議政官が行政を行う施設官を監察する仕組みとなっている。今後は参議は議決・商量を職とし、諸省の卿は施政のみを職とするべきだ。また旧参議を復職させ、あるいは参議、あるいは卿、または議長に任命すれば、「国家不抜の業成りて、朝令暮改、人民に信を失うこと、漸く止むべし」。

大屋の征台の役批判　明治八年三月の建議の構成は次のようになっている。
一、征台の役が落着したが内憂外患は増大している。「何となれば征韓の廟議を沮格《そかく》し、却って此役を起す張本人、依然として権力の座にあり。前後倒置、緩急宜を異にす」。
二、日清交渉は一〇月三〇日に決着したにもかかわらず、全国への布告は一一月一七日のこと、その他は新聞紙上にて知るのみ。
三、償金に当てるべき大義名分は条約書に見当たらず。同書には、台湾は清国の版図であることを包含し、義挙の字義に抵触する。また同書には、日本が蕃地を掌握したことを准許《じゅんきょ》するとの字句がない。戦費五〇〇万、戦死傷者数百人に達したにもかかわらず、清国の日本に支払う金額はその一〇分の一に及ばない、これはどうしたことか？
四、清国の領土ならば外務省管轄の事案、問罪をしたことは間違いだ。この条約は名義曖昧・事理錯雑、確固判然たる弁解をすることができない。「出さずして可なるの師なるが故に、彼が異議を起す理あるを認めざるを得ざるに至りしならん」。
以上を見るに、日清紛争は「其淵源二三の大臣確執の私情を逞《たくま》ふし、征韓の廟議を沮格するより起る」、「如斯《かくのごと》きは固《もと》より職務の過失、所見の謬誤《びゅうご》にあらずして、危害を醸成するもの」、征台主任の大臣を責罰し、もって国民に謝し、前参議以下を復職させ、ほかはもって全国の士気を奨励し、内はもって官制の名実を正し、議政・行政、それぞれ人を選抜し、かつ真正の民選議院を設け、国家維持の遠図をなすべきである。（中略）地方官会議のごとき、その名実に至っては真正の議院に反するけれども、すでに人民の代議士とする名がある。人民に政権を与える萌芽がはじめて生じたので、民権の増進し国力の加わること、これより疾《はや》いことはないだろう。しかし中止するとは、開化を妨害することもっとも大なりと云わなければならない。

大屋の板垣批判　明治八年九月一七日、大屋建白は窮地に陥っている参議板垣退助に最終的進退をかけての奮起を促すものであり、士族民権主流派の論理を典型的に示すものとなっている。その構成は次のごときものである。

一、王政復古は外国の侮慢を憤り国家の危急を憂える気節慨慷の発暢《はっちょう》するところのもの、大政に参する大臣は必ず昔日慷慨憂国の士を挙用してきた。

二、明治六年一〇月の政変は、昔日憂国の気節をもって廟堂に列せられた本意に反し、征韓を沮議する者たちがおこしたもので、閣下が退職し素志を確守、その節操高義は全国有志者の欣慕するところとなった。

三、本年三月閣下が復職したのは、閣下が意見を天皇陛下に上陳、不日にしてその言を採用しようとの勅使勅諭があって勧誘されたからと聞いている。「此時に当り全国の有志者、欣々称道〔ほめたたえるの意〕して曰く、其措置の次序、必ず先づ奸吏を黜斥《ちゅっせき》し征韓の論を復案し国家富強の方法を施」こさんと。また民選議院論は閣下の平生もっとも主唱するところ、征韓の事は国家独立の権利を保存する上での大事件、民権を主唱することは国権を更張するための基本で、征韓を復議するのは民選議院設立の目的である。

四、しかるに征韓沮格した大臣、恬《てん》として意に介せず、依然として在職している。しからば先の勅使勅諭はその大臣の詐術に出たことを知る。

五、さらに現在、民選議院は地方官会議を仮用し、元老院議員は政府より選任する者たち、両議員共民権上においては毫も益なく大いに害するところがある。閣下のために嘆息している。さらに讒謗律・新聞紙条例の布告は、民権の発暢を抑損するのみならず、思想意見の自由を閉塞するもの、圧制の処置そのものである。閣下がこの律例に同議しなかったことを自分は信じているが、閣下の意見が採用されなかったことは、政府が閣下を疎外・軽侮していることを意味している。しかるに依然として閣下が廟堂の上に立ち、なすところない者のごとくふるまっているのは、満天下の有志輩は理解できない。

六、閣下は長閥代表者の木戸孝允に籠絡されてしまったのか。長閥は薩閥と対抗すべく閣下を自派に抱き込み、その結果元老院議官は長土の人が過半、薩人は僅かである。閣下は民権の主唱者にて憂国党の首領なのに、今や異説をもって他党を助け、彼らの詐術を逞《たくまし》くさせ、彼らに権威を掌握させるに至った。これは誰の罪なのか。彼らの詐術を看破し、上は国勢を回復し下は有志者の心を慰するの公議を断行することを閣下に期待する。

七、方今我国の憂患を除き衰弱を医するには大義ある征韓の師を興すにあり。一たび征韓の師を興せば、全国の人心はじめて一致し、国家の権利、国民の義務は教えずして認知するだろう。そのようにしてのち、はじめて世界列国と相対し公法を取り一国の独立を保存することができる。ただ内乱が起こり金穀が欠乏することのみを憂慮し、あるいは討つべからざるとの辞をもって、甘んじてかの小国に侮辱されるのを忍ぶようならば、ついに大国も忍ばざるを得なくなる。

八、閣下は征韓論を主唱し、退職の後も民権を主唱するものは、両《ふたつ》ながら国家の権利を保存するの意そのものである。今復職の日に当たり、征韓の議を決しなければ、自らその心を欺くもの、「木戸氏に籠絡せらるるの汚辱は終《つい》に雪《すす》ぐこと能《あた》はず、上は国家を誤り下は有志者を欺き、遂に三尺の軀をして容るるに所無きに至らん」。

江華島事件を踏まえ、一〇月七日、大屋は「征韓の議」を元老院に提出する。士族民権主流派として彼は、「其国を守らんとする者は必ず先《まず》外勢を張るを以て内情を鎮」静化させるべきである。外勢を張らなければ内情は決して鎮静化しないと主張、今般は朝鮮がりぞけ日本の公使をしりぞけ日本に無礼を加え、さらに日本の海兵を砲殺し、自らが開戦の口実をつくり出した。「是千秋の一日機会の来る、其間髪を容れず請ふ速に之を征」すべきである。金穀欠乏に関しては勅奏官の給俸・華族の家禄は一切官借し、判任官の給俸・士族の家禄は大小酌量の上官借して一時の欠乏を補い、事終了の後償却すればいい、このことによって尸位素餐《しいそさん》の責を免かれん、と提案する。

6　石川県士族の士族民権論

もう一つの具体例は、加賀士族の士族民権論である。

石高百万石の大藩加賀藩は、元治元年、藩内の尊攘派・親長州派を徹底的に粛清した後は守旧派が完全に藩政を掌握し、戊辰・箱館戦争期までこの体制が継続する。しかし戦争従軍者の中から軍事改革派が抬頭、明治三年に入ると藩政の実権を握り、四千余人を五大隊・三砲隊に編成、報国尽忠の旨をもって藩軍政を確立し、廃藩に際しやむなく解隊、東京・大阪鎮台と各分営に入隊する将校・兵卒を除き、多くの軍事改革派メンバーは石川県（金沢県が明治五年二月に改称）官員に採用された。明治四年一一月、金沢県参事として赴任する薩摩士族内田《うちだ》政風《まさかぜ》は島津久光の腹心であり、旧加賀藩士族と妥協・協調する方針をとったためである。石川県政において旧藩軍事改革派勢力が強大となるのは当然のこととなった。

明治六年九月より太政官内での征韓論議は広く知れわたることになり、一〇月には石川県貫属士族藤寛正以下の連名で、明治三年の軍制改革に参加、訓練した者たちの中で在県のおおよそ一〇〇〇名が、「朝鮮の謾言暴状を怒り問罪の師を彼地に発」せんとすることを聞き従軍を志願する。しかし願書起草段階で征韓派参議の下野を知り、提出を断念するのである。⑰

このような動きを既に示していた彼らにとっては、政府が「征台の役」（台湾出兵）を起こしたことは従軍の好機会だと、明治七年四月五日、藤寛正以下、前年一〇月と同一のメンバーが、陸軍大輔西郷従道《つぐみち》宛てに「何卒今般の征行に加従仕、先鋒として一廉《ひとかど》の御用に相立、積年の素願を尽し申度」と従軍願いを提出する。しかし「人員決定」を理由にこの出願は採用されなかった。⑱

政府の甘い見通しをうらぎり、征台の役は清国の日本軍撤退要求を惹起し、大久保利通が渡清するに至り、事態の容易ならざることが天下周知のこととなった八月、清国の「広土衆民、又台湾朝鮮の比に非ず。我安危栄辱実に此挙に在り。国内の人民宜しく死力を尽して以て其義務に服すべきの秋《とき》なり。臣等廃藩解隊の後より共和同心、以て国家の用に当らんことを欲し、日夜砕励」してきた者たちだ、願わくは従軍の列に加わり、もって一方の先鋒に当たらんことを、と出願する[19]。

他方においてこの士族集団は、この年一月の民選議院設立建白を歓迎し、「賛成し奔走を極む、蓋《けだ》し此輩皆解隊の余士にして、県庁に在るもの之れが首領たり[20]」と報じられるものと同一の集団なのである。

藤寛正ら石川県士族一九名は、明治七年三月二九日、左院に「休物議安民心議」並びに「改政改矯弊事議」を提出[21]、藤ほか八名が代表者となって上京し、左院と直接交渉をおこなうのである。その中に明治一一年五月、大久保を暗殺する島田一良《いちろう》・陸義猶《くがよしなお》も加わっている。

前者は佐賀の乱の参加者を「其初心亦憂国の至情に出るのみ」と主張、「朝廷逮捕の令厳なるの時に於て彼徒の刑を止め又其説を聴かんと請ふ。或は将に之を扶持し之に左袒するの嫌あらんとす」るもそうではない、「彼の徒の唱る所の征韓議の如き、彼徒独り之を唱るに非ず、側《ひそ》かに聞く、前参議の職を辞するも亦征韓の議に因ると。然らば（中略）其利害得失は暫《しばら》く之を置く。其議は則ち方今天下の衆論、（中略）宜しく其利害得失を天下に商り、衆庶の公論に取り、而る後之を決すべきなり。（中略）其唱《となふ》る所の説を以て之を廟堂に議し、之を府県に図り之を郡邑郷里に詢《はか》り、然る後之を決せば、其征と不征と天下の公論に出づ、而して彼徒各其罪に服するも将《まさ》に死して而して瞑目せんとす、是れ天下の物議を休《や》め民心の恟々を安ずるの術、此より善なるは無きなり」と主張、征韓論の是非を天下の公論に問うならば残党の者皆われ先に自首するだろうというのである。

後者は征韓論分裂後の現政府を「政致其宜きを得ず、施設其序を失す」と正面から攻撃する。現政府は「徒《いたずら》に政治を欧洲全盛の国に模擬し」、「無力の民を馳て欧洲富有の俗に類似せんとす」、しかし形容を模擬するのみ、実益を見るもの僅々のみ。他方で「旧来の租税未だ改正するに及ばずして雑税、民費の額日に増加し、下民苦を訴へんと欲すれば政府之を拒む」、「今や天下無事にして国力既に疲弊し民情已に離反す。もし一旦事あるも、内保安の計無く、外攻守の備無」し。「政事、実に着かず、其施行する所緩急の序を失し、務めを形容に専らにして財用を不急の事に竭《つく》すを以てなり」と断じるのである。

忠告社の受国社参加

右のごとく、再三従軍を出願し、他方で民選議院設立運動に従事する杉村(旧姓藤)寛正・陸義猶・島田一良らは、土佐立志社の動向にならい運動体の組織化を図り、明治七年末に設立趣意書を広く配付、明治八年初頭に忠告社を設立、会員二千余名を擁し、会長に杉村寛正を選出、二月の愛国社結成大会には石川九郎と林顕三を代表として派遣[22]、土佐の立志社、阿波の自助社と並び称せられることになった。忠告社も、その活動の一環として士族授産事業と学校経営を含んでいたことには注意すべきである[23]。

ここに石川県政に大変化が生じる。石川県士族の勢力に妥協・協調してきた内田政風が、左大臣島津久光の側近として中央政局で活動するために県令を辞職し、四月から旧大垣藩士で大垣藩の危機を救った小原鉄心《おばらてっしん》の腹心として活躍した桐山純孝が石川県参事から権令に昇進した。このため石川県士族との関係は内田時代から変化し、県庁内幹部と連絡をとる士族との関係が悪化しはじめるのであった。

この対立が爆発するのは地方官会議においてである。第五章8節に既述したように、その対立の核心は、県会が開催され、四三区会一致の答議が桐山権令によって取捨採択されることを士族側が警戒し、元老院に対して「参考の為め留置」との言質を獲得して、桐山県政の圧制を攻撃しようとする目的を有していたことである。(24) この四三区すべてが「一轍同意」したと主張するその見解には、「頃来県内有志の輩相約束・集合する所の者あり、之を忠告社と号す。此の輩議定する所の社論も亦同意に出るを以て、遂に四十三区の議按及び夫《そ》の忠告社の論稿を合集して一文書となす、是れ即ち本県管内凡《およ》そ七十万人中定議希望する所なり」との一句が挿入されているのである。

当然、江華島事件勃発後、石川県士族も活性化する。明治八年一〇月九日、(25) 石川県士族島田幸一郎ほか四名は「請征韓の建言」を元老院に提出、第一に「今や挙国の師を起し万里の外を征す、元帥其人を得るに非るより安《いずく》んぞ能《よ》く勝算を保つを得ん」と、「陸軍大将西郷隆盛は国家の元老、徳望勲業既《すで》に已に天下に較著《こうちょ》(著名なことの意)し而して国民の仰ぐ所士心の帰する所」であるから、西郷を呼び戻し、「断然師を起し罪を問ひ隆盛に信任して其成功を責」むべしと主張、第二に、我々は既に征台の役への従軍を出願した者、「今復更らに贅言《ぜいげん》せず」と従軍を出願する。島田以外の代表者は、中村俊次郎・江守精一・木村致英・池田正公の四名で、中村・江守・池田の三名は同年六月一八日、四三区代表者として全区会一致の答議を区会を代表して地方官会議に建白した者、木村致英は前年の従軍出願に連署している者なのである。

7　士族困窮化の実態をまず確認すべきこと

士族民権論を無前提的に士族の対外侵略欲に直結することは、西郷の征韓論も含めてのことだが、極めて安易で危険なことだと著者は見ている。廃藩置県後の全国士族の困窮化の実態をまず確認すべきではないだろうか。

王政復古直後の全国各藩の藩政改革は、それはドラスティックなものとなった。府藩県三治一致体制のもと、各藩の二〇〇年以上の腐朽構造を、王政復古政権を下支えしうる能動的・機能的なものに一挙に切り替えねばならなかったからである。そこでの改革の基本が、門閥制的な封建的軍役・藩内身分制・上厚下薄俸禄制度の三位一体システムを打破し、軍隊を洋式化し、藩政に能力ある者を登用すべく高禄者の禄高を大幅に削減、藩士の秩禄体制を藩内官僚制化に対応する職務職階給制化に連動させることであった。当然のことだが、この変革は藩士たちの合意のもとで断行されたのである。しかし断行した者たちは数年後の廃藩処分を予想・予知していたわけではない。それは突然襲いかかってきたのである。

廃藩の結果、自分たちが合意した秩禄支給は廃藩当日の額面がその後も支給されることが保障されたものの、藩が廃止された以上、藩軍事力は存在理由を失って士族の常職は消滅、しかし家禄と対になっていた藩内職務職階給の部分は全く支給されなくなってしまったのである。今後いかなる方向に進むべきか、士族四〇万の当主とその妻子、老父母は自問自答せざるを得ない状態に陥ったのだった。

明治七年一〇月二八日付『新聞雑誌』に土佐士族守旧派節倹党《せっけん》の「高知県士族天皇陛下に奉るの書」が紹介されるが、その中では「向《さ》きに士族の常職を解き人民平均の制を設く、所謂《いわゆる》名有《あり》て実なき者と云ふべし。夫れ士なる者は力を文武の道に尽し心を国家の事に用ゆ。今既に斯所長《ちょうずるところ》を廃し、遽《にわか》に農に帰せんと欲して能《あた》はず、工商を営《いとなま》んと欲して亦能はず、徒《いたずら》に游惰を事とし空《むなし》く廩禄を食《は》む。（中略）宜しく速《すみやか》に士の常職を復し、固有の義気を振はしめ節倹を勤め風俗を正すべし」との主張がなされている。節倹党建白は一一月四日付『真事誌』にも転載されるが、この土佐士族守旧派は同建白の中で征韓論に反対し、秀吉朝鮮侵略の失敗を繰り返すな、日本を防衛する備えこそ厳重にすべし、と主張もしているのである。

明治八年二月二五日付『朝野』は「論説」に「不平の説」を掲げ、「満天下の士族は素より不平の巨魁・不平の淵叢《えんそう》にして、十の八九は封建の昔を慕ふ。独り主人公のみならず、妻子兄弟相呼び相応へて不平の声四境に達す」と士族の現状を描写する。

同年四月二四日付『真事誌』には、山口県士族三吉寛が、郷里の「士族は刀を佩《お》び或は髪を束ね、口を開けば封建を称し、舌を鳴らせば郡県を誹《ひ》す。固《もと》より新聞紙を読む者なく世の形勢を知らず、故に徒手坐食、恒《つね》の産なく恒の業なし。群居終日、言《げん》、義に及ばず、閑居して善をなすの理なし」と報じている。官界で薩閥と並んで威勢を誇る長閥出身県ですらこの状態なのである。

三吉寛（肩書は四等巡査）は同紙九月三〇日付にも投書し、山口県では帰農させても成功しておらず、「今日に至て無方向なる士族の情を以て之を見れば、数百年の星霜を旭の輝く郡県に移れば変る武門武士、自主自由も疲れ果て、時を暮し世を憂へ、慷慨之を論じ、悲憤之を議し、将来尸素（尸位素餐の略」の罪を忘れ、相共に結合比周し、永く其旧禄を固守せんと欲す、実に止《やむ》を得ざるの次第」と嘆じるのである。

同年一〇月二五日付『曙』投書欄には「当今の有禄の士族は自立生計の道によし無きより固陋以《もって》今日に至りし者」、北海道に移住させるほかないとの和田直映の意見が載る。

以上のごとき状態に陥り鬱屈している現状の士族たちに対し、尸位素餐と非難し、家禄奉還を要求する声は、彼らをいきり立たせ憤激させる以外の何ものでもなかった。

明治六年九月六日付『報知』には、官界にあって士族の「遊惰」を難じる人物に対し、「君の論ずる所を律すれば、天下華士族、賢となく愚となく家禄を固有《(たもつ)》する者は均しく素餐の罪人たるべし。知らず君の籍は農か士か、将《はた》商賈かと問ふ者は満天下の困窮士族なり」との投書が載る。後述（本章8節）との関連から推すと、滋賀県令松田道之への彦根士族の反発である。

明治七年二月、佐賀の乱の県下への波及を恐れる山口県権令中野梧一の要請に応え、前原一誠は「朝旨を奉戴し方向を誤るべからざることを誓ふ」との誓文を起草、三月一二日付『新聞雑誌』がその内容を報じるが、その中で前原は「太平以来頗《すこぶ》る俗吏に侮《あな》どられ、殆ど士を視る土芥の如し。然れども今日大義を弁じ国難に趣《おもむ》く、是れ士の本領なり」と日頃の鬱憤を洩らすのである。

同年三月一三日付『真事誌』に深津多門が、佐賀の乱の原因につき、「其の心は恕すべきあり。何となれば此の挙や蓋《けだ》し素餐の嘲罵に激するに出でし者か」、「惟暴挙激動、以て素餐の嘲罵を解かんとするならん」と弁護論を展開する。

明治八年一月一五日付同紙に、南海の漁夫耶蘇多征正なる人物が、前年一二月四日付『真事誌』に掲載された「起案太政大臣」とする「六議」に弁駁を加える。耶蘇多なる者は「六議」なる擬文を現政権が執ろうとしている政綱だと捉えて反論するのである。「六議」には「華士族に賜禄ありて其功なきを論じて死民と云ふ」、「制度一変してより常禄を与ふる条理万々無く、奉還か政府より廃没かとあり」、しかしながら「常職解けて年未だ立たず、奉還の道ある僅《わずか》に満一周年、未だ華士常業に不附、突然として奉還するや」と士族の立場を擁護する。

8　家禄奉還政策の失敗

耶蘇多なる者の理解は間違いではない。政府は国家財政を中央集権的構造に適合させるべく、華士族への家禄削減を図り、英国債二四〇万ポンドを起債して財源に充て、明治六年一二月二七日、家禄奉還の制を設ける。家禄賞典禄一〇〇石以下の者、奉還を請う者は、産業資本のため永世禄は六カ年分、終身禄は四カ年分を一時に下賜し、半数は現金、半数は公債証書をもって渡し、農業・牧畜等志願の者は、官林田畑荒蕪の地、故障のないものは半価にて払い下げる、としたのである。

現政府の意図がそうならば、地方官の中には輪をかける者も出てくる。「地方官奉還を強ひる者あり」と報じられ[26]、明治七年四月、東京府貫属士族照島貞利は大蔵卿大隈重信へ建白、「家禄奉還に県官の強諭に出るあり」[27]とこの事実を指摘する。

官有地払下げの困難　しかしながら、いかなる政策も目論見と実際は相違してくる。奉還申請者の多くは半価払下げを狙ってのことだったが、それはあまりに当然のことで、それらの土地と山林はこれまで様々な形で村民や周辺住民が利用・活用してきたものであり、全国的に紛争が頻発しはじめる。若松県では、四月一三日、下耶麻郡金の曲り村（金曲村《かねまがり》）の「土民」が、山林荒蕪地の士族払下げに反対して六、七百名が屯集、説得に当たった捕亡吏《ほぼうり》宮下某が一人を殺害、「土民」たちが怒り宮下を殴打、川に投じたと報じられる㉘。

明治七年九月二二日付『真事誌』には、南尾張住青山某が投書し、「尾張・三河両国では管下万を以て算《かぞ》ふるの士族にして、僅かに払下げを受けし者指を屈するに足らず。村民は故障を申したつ、官もこれを容れ許さず、故に管内の士族皆大に失望し、或は朝旨不徹を憤懣するもの無きにあらず」と、愛知県下の状況を報じる。

払下げをめぐる紛争は全国で展開され、備中・備後を管轄する小田県にも該当する。小田県第六大区会は、明治七年七月決議（第五章5節に主要なものを紹介している）の中で、第七「除地山林入札」の件では、「華士族家禄奉還の者へ半価にて御払下げ不当、寺禄・社禄奉還の者へは未だ救助の法あるを聞かず、抑圧の憾《うらみ》潜然たり。依て公明平正の大政に基き右入札の方法、再度御改定を仰ぐ所なり」と決議する㉙。

実際に入札に応募した士族かも知れない愛国志士某は、明治七年三月二三日付『報知』に投書し、家禄奉還で希望した地所も落札しないことがある、連名で出願を許すという法令でもない、つまり熟慮された法令ではない、「有司深く謀り遠く慮《おもんぱか》りて以て其目途を失はざらしめ」んことを、と皮肉を述べるのである。

結局、家禄奉還令なるものは、明治八年七月一四日、太政官第一二五号達により当分差し止められ、八月二四日の太政官布告は家禄奉還を停止し、秩禄公債証書発行条例を廃止すると述べざるを得なくなる。

当分差し止めの達しを受け、七月二六日付『曙』社説は、士族のうち農商に帰入してよく他日の目処を立てた者は「千百中に一二」に過ぎず、政府においては未だ士族処分方法が決まらないまま奉還令を発し、士族は「目前の小利害を顧慮し、驟《にわ》かに其目的を変じ、以て世人をして其方向に迷ふに至らしむ」と非難する。

士族の困窮化と家禄奉還との関係について委曲を尽くして論じているものは、明治八年一月八日付『朝野』に掲載された「昨年家禄を奉還し明暮行末を按思居る思按翁」の投書だと著者は判断したので、長文にはなるが、ここに紹介しておこう。

士族を素餐々々と言ひ立るは、文武の常職を解かせられたる上に、給禄を下《くだ》さるることなれば、居食《いぐい》と言ふものにて、斯く言はるるも尤《もっとも》千万のこと、給禄を政府より下さるると見れば、御厄介者、農商の膏血《こうけつ》を絞りたる税にて養はるると見れば素餐は愚か絹着たる乞食と言はれても仕方有るまじ。（中略）稀《ま》れには早く帰農帰商したる人も有れども、夫れ等は卓絶の人と言ふべく、左《さ》なくば父祖以来給禄の外に家産有るか、多分蓄財有るか、或は廃藩以前に何か僥倖《ぎょうこう》を得たるか、或は一時官員となりて月給を貯《たく》はへたるか、何か頼むべきこと無くては断然と奉還は出来ぬことなり。（中略）〔しかも家族をかかえている〕何様《いかさま》給禄奉還は蝌（おたまじゃくし）斗が蛙となり、尾のさっぱりと無くなる時十に八九は斃《たお》るに同じ、後来の見込み確乎と立ちたる者は鮮《すくな》かるべし。（中略）偖《さて》誰が士族をかたわに為したるぞと言ふに其旧主々々が為したるなり。旧主々々と思へば左に非ず、封建の時節が為したることとなり。現今三十以上の士族が若き間に学びたることにて、今の世に用立つことは、習字読書算術其外僅々は有れども、むだ骨折になりたることは、弓術鎗術剣術柔術、或は古流の砲術などを学び、玄関番となりて取次をしたり、給の士配膳の仕方に骨を折り、供役となりて股立《ももだち》を高く取りて駕籠の左右に扈従《こじゅう》し、或は桑茶の園となるとも知らず城郭の勤番をなしたり、其他指を屈するに遑《いとま》あらず。之が為めに既に半生を過ごしたるは気の毒千万、今日に至りては捧腹すべきことながら、当時は之を奉公と心得、後世大事と専心勉励したるに、時勢の変遷迅速にして、僅か数年の間に癈疾の者となりたるは誠に憐むべき情実なり。(中略)士族を素餐と目するは尤なれども、其憐むべき情を察せざるは深刻〔ここでは「むごい」の意〕なり。

この思按翁は、文中「其時を咎めて其人を咎むべからず」と自分の感慨をも表している。

家禄奉還をなした者でも、ほとんどが短期間で成果を挙げられない状況のもとでは、支給される米金での家禄は士族とその家族にとっての貴重な収入源であり、その支給時期と金額をめぐって各地で紛糾が続発するのであった。

家禄渡方の遅延問題

明治七年三月七日付『報知』では、家禄渡し方の遅れに抗議する栃木県士族が三〇〇名ほど屯集したと報じている。明治八年二月七日付『朝野』に、士族活田餓鬼蔵が、家禄渡し方遅延にかかわり左のごとく投書する。素餐を難じられているが「家禄の外《ほか》に一年に千金も二千金も取て更に国用にもならず民益にもならず、案山子《かかし》同様の月給取りは素餐の罪を他の士族に比せば如何、且《かつ》吾輩士族中に在て素餐々々と云はるれ共、一歳の禄を其年に取りたること無し。大禄の人は知らず、小禄の者共、月々活計に困《こん》じ、年々借銭に苦しみ、利子月に増し、器財年に減じて、妻子凍餓す、十石の禄有て十石の実無きが如し」。

同年四月九日付同紙には、某県士族太郎冠者待遠が投書して、「去戊《いぬ》年（明治七年）の家禄は戊年の生計なる可きが理の当然なるに、今亥年（明治八年）四月に成ても未だ戊年の家禄が三分の二は御渡しに相成らず、誠に迷惑仕る」と不満を洩らす。

同年五月二五日付同紙に、静岡県死族最早久衛内が、昨年の家禄のうち三分の一はこの春に渡されたが、五月下旬になっても残りが渡されていないままだ、と遅延状況を訴えるのである。

家禄渡し時期と連動して紛争の原因となるのが、石代《こくだい》相場（米価の御定価格）の問題であった。

明治六年一一月二七日付『報知』は「諸県報知」欄の中で、今年旧弘前藩士族たちが給禄の石代の渡し方に対し嗷々《ごうごう》と非難し、県官と争ったと報じている。明治七年三月二八日付同紙には、森村一樹が投書し、家禄奉還の資本金は、全国一般の石代相場平均の金額で計算されるとあるが、それは不公平であり、その土地の石代相場で支給されるべきだ、との意見を表明する。

家禄石代渡し方の困難さ

この年五月に発生した秋田県士族の石代相場をめぐっての県庁との争いは、再三新聞紙上で報道され、全国的に周知されることになった。秋田県士族は、昨年の石代相場は現今の米価と高低を生じているので、今年の石代相場をもって支給すべしと県庁に強願するに及び、五月四日主謀者九名が捕縛される事態にまで発展してしまったのである。この事件は五月一八日付『報知』の「諸県報知」欄に報道され、また六月三日付『真事誌』は、秋田県の事件は「禄税と升量」問題で「頃日紛争」と報じ、同月二四日付『真事誌』には、捕縛された九名はその後説諭、との記事が載せられる。

なお、早くも明治六年九月一九日付『報知』には、家禄米渡し方につき滋賀県第八区貫属と松田県令の間で紛議が起こっている、との記事が載っているが、それも石代相場問題をめぐっての紛議であった。

この家禄渡し方における石代相場問題の処理は、明治七年八月に入り日清紛争が抜きさしならない国家的大問題となってきた時の懸案事項となる。この危機の中で、全国士族の動向を反政府の方向に決して追い込んではならなくなったのである。八月二九日、大蔵省は政府に対し、家禄は従来石代で支給してきたが、これまでも石代と正米格差への士族の苦情が多大であり、日清紛争が激化し、国内米価が騰貴すれば国内治安が危険になるとし、政府の許可を得て九月二〇日、大蔵省は家禄賞典禄を石代相場の貨幣ではなく、米そのものの支給を命ずる大蔵省布達を発するのであった[30]。

日清紛争が鎮静化した後の明治八年八月、家禄奉還の方法では士族の不平を増すだけであることを認め奉還を中止、かわって地租改正後の租税金納化に連動させ、九月七日、米金併用だった家禄賞典禄制度を改めて金禄のみとし、石代相場は各地貢米の明治五年から七年の三カ年の平均値をもってする、と布告する。このことがまたまた士族の不満となるのだった。

この年の一〇月九日、肥後実学党の主要メンバー[31]で敦賀県権令に任じられていた山田武甫《たけとし》は、太政大臣三条実美に金禄制への転換の再考を願う建白書を提出する。大意左のごとし。

彼は言う、県下の士族たちは、金禄への切り替えによって、政府が家禄を削減しようとしているとの疑念を抱くだろう。近日海外での波瀾が予想されているこの時期、深く意を民心安撫に注がねばならない、慎むべきことではないか。これまで家禄は当年の貢納石代相場をもって年末一度に給与してきた。明治五年から七年まで三カ年の石代相場平均価格は本年の三分の二にしかならず、大幅な削減となってしまう。士族の中で家計に余裕ある者は甚だ稀で、僅々家禄のほかに資産のない者がすこぶる多い、しかも九月に入ってからの突然の変更、華士族を待遇する道において信義を厚くする所以ではない。来たる九年より金禄制に改めるか、あるいは金禄令が本県に到着までの月数は、本年貢納石代相場をもって支給し、その後の月数のみを改正方法によって支給するか、あるいは本年と明治四年を加えての五カ年平均の石代相場をもって支給するか、と三つの方法を提案する。

横井小楠の直弟子らしく、「凡そ人を待つに理を以てせざれば情を推て処すべし。若《も》し情理両《ふた》つながら問はざるときは、悪《いずく》んぞ能《よ》く人をして忻々《きんきん》服従、怨声無きに至らしむるを得んや」と三条に勧告するのである。

9　士族存在証明の衝動と明治七・八年の従軍要求

尸位素餐・居候などと蔑称されながら、進行する困窮化状況の中で家禄を支給されつづけている士族たちは、数年前までの支配階級としての身分意識・自尊心を抱きつつ、自らの社会的存在意義を示す必要を痛感せざるを得ない。国権回復・国威伸張を主張し、しかも武職を喪失させられている彼らにとっては、対外危機は絶好の機会となる。江華島事件直後からの異常な活性化も、さらなる減禄または廃禄の危機感をバネとした正常な反応であったことを理解しておかねばならない。

明治八年一〇月九日付『朝野』に置賜《おきたま》県士族西山勝政は投書し、「朝鮮の役に俄《にわ》かに七万の兵員を新募せらると云ふことを承知したり。因《よ》って全国中拙者共士族の兄弟輩に御相談の次第あり。向《さ》きに諸新聞上、屢《しばしば》我輩を嘲罵して居候なりとし、家禄は御救扶持《おすくいぶち》なりとす、実に失敬千万、其分に差し置き難き訳なれども、（中略）這回《しゃかい》〔今回の意〕征韓の募兵は是非共士族に限り、決して三民に及ばぬ様、公然と願ひ出ては如何でござらうか。（中略）今度拙者共の兄弟計りにて一戦に勝利を得て、再び三民輩より彼の失敬を申さぬ様にいたし度、此段至急に御相談に及ぶこと如此」云々と呼びかける。

また一〇月一五日付『曙』に投書する愛媛県士族池田左衛門は、常に士族を素餐だの居候だのと非難しつづけている『日日』への怒りを爆発させ、「平生の御口気御悪る口に任せ御慷慨の志を遂げさせ、いつ迄も卑屈計りなされず、国事御担当を頼みまする。左《さ》なくては、又々空腹を抱へて我々居候が出て行かねば形がつかぬ」と駁論する。

一一月一八日付『朝野』に投書する藤井有孝は、士族のこの活性化は「近来江湖の間に於て盛に素餐の譏《そしり》あるを以て廃禄の期も已《すで》に近きにあらんかと臆測し、愁苦慚愧、交々《こもごも》胸に訴へ、鬱抑の余り、或は機会に乗じ昔時の威権を恢復せんことを妄想し、或は国家の艱難を利とし、以て万一に僥倖せんとするものなきにあらず。是れ則ち近来征韓、封建等の議論盛に道路に紛々たる所以なり」と見ているのは正鵠を射ているものだと著者は判断する。

江華島事件への問罪と日朝国交回復の挙においては、未だ表立った臨時徴募がなされなかったのにもかかわらず、この情況となったのだが、明治七年八月以降一〇月までの三カ月間は、徴兵兵卒中、補充兵該当者の召集、後備役年令相当者の臨時徴兵、全国的壮兵徴募といった取りうるあらゆる手段を尽くしての臨戦態勢の構築が夜を日に継いで実施されていったのだから、士族が活性化し、士族が壮兵に応募し、また士族の従軍願いが立志社の寸志兵編成出願も含め、全国的に出願されていったのも当然であった。ただし明治七年段階の各新聞社には、地方の動向をつかむ組織がほとんど創られてはおらず、八月一五日の立志社寸志兵の県庁出願も、ニュースとして新聞が報じるのは一〇月三日付『真事誌』なのであり、[32]現地から積極的に発信しようとする者がいない限り、新聞紙上で知ることは不可能である。本章6節に言及した八月中の石川県士族の出願も、まして阿波自助社の九月五日におこなった壮兵募集への婉曲な試み（第六章2節）も新聞紙上からは知ることはできない。その極めて限られた範囲内で、著者の知り得た情報をここに示しておこう。

全国各地の従軍志願

九州については八月三〇日付『真事誌』が、同地より帰ってきた人の話により「九州各県の士族等、憤激扼腕《やくわん》して各々兵器を整へ、北京の景況により（ボーリンタリー）[33]と成って国威を輝《かがやか》さんと人気《じんき》頗《すこぶ》る勇振する勢なり」と報じている。

福岡県では九月二四日、東京寄留福岡県士族細井甘泉が在国士族たちに「今や時勢の変、已に士の常職を解くと雖も、此国難の際に当り、豈《あ》に各其の分を尽し、其の国に報ずる所以を思はざるべけんや」と奮起を呼びかけている。この檄文が九月二八日付『真事誌』と一〇月四日付『新聞雑誌』に載ったのは、同県士族の西島祐吉・吉田清作の両名が各新聞社にこの檄文を持ち込んだからなのである。

三潴《みずま》県では八月に平山陸軍大尉が士族から上下士官を徴募するために来県し、一〇〇名余の士族が応募し合格者八七名、それとは別に海兵に入隊する者二二名となった。[34]本章2節に言及した九月一四日の県権少属田中正道建白も、時期が時期、彼が「国に外患あり内憂あり、事既に急なり」という時期においての建白なのであり、彼のそれは「兵を華士族に募らず、一に徴兵令を奉んとす、決て能《あた》はざるなり」との、士族を徴募し士族に常職を与えるべしとする立場からのものであった。佐賀県では陸軍壮兵の徴募がなされた結果、志願者百余名、うち五〇名が合格、海兵では二百余名が応募し、合格者四四名と報じられている㉟。

他方で、佐賀県士族相良頼敏と原昌の両名は九月九日、左院に建白し㊱、「朝議将《まさ》に征清の師を発せんとす、天下の民切歯扼腕《せっし》渠《かれ》が罪を正し渠が肉を啗《くら》はんと欲し勇奮義起、以て出師の遅きを俟つ」時期に当たり、旧藩主を佐賀に派遣して士族卒を召集し、「今や陸海常備の兵、厳且《かつ》密ならざるに非ずと雖ども、多くは耕算農賈の子弟、義薄く恩浅し。安《いずくん》ぞ能《よ》く事に堪へん」と旧家臣に諭させて佐賀県士族を徴募せよと建白する。

またこの絶好の機に乗じようと、旧熊本藩士族で守旧派(旧学校党の人々か?)の松井正幹、植野常備の両名は九月一九日、左院に建白し㊲、「強兵の道、四民合一の法に倣ふは固《もと》より不可なり。我国は中古以来既に四民の別有《あり》て、軍事は士族の職掌にして、士たる者一身を国事に委ぬるを以て己れが任とす」、「不教《おしえざる》の三民、義気無く廉恥なく、豈《あ》に堅陣を破り強敵を挫《くじ》くの胆力あらんや」、「一旦其事あるに当ては万々士族の兵に及ばざる可きなり」と士族の常職化を要求する。

四国では土佐の立志社、阿波の自助社が動くと共に、讃岐の旧高松藩士並びに農商の者一六三名が奮発、八八名は従軍を、七五名は軍資金献納を名東《みょうどう》県庁に出願する㊳。

愛媛県では同県士族吉田氏義が八月二九日、左院に建白し㊴、士族たる者「生来文武を学び、国若《も》し事有らば身を団丸の中に亡《ほろぼ》し、命を利兵の間に投げ、以て国家の恩に酬ゆるを己れの栄と為せし故に、兵の任に当る者は惟に士族あるのみ」とし、「縦令《たと》ひ無知の士族と雖《いえど》も君恩の為めに命を棄つるの大義を守らざる者少し。縦令ひ上等の農工商と雖も、之を守者少し。戦の苦みは義を守るに非れば私を以て堪へ難し」と、士族のうち健康で年令兵役に適する者はことごとく兵および巡査等に用い、士族の禄をすべて兵等の給俸と為し、巡査をもって不足兵員の予備に備えればよい、士族と華族を廃し、その禄をもって兵の費に充てれば、別に多分の費を増すことなし、と提案する。一面ではドラスティックな改革案のように見えるにしろ、この機会に徴兵制軍隊を排し士族の常職化を主張しているのである。

中国地方では本章4節に言及したように、西本・寺川両名を代表として一八〇〇名の広島県士族が従軍を出願、美作北条《みまさかほうじょう》県下では旧津山藩士族四〇五名が海老原極人・小沢泰・金田四郎・三浦素・神村信卿五名を総代として県庁に従軍を出願、一〇月一七日県庁より陸軍省に上申、とされているが、(40)一一月二五日付『朝野』ではこの人数は八九九名に増加している。

備前岡山県では、明治六年段階から士族の活動が活性化しており、同年四月と五月の両度、「備前西郷」と称された岡山県士族杉山岩三郎が先頭に立ち、台湾に出兵、士族を軍隊制度の中に編入すべしと建言する。同年一二月にも西郷はじめ下野した参議たちを全員復職させ、戦うことが天理とすればば戦いに決定せよと左院に建白し、翌七年九月には諸参議に、清国が傲慢、日本を敵視しつづけるならば、大いに六師《りくし》を興し、下野している西郷らを呼び戻し、閣内一致を実現すべしと建白する。他方では県下士族、農商有志二〇〇〇名が合同し、そこで従軍志願者名簿を作成、政府に奉呈するため代表が岡山を出立する。(41)

出雲島根県では一〇月一日、在京の吉田勝三郎が、松江の元藩士山口義亮・後藤清・谷清瀬宛てに左のごとき勧告状を発している。

道路に聞くに、戦を言ふ者十に八七なり。若《も》し然らば我国未曽有の大事件、国威の伸縮正に此一挙にあらんとす。今日苟《いやしく》も我臣民たる、傍観坐視すべからざるは固《もと》り論を俟たず。(中略)故を以て諸県の士民奮発、兵役に充《あて》られんことを願ふ者比々〔だれもかれもの意〕之れあり。然るに貴県の人未だ一個の奮て出願するを見ず、(中略)僕以為《おもえらく》、猶《なお》昔日の義気を存して所謂《いわゆる》日本魂を余す者は士族にあらんと。[42]

この呼びかけに応じたのか、以前からその動きがあったのか、一一月一三日、松江寺町東林寺に士族が集会し、外征従軍の挙を謀り、盟約が成立して出願することになったと、松江元藩士園山喜三右衛門が報じている[43]。

鳥取士族の危険性

鳥取士族の動向は新聞ではうかがえないが、明治七年三月二八日、鳥取県権令三吉周亮が、鳥取城に鎮台兵を派出し県下の動揺を兵威をもって鎮圧せしめられんことを、と三条太政大臣に出願[44]している事態からすると、何も起こらなかったとは考えられない。三吉権令は左のごとき理由をもってこの派兵を要請するのである。

当貫属の如き、強暴無頼、長剣を帯し党類を結び、頑愚固陋、県庁を視ること敵国の如し。佐賀県賊起るに及んで乃《すなわ》ち物情騒然、各処に集合し殆ど隠然相応ずるの勢を見るに至る。其県庁を蔑視し属員を侮弄する、慰撫説諭の能《よ》く及ぶ所ろに非ざるなり。(中略)前日の形勢を以て将来の事情を察するに、早く之が備を成し、武人剣客の胆を奪ひ方向を一致せしむるに非《あらず》んば、万一奸雄一鼓して其間に起るあらば、則土崩瓦解、悔とも及ばざるなり。(中略)按るに広島以東山陽山陰の旧諸藩、概ね皆惰藩弱卒、鳥取の強暴無頼の徒多きが如きに非ざる也。

なお中国地方では山口県士族のみは動かなかった。征台の役そのものに反対する内地優先主義者の木戸孝允が参議を辞して帰県しており、在京の長州系官僚の多くも、日清紛争は薩派の引き起こしたもの、と非協力的態度をとり、在萩士族をまとめていた首領前原一誠も、木戸の説得もあり動こうとはしなかったためである。

近畿地方では、旧明石藩士族八〇名が一〇月八日、従軍願いを飾磨《しかま》県庁に出願、(45)旧姫路藩士族一八〇〇名が同月二〇日に従軍願いを同県庁に申請する。(46)旧高槻藩士族二四九名は、九月より従軍希望者の署名を集め、一〇月に大阪府に出願、同月二八日、大阪府は太政官に志願者名簿連印帳三冊を提出する。(47)旧郡山藩士三六八名は柳沢武称《たけのり》が代表となって一〇月、従軍願いを奈良県庁に提出、(48)出願者はさらに増え、一〇月二五日には一一六名が追加される。(49)旧彦根藩士八三四名は九月二五日、浅居朋諒・喜多山与一・竹村賢七の三名が総代となって滋賀県庁に従軍願いを提出する。(50)

中部地方では、石川県士族以外では、筑摩《ちくま》県士族（旧松本藩士）一五〇名が、田総元治を総代として九月二四日に県庁に従軍を出願する。(51)

関八州では、戊辰戦争期には各藩が全くの受身のままであったせいか、その名誉回復もあったと思われるが、従軍志願の動きが各地で起こっている。情報が多くなった一因は、東京に近接しているため、新聞社への通報が容易だった結果であろう。

下総旧古河《こが》藩士族一八五名ほか、僧侶・平民若干名は、千葉県庁に従軍願いを提出したと一〇月一四日付『真事誌』は報じ、「抑《そもそも》旧古河藩は従来游惰の世評を免れざりしに、今般の奮挙は該県（千葉県）管内二二旧藩の嚆矢《こうし》」と注釈がつけられている。ただし一〇月一四日付『朝野』では、古河町居住士族八一五名が一〇月二日、県庁に出願となっており、どちらかの数字は誤植だと思われる。

常州では九月に下館《しもだて》藩士族二〇〇名が従軍志願書を茨城県庁に提出する。[52]

下野では九月に、旧宇都宮藩士たちが有志を募り、今般の兵役に従軍を出願する動きを示している、と報じられている。[53]

上野《こうずけ》・武蔵両国はこの明治七年段階では旧館林藩域が栃木県に、その他は埼玉県と熊谷県に分けられており、今日から見ると頭が混乱するが、旧館林藩士三五〇名は、木呂子退蔵・星野磋久磨両名を総代として、九月二日に栃木県庁に従軍を申請しており、[54] その中に本章5節で紹介した大屋祐義も加わっている。[55]『真事誌』へのこの出願報知は深川大工町居住の浦野彦助がおこなっている。

旧高崎藩士族一二九名は九月二二日、大河内清緝を総代として、「一朝和議を失せば是れ皇国の危急、（中略）座食の罪容《い》るる所なし。（中略）支那征討の期に当らば、仮令《たとえ》水火の用に命ぜらるるも決して違背無之」と熊谷県庁に従軍を出願、熊谷県は一〇月二日、出願書を陸軍省に進呈する。[56]

武蔵川越藩は慶応三年一月、前橋に城郭を整備して藩庁を同地に移転しており、旧川越藩士は前橋と川越の二カ所にこの時期まで分かれていた。川越に居住しつづけていた旧川越藩士稲葉道之ほか九名は、九月に従軍願いを熊谷県に提出する。[57]

陸羽地方での従軍志願の動きは、新聞紙上で見る限り、本章3節で紹介した旧八戸藩士の事例だけである。

10　士族民権主流派の維新変革論

ここで見てきた全国各地での士族の従軍出願は、一方ではその困窮から、他方では自らの存在証明の欲求からであり、その中には旧熊本藩守旧派のごとき、鹿児島の島津久光派、佐賀の封建党、高知の節倹党のような封建制への復帰を狙う立場に近いものも存在していたはずであり、出願者すべてが士族民権主流派と同一であったわけでは決してない。とすれば、困窮の中の不平士族一般と士族民権主流派は何をもって分かれるのだろうか。

士族民権派の幕末維新論　既にその一端は本章5節に見た大屋祐義のところで言及しているが、この論者たちが共通して主張している論理を、彼らの幕末維新史の独自な理解を押さえながら改めて箇条書きにまとめてみよう。

一、士族民権派は、その主流派も非主流派もペリー来航以降を封建国家日本大変革の出発点と認識していることは共通している。ただし今日の一般的常識とは異なり、単純な「鎖国から開国への転化」という枠組みではなく、危機に瀕した日本(＝「皇国」)の独立を守りぬくために士族が立ちあがり、その気節と「元気」こそが尊王攘夷の思想と運動だったと捉えていることである。

杉山岩三郎を代表とする旧岡山藩士族武断派に対立する小松原英太郎グループの一員である関新吾も、儒教が日本の道徳をつくってきた、幕末の政治においては「吾輩は勤王攘夷家の気力、大に外国の放恣《ほうし》を妨碍せしことを信ずるなり」(58)、ペリー来航がもたらしたものは、「尤《もっと》も能《よ》く世道を動かし上進を助成するもの、人間権利・自由の一説なり、この説一たび我に輸入せし以来、未だ実行の功験、此に少なりと雖《いえ》ども、その説の蔓延することは筆を以て書すべからず、口を以て述すべからず」(59)と断言している。今では奇妙に響くが、日本全体（＝「皇国」）という価値が新たに提起され、その「皇国」の独立を擁護・固守しようとする中で、封建的主従関係・絶対的上位者優位の幕藩制的束縛が破壊されはじめた、ということになる。この幕末期的「人間権利・自由の一説」が現実にはどのように展開していったかを、駿台松本生が「自己上の進歩は政治上の進歩と交互発達、未だ嘗《かつ》て斯須《ししゅ》〔少しもの意〕も分離せざる論」と題して、巧みにかつ具体的に左のごとく論じている(60)。

今日吾国政治上の進歩を促したる者は誰ぞ、藤田東湖・吉田松陰・佐久間象山・宇田川榕菴・箕作省吾等、〔中略〕愛国の忠誠・経綸の材識、理学の深邃《しんすい》、約して之を言へば自己上の進歩〔所謂文王を不待而興者《またずしておこるもの》にして〕、其勢力、全国士民中有気有力者《きありちからある》を、感動攪起したるに由て、士民中自己の精神日に振ひ月に奮ひ、〔加藤〔弘之〕子は如此感動攪起を目するに勤王の二字を以てす。是亦同氏矯世〔世間をだますの意〕の言にして、公平の論と謂ふべからず。何となれば勤王や攘夷と唱《となえ》たるも、討幕や浪士と罵《ののし》られたる者も究竟は己の所見を公論の中心也と確然自信し、他の圧制に卑屈せざる俊傑等が我国の衰頽を挽回せんと欲して種々なる仮面を被り、以て一時を籠絡せしのみ〕。竟《つい》に門閥を廃し版籍を収め、地方郡国の政治を改良し、国家政府の律憲を議定せんとするに至る、駸々政治上進歩を促して止ざるものは他に非ず、自己上進歩の勢力に由るのみ。

二、士族民権主流派は、幕末期、体制変革に中心的役割を果たしたのは薩長土勤王三藩であり、それは士族の気節と「元気」が他の諸藩より卓越していたからだ、という現実を率直に承認する。その裏側には、自藩での自分たち尊攘派の非力さへの痛恨の思いが疼きつづけていたはずである。

三、王政復古と維新政権の成立は、当然のことで、彼らにとって大歓迎され、いよいよ万国に互し、蔑視されない国家を樹立する土台が形成されたと認識される。その認識は、各人がドラスティックな藩政改革のイニシアチブをとったことへの自負心と結びついているのである。

このように主張する民選議院設立論者の議論を、東向偶客なる人物がこう紹介している(61)。

民選議院を建るは方今の一大急務なり。前には海内協力、今上皇帝陛下を奉戴し、旧政の弊害を除き、万機公論に決すべきを以て、各藩をして議員を出さしめ(62)、以て天下の事務に干与せしむ。此に因て版籍奉還の挙、府藩県一致の制、廃藩立県の偉績を奉するに至る、是皆万機公論に決するを以て朝廷其功を収る、易《やす》くして且つ速《すみやか》なり。廃藩の後、復《ま》た此議員を置かず、漸く有司専制の弊害を生じ、政府輓近《ちかごろ》の体裁、英語の所謂(ヲリカアーキー)(63)なる者と尤《もっとも》近似するを致す。此弊害救はずば有べからず。

士族民権主流派は、廃藩は必然的な流れだったと思いこそすれ、それは複雑なものを含んでいたことも著者は本章2節に言及しておいた。明治初年、新国家を下から支えるべく藩政改革に邁進していった彼らは、その意想外の展開を予知し得なかったからである。この複雑な感情を明治八年一二月三日付『真事誌』「論説」欄の筆者は次のように述懐する。廃刊寸前の真情吐露、おそらく旧土佐藩士のものであろう。

我輩は定めて知る、前年諸藩に号令し、東北征討して以て維新の盛業を成さんとするの時に当りて、諸藩、士太夫の之れに従ふものは、皆其家を遺し妻子を顧みずして奔馳し、或は重傷を負ひ支体を失ひ、力闘し万死を出で一生を得て、以て家を起し名を揚げ栄を後昆〔のちの世の意〕に垂《た》れんを欲せざる者は非《あらざ》るなし。誰か数年の後、其常職を奪はれ、従古《いにしえより》の禄を減削せられて妻子凍餒《とうたい》に苦み、家廟殆んど血食〔先祖を祭る意〕せざるに至ることあるを料《はか》らんやを。

廃藩後政府は守旧主義に固執

四、人心の趣くところ、公論の帰するところに従って廃藩までに至ったのに、その後は政府は急進主義を放棄して守旧主義に固執、有司専制体制を固めている、国家は公論をもって形成されなければ万国に対峙し独立を維持することは不可能、しかるに政府は東京一極主義を推し進め地方を衰微させ、国家をここまで進歩させてきた士族を困窮化させ、国家の担い手であり国家の「元気」であったものを消滅させようとしている。これに対抗するためには民選議院を創設し、国家の土台を固めねばならない、このような考えが士族民権派の政治的立場構築の前提となるのである。彼らの論理に共通するのは、尊攘運動と民権運動を愛国心で結びつけることであった。「城西の麴町に住む嶺松生」は、明治八年二月四日付『朝野』への投書において左のように述べている。

〔幕末〕攘夷鎖港の論大に行はる、草莽浮浪の徒相起て之を煽動し、或は朝紳《くげ》〔公家〕に説き或は諸侯に結び、其名とする所の者は勤王にあらざれば必ず攘夷、(中略)今日維新の業を成す者、多く其徒の手に出づる者は何ぞや、是即ち時勢の移る所、人情の赴く所に因て益之を推進するを以てなり、今吾輩唱ふる所の民選議院なる者は、民権を拡充するが故に、其説頗《すこぶ》る激切に渉《わた》るが如しと雖《いえ》ども、之を要するに愛国の至情より発出する所の者にして、之を実地に施す時は以て我国独立の基礎を固ふすべ〔し〕。

五、しかし、ここまでの進歩の原動力を士族の気節と「元気」に置く以上、士族の武人としての常職化要求と農商工三民から編成される徴兵制軍隊への蔑視と無視は極端なものがあり、士族の特権意識は拭うべくもない。平民はこのサムライ的体質を直感し嫌悪する。

六、主流派の独立論には対外強硬論並びに国際的地位(prestige)向上論が固着している。国家の独立にはそれが不可欠だとするのである。熊本郷士宮崎八郎(真卿)らは明治七年二月九日、左院に征韓論を次のごとき論拠をもって建白する(64)。

宇内の形勢を考ふるに、名、文明開化と称すといへども、其実は則弱肉強食、互に呑噬《どんぜい》を逞《たくまし》うするに過ざるのみ、今我邦直に欧米強大の諸国と平行の権利を持せんと欲す。窃《ひそか》に恐る、力の未だ足らざるを。愚以為《おもえらく》、先づ近隣弱小未開の諸国に対し我権利を張り我威武を振ひ、漸く其力を蓄養せば、欧米各邦と匹敵するの権利自ら立に至らん。兵法に曰《い》はずや、実を避けて虚を撃つと。是に因て之を視れば、朝鮮の事、実に千載の一機、失ふべからざるもの也。

先に士族民権主流派の典型的人物として大屋祐義の論を紹介したが、大義名分論を前面に押し出しての彼の立論にしろ、明治八年九月一八日の板垣退助への勧告書の中では、「方今我国の憂患を除き衰弱を医せんとするの策に於ては、縦令《たとえ》征韓の事は師を興すに辞はなきも、猶《な》ほ術を以て其曲を釣《つ》り之れに乗ずべし」とも言っているのである。秀吉の朝鮮侵略への祖先の参加をもって家の名誉とする江戸時代のサムライらしい発想法は、彼においても固着している。

11　士族民権主流派の日本通史論

本章を終えるに当たり、士族民権主流派のユニークな日本通史論を紹介しておこう。西南戦争での西郷軍敗北と共に消滅するこの政治党派は、それ以前においては現実の政治過程で一つの政治勢力であった。歴史の局面が旋回すると共に完全に忘却され、結果論的歴史観が圧倒的支配力を振るうことになる。

明治八年一〇月一九日付『曙』に、牛込寄留林忠吉なる人物が「征韓問答」と題する対話形式のものを投稿する。既略左のごとし。

乙　征韓論をし《（す）》るやつは大抵飯の食ひない士族共だ、金箔附の平民にやそんな無勘定のことぬかすやつああありやしねーよ。

甲　日本の自由は士族から出来たんだ、平民さんはいつでも後まはりだ。

乙　士族は居候だ、自由もへちまもあるものか。

甲　戊辰の自由は、たがねじり取つたと思ふか。

乙　そりあ薩長土の士族よ。

甲　民選議院の論は誰が出した。

乙　それも士族よ。

甲　新聞紙に勝手の言をしやべるやうにしたのは誰か。

乙　やっぱり士族よ。

甲　それ見な、みんな士族だろー。

乙　征韓論が士族で自由論が士族で、何が愉快か。

甲　士族と云は、元と武家（民権党の種族）といった奴だ。（中略）武家以前は朝廷の君主専制がおこなわれた。戦国は天下中の者が我も我もと立身心（自由の精心）を起し、（中略）〔幕末では〕徳川氏から政権を捻取《ねじりとっ》たり、民選議院を言ひ張ったりするは皆士族さ。それに近来は仏蘭西《フランス》出来の流行病が伝染して、勤王党と云党は政府と平民とがあれば国が立つものだと思ひ、（中略）何でも政府の都合さへよければよいとて、俸禄の改正でも租税の変革でも、曽て次第にやらうと云奴《やつ》と、民権党とて人類は裁判上では同権だと云ふのをとつちがひて、人民は同等だ、参議も人間だ、〇〇も人間だ、華族も士族も人間だ、みんなが同権だと云て、新所帯持の若旦那が祖父祖母も入らぬ、叔父は邪魔だ、叔母は食ひつぶしだと云ふ様な無勘弁の論を吐き出して、先祖代々の（スプリットオブフリードム）[65]「自由の気象、即勝手気儘を云ふ、近来の学者等の云事六ヶ敷自由にあらず、（ゴス）[66]や（フランク）が好《すい》た自由の意味だ」保有する士族を倒そうとするが、是は俗に云親方つぶして子分が立たずと云ふので、ふらんすの専制政府、国王の常備兵が出来て人民の兵権が弱くなつた。そうすると仏蘭西・西班牙《スペイン》等は、国王が華士族も平民も、のべつに叩き倒して専制政府にしてしまった。中国では六国亡びて専制となった[67]。当時〔ここでは現在の意〕の生意気書生が古法をぶちこはしたり、新式を行ふたりする論を控い目にするのは何がこはいか。平民ではあるまぢ、煙硝肴《さかな》に鉛団子といきあ、食はないさきから逃げだすのは、諸所の一揆で知れていらー、なじようも〔いかなるものといえどもの意〕戴《いただ》きやしようと出かけるのは士族だ武家だ、保元平治以来自然と出来た代々家業の民権党の巨魁だ、これがこはいのだ。人民にこはいものがなければ、政府の専暴となるのは必然だ。（中略）〔日本では〕自国の中に武家と云ふあばれ者が出来て民権の魁《さきがけ》をしたんだ。（中略）今士族をのけて華族さんと平民でチャンチャン坊主と力較べして勝たふと思ふやつあ、よつぽど阿房だ、此頃友等から聞けば、福沢親方も文明論とや云ふ（ギゾー）と（ブックル）とチヤンホロンに綴り立た書に、日本が支那の様に専制にならぬは武家があつたからだと云つたそうではないか。それに違があるものか、それだに近頃は士族共が自分の職分を忘れ、横合から素餐だとか尸位とかいはれると、誠に面目ない、糞桶でもかつぎましよう、人力《じんりき》でも引きましようと、さもさも野呂久羅として居食したように申ますが、四十万とか五十万とかの士族が、皆論語も一冊も読まず、面小手胴の一声も叫ばず、調練太鼓の足拍子も踏まず、哼囉《ほら》も吹かず、喇叭《らっぱ》も吹かずに居たくちではあるまい、士族の軍役を御解《おとき》なすつたは政府の御都合だ、御最千万だ。（スプリットオブフリードム）を以て往時は自分の為、方今は平民の為に民権を保存するのは士族の天授の職分だ、二本ささないでも民権党の巨魁となるには差支《さしつかえ》がない。今は三千万口に均《ひとし》く血税がかかったけれども、往時三百年間は此税丈《だけ》は士族の持切だった。今でも禄がある限りは、此税の割前は士族が余計に出さずばなるまい。（中略）先年征韓の論が出てから民選議院の論が出、武家の職分を尽すの秋《とき》と思ふたら、又江華の報があった。嗚呼愉快なる哉江華の報、嗚呼愉快なる哉征韓の論、乙公どうだ。

本章4節に紹介した熊谷盛美は、その投書の中で、「廃藩の結果は徒食士族の声焔となり、勢嵎《いきおいぐう》を負ふ虎の如く、もし其禄を廃せば百千の虎狼を放ち之を飢餓するの恐れ有り。政府の之を処する、腫物に触るか如くなるかと疑ふに至る」と述べており、外征によって士族の不満を外に転じない限り、士族反乱は必然だと見通すのである。

第八章　平民民権の頂点　庄内ワッパ騒動

1　庄内士族と鹿児島との特殊な関係

幕末維新変革の大波に乗り遅れたことを痛恨に思い、民選議院設立建白を機に士族民権運動を組織し、地方民会形成を挺子《てこ》に在地豪農商層との結びつきを強化していった典型例が、阿波自助社の活動だとするならば、幕末維新変革の中から平民民権運動が内在的に形成・発展していった典型例は、旧庄内藩酒田県ワッパ騒動と、その指導者に成長する酒田商人森藤《もりとう》右衛門《えもん》となるだろう。

国民的常識としては、戊辰戦争での勝者薩長両藩に対置されるのが、奥羽列藩同盟の主力となった敗者会津藩となり、それが故に明治一〇年の西南戦争では巡査隊・別働第三旅団（肩書は警視局巡査）・新選旅団等に参加し活躍する旧会津藩士族の佐川官兵衛・山川浩・斎藤一ら（滅藩後斗南《となみ》藩として再出発する）との理解になるのである。

しかしながら同じく列藩同盟のあと一つの主力となった出羽国庄内藩と庄内藩士は、全く斗南藩士族（＝青森県士族）的行動をとることはなく、そして旧薩摩藩を倶に天を戴かざる宿敵とも見なさず、機ありさえすれば西郷軍に呼応しようとし、仙台鎮台将兵は庄内士族の呼応反乱を警戒し、同鎮台は中隊以上の将兵を九州に派することを敢えておこなわなかった。幕末維新変革を薩長藩閥史観か佐幕史観かのいずれかの枠組みで捉えることは歴史的史実に合致しない。

戊辰戦争において列藩同盟側で唯一連戦連勝し[1]、列藩同盟謝罪の急報によってはじめて見事に撤兵、矛《ほこ》を収めたのが庄内藩であり、その戦闘力の卓越性と松平権十郎（親懐《ちかよし》）や菅《すげ》善太右衛門（実秀《さねひで》）らの軍事指導部の有能さを[2]、その実戦の中で誰よりも痛感したのが、奥羽鎮撫総督軍参謀として出羽戦線で苦戦に苦戦を重ねた薩摩藩士大山綱良《おおやまつなよし》であった。しかも庄内藩降伏実態の実地点検を鶴が岡[3]にのりこんでおこなったのが、会津征討越後国総督軍参謀の黒田清隆と東征大総督府軍参謀の西郷隆盛だったのである。

これら薩摩のサムライ三名は、列藩同盟の中心である会津藩に対しては何らの同情も感じなかったとはいえ、譜代藩中の雄藩たる庄内藩に対しては、滅亡に瀕する主家のため、譜代藩として死力を尽くすことはサムライとして当然のこと、同盟に加わった他藩の堕弱さは軽蔑以外の何ものでもないが、庄内藩軍隊の勇猛さと闘いぶりの見事さには舌を巻くほかないと、サムライとして深く惚れ込むのだった。

これがためと著者は見ているが、会津・仙台・南部に対するあまりの過酷な処分に比較し、庄内藩への処分は極めて微温的なものにとどめられた。滅藩すらも覚悟しただろう藩主酒井忠篤《ただずみ》と松平・菅以下の軍事指導部、そして参戦した庄内藩士たちとしては、西郷以下の薩摩藩士の寛大さに心からの恩義（指導者の死罪処分すら庄内藩にだけは求められなかった）を感じ、改めて今後の新日本建設においては薩摩藩を見習い、同藩と同様に強力な士族軍事力を維持することによってその一翼を担っていこうとの決意を固めるのである。

これが故に、前藩主となった酒井忠篤は明治三年八月、周旋方犬塚盛巍《もりたか》・同長沢惟和（松平権十郎弟）を先発として、島津久光・西郷宛て親書を持たせて鹿児島に派遣し、一一月には自らが七十有余名の藩士を率いて同地に赴き、自身薩藩大隊調練に一兵卒として率先参加、西郷をはじめ桐野《きりの》利秋《としあき》・篠原国幹《しのはらくにもと》・野津《のづ》鎮雄《しずお》・種田《たねだ》政明《まさあき》らの薩藩軍隊幹部と親交を結ぶのであった。そして薩藩は「御親兵」を献上し、その結果明治四年四月、忠篤は東京に戻るのだが、西郷は前藩主自身が一兵卒として練兵に参加し、華族として自らを鍛練しようとする忠篤の姿勢に感銘する[4]。

西郷の上京直後の四月、東京で庄内藩（明治二年八月より大泉藩と改称）務を統轄する権大参事菅善太右衛門は西郷と面会、そして同年六月には庄内藩御用達越後屋喜左衛門の本所《ほんじょ》小梅別荘[5]において、同藩士で外交係の山口三郎兵衛（大泉藩権少参事）や加藤源五右衛門（用人）は滞麑《たいげい》（麑は薩摩藩の異称）中世話になった伊集院兼寛《いじゅういんかねひろ》ほかの薩藩士たちを接待する。同時期、彼らは西郷や川村純義《すみよし》にも然るべき挨拶をおこない、その際西郷が酒井忠篤を称賛したと、山口は在国の松平権十郎に書通している[6]。酒井忠篤自身も、東京で西郷のもとに、たびたび出かけて彼の教示を受けているのである。

第二次酒田県の成立　明治四年七月に廃藩置県が断行され、一一月には庄内地域に第二次酒田県[7]が置かれるが、酒田県では庄内藩体制がほぼ完全な形で引き継がれ、松平親懐が参事に、菅実秀が権参事に横すべりし、他藩人をまったく入れないままの県体制が出発するには、太政官留守政府最高指導者である参議西郷隆盛の強い発言があったはずである。

権参事となって帰県する菅は、離別の挨拶のため西郷のもとを訪れ、廃藩によって常備兵は解散させられたが、従来涵養してきた節義廉恥の風を維持すべく、県下不毛の地を払い下げ、士族を勧誘して開墾に従事させ、「一はもって国産を興して力食の業を開き、一はもって道義を修めて士気を振起する」決意を語ったところ、西郷は大賛成し、「奉送菅先生帰郷」と題し、七言絶句を送るのだった。(8)

西郷も黒田も、今後の華族たるものは国家の柱石として高貴かつ忠誠の人物でなければならないと考え、酒井忠篤に軍事大国ドイツへの留学を勧め、忠篤は明治五年四月、ドイツ留学に出発する。彼はその直前西郷に面会し、留学の心得を受けているのである。(9) 在独中の忠篤は、酒井了恒《のりつね》〔玄蕃《げんば》、大泉藩権大参事〕(10)に宛てた書状の中で「西郷先生は此節陸軍元帥に成られ、野津〔鎮雄〕・篠原〔国幹〕は少将に相成候由、是《こ》れよりは皇国も今よりは兵備もトトノヒ可申《もうすべき》と相嬉居候」(11)と述べている。これは心から薩摩武人たちに薫陶を受けその影響下にあるが故のことである。

西郷は酒田県のことに関しては、特別の配慮をつづけている。明治五年一一月九日付の参事松平親懐宛て書状の中において、忠篤の弟で兄の辞職後に庄内藩主となった酒井忠宝《ただみち》についても洋行させるよう、左のごとく強く勧めている。

来春比《ごろ》より御出懸被為成《ならせられ》候方御宜敷《よろしき》哉と相考へ、折角〔極力の意〕御進め申上事に御坐候。殊《こと》に御当人様にも至極の御ハマリに御坐候故、此機会を御失ひ、御気先も相替候様被為成候ては、其甲斐も薄《うす》く成行候半と老婆心に御坐候間、先生方尚又《なおまた》御勘考成し下され、御宜敷《よろし》かるべきとの御見込に御坐候はば、御洋行の処御取極可被為成《ならせらるべき》時節かと奉存候に付、一先《ひとまず》申上候。(12)

この強い勧告もあって酒井忠宝は明治六年二月、海軍大輔川村純義に同行してドイツ留学に出発、兄忠篤と合流するのである。

西郷はじめ薩摩武人派の全面的支援のもと、明治四年一一月に発足する第二次酒田県なるものは、参事・出仕・典事・大中少属に至るまで、全官吏が旧庄内藩士から選抜・登用されており、他藩からは一人も採用されないこととなった。藩政時代の家老職が参事となり、前の郡代は課長職に横すべりし、町奉行所は断杖課に、郡奉行・代官とその役所は租税課に名称だけが変更されたのである。新政は頒布されず、太政官布告・達《たっし》すら公開されないものが多々あり、租税その他の諸課米金もほとんどが旧制を引き継いだものであった。(13) そして、廃藩後の鹿児島県政に倣い、軍隊編成を組んだままの大々的な開墾事業に全士族を動員するのである。

2　酒田県での新徴組・新整組問題

しかしながら、いくら薩摩に倣おうとしても、藩の歴史だけは見習うことが不可能だった。薩藩は一〇〇以上ある外城《とじょう》のサムライたちが、藩全域に配置された麓《ふもと》に集住し、門割《かどわ》り百姓を支配しつづける「封建制の極北」と評されるほどの抑圧的農民支配をおこなっていたが、ペリー来航以前から琉球問題をかかえこむ同藩では藩士間の対外的危機感は鮮烈なものがあり、それは嘉永二年のお由羅《ゆら》騒動の誘引となり、安政期には名君島津斉彬《なりあきら》の藩政改革と有志大名としての国事周旋活動の形に前進する。文久二―三年の全国的奉勅運動と薩英戦争の中において、当時の藩主実父島津久光の上からの統制も不可能となるほどの軍事・政治体制変革運動に発展し、西郷隆盛をリーダーとする、門閥を破砕し平等・対等な外城士を含みこんだ強力な薩摩士族軍団は王政復古クーデタ、戊辰・箱館戦争の主動力となり、そして明治四年七月の廃藩置県断行軍事力の主力となっていったのである。当然のこと、鹿児島県政は明治初年の藩政改革態勢を引き継いだままにしろ、廃藩後の中央集権的統一国家での文武双方の国家諸機構と府県及び開拓使の主要ポストは、長閥との間で取り合いとなってくる。

他方庄内藩はなんといっても朝敵藩となったため、中央・地方諸機関ポストの口はなく、また、近世を通じて典型的な譜代藩的君臣一体・上位者絶対優位の封建的主従関係が維持されつづけた藩であった。そしてこの体制を固持したまま戊辰戦争を闘いぬいたのである。この守旧的藩体制を改革しようと阿部正弘・松平慶永・稲葉正邦らにその必要性を訴えてきた大山庄太夫・松平舎人《とねり》・酒井右京らの藩内公武合体派は、この動きが露見し、藩主廃立を図ったとの罪を着せられ、慶応三年九月、切腹または斬首刑に処せられた。とりわけ大山庄太夫は既に慶応二年一一月に切腹させられた上に、翌年の九月一一日、死体斬首という異常な処分に処せられるのである。[14] これを庄内藩史では「丁卯《ていぼう》の大獄」と呼んでいる。

新徴組と新整組

文久二年一二月、一〇歳で家督を継いだ酒井忠篤のもとに結集する庄内藩主流派は、主従の義と君臣一体を堅持して戊辰戦争を闘いぬき、戦後は前述したごとく、薩藩をモデルに庄内藩軍事態勢の維持に全力を傾注しようとする。

しかしながら、ここに問題が生じることとなる。幕閣の信頼が極めて厚い譜代雄藩庄内藩は、文久三年四月より江戸警備に動員され、さらに慶応元年五月に将軍上洛後は江戸の留守警備を単独でおこなうよう委任され、このことが慶応三年一二月二五日の薩摩藩邸焼打ちの主力部隊になる原因ともなってくる。その軍事的重責を担う中で、交替で江戸に出張する庄内藩士たちの軍事規律と戦闘力は鍛えられ、中老として江戸取り締まり総轄者となった松平権十郎と藩主側用人《そばようにん》兼新徴組《しんちょうぐみ》御用掛の菅善太右衛門は、彼らの軍事統率力を磨き、頻繁で複雑な対幕交渉の中で政治的視野と政治家的能力を格段に高めていくのだった。

ただし庄内藩の江戸警備には、幕府から二つの剣客集団が付けられていた。一つは文久三年二月、将軍徳川家茂《いえもち》上洛の身辺警固のために幕府が徴募した「尽忠報国」の志士たち、浪士組《ろうしぐみ》出自の面々百五十有余名である。影の統率者清河八郎《きよかわはちろう》暗殺直後の文久三年四月一五日、同隊は「新徴組」と隊名を授けられ、幕府の強い統制下に置かれるが、同年一一月、庄内藩に預けられ、さらに元治元年八月には、庄内藩は江戸取り締まり及び新徴組取り扱いの功をもって羽州田川郡幕領二万七〇〇〇石を下賜され、同時に新徴組を家臣同様十分に処置すべき旨が幕府より達せられる。当時「庄内藩の新徴組か新徴組の庄内か⑮」と称されたように、江戸不案内の市中巡邏庄内藩士部隊を先導し、手向かう者たちにひるむことなく真っ向から立ち向かう新徴組は、その出発が「尽忠報国・尊王攘夷」主義者集団であったため、庄内藩では貴重で、しかも庄内藩士と異なり相当に扱いにくい存在でありつづける。

あと一つの剣客集団が八十有余名の「新整組《しんせいぐみ》」である⑯。その統率者小林登之助《こばやしとうのすけ》は、浪士組に加わり上京した剣客だが、彼は江戸に道場を開いてもおり、その門弟たちを越中島《えっちゅうじま》の調練に参加させたり、市中見回りをさせたりして、なんとか仕官させようと、新徴組の有力メンバーでありながら運動しつづけた。この「小林組⑰」は、文久三年一一月には庄内藩巡邏部隊に入り交じりながら「忍び回り」をするよう幕府から指示された。元治元年七月、江戸長州藩邸接収の際にも庄内藩巡邏部隊・新徴組と行動を共にするなどして、結局元治元年九月、幕府より庄内藩に預けられ、これ以降同藩より手当金一二両三人扶持を与えられることとなり、庄内藩より隊名を「大砲組」と授けられた。自分の門弟たちの身の振り方をつけた小林登之助は、元治元年九月「依願永暇」となって町道場主に専念する。新整組と改称されるのは慶応四年二月、庄内に移ってからのことである。

この大砲組も新徴組同様、「幕朝両立主義」者集団で、また江戸市中取り締まりをおこなってきた江戸町奉行所与力・同心の柔弱さを「遠国諸藩の士又は攘夷抔唱《などとなえ》候浪士等に出逢候節は殊《こと》の外《ほか》逡巡恐怖仕候ものも有之、御威光取失ひ候儀少なからず」と軽蔑しきっている剣客集団であり、慶応二年六月三日夜、江戸打ちこわしの現場において南町奉行同心後藤孝次郎と暴徒取り締まり方法について争いを起こし、後藤を斬り殺したのは大砲組のメンバーであった。ただしこの事件は、世上には新徴組の仕業と広く伝えられるのである[18]。

ところで、幕府体制の死守を君臣一体で貫徹しようとするのが譜代庄内藩のとりつづける立場で、前述の慶応三年九月、「丁卯の大獄」も、一藩内の単なる政治闘争ではなく、解体に瀕する幕藩体制を是が非でも維持するための譜代諸藩でとられた数多くの粛清・断罪の庄内藩での発現、という角度で捉える必要があると、著者は位置づけている。その直後の一〇月、小林登之助とその家族が深夜、庄内藩士たちによって自宅で殺害された事件[19]も、彼の思想が自藩に預けられていた大砲組の面々に伝染することを恐れてのことと考えられる。

江戸留守幕閣として最も信頼できるのが庄内藩だとすれば、大混乱の京坂の実情を確認すべく、留守幕閣は庄内藩に依頼することにもなる。藩主側用人菅善太右衛門が幕閣の内命を受け上京するのが慶応三年一二月一一日、京都を回って大坂に到着するのが一二月二八日、鳥羽・伏見の戦いに巻き込まれ、慶応四年一月一六日に紀州にかろうじてたどり着き、二月半ばには三河にまで東上する[20]。

庄内藩は王政復古クーデタを、徳川慶喜が大政奉還をおこなったにもかかわらず、薩摩藩が幼帝を擁して不法におこなった権力簒奪行為と捉え、慶応四年二月、藩主酒井忠篤を先頭として江戸から庄内に総引き揚げすることとなり、異質の体質をおびている新徴組・大砲組も庄内に移動、幕末幕府から所領として与えられた西蝦夷地《えぞち》赴任の庄内藩士たちにも同じく二月、国元への総撤収を指令する。

庄内士族と新徴組・新整組の矛盾

新政府軍と戦闘を開始するのが慶応四年四月二四日、藩境清川口《きよかわぐち》においてであり、新徴組・新整組も庄内藩軍事態勢の中に完全に組み込まれ、九月末まで幾多の激戦に参加しつづける。他方庄内藩は諸藩連合抗戦態勢を構築すべく、まず四月一〇日会津藩と同盟を結び、閏四月二三日には白石《しろいし》で奥羽二五藩重臣会議が開催され、庄内藩は会津藩と共に加盟して、五月三日、列藩同盟が成立、同月六日には越後諸藩も参加し、ここに会津・庄内・仙台・米沢四藩を中核とする奥羽越列藩同盟が確立する。

仮に幼君酒井忠篤のもと（その背後には忠篤の父、文久元年まで藩主として君臨しつづけた酒井忠発《ただあき》が控えている）、君臣一体、主従の義を固守し家中一統の一糸乱れぬ団結がこの七カ月の戦闘の中で保たれていたならば、その後の問題も激化していかなかったであろう。しかし庄内藩はこの戦闘の初発から異質の分子、即ち新徴組と新整組をかかえこんでいたのである。前者は尊王攘夷主義・尽忠報国の大義をもって出発した剣客集団で、幕府が大政を奉還した以上、新政府に敵対する理由を自己納得させられない可能性を戦争開始時から内包している集団であった。新整組も「新徴組はその内部には反幕運動に加担する者もいるが、我々はそうではない㉑」と新徴組との差別化を図るにせよ、「幕朝両立」主義をもって団結する集団であり、しかも前年一〇月、統率者だった小林登之助を庄内藩士たちによって殺害されているのである。誰がそれを使嗾《しそう》したのか。当然、新整組の内部にはこの疑念が渦巻いていたはずである。

新政府軍に敵対して戦闘すべきではないと公然と藩方針を批判し、四月から九月まで鶴が岡町奉行所獄舎に投ぜられるのが椿佐一郎《つばきさいちろう》、上京浪士組の一人で、下総国香取郡植房《うえぼう》村百姓佐七次男、浪士組大幹部村上俊五郎の養子㉒になっていた剣客であった。

また庄内藩軍事指導部は、新整組の動向にも注意を払いつづけていた。特に警戒するのが新整組取締役中田良吉と同役小林幡郎の二人であった。このうち中田は慶応二年五月、大砲組総代三名の一人㉓となって、庄内藩預りではなく幕府直参《じきさん》を出願した剣客である。

藩当局の両集団への警戒は、戊辰戦争終了時には、さらなる動きを示さなかった。滅藩・転封の危機が明治二年まで庄内藩を覆いつづけていたからである。しかし明治三年に入り、薩藩の軍事体制に倣い、強力に団結した庄内藩軍事体制を確立しなければならないとの決意を具体化できる段階に入ると、事は動き出した。

明治三年三月二一日、新整組取締役中田良吉・小林幡郎の両名は、「不審の廉《かど》有之」との罪名をもって禁錮を申し付けられ、小林は新整組取扱役細井金右衛門宅において割腹させられ、中田は糾問もないまま投獄されつづけることとなった㉔。

他方、新徴組の椿佐一郎は三月一八日、「弁事官より御召出に付、急速出府可致」との藩指令によって出宅したまま消息不明となった[25]。どこかで謀殺されてしまったのである。また佐一郎の同志と見なされていた天野静一郎(旗本家来の子息、文久三年より新徴組隊士)は東京警備のため上京する二〇名の中に加わり、明治三年七月に東京に赴くが、そこで「商家をゆすった」との罪を着せられて帰国を命じられ切腹させられる[26]。

新徴組・新整組の面々は、この不可解な処分と事件をどのように感じたのか。

明治四年七月一四日、廃藩によって忠誠を尽くすべき藩主は存在しなくなり、藩軍事力として存在意義をもたされていた戦闘者サムライの必要性は消滅した。薩長土肥以外のいかなる藩の同意もなく断行された廃藩によって、今後どのように身の振り方をとるべきか、数十万の士族全員が問われることとなったのである。

大規模な開墾事業

ただし庄内藩の場合には、鹿児島県を見習い、これまでの軍事体制を崩すことなく、君臣一体・主従の義を堅持しつづけ、大々的な開墾事業を庄内士族全員が遂行することによって、士族に資産をつくりつつ、廃藩後の統一国家に寄与しつづけようとするのであった。

この庄内士族の決意なるものは、廃藩直後の八月、東京の都筑《つづき》十蔵部隊の左のごとき起請文によって明らかとなる。

私共一統、御時体奉恐察候、今度万一御解兵相成候共、一隊同心御奉公申上候場合と決心罷在《まかりあり》候。若《もし》前文に相反候者於有之《これあるにおいて》は、如《い》何《か》成《なる》曲事も不苦《くるしからず》候、仍《よっ》て起証文如件[27]。

この東京部隊の起請文をもっての団結誓約を皮切りに、明治五年春、忠篤の訓戒を受けて士族三千余名をもって「三十四組」を編成し、神前にて同種の誓約を結び[28]、庄内の官有未開墾地払下げを酒田県から受けることとなる。新徴組も明治五年春、同様の誓約(「血盟」と呼ばれる)を金峰山《きんぷせん》神社の神前においておこなうことを命じられ、それに応じざるを得なくなった。新整組も同様のことを誓わされたはずである。

酒田県士族による開墾事業は明治五年四月、三六〇名の士族による伊勢横内《いせよこうち》・斎藤河原・赤川の三カ村河原地一〇町歩(庄内城下町郊外の地)の開墾から開始した。この四月より二二七町歩の広大な後田《うしろだ》林の開墾が計画・準備され、三千有余の士族による本格的な開墾が展開されるのが明治五年八月、後田林の中の経塚山《きょうづかやま》を「松が岡」と命名するのが「老公」酒井忠発で、九月二五日のことである。一〇月に松が岡開墾に目処がつくや、第三次として高寺・馬渡・黒川にまたがる二〇〇町歩の丘陵開墾が始められる。

この大々的な全士族を動員しての開墾事業には、県費が惜しげもなく投入されると共に[29]、県下農民の夫役動員も大々的におこなわれることとなった。旧藩時代とほとんど変わりない封建的なやり方で士族授産事業としての開墾が進行し、前述のように一〇月には予定地のうち一〇六町歩の開墾が一応完成するのである。

新徴組隊士の脱走者

しかしながら、旧庄内藩士であった者でさえ、貧窮者はその日の生活のため商いをせざるを得ず、士族の体面上商いよろしからずとの制約自体が苦痛となっており、手当を支給されるとはいえ、しぶしぶの者も多数おり、まして旧幕以来酒井家代々譜代・恩顧のサムライでもなかった新徴組・新整組の面々にとっては、廃藩後酒田県貫属士族から出身地への貫属替えを望む者が日を追うにつれて増加するのも至極当然のこととなった。このような理不尽に堪えられず、新徴組隊士稲田隼雄と尾崎恭蔵は明治五年七月、鶴が岡より脱走、上京しようとするが、庄内士族との一体化を志す新徴組隊士たちに追跡され、稲田は山寺（＝立石寺）近辺で追捕《ついぶ》の者たちと渡り合い、相手方に重軽傷を負わせた上で自害、尾崎はそこより引き戻され、梵字川辺において自害させられた㉚。

明治五年一一月に入ってからのことか、「老公」酒井忠発が新徴組の開墾従事も含めての今までの勤労を褒め、「旧士族家に申付る」と直言をもって新徴組隊士に申し渡した。その後で隊士宅にて参集・酒宴の折、桂田寛吾が「老公」の申し渡しがあったが自分は「何事によらず御布告に基き相勤申度」と発言し、庄内士族と一体化を志す隊士萩谷弥太郎と山口昇兵衛は桂田の発言に激怒、「兼て血盟、且《かつ》同士申合の切磋に相背《あいそむくこと》にて心得違ひ、捨置《すておき》難き次第」と難詰・問責し、ついに桂田を一一月二日、切腹に追い込むのであった㉛。

新整組隊士たちを特に怒らせたのは、明治三年三月二一日、捕縛、その後投獄されつづけた中田良吉の明治六年三月直前の非業の死であった。何らの糾問もないまま投獄されていた中田は毒殺を恐れ、飲食に細心の注意を払いつづけていた。長らく待ち望んでいた出獄の沙汰を聞き大喜びしたまでは甥の今井存信が知っていたが、その死に方が尋常のものでなかったことに今井は憤激する。付添い二人の申し立てによれば、案内中、中田は禅中橋の中ほどに差し掛かったところ、自ら川中に飛び込んだというのである。

今井はこの申し立ては虚偽だと、以下の諸点から論証する。第一に出獄時、中田は手錠をかけられたこと、第二に中田にとって投身自殺する理由が全く存在しないこと、第三に暮時に出獄させ、しかも夜中まで移動させなかったこと、第四に帰宅させる道筋とは全く異なり、しかも人の往来のない道を通らせたこと、第五に風聞によれば何者かが後ろより中田の頭を打ち砕いて川中に投げ入れたとのこと、以上をもってすれば、中田の尊王の志を憎み、明らかに不審の廉ありとの口実をもって投獄、何らの糾問もせず「囚獄死」を待っていたが、それが不可能となったので、「一向尋常の死とは難心得《こころえがたく》」、謀殺されたに違いない、というのである。元大砲組のリーダー三名を殺害された隊士の怒りも尋常のものではなかった(32)。

3　司法省酒田出張裁判所の政府寄り判決

君臣一体の態勢下、軍事編成を維持したままの庄内士族全員の大規模な開墾事業への動員、反対する者には「血盟」違反をもって自決強要か逃亡者殺害かの圧力の中で動きをとれなくされた新徴組・新整組両者の鬱積しつづけてきた憤懣をついに爆発させるきっかけとなったのは、事の流れからすると、おそらく中田良吉謀殺事件であった。新整組の今井存信・富田安敬・宮田持一の三名が、意を決し訴願のため脱走・上京するのが明治六年三月六日のことであったが、彼らが書き残した嘆願書草案の趣旨は、第一に小林幡郎切腹・中田良吉投獄の件、第二に開墾事業強制の件、第三に酒田県士卒・人民との交流を県庁が抑圧した件、第四に役所において書状開封の件、第五に恣意的な戸籍編成の件と、冒頭に小林・中田の一件を据えているのである。そして司法省酒田出張裁判所に提出した同年八月付の今井の説明書きは、叔父中田良吉の死因不審についてであり、八月一一日付、富田安敬説明書きには「開墾に駆役する事」と題されているのである(33)。

今井ら三名は庄内を脱走する際、酒田県士族金井《かない》質直《ただなお》(通称与四郎)にこの嘆願書草案写しと共に二通の別紙を送っていた[34]。第一通は次のごとき酒田県庁宛て捨訴《すてそ》写しである。「私共儀、戊辰春旧庄内え罷下《まかりくだ》り、御一新以来僻陬《へきすう》に屈居仕、勤王憂国の素志貫徹仕度、且《かつ》草莽の私共屢《しばしば》存附候願も御座候とも、一に壅閉《ようへい》致され、甚《はなはだし》きは斬害を蒙り候て、不得止事《やむをえざる》、当月六日夜、左の願書相認《あいしたため》、同寮え差置、出発仕候は脱籍同様の次第、深奉恐縮候、何卒御察奉願候」。

第二通は左のごとき司法省宛て出訴説明書き写しである。「御維新来酒田県管内士卒幷《ならびに》市在え触達の件々且《かつ》郡県の制被仰出后、廃藩置県前後、人民追々不平を抱き候始末、悉《ことごとく》手扣所持仕候得共、数カ条に付短楮《たんちょ》に難尽、逐日言上仕度奉存候。旧知事親戚酒井正太郎・金井義郎を始め其他憂国の者建言仕度素心に御座候。已《すで》に即今旧藩士の情体二三派に離れ、容易に出府も仕兼、押て出京仕候もの、道路を支《つかえ》られ、甚きは暗殺の憂有之。勿論朝命を以て被召出候義、格別可相成義に御座候はば、至急厳重の御沙汰を以て被召出候様、兼々《かねがね》右両人私共え申含候儀に御座候」。

右の説明書きにある金井義郎は質直の通称与四郎の表記で、質直はこれら諸文書写しを添え、三月一九日付で参事松平親懐宛てに、この三名に「面談・弁別仕度、且《かつ》建言仕筋も有之候間、旁《かたがた》今日爰《ここ》元《もと》出立、東京え罷登申候」と届け出、同日急遽出県する。今井らは必死に中田良吉の出獄に奔走する中で、反主流派の金井質直(父の金井男四郎允文は四〇〇石取りの庄内藩大身《たいしん》であった)と関係を結んだはずである。金井も、自派の中の糾問なく投獄されているメンバーが放免となるよう運動しつづけていたのである。

三月六日の今井ら三名の決死の出訴行動は、主流派が固める酒田県庁を動揺させることとなった。

主流派当局は、廃藩後の太政官諸布告を抑留しつづけ、明治五年五月六日になって、ようやく五三条もの布告を一挙に県下に達したのだが、移住を希望するも県が妨げる場合には、越訴とされることなく司法省裁判所に直接訴訟すべし、との明治六年二月二五日、司法省布告第二三号を、「この布告には従わないように」との申し渡しを付けた上で通達するのが三月中旬のことなのである㉟。

こうなると新整組のみならず新徴組の面々も酒田県士族の妨害・捕縛の圧力に抗し、続々と脱県・上京して貫属替えの申請をおこなうこととなった。六月下旬には上京・出訴する者は両組合わせて八七名㊱の多きにのぼったのである。

司法省裁判所が受理したのは三月付の今井ほか二名の訴状以外に、新徴組隊士の貫属替え願いとこれまでの新徴組隊士殺害関与者告発状、そして五月七日付、金井質直ほか二八名（金井を除く全員が新整組隊士）連名訴状となったが、五月七日付の訴訟一〇カ条は新整組・新徴組にかかわる諸件と共に酒田県反主流派士族の県庁主流派（＝「姦族」）批判が鋭く表明されるものとなった。「人を追殺する事」「他人の書状を開封する事」は両組に係る案件、「獄囚罪を明にせざる事」は反主流派被投獄者にもかかわる案件だが、「御布達速に宣達せざる事」「金穀出納を私する事」「予奪の権を専にする事」「民、用金に苦む事」「党を結び盟を要する事」「常備隊兵を組と称し、其実故《そのじつもと》の如き事」「強て開墾に駆役する事」は金井質直ら反主流派の面々も強く不満とするところだったのである。

庄内藩反主流派の怒り

金井質直の特に不満とするところは、酒田県当局の恣意的な与奪行政と差別行政であった。彼は廃藩後の明治四年八月二八日、東京の君前において菅善太右衛門には本高六七石を賜り、三〇〇石としたこと、加藤源五右衛門には一六石加増、ほかに御用処役料一八石を賜り二〇〇石にしたことなど、幕末より君側に仕え、戊辰戦争以来庄内藩主流派となっている人々への不公平な好遇、それにかわって同年同月二四日、減石された一五名の旧藩士への冷遇を、廃藩になった以上、我々は朝廷士族となったのであり、旧藩時の功績をもって賞与することは不当・不法だと非難する。一〇カ条中「与奪の権」への説明書き付けの中で質直は、自分も明治五年八月に隠居を出願、長男義直に家督を譲ろうとしたが、今(明治六年五月現在)もって何の沙汰もない、しかも自分は万延元年以来西蝦夷地に勤務し、慶応元年には同地責任者(郡代)となり、慶応四年二月(この月には蝦夷地副奉行)蝦夷地総引き揚げに際し、「万端厚心を尽」くした功績により役料五〇石を賜り、四五〇石高になっていたにもかかわらず、無功績なので相続に際しては役料を本高に加えないとの詮義の由、自分には役料が加算されず、他方で林祐右衛門病死の際には役料を本高に込めて与えたとのこと、「定て勤労有者に候半、乍《さりながら》去従朝廷被賜候定禄を私に取扱の様に相考候」と怒りをあらわにするのであった[37]。

司法省裁判所は当初法廷を東京で開くつもりであり、新徴組から殺害関与者として告発された赤沢源弥ほか六名の召喚状が酒田県宛てに発せられ、赤沢以下が酒田を出立するのが五月下旬のこととなった[38]。

在京酒田県責任者菅権参事は、容易ならざる事態になったと憂慮し西郷隆盛に相談、その結果、酒田県当局側に有利となるよう、酒田に司法省出張裁判所を設置し、同所で貫属替え以下の諸事案が審査されることとなった。赤沢らが酒田に戻るのが八月一五日、出訴新徴組隊士たちが酒田に戻るのが七月二〇日前後、新整組の面々が金井質直宅に寄留するのが七月一九—二〇日のこととなる[39]。

西郷の庄内士族全面支援

留守政府筆頭参議西郷隆盛は、酒田県の部隊編成をもっての士族開墾事業を全面的に支持・応援する姿勢をとり、そして閣議で言行を一致させたことは、明治六年五月二九日付の参事松平親懐宛ての左の書状(40)からよくうかがえる。

此節鹿児島県下の者動揺致候節(41)も大泉県（ママ）の者相加候儀も無之、勿論士卒族のものを開拓に振向、人々其力にハミ〔食み〕候様仕掛候始末、其他県治の次第、鹿児島県に比較致候て、何《いず》れか甲乙可有之哉。此に至り候ては実に鹿児島県の者恥入候次第に御坐候。右等の処、畢竟役人の振ハマリ、心力を尽し候訳を以て、県の事業も如斯挙り候儀に御坐候へば、御賞美も可有之場合、却て嫌疑を蒙り候仕合、何か別に御不審筋有之候事か、論じ詰候処、全く承込候処、間違を生じ候に付、此儀は決して取止可申との事に御坐候。ヨキ序に御坐候故、開拓の一条に付、盟を立候儀を解放し候儀、大蔵省より内諭有之たる趣に御坐候得共、畢竟開拓の儀は大業の事に候へば、最初に能々《よくよく》相堅め置不申候ては、半途にして必怠惰を生じ成就難致候に付、同心協力の基を堅めんが為に神前に於て相盟候儀、当然の事に候間、如何様御疑惑を蒙り候共、決して可驚訳に無之、若や此業不相成候ては、却て県内の恥辱に候間、今一層人心を堅候方可宜《よろしかるべし》。此儀に於て難事相起り候はば、私引受可致旨相答置次第。

右のように西郷の国家構想には、在地に根づいた軍事力を有する士族集団なるものの必要性が確固として内在していたのである。

出張裁判所の判決

司法省酒田出張裁判所が審査を始めるのが七月二三日で、主として貫属替えと新徴組士殺害事件に関してであった。

藩が廃された以上、幕末期に庄内藩に付属させられた庄内以外出身の新徴組・新整組の面々を、主従関係を楯にとって移住希望を阻止する行為は太政官政府として認めることは不可能であった。貫属替えの審査は明治六年七月から出張裁判所で開始され、一一月から許可されはじめていく。新徴組の場合、戊辰戦争直後の段階で新徴組隊士にとどまっていた者が一四一名、そのうち庄内藩士と一心同体となって明治八年段階で鶴が岡に依然として居住している者三九名、他の者たちとその家族は貫属替えを認められて、他の府県に移住している。新整組の場合、戊辰戦争直後の段階で新整組隊士にとどまっていた者が一一一名、そのうち庄内藩士と一心同体となって明治一〇年段階で鶴が岡に依然として居住している者四名、他の者たちとその家族は貫属替えを認められて他の府県に移住している(42)。

次に「人を迫殺する事」に係って判決を下された者は、桂田寛吾に自刃を命じたとされた萩谷弥太郎(隊士)が禁獄(ただしゆるやかなもの)二カ年半、桂田の自刃を止めなかったとして、新徴組取扱役頭取白井為右衛門(庄内藩士)、取扱役赤沢源弥(庄内藩士)・山崎繁弥(庄内藩士)・和田東蔵(庄内藩士)・肝《き》煎《いり》役中川一(隊士)・仁科理右衛門(隊士)・石原束(隊士)・喜瀬英士(隊士)・千葉弥一郎(隊士)・玉城織衛(隊士)・中村又太郎(隊士)一一名は禁獄九〇日を申し渡された。

天野静一郎の自刃に係って判決を下された者は、介錯《かいしゃく》に関係したとして長屋玄蔵(隊士)・内田柳松(隊士)・山口昇兵衛(隊士)が禁獄二カ年、長沢松弥(隊士)・柴田雄蔵(隊士)・新井壮蔵(隊士)が禁獄一カ年を申し渡された(43)。

しかしながら司法省酒田出張裁判所の審査・判決はここまででピタリと止められた。酒田に出張裁判所を設置すること自体、西郷隆盛と酒田県官との相談の結果であり、出張してきた判事長早川景矩

（熊本県士族）・検事川崎強八（鹿児島県士族）・検部藤島正健《ふじしままさたけ》（熊本県士族）は、千葉弥一郎の言うところでは三名共はっきりとした「西郷党」だったのである。[44] 金井質直ほか二八名の告訴状一〇カ条に関しては、すべての論点に関して酒田県から弁明書を提出させ、右に挙げた二事案以外は、すべて酒田県弁明の方を採用したのだった。例えば、廃藩以降の旧主御前での石高の加増と同時期の減石措置の違法性については、「県庁にて藩の節の伺済の事と申候へば、年月後《おく》れ候共、左様の事は無之筈と難申《もうしがたし》」と金井らの訴えを却下するし、「獄囚罪を明にせざる事」との訴えについては「〔照井〕三弥罪無きは明白の上放免に相成候事。掛役人夫々《それぞれ》進退伺は致候儀なれば御処置候儀にあるべく」と、罪状如何に関し何らの追及もしないまま、金井らの訴えを却下する。しかしながら、照井は明治三年四月三日「不宜事《よろしからざること》に携候趣相聞、如何の儀に付親類への厳重被預被仰付候」との処分を受けたまま、何らの尋問もなされずに禁錮されつづけ、出張裁判所開設の通知を受けた直後の明治六年七月三〇日、ようやく放免となったのである。

血盟開墾の内的矛盾

さらに今回出訴の原点となった、全士族を動員しての開墾事業完遂のための「血盟」一件に関しては、「開墾は元より当今の御急務に可被為有《あらせらるべく》と奉存候」と説諭、「血盟」をもって全士族を「開墾駆役する事」の是非については何ら判断を下さなかった。この説諭に対し、訴願者富田安敬は次のように抗弁の上、やむなく訴えを取り消さざるを得なくなった。

開墾不仕候迚《とて》、御報国の道に悖《もと》り候者にも有之間敷《それあるまじく》、人心如面、夫々《それぞれ》所志の同意可強《しゆべき》にあらず。又至《し》貧《ひん》にして朝暮の暮しを営候体の者は、此開墾に役せられて迷惑する者も可有之。去らば迚、是を拒断するの気力も無之、如此者《かくのごときもの》は当県の情実にして、事に形するの証も別に無之。只《ただ》願くは下情御了察、安堵仕候様被成下度奉存候。乍去《さりながら》是と申確証も無之上は、御取扱難被成下《なしくだされがたき》趣に候上は、無余儀仕合に付、右箇条御取消被成下度、此段一同相談の上奉願候也㊺。

このようにして明治七年四月二日の最後の断獄の後、出張裁判所は引き揚げられた。貫属替えが認められた新徴組・新整組の面々を除き、訴えた者たちとその支援者たちは満腔の不満を抱いたままとなった。殺害・自刃にかかわった者たちへのあまりの軽微な判決、酒田県政の旧藩体質のほぼ完全なる是認と追認は早川判事長への強烈な反発心・忌避感を生み出すこととなった。訴願運動の中心人物となった酒田県士族反主流派リーダーの金井質直と、その病弱な兄を補佐する本多允釐《ほんだいんり》は、断固闘争を継続する決意をここに固めるのである。

ただし、この「血盟開墾」事件の顛末を酒田県だけの問題として考えるべきではないだろう。明治六年一〇月二四日、太政官征韓論大分裂からは全国の士族たちがどのように動くのか、岩倉・大久保政権としては一瞬も目を離せない政治危機に直面し、特に西郷ら薩摩武人派との密接な関係にあった庄内士族の動向が一つの焦点となってきたのである。全国的に見ても明治七年二月には佐賀の乱が勃発、士族の不満を外に転換させるための台湾出兵決定もこの二月初旬のことで、一月一四日、太政大臣三条実美《さねとみ》の名をもって庄内士族の大開墾事業への慰労金三〇〇〇円が酒田県に下されるのもこの目配りの表れであった㊻。このような時期に庄内士族の反発を惹起させることは絶対に得策ではないとの全国的視野が深くかかわっての出張裁判所の判決でもあったのである。

大蔵卿大隈重信《おおくましげのぶ》の命によって東北地方視察に派遣された土佐出身の大蔵省五等出仕大江卓《おおえたく》は、その四月一〇日付報告書の中で、酒田県の政治は「只一の酒井家にあるを知て朝廷あるを知らざるに似たり」、松平親懐・菅実秀らは西郷隆盛はじめ旧薩摩藩士族との親交をいよいよ強める姿勢をとっており、旧藩軍事力の強さを自負し旧藩兵を解散することなく、後田林等の開墾に従事させているとの事態を指摘するのである。(47)

ただし、君臣一体・主従の義固持を柱に庄内士族の志気を維持しつづけようとする親懐・実秀以下の「御家中組」にとって、これまで万事後ろ楯となり酒田県政への太政官政府介入を完璧に防御してくれていた西郷隆盛が下野、非薩摩武人派政府となってしまった今の段階で、今後の県政をいかに進めていくのかとの難問に直面する。明治七年一月、酒井了恒・栗田元輔（近習頭取《きんじゅ》）・伊藤孝継（忠篤近習）の庄内士族三名が鹿児島に赴き、西郷に征韓論分裂の真実を問い質すのはその模索の一つの表れなのである。(48)

4　石代納要求運動と酒田県庁の弾圧

司法省酒田出張裁判所の審理と判決は、貫属替えの訴え以外、ほとんど成果がなかったように見えるが、決してそうではなかった。旧藩時代の君臣一体体制と百姓抑圧・搾取制度とを維持したまま、士族の軍隊編成の維持と士族開墾による士族授産・自活の途を切り開こうとする庄内士族の試みは、この「血盟開墾」事業への中央政府の介入によって大きな風穴があけられることとなった。西郷の盟友大山綱良を県令にいただく鹿児島県は、県官のほとんどを鹿児島県士族で固め、かつ県政への政府の介入を許さず、利用可能な太政官政府の法令・布達は県下に達し実行に移すにしろ、都合の悪い法令・布達は握り潰し、他方で本来それに抗弁・抗議・闘争すべき農民階級は、同県では士族階級に対し極めて劣位の経済的・社会的・精神的立場に置かれていた。

他方、酒田県は、太政官政府の法令・布達をいつまでも握り潰すことは不可能であった。司法省裁判所が、移住の抑圧は明白な法令違反であるとの訴えを受理したからこそ、酒田県庁所在地に出張してきたのである。酒田県庁が秘匿しようとした明治五年一一月二八日発令司法省布告第二三号「地方人民出訴の条」が少なくとも新徴組・新整組の貫属替えを実現させたのであれば、明治五年八月一二日発令太政官布告第二二二号によって認められた、雑税も含めた田畑貢租米の金納化法令がなぜ酒田県庁によって県下に布達されないまま依然として米納を強制されているのか、当然県下農民にとっての疑惑となり、法令を楯にとっての金納出願となってくる。蟻の穴ほどの風穴が農民階級の要求によって拡大されかねない。

しかしながら酒田県庁はこの要求こそは絶対に峻拒しなければならない問題だったが故に、これまで布達してこなかった法令だったのである。農民からは必ず年貢を米納させ、国には一〇月一日より一一月一五日間の地払い石代《こくだい》相場㊾の代金をもって納税する、しかしながら米価は当然のこと翌年春に最も高値となる、その巨額の差を県は県収入として県財政に組み入れ、今後もこの仕組みを継続しようとしていたからなのである。

しかも鹿児島県産米は全く全国市場に乗ることのない品質のものであったが、庄内米は酒田港を介し、北前廻船により全国市場に出回る極上の良質米で、この年貢米売却は庄内藩時代から第二次酒田県期に至るまで、藩庁・県庁と結んだ鶴が岡・酒田の一部豪商たちに独占的に請け負わせていたのである。

石代納嘆願運動を開始したのは、田川郡[50]櫛引通《くしびきどおり》嶋組片貝村鈴木弥右衛門であった。彼は明治九年段階で田方一町二畝を所持し、村では上層農民であり、自家産米のほかに年間四〇俵の米を酒造米として買い入れ、酒造をおこなっていた。また自己の年貢米のほか、居村及び近郷の農民四六人から七六〇俵ほどの年貢米納入をも請け負っていたのである。[51] この八〇〇俵を米納するのと石代相場をもって金納するのでは極めて多額の差が出ることも、地払い相場をも知悉している以上、鈴木弥右衛門としてはなんとしても石代納での納税をおこないたかったのである。しかるに組々戸長より明治六年一二月の日付をもって左の願書案文[52]が示される。

――通壬申収納米代金上納願の通被御申付、上納無滞相済候付、当癸酉収納米之儀、米納仕候上、石代上納引受之儀は――相願候間、不苦候はば、石代直段被御申付次第、御規則之通、同人より上納金御引替、米札御渡被成下候様奉願候也

第六年十二月　　誰々

酒田県出納局御中

本多允釐にしろ、その実兄金井質直にしろ、明治六年五月段階の司法省裁判所に出訴した段階では、この酒田県石代納拒絶問題の重大性を認識していたわけではなかった。告発一〇カ条中「民用金に苦しむ事」は後田《うしろだ》林開墾への強制的用金調達のことを問題としており、「金穀出納を私する事」は酒田県庁による庄内士族への恣意的な加増・減石措置を指摘するだけであった。それが訴訟のごく一部の勝利によって石代納許可の布告も秘匿されつづけていることに気がつき、石代納を実現したいとの富

農鈴木弥右衛門からの必死の相談が反主流派士族金井兄弟の再決起を促すことになったのである。ここに酒田県での農民階級と県庁反主流派の結合が動き出す。

庄内農民の石代納出訴

本多允釐の石代納嘆願書草案をもとに、明治七年一月下旬、鈴木弥右衛門が戸長伊藤義三郎（旧嶋組大庄屋）に石代納を出願するも、田方年貢米の金納は認めがたいとの返答で、二月二日に再願するも再度拒絶され、弥右衛門はやむなく允釐にまたまた相談、ここより県当局と允釐の数度の交渉となり、遂に弥右衛門は石代納拒絶方を指示する租税兼出納課少属の池田悌三郎（元櫛引通代官）並びに租税兼出納課十二等出仕の大瀬元治（元山浜通代官）の両名を相手取り、二月一二日酒田県に訴訟を起こすのである。[53]

県当局は年貢米未進を理由に弥右衛門居宅を三月二一日までに取り壊し、弥右衛門は捕縛を恐れて逃亡・潜伏せざるを得なくなった。

しかしながら石代納は年貢米を納めるすべての酒田県下農民の願望であり、鈴木弥右衛門が允釐の草案をもとに石代納嘆願を県庁におこなったとの噂はまたたくまに広く伝播し、鶴が岡近辺の淀川組村々は、石代納願いの連判状を佐藤八郎兵衛（田川郡山浜通淀川組大淀川村）と白幡五右衛門（同上、上清水村）宛てに明治七年二月中旬に差し出すなどの運動が展開していく。酒田県は断固として石代納要求運動を壊滅させるべく、運動の重立ちたちを続々と捕縛・投獄する。二月二二日には佐藤八郎兵衛、白幡五右衛門、斎藤甚助（田川郡櫛引通青竜寺組稲荷村）、五十嵐孫左衛門（田川郡山浜通淀川組下清水村）、富樫勘助（田川郡山浜通淀川組下山添村）の五名が、二四日には渡会重兵衛（田川郡櫛引通青竜寺組高坂村）が、二五日には斎藤作兵衛（斎藤甚助と同一村）が次々と捕らえられていった。[54]

捕縛された者のうち、佐藤八郎兵衛は持高三〇石、田方三町歩の富農、斎藤甚助は年貢米七〇俵、田方五町歩の富農で、石代納の要求が強烈な農民である。ただし白幡五右衛門は田畑はなく屋敷のみ所持の農民で魚の行商をして生計をたてている者、また富樫勘助も商いで暮らしており、この五右衛門と勘助はその世間の広さと人々との交流の深さが、封建的抑圧への強烈な反発心と結合して、石代納運動の組織者となるのである。

しかるに鈴木弥右衛門は、この弾圧に屈しなかった。県庁が訴願を取り上げないのなら太政官政府に直接訴える。出訴は県庁が添翰を発行するならば可能だとの噂を耳にして、敢えて五月一六日に添翰願いをするも、当然のこと梨のつぶてで、六月一五日まで待っても何の沙汰もなく、六月下旬に出国し、七月司法省に嘆願する。なお、弥右衛門の二月一二日県庁宛て出訴には代訴人として酒田県士族町野重成が付き添っていたが、町野が五月二二日、添翰願いを出したところ投獄されてしまった。この町野も七月、脱獄に成功して七月二五日に着京、翌二六日に司法省に出訴に及ぶのである。

淀川組は石代納願い総代人佐藤八郎兵衛と白幡五右衛門が投獄された直後にも石代納願書を戸長に差し出すが受理されず、同組は、この上は本多允釐に頼り、東京で出訴するほか手段はないと協議の上決定、允釐の再三の県庁への働きかけも功を奏さず、逆に允釐自身も投獄されることになると、山浜通・櫛引通三〇カ村の総代として、淀川組上清水村の前野仁助と板垣金蔵、櫛引通青竜寺組高坂村の石川文太郎と高山久左衛門の四名が三月一日に酒田を出立、三月二八日、四名の農民総代は内務卿木戸孝允に出願する。即ち、石代納法令が酒田県ではそれすら県下に布達しない上に、石代納願いを酒田県庁に提出した七名の者が投獄され、村々からの願書は戸長から返却されている、我々は弾圧を恐れ県庁には上京願いを提出したまま上京してきているが、何分の御示諭を請う、というものである。[55]

内務省は総代四名に対し、「添翰がない以上差し戻すが、追て何分の指令をおこなう」と返答、この返事を受けて総代たちは四月二〇日、東京を出立、五月二二日、酒田県庁に県庁添翰の下付を出願する。前述した潜伏中の鈴木弥右衛門の添翰願いの行動もこの風聞によってである。しかしながら県庁は応じるどころか、各村々で石代納出願で活動している面々を投獄していく。この事態を踏まえ総代四名は六月一〇日、再び県から上京、再度内務省に出訴するも、添翰がない以上却下するとの返事が戻ってくるだけであった。

越訴厳禁との矛盾

この越訴《おっそ》厳禁は、太政官政府の完全統制下に各府県が行政を展開しているとの建前からすれば、移動の自由を束縛するといった中央集権統一国家の大原則に府県が違反するといった例外以外はあくまで国家が人民に要求する法理ではあった。しかるに酒田県では石代納という租税大原則が未だに実施されておらず、農民との間に容易ならざる争いが拡大しつつあること、酒田県参事松平親懐の内務省宛て弁明が事実とそぐわないこと、石代納問題だけではなく大々的開墾事業は農民のみならず酒田県士族の中からも不満と反発を生み出していることなどを、内務省はこの間、詳細に把握していく。

全国的視野に立つ時、一方で台湾出兵により不平士族の鬱積する不満の空気を解消し、他方で五月二日の「議院憲法」と地方官会議の予定をもって民選議院設立要求に対応しようとしている現段階では、幸いに二―三月の佐賀の乱に続く士族反乱は目下防ぎ得ているものの、事態が急変するならば、軍事態勢を維持している庄内士族が反乱に呼応する可能性は十二分にある。ただし庄内士族抑圧ととられる政策は酒田県庁に対する農民運動を励ますことにしかならず、決して採るべきではない、このような判断[56]のもと内務少丞松平正直の酒田県派遣が決まるのは明治七年六月下旬で、着県するのが七月一六日のことである。

5　酒田県農民闘争 対 新県令三島通庸

松平内務少丞は、七月一六日に酒田県に着き、二四日に県を出立する。彼が措置したのは、第一に石代納願いで投獄されている者たちを出獄させること、第二に酒田県に石代納を認める旨を県下に布達させること、第三に既に太政官政府が布告した廃止すべき雑税種目のうちで酒田県がそれ以降も取り立てているものについては納入者に返還すべきこと、の三項目である。

ただし彼は、酒田県庁を追いつめるような発言と行動は決してとろうとはしなかった。石代納布達を県はおこなっていないのに、既に布達したと村役人から報告させているとの訴えに対しては、既に聞いていると受け答えするだけで、この不正を問題にはしなかった。廃止されるべき雑税の具体的名目についての松平少丞の説明は明瞭にはおこなわれず、その具体的説明を県役人に委ねるだけであった。さらに雑税のうちでも村入用にかかわる諸件は、県当局には関係しないので村役人と交渉せよとも指令する。

他方で彼は農民の運動と反主流派士族との結びつきを切断することを試み、農民たちに「当県士族金井質直・本多允釐は百姓のためにならない者であるから、以後近寄らないように」と説得するのであった[57]。

他方、松平内務少丞が酒田県に出張することを知らされた本多允釐や石代納嘆願のため上京し運動をおこなっていた農民たちもそれぞれ帰県する。ただし弟と共に上京、運動を背後で支援しつづけていた金井質直は弟に同行せず、この段階ではまだ東京に滞在している。

本多は帰県後、かくまでに村々の石代納要求が強烈であり、また石代納を国が酒田県に指示したのであれば、村々が加入する形態の石代会社を設立できないかとの構想を抱くようになり、七月二三日帰県直後に、既に石代納運動を支援していたと考えられる酒田商人森藤右衛門と本件について相談を進め、森の人脈も使っての石代会社のプランを作成し、八月初旬に会社加入を広く県下に呼びかけることとなった。石代会社設立発起人は本多允釐（士族）・栗原進徳（金井兄弟の一人、士族）・大友宗兵衛（隠居金井質直の嫡男義直がまだ若年なので、義直後見人となっていた人物。士族）・黒川友恭（士族）・森藤右衛門（商）・渡辺久右衛門（酒田港問屋総代）・松本清治（農）・海津宮吉（農）の面々であった。松本は飽海《あくみ》郡新田目《あらため》村、梅津は同郡宮の内村の人で、共に明治一二年には県会議員となる大地主である[58]。

この石代会社加入への勧誘を村々におこなうのが、二月に投獄され、ようやく出獄してきたばかりの佐藤八郎兵衛や白幡五右衛門であり、また自村の石代納願いを取り継いでくれた上清水村の者までが捕縛されてしまったため、その者の放免嘆願を上京中の本多允釐に依頼すべく、六月一〇日に平京《へいきょう》田《でん》村を出立、しかし内務省役人酒田県出張の報により七月一四日に帰村した佐藤七兵衛などであった。

右に述べた松平内務少丞の来県とその諸措置は、本多允釐・森藤右衛門らの石代会社結成、県下各村への加入呼びかけにつながり、酒田県下に未曽有の農民闘争を惹起することとなった。そしてそれを加速したのが、八月中旬の石代会社結成出願に対し、酒田県庁が規則のうち三カ条の削除を指示して願書を下げ戻したことであった。

全農民的大闘争の必然性

なぜ、全農民的大闘争となったのか。

第一に、石代納を認めざるを得なくなったのに、石代会社を許可しないということは、年貢を納入する農民すべてに不利益となる。

第二に、既に米納させられてきた明治五・六年二カ年分の納入者の損失分を下げ戻さなければならないのに、何ら県はその措置をとろうとしない。

第三に、既に廃止された雑税種目についても、明治五・六年分を下げ戻すべきである。しかも松平少丞の述べた廃止雑税種目と県役人が説明してくる種目が異なっている。

第四に、雑税・村入用取立てのうち、地券取り調べなど不正な徴集がおこなわれた疑惑があるのに、関係諸帳簿を小前《こまえ》（村役人ではない一般農民）に示さないのは不当、理由なく徴集した金銭については戸長（以前の大庄屋層がそのまま任命されていた）や村役人が弁償すべきである。

以上の諸要求がまとまった形で小前層から突きつけられる段階となってくると、地主・富農層だけでなく、村内貧農・小作、さらに田畑無所有農民までもまきこむ全県民的な反県庁運動に発展するのは当然のこととなった。鎮静化させるための少丞来県とその措置が、逆に収拾のつかない事態をつくり出してしまったのである。

九月一一日、在県して指揮を執る権参事菅実秀は内務卿に対し、左のごとく事態を報告する。

一、衆を頼んで戸長・肝煎《きもいり》（＝村役人）宅に押しかけ、諸帳簿の公開を要求、諸帳簿を見せると、上納済みの租税や払い済みの米金を即刻返すよう村役人に迫ってくる。

二、金井質直の家に同居している本多允釐を中心に、同家寄寓の酒田県士族三、四名、日々詰めている農民数名が「一官府の体裁」をなし、農民たちは「我らに金井県あり」と唱えて信頼し、酒田県庁を軽侮、戸長や村役人を敵とし、県告諭や県官説得を無視している。

三、今般の騒擾の魁首は本多允釐であり、彼を放置したままでの農民説諭は不可能なので、まず本多を逮捕した。農民については罪の重い者だけを処分すれば、間もなく鎮静するだろう。[59]

酒田県庁の弾圧

在京の県参事松平親懐は、県からの急報を得て、九月一四日、首謀貫属・農民への処置伺いを提出、九月一七日、太政官は臨機処分断行を許可するのである。

九月一一日、菅権参事は士族約一〇〇名に命じて金井宅を取り囲ませ、本多允釐・金井克一（親族）・従僕小久保政吉並びに元新整組隊士でその後金井兄弟のもとで運動を助けていた中村資祇と浦西利久、さらに同家に居合わせた農民三名を捕縛、同日栗原進徳の長男幹も呼び出して投獄するのである。

弟に遅れて九月一二日に帰県予定の金井質直は、この騒動により淀川組白山林《しらやまはやし》村（田川郡、鶴岡町西側の近村）にかくまわれ、捕縛をのがれた大友宗兵衛と面会、共に出訴することとし、平京田村の佐藤七兵衛や上清水村の加藤久作を同伴して一〇月三日着京、佐藤七兵衛や佐藤八郎兵衛など農民八名の名前をもって司法省と内務省に出願するも、全く取り上げられず、人相書きが出回っていると聞き、金井質直は一〇月九日、東京第五大区警視出張所に自首、翌一〇日に酒田県東京出張所に引き渡され、一一月二日、酒田県に護送されてしまうのである。

また一二月一〇日、佐藤七兵衛・加藤久作・佐藤八郎兵衛・大友宗兵衛ら出訴関係者二〇名は警視出張所に呼び出され、警視庁長官は願書を取り上げることにした、今般当庁の官員が酒田県に出張するので、二〇名を酒田まで召し連れ、道中の費用は官費とする、と申し渡され、一二月二五日東京を出立する。

他方、酒田県下では、捕縛者とりもどしのため酒田監獄襲撃の動きまで起こったものの、菅権参事の陣頭指揮のもとに各地に旧藩兵が出動、農民の動きを阻止し、また太政官指令を楯にとって各村々の運動指導者たちを続々と捕らえ収監していったため、一〇月には騒動は鎮静化した。

ただし、事態はこのままでは収拾不可能と痛感した内務省は、一一月に入り、以前から「御家中組」のトップとして農民や反主流派から批判されつづけてきた権大参事菅実秀を依願免官の形式をもって罷免、大蔵省では内偵の結果、菅だけではなく、参事松平親懐・七等出仕松宮長貴・大属和田光観（助弥）・九等出仕山岸貞文・中属田辺柔嘉（儀兵衛）・同春山安均（熊八郎）・同戸田務敏（治作）・少属池田賓（賓、悌三郎）・十二等出仕大瀬正山・権少属片桐敏有をも罷免して県政改革を断行しなければならないとの見解を抱いており[60]、一一―一二月、そのうち数名が罷免されるものの、松平参事の人事には手をつけなかった。庄内士族全体に影響を及ぼすことになるからである。罷免された菅実秀はこれ以降開墾事業から手を引くが、困窮士族授産事業の最大の功労者であり、また南洲（西郷隆盛）先生の思想を庄内において伝えた恩人として庄内士族大多数にその後ながらく尊崇されることとなる[61]。

そして内務省から、県令として三島通庸《みしまみちつね》とその属官（全員が鹿児島県士族）、並びに県情調査のため内務省六等出仕林茂平[62]（高知県士族）が派遣されるのである。

6 酒田商人森藤右衛門、闘争前面に屹立

石代会社発起人の一人である酒田商人森藤右衛門も、酒田県下全域での不穏な状況と、県庁と酒田県士族の強硬姿勢の対立が激化しつづけていることを踏まえ、九月二日ひそかに出郷し、仙台に潜伏しながら国元の大弾圧をつかみ、それへの対策を滞京中だと思っていた金井質直と協議すべく、九月一八日に着京するが、質直とその一行は一〇月三日、東京に到着し、森と質直の間で闘争の方向性の上で激論が闘わされるのだが意見は合致せず[63]、質直は前述のごとく一〇月九日自首、一二月二五日酒田県に引き渡される。両者がどこで対立・激論したのか史料がないので、次善の策として状況証拠から接近してみよう。

金井質直は明治六年三月、司法省に出訴、明治七年三月、おそらく弟本多允釐と共にか、あるいは少し遅れて上京し、兄弟共に内務・大蔵両省への農民総代の訴願に裏から協力する。形式的にはあくまで酒田県庁対農民との対立の姿をとっている。本多允釐は太政大臣三条実美に、なんとか太政官政府に県下の実情を知ってもらおうと努力しつづけ、関係書類一式を提出したのち、明治七年四月には実美に会ってほしいとの嘆願書を提出する[64]。当然面会は不可能、しかし六月にも同様の嘆願書を再提出し[65]、太政官政府の目を酒田県に向けさせるよう必死に努力しつづける。

反主流派の闘争論　金井兄弟は、我々の働きかけこそが遂に太政官政府を再び動かしたのだ、太政官政府への自分たちの訴えが、前年では司法省官員の、本年では農民総代の形の訴えが内務省高官の

酒田県への派遣を実現させたのだと判断したものと、著者は理解している。金井兄弟の七月と九月の帰県はその成果を見届けるものであり、そのためにこそ、政府出訴の条件となる県庁添翰要請を農民たちに努力させたのだった。太政官政府の大方針に真っ向から違反し敵対しつづける西郷信奉者士族たちで固める酒田県庁に対し、対立する西郷派を見事に排除した太政官政府を動かすことによってこの農民闘争を勝利させるのだ、との全体的理解が金井兄弟の構図で、この闘いはあくまで県庁対全農民の闘いであり、自分たち酒田県反主流派士族はこの闘いを背後から支援すべきものなのであった。この発想においては、明治七年一月一七日の民選議院設立建白のことも、他の府県では既に大きな課題となっていた地方官会議への府県人民の意見の反映のさせ方という事案をつきつけた五月二日の「議院憲法」のことも、その構図には何ら組み込まれてはいない。幕末期以来の封建領主・サムライ階級に対する全藩的百姓一揆の動きに、県庁主流派に対立する改革派サムライ集団が背後から関与しようとする運動論なのであり、太政官政府への強い期待感がその大前提となっていたのである。

この金井兄弟の立場は、激派農民との間にも意見の食い違いを引き起こすこととなる。

九月一二日、ひそかに再上京する金井質直は、この間農民闘争の中心で活躍しつづけてきた平京田村佐藤七兵衛と高坂村渡会重吉(一二月二四日に捕縛された重兵衛の長男)の二人と今後の闘争方針について相談し、二名の農民は、①東京及び山形県への大量出訴、②酒田県への出訴、③酒田監倉を破り指導者の奪回を提案、質直は①と③を拒み②のみに賛成[66]、そのための事前工作が内務・司法両省への農民総代による再度の出訴となったのである。質直は三度目の政府官員の酒田出張を狙ったと、著者は推測している。

その傍証になると著者が見ているのが、允釐の輿論への訴え方である。彼は『新聞雑誌』五月二八日付に投書する。「府下寄留酒田県本多允釐投書」との注記をつけられて彼が投書するのは、明治七年三月二八日の農民総代四名の内務省宛て訴状ではなく、兄金井質直ほか二八名による明治六年五月七日付の一〇カ条からなる酒田県当局者糾弾訴訟、そして六月六日付同紙に載るのが司法省酒田出張裁判所の早川司法権中判事宛てに允釐が明治六年八月に提出した、菅実秀・和田光観ら主流派を激しく非難し、彼らの虚偽の弁明に決して騙されてはならないとの忠告書なのである。

投書する相手は、この当時民権派新聞の看板を背負っていた『真事誌』ではなく、木戸派の新聞と見られていた『新聞雑誌』で、また石代納問題には一切言及せず、酒田県庁の県政がいかに太政官政府の方針に正面から対立しているかを印象づける、ニュースとしてはあまりに時期遅れのものであることに我々は注目しなければならない。しかし、これによって初めて「公論世界」に突入しはじめた日本全体は酒田県政の異常さを知ることになるのであった。

このあまりの時期遅れの新聞報道に目ざとく気がつくのが六月二五日付『報知』で、そこでは五月七日付訴状と、八月付の早川権中判事宛て允釐忠告書の両者が記事の中に組み込まれている。六月二三日から満を持して栗本鋤雲が編集者として新聞編集の前面に登場、紙面を一新して『報知』の立ち遅れを一日も早く取り戻し、『真事誌』を追いぬきたいと意気込んでいた矢先なのである。いったん動き出した『報知』の情報アンテナにかかり六月二九日付に報じられるのが、明治七年三―四月に結了した司法省酒田出張裁判所において下された判決となる。

森藤右衛門の登場

次に森藤右衛門の立場を、これまた状況証拠から接近・推測してみよう。

第一に、彼は不平士族ではなく、酒田三十六人衆の一人であり、第一次山形県時代の明治四年一〇月に酒田町第三区副戸長に任命された商人[67]で、士族間の人間関係とその複雑な利害対立からは自由の身であった。

第二に、彼が石代会社に引き入れた渡辺久右衛門は明治五年、酒田県により地払米《じばらいまい》御用達からはずされたことにより反県庁側に回ったように[68]、森は石代納問題をめぐっては、県庁と結託する一部の特権商人以外の県下豪商並びに豪農・富農全体の利害に深くかかわっている重要な経済問題であることをよく理解していた。庄内藩と酒田県は、一般農民のみならず豪農・富農・豪商層の利害までも全く反映されないほど、士族階級の農民支配が強靱な土地柄だったのである。

第三に、彼自身、県下豪農の意識とその気持ちをよく理解しうる社会的立場にいた。彼の妻の実家は田川郡羽黒山《はぐろさん》の麓手向《とうげ》村の芳賀七右衛門家、明治一八年現在、地価二万四六四八円の大地主の家である[69]。また明治七年九月二日に出県・上京する彼を支援するのは、石代会社発起人の一人となった飽《あく》海《み》郡新田目村松本清治(明治一八年現在、地価三一九六円の地主)、並びに同郡上蕨岡《かみわらびおか》村鳥海時雨郎(明治一八年現在地価六三八一円の地主)であり、森の長期の滞京行動は飽海郡豪農層の共鳴と支援が与っていたのである[70]。

第四に、彼は庄内藩の酒田町人として庄内士族の戦闘力の卓越さとその指揮・統制の見事さ、明治初年のたび重なる農民の訴願・強訴運動がことごとく庄内藩・第二次酒田県軍事力によって潰されてきたことを知悉・体験していた。金井兄弟を中心とする反主流派が存在するとはいえ、その力量は極めて微弱なものにとどまっており、松平親懐・菅実秀を中心とする「御家中」派に対抗することは全く不可能なもとで、酒田県庁に直接対決する全農民階級という構図だけでは、事態を変革することはリアルに見て不可能、しかも強訴《ごうそ》や百姓一揆の形だけをもっての闘争は、県庁のみならず国家権力を敵とすることになり、犠牲の拡大だけとなるだろう。農民階級のエネルギーは別の形で有効に発現させなければならない、と考えていた。

政府部内の矛盾を突け

第五に、国に対する様々な訴えでは、差し障りを生むだろうとの判断から、用心して民選議院建白や地方民会に関しての直接的言及は見られないものの、訴えの中に明治五年一〇月二日の芸娼妓解放・人身売買厳禁布達を酒田県は未だ布達せず、今日に至るまで彼女らが県下では解放されていないことを指摘しているように、封建的束縛に対峙する人民の自主自立思想、自由民権思想が森藤右衛門には存在していることが明らかである。有司専制政府に対峙する自由民権の立場に立つかぎり、県庁添翰所持を大原則として農民たちの訴えを排斥する太政官政府に全面的信頼を置くことは不可能であり、国家構造の中にあるはずの矛盾と弱点を突きつづける中で、政府内部で利用可能な部位を探り当てなければならない。

第六に、このためにも当該問題を広く日本社会全体に周知させ、不法・不当で国家方針にも背反する酒田県政への全国的な批判的輿論を形成していかなければならない。これが捕縛者解放の前提となる。以上のように状況証拠からの、森の立ち位置は推定できるだろう。森の立場は士族民権とは全くかかわりをもたない、平民民権の典型なのである。

森は政府官僚を出張させるための司法省や内務省への訴願行動に参加はせずに、広くこの明々白々の酒田県の不法・不当行為を日本社会に訴えるべく、左院への建白という手段を採るのである。

一〇月五日付建白[71]においては、①司法省裁判所酒田出張所での判決は「只《ただ》其葉を摘んで未だ其幹を断ざるゆえ、其弊遂に止まず」、②廃藩置県後雑税（＝浮役）のうち、国に廃止されたものが県では未だなくならず、「莫太《ばくだい》の米穀を其儘収取」「人民大に官吏を疑う、去ぬる五年の春、羽後国飽海郡の農民浮役米廃止せられ度趣悃願に及ぶと雖も、啻《ただ》に願の不成《ならざる》のみならず、却て罰せられて今に懲役す」、③石代納の布告を県官は布達せず、出願して捕縛禁獄に処せられた者十数人、農民たちが本多允釐に浮役米廃止と石代納実現方を依頼し、允釐が官吏に懇願するも許可されず、允釐「憤発上京」、内務省にこの「不体裁」を上申したので、七月松平少丞が酒田県に派出され、石代納の専断を止め、入牢の人民を放免した、④ただし酒田県庁は急遽村吏に強談、石代納の布達のあった請書《うけしょ》を作成して少丞に提出、人民憤懣に堪えず、別紙の確証をもって上申したが、その事実は少丞はじめ承知のこと故、今さら取り上げるに及ばずと、証書はただちに下し戻さるるも、未だ何らの処分もない、⑤浮役米のうち「納否明弁」の指令を少丞に懇願、正租のほか浮役米・村入用の類は県官の適宜または村吏の見込みをもって取り立てたもの故、村吏に掛け合い、村吏が不都合と答えれば参事に自訴するべし、なおも「不落意」のことがあれば司法省に出訴せよとの指令があったが、村吏どもが拒んだのでついに「鼎沸の緒」を引き出した、⑥浮役米のうち、明治五・六両年分は下げ戻すべきもの、明治六年分を除いたことは不審、これらのことが重なったので、人民各所に集合、大騒動となったのだ、⑦騒動の淵源は一つには県官の苛政から、一つには少丞の指令から出たこと、それを「本多允釐が魁首となり浮言を以て人心を誑惑し各村の小民を煽動」したとの口実をもって捕縛・投獄したのは不当至極、速やかに允釐以下を召し登らせ、曲直を明断するとともに、酒田県官吏を転任させ至当の人材に入れ替えさせるべし、というものである。

この中で、明治五年飽海郡浮役米廃止闘争への弾圧に言及していることは特に注意すべきであろう。この建白は一二月二日付『報知』に報道され、酒田県騒擾の具体的内容と建白者森藤右衛門の名前が全国的にはじめて知られることとなる。

森藤右衛門は、金井質直が一一月二日に酒田県に護送されたことにより、同月二七日、再度左院に左のごとき建白[72]をおこなった。

廃藩により天皇陛下は人民に自主自由の権を与えた。しかるに酒田県だけは、その県官姦慝暴戻《かんとくぼうれい》、上を欺き民を誣《し》い、県を訴えた金井質直は司法省から酒田県官に付せられ、本月二日護送されてしまった。酒田県一県の人民は原告、県官は被告、原告と被告は「其怨恨充積敵讐を相為す、氷炭薫蕕《くんゆう》〔香草と臭い草の意〕」、「朝廷何ぞ諸県人民を待するの厚くして酒田県人民を待するの薄きや。酒田県官は皆旧貫族、其間に交えるに他県人を以てせず、是を以て人々旧弊墨守・朋党比周〔ぐるになっている意〕」、朝廷は酒田県官の欺く所となり、速かに姦慝を黜罰《ちゅつばつ》せざるは不審」、金井質直・本多允釐らを速やかに出獄させ、司法省に呼び県官と対弁させるべきだ。

「公論世界」への訴え

これら二通の建白は酒田県の農民弾圧の実状を広く「公論世界」に告げ、これ以上の県の暴走を全国輿論によって阻止し、併せて国の酒田県へのいかなる妥協をも許さなくすることが直接の目的であった。

この再建白も、一二月六日付『報知』に報道される。森はこの輿論形成について『報知』に依拠しようとしていることは明らかであり、そのことは『報知』の姿勢に彼が同調・同意していることを意味するだろう。だめ押しするがごとく、一二月七日付『報知』には、「羽前国田川郡愚民等謹白」の投書が載り、権参事だった菅実秀が一一月二八日免職となったことが急報されている。森はまた酒田県下の闘う農民たちと結びつきをもちはじめているのである。

『報知』報道や森の活躍は、酒田県騒擾の事態に社会の目を向けさせていく。九月二五日付『真事誌』には、本月一五日「人民処々屯集、暴動も計りがたく、今以不穏、巨魁の者捕縛、臨機の処分仕度」との正院及び内務省への酒田県上申、指令を請う文章が載せられ、また一一月二九日付同紙には「酒田県は官員は長次官を始め酒井家の旧藩士多く、無用の帯刀にて威武を示すの風俗」云々の記事が現れるのである。

一二月一日、左院に呼ばれた森は、三島通庸が酒田県令に任じられ（一二月二日）、新任属官七名と共にただちに赴任すること、②内務省六等出仕林茂平が県官の士農糾弾の事態監視・調査のため属官三名と共に出張することを伝えられ、彼は一二月二〇日、酒田に到着、他方三島県令も一二月一六日着県し、ただちに今回の騒擾の収拾方を図り始めた。森はこれまでの早川判事・松平内務少丞の処置がいずれも県庁の弁明に従い、きわめて微温的なものにとどまり、酒田県政の抜本的改革には何らならなかった、今回の政府措置がいかなるものになるのか、それをしっかりと監視し、併せて県下の闘う農民たちと今後の闘争方針を協議する目的で帰県したのである。

明治八年一月一七日、森は酒田県政の罪状を一五カ条にまとめて三島県令に建言し[73]、同様の一五カ条の建言をほぼ同時期に林茂平にも提出[74]、共に従来の酒田県政全般（明治六年三・五月の新整組及び金井質直訴訟で解決されていない諸件もすべて含まれている）にわたる罪状がそこには明記されている。

三島県令の士族寄りの処断

しかしながら三島県令の処断は、これまでの酒田県政の筋を是認し踏襲するものでしかなかった。進退伺い提出の形をとらせた参事松平親懐を留任させ、他方で騒擾の原因は、「貢米の俵制・浮役の有無其他種々浮辞甘言を申触らし、専ら人心を疑惑せしめんと相企て候者」によっておこされたものだと断定、「俵制・浮役等兼《かね》て御布令及び県庁布達の通相違無之」と強弁、ただし浮役の中でも大問題となっていた種夫《たねぶ》食貸米《じきかしまい》については元米の一時返済を認めるのである。[75] ついで金井質直・本多允釐以下三七名の口供書を二月下旬までに調え、三月末、騒擾一件取り調べ報告書を政府に提出するが、そこでは、騒擾は戸長・村役人の課出した民費が規則に反していると本多允釐が煽動したことによって起こったものとして、これまでの酒田県政の罪状に関しては一切取り上げないままであった。

他方林茂平は、三島報告書を批判する意見書を内務卿大久保利通に提出するも、内務省は全面的に三島県令の処置と処断を追認し、四月末、伺いのとおりとの裁可が下されるのである。

ところで、金井質直・本多允釐など酒田に拘留されていた者二三名、鶴が岡に拘留されていた者三一名、及び警視庁から引き渡された者二四名は、取り調べの上釈放されたが、形式的には服罪の形をとらされたため、当面農民闘争の先頭に立つことは不可能となり、闘う農民たちと連絡をとりあい、今後の方針を相談してきた森が、これまでの闘争を全面的に引き継ぐことになる。明治八年四月七日、田川郡農民総代五名が出京、森が代言人となって四月一七日、酒田県を被告として「曲庇圧制の訴え」を司法省裁判所に提訴するが、委任状不備として差し戻され、委任状を整備した上で五月五日、森は五名の田川郡農民の代言人として再度司法省裁判所に訴える。森はこの訴状の中で、三島県令以下新任の官員たちは、旧任の県官や戸長、村役人のみを庇護していると激しく非難、有司専制の鎧《よろい》を覆いながら事の決着をつけようとする三島県政に正面から立ち向かうのである。(76)

森は五月二五日、司法省に呼び出される。今般司法省裁判所が廃止され、酒田県を相手取った田川郡訴訟は福島上等裁判所に引き渡した旨を告げられるが、六月に入り田川郡総代たちは、福島上等裁判所所長早川権中判事による明治六年五月の金井訴訟への処置が公正ではなかったとして早川判事による審理を忌避、このため森は東京の法律学舎社長元田直を代言人とし、地方官会議で上京中の酒田県参事松平親懐を被告とし、「酒田県聚斂取込金穀償還を求むるの件」を東京上等裁判所に出訴するも、「酒田県庁に対する訴えであるから当裁判所で審理すべきものではない」との理由で却下される。(77)次の方策を、森と酒田県農民は模索せざるを得なくなった。

ただし、森は左院への建白、三島・林への訴え、そして酒田県や松平参事への訴訟の取り組みを通じて、人民の権利を有司専制の太政官政府のもとで実現させるためには、輿論形成のための新聞の役割と共に、代言人並びに複雑な法律の専門知識がいかに必要かも痛感せざるを得なかったはずである。彼は明治八年七月末、宮城県の民権家清水斉記を招いて酒田と鶴が岡に「法律学舎」を創設した。(78)第二章3節で言及したように、この「法律学舎」は、明治八年九月二日付『報知』によれば、ボアソナード・沼間守一らを招いて内外の法律書を教授する所だったが、九月二日より規則を改正、資産家辻純市(79)の援助を受け代言業を開始することとなったと報じられているので、その分社的機能を有していたのではないかと思われる。またこの清水斉記なる者は、明治八年二月一七日付『報知』によれば、大井憲太郎のもとに同居している宮城県貫属士族であり、民選議院が開設されるまで民間において「民会議社」を設立してそれへの準備をしなければならない、そのため「通志社」を組織するとの旨の呼びかけ人となっている人物でもある。

7　森藤右衛門、元老院を動かす

明治八年四月一四日の「漸次立憲政体樹立の詔」に、四月一五日付『報知』が手放しの賛美の祝詞を述べたと同様の気持ちを、森も抱いたと思われる。元老院への建白運動を彼が必死に行う所以はそこにあるだろう。板垣が参議に復帰するとともに、民選議院設立建白者の一人、前参議後藤象二郎が立法府元老院の副議長となるのである。そこでの土佐派の大きな存在は、森にとっては三島通庸と全く見解を異にした林茂平も高知県士族だったということと結びついてはいなかっただろうか。

森は五月一二日、⑧⓪ 六月二日、⑧① 同月二二日の、⑧② 三度にわたり酒田県の不法全般を告発、抜本的改革を要求する元老院宛て建白を行う。論点をまとめると次のようになるだろう。

一、出納を公布せず、浮役米など他県にはない雑税を徴集する。

二、学校は旧弊を墨守、四書五経を主とし、私塾が盛んで、人により教科書が異なり、家により「学を違え」、士族・平民・旧被差別民の同席を許さない。

三、新任の区戸長はことごとく旧庄内士族か免職させられた戸長、圧制抑遏《よくあつ》は依然として旧のごとくである。

四、県会の設置がない。県会を開設すべきだ。
五、「経界は実測を主として正すべし」、徴税がすべて旧来の帳簿によっている。
六、新聞局を開くべきだ。「世道人心を裨益すること大なり」。
七、芸娼妓を解放すべきだ。
八、士族の開墾事業に農民を使役しても賃銀の支払いがない。
九、「軍伍を解くべし」。現在も旧藩の軍制を踏襲、士族を束縛している。
一〇、「松平親懐以下朋党比周、私利を営み、上令を沮格して敢て奉行せず、黒田清隆参議と結び三島に依拠、三島県令は旧に依りて改むる処無し」。
一一、「四月一四日の詔、漸次に君民同治の政体を創立するにあり。古今来の一大盛事、其民に与うるに自主自由の権を以てせり。而して本県の人民姦吏の圧制を受け、苛政暴斂に苦しむ、是の如きもの、立君専制に於てすら無き所、況《いわん》や今日の政体に於てをや」。
ただし森は六月二日、同月二二日の建白において、特に第一〇条の事案に絞りこんで酒田県政を太政官政府と結びつけて糾弾する。六月二二日のものを示すと、「人民より被告する所の参事松平親懐、却て原告の人民に代り地方官会議の席に列するは何の所為なるを知らず、斯《かく》の如きは則ち大日本帝国明治八年地方官会議は、文明を外粧し開化を虚飾し人民を愚盲するの一手段に過ぎずと云べし」、「廟堂徒《いたず》らに会議席上外飾の空論を盛にし、目下億兆の難易は斥《しりぞけ》て問わず、是れ進歩の名ありて退歩の実あり。今にして之を正さざれば、異日国家の大患を養成するの具《ぐ》となるも測り難し」とまで松平参事に太政官政府を重ね合わせて難じるのである。

酒田県から地方官会議に出席するのが参事松平親懐、そして酒田県からの傍聴人二名のうち一人が森藤右衛門で、酒田県庁と三島県令がいかなる理由で森を敢えて選んだのか、知りたいところである。

各紙森の元老院建白を報道

森の五月一二日付元老院宛て建白は、五月二三日付『日日』と五月二五日と二六日の両日付『報知』に報ぜじられ、六月二日の建白は六月五日付『報知』と六月七日付『日日』にそれぞれ掲載され、大きな反響を呼びおこした。地方官会議如何と全国の耳目が東京一点に注がれている最中の大々的報道、しかも太政官政府そのものが森の批判の真正面に据えられているのである。

六月二日付『報知』には藤田茂吉が森の建白に言及、「此節元老院の店開き、幸いに又候《またぞろ》喋々と言ひ出せしは実に我輩の喜ぶ所なり」「我輩は漸く諸県下に自由精神の萌生せるを見得るなり」と称賛、その上で『報知』の自己宣伝も兼ねて、「想ふに此自由精神の萌生せる源因は人気を引き立るべき小冊子(福沢氏の学問のすすめ及明六雑誌等)や新聞紙の拡及(我田に水を引くよふなれど)に本づかざるを得ず」と結んでいる。

六月一〇日付『真事誌』は、『報知』に載った森の六月二日の第二次建白に言及し、「三千万の兄弟、豈《あに》黙視するに忍んや。請ふ速かに官民の曲直を糾《ただ》し公明正大の審判あらんことを」と酒田県政のゆくえに社会の目を向けさせる。

六月一七日付『朝野』では「論説」欄で水原直言が森の元老院宛て建白に言及、人民が卑屈なのではなく、政府の官吏が「圧制の旧套《きゅうとう》を楽むの心、依然として往日に同じきに根《ね》するもの」と断じ、「酒田県の森氏が建言の若《ごと》き、東京府地方官議(ママ)の着手を促す若き(第五章8節)、皆是人民に於て切要なり」として、政府の回答が「御詮議」ばかりなのは政府に愚民感があるからだと太政官政府に矛先を向けるのである。この水原はまた六月二七日付『朝野』に論説「一大疑問」を載せ、『日日』や『報知』の報道によれば、森は松平酒田県参事を姦党と指摘していた、しかるに過日、松平参事が六等判事を兼任した（六等判事兼任任命は六月二三日のこと）との報を入手した、「抑《そもそも》政府の官吏は松平参事を以て正直の人と為し、治県の余力、人民の訟獄を断ぜしむるが為め、兼任を命ずる乎」と松平参事の進退問題を取り上げるのである。

六月二九日付『報知』は、森が五月一二日に「十事」を元老院に開陳、六月二日に再建白したにもかかわらず、元老院から何らの返事もないのはどうしてなのか、と元老院の対応の鈍さを攻撃する投書を載せる。新聞社からする元老院への圧力である。

七月二五日付『日日』には、「三重県下朝明《あさけ》川頭村辺清民」なる者が投書し、『日日』の五月二三日付、並びに六月七日付で再度にわたる元老院宛て森建白が報じられたが、その後どうなったか問い合わせるものである。「其言一旦有名なる新聞紙上に提出し来りしより、天下の耳目尽《ことごと》く聳聴《しょうちょう》（耳をそばだてる意）注視する処ろとなり、若《も》し其事をして終始曖昧に付するときは、豈特《あにひと》り酒田一県官民の不幸のみに止まらんや、挙て皇国一般官民の不幸を醸《かも》せんとす。嗚呼其事体、急且《か》つ大と云はざるべけんや」と、森建言が日本社会に与えた衝撃を明白にしている。

七月二五日付『曙』には、愛知県下永井敏樹が投書し、政府の方針で地方長官に判事を兼任させているが、そのことで「人民の其圧抑に苦むもの又幾何《いくばく》ぞや（近くは酒田県を御覧なさい）」と松平参事の動向に社会が注目するよう呼びかけるのである。

七月三〇日付『曙』は社説で、元老院宛て建白の新聞紙掲載申請許可があまりに遅すぎる問題を取り上げ、「近来諸新聞上に籍々《せきせき》〔かまびすしいこと〕たる酒田県の一件、尾猿〔去〕沢の鉱山、新潟の兵糧米、広島藩兵賞典の処分の如」き、政府の決定・処理が遅々として、遠きは五、六年、近きは一、二年、小民自ら資金をもたらし、府下に滞留しているのだ、と政府の人民要求への対応の遅さを非難する。

輿論が一斉に酒田県下の暴政と太政官政府との結合問題に厳しい姿勢を示す中で、まず動かなければならないのは、三度の森建白を受理した元老院であった。政府官員や地方官吏が主要な読者となっている『日日』までが森建白を掲載しているのである。内部で検討した上で七月三日、元老院は森を呼び出し、「追ての指令を待て」と告げ、七月二五日、森は元老院幹事河野敏鎌・議官三浦梧楼・権大書記官沼間守一からの垂問を受け、さらに八月二日から二九日まで沼間からの詳細な取り調べがあり、森は一三カ条にわたり証拠書類を添えて垂問に答えるのである。八月一三日以降は、処分が終わり完全に放免されて上京してきた本多允釐も、森建白の証人として共に取り調べを受けることとなる。

元老院は他方で被告として告発されている松平参事から、七月一四日に森建白への弁明書を提出させてもいる(83)。

元老院事務局鶴岡に出張

元老院は九月二〇日前後、森を呼び出し、今般沼間権大書記官・岩神昂権少書記官・権大書記生湯川昌一・同斎藤利敬を鶴岡《つるがおか》県（庄内士族との連絡を密にするため、三島県令は明治八年八月、県庁を酒田から鶴が岡に移転させた）に派遣するので帰県するように、と告げる。沼間の一行が出京するのが九月二五日、着県が一〇月三日、森は九月二七日、東京を出立する。

この当時の元老院は、立法権に関してはほとんどその権利を与えられないままであったが、明治八年四月二五日制定の元老院章程中第八条「各行政官に於て既定の法令規則に違背する処あれば之を推問し、其事由を天皇陛下に具奏するを得ると雖ども、官員の黜陟《ちゅっちょく》を議するを許さず」と規定されている推問権を、酒田県政調査に行使しようとするのである。

元老院の右のような動き出しは、各新聞に反映されていった。

七月一五日付『朝野』は、「先頃中新聞紙に掲出したる酒田県下森藤右衛門の建白書が愈々《いよいよ》御採用になることに衆議が決したる由なり。是《これ》も例の道路の説なれば虚実は証し難」しとの観測記事を出すが、おそらく元老院事務局からの意図的漏洩ではないだろうか。

七月一八日付『日日』と七月一九日付『報知』には、元老院副議長宛て森藤右衛門の次のような願書が載る。「森藤右衛門、田川郡各村の托を受け上京、以来上訴三次、建白六次、有司を見て論述せしが如きは殆ど其数を記せず」、「閣下人望を負ひ要路に当り、大日本国君民の権利を全保するを以て其任とす。冀《ねが》くば平心に藤右衛門が陳述する所を聴き、速に之を聖上に奏し給うべし」。『日日』も『報知』も共に投書されたものとして載せるのである。

いよいよ取り調べの開始に対応し、七月二六日付『報知』は「雑報」欄で、過日森は後藤公に書を呈し、七月一八日、元老院に出頭、模様を伺ったところ、今取り調べ中と元老院書記生結城秀伴より申し渡された、と報じる。次いで同月二九日付『報知』と同日付『朝野』は共に、二五日に森への審問が始まったと報じるが、どうも『朝野』の方は元老院内部にニュース・ソースがありそうである。『報知』はこう報じる。

七月二七日、森は元老院に呼び出され、「議官三浦君・河野君・書記官沼間・書記生湯川一通り査問あり、酒田県八等出仕山岸貞文二名も呼出さる」というものであるが、『朝野』の記事は次のようなより詳細なものになっている。即ち、森は二五日、元老院に召し出され、二七日に建白について確証を申し立てるべしと告げられた。松平参事は元老院に対し、本件で裁いてくれと申し立てたが、元老院は「行政官吏の其道を失ひたるを人民より訴ふる所なり、行政官吏が人民を相手取り、速に判裁して呉れよと云ふ所では御座らぬと云ひ切られたりとぞ、此事の掛りは河野・三浦の両議官、沼間権大書記官」云々というものであった。

輿論元老院に期待

また同紙は同日付「論説」欄において、元老院は左院ではない、「必ず聖詔を遵守して固く国法の大基礎を建て、以て正院に対峙するの権力を有せんとする有気力有功用の物たるを深く信じて疑はざる所なり」と、元老院に激励の気持ちを表すのである。

事態がさらに進展するに従い、報道もより具体的になる。八月二七日付『報知』は、森の一件について「近頃又〔県庁〕聴訟課の氏家〔直綱〕さんも上京の由、道路の説ゆへ何だか知れませんが、何れ、あと幕で双方の邪正ハッキリと分りませう」と期待する。

また九月一六日付『朝野』は、富士見町二番地笠原鶩太郎の左のごとき投書を載せるのだった。「世人の知る如く、〔森の〕此事件を取扱はるる元老院の書記官なる沼間君は、近日中に元酒田県へ出張し、実地事情を取調べんが為め発京せらるる由。此説をして真ならしめば、彼の沼間君は兼て聰《そう》慧《けい》の聞へ有る人なれば、必ずや該地の情実を精察・熟知せられ、復命の上原被の正邪曲直の明白判然たらんこと知るべきなり」。

満腔の期待を表明しているが、それは『朝野』の熱い期待でもあったのである。期待を寄せられている沼間守一は戊辰戦争時、幕府陸軍将校だった前歴をもって庄内藩兵の軍事訓練を指導しており、庄内の風土・気風、そして庄内藩士族内の内部関係も熟知している旧士官でもあった。そして明治二年からは東京で土佐藩兵の調練を指導、高知県士族との人間関係も深いものがあったのである。

このような期待を担っての元老院からの鶴岡県出張は、複数の新聞によって報じられるのも当然であろう。九月二四日付『報知』の報道は左のごときものである。

元老院議官河野君（ママ）は明後二五日に森藤右衛門の一件で酒田県へ御出になります。森氏も本田〔多〕允釐も同日帰県のよし、（中略）又酒田県内にて森氏へ委任状を渡した四〇人計《ばかり》の人々は県庁に拘留せられて、森氏の委任状を渡したる段、今更後悔致しましたとの恐入りの請書を県庁え差出させたと申しますが、何だか乙《おつ》な話ではありませんかねえ。

この『報知』の記事を受ける形で、九月二五日付『真事誌』は二五日の元老院からの庄内出張の事実を報じる。

そして九月二六日付『日日』も、「昨二五日沼間守一は取調べのため発駕のよし」と報じ、さらに二八日付紙面で、森と本多は現地で取り調べると申し渡され二七日発足、との記事を掲載する。

酒田県事件解明のために闘いつづける森藤右衛門への期待は、新聞紙上に反映されるだけではなかった。開明知識人たちの学習・啓蒙団体である共存同衆では九月二五日、築地精養軒で小野梓・万里《までの》小路《こうじ》通房《みちふさ》・岩崎小次郎・島地黙雷・大内青巒《おおうちせいらん》・福原芳山らが森の送別会を開くのであった(84)。

8　元老院推問権を駆使、森建白を実証

元老院官員の鶴岡県派遣と森藤右衛門の帰県に日本全国から熱い期待の視線が向けられるのは、それなりの理由が存在していた。四月一四日の「漸次立憲政体樹立の詔」で立法府としての機能をもたせるものと全国から期待されていたのが、元老院と地方官会議であった。前年一月一七日の「民選議院設立建白」とその実現を目指す運動が初歩的成果を結び、君主専制政体から君民同治体制への移行が開始したと捉えられたからである。しかし、その移行が生易しいものではないことを日本人男女に感知させはじめたのが、六月二八日の讒謗律並びに新聞紙条例の公布であり、それにだめ押ししたのが七月八日、木戸孝允が議長を務める地方官会議において公選府県会方式が排除され、区戸長会式府県会方式を決定したことであった。九月下旬、立法府的機関と輿論に意識されていた立法院官員が、民権を抑圧する専制を展開している典型的県政だと見られている鶴岡県への実情調査に入り、それに伴って酒田県政批判を不屈に展開してきた酒田商人森藤右衛門が帰県することは、輿論にとっては日本の将来を展望する残された唯一の期待の星となったのである。

明治八年一一月二六日付『曙』は、飾磨《しかま》県明石平民小原惟一の投書を掲載する。惟一は沼間守一が鶴岡県に出張・調査し、県の罪跡を分明にして一一月七日、県地を出立したとの報を踏まえ、「我輩読んで此に至り、覚えず案〔台〕を打ち大喝一発して曰く、我が日本国中の兄弟〔平民〕に早く酒を買、肴を調へ、速に森藤右衛門君に向ひ、同氏の県下人民を氷火中より救出《すくいだ》さんとして幾多の艱難を凌ぎ

しも、漸く宿願を達られたるを賀し、併て君が為に我輩平民が幾分かの権理を増成せんを賀すべし。誠に欣喜の至りに堪へずと云べし、（中略）我輩は森氏を以て義民宗五郎の下たる者ならずと云ふとも、誰れか此れを不可と云はん」と手放しの称賛を森に送っている。

明治七年六月から酒田県騒擾事件に注目し、森藤右衛門の活躍報道の中心となってきた『報知』の明治八年一一月一六日付は「雑報」欄に鶴岡県下の調査について、陽気な皮肉調で次のように報じるのである。

沼は一〇月三日着県、森は四日に帰県する。「即日より局を開かれ、旧任の県官方や村吏抔《など》が数百人の連累にて、日々検査推問が始まりますと、イヤハヤ大変な事で、被告六十余人は藤右等が仲間中に御預けに相成りましたが、旧戸長の内伊藤敏則といふ人は、何か言訳が無いと見へ、番人の透《すき》を伺ひ窃《ひそか》に咽を突て自害しますし、又旧権参事の菅実秀さんや旧大属和田光観（助弥）さん、春山（安均、熊八郎）中属さん其外の人々は作病を搆へて、昼間はウンスウとうなりながら、夜は全快にて所々へ会合なされるに付、元老院の官員方は銘々の私邸に参られて鞠問が有りましたが、旧七等出仕の松宮長貴さんは本統に発狂されたで、吟味は無けれども、管下の村吏中には、兼々《かねがね》役人の内嘱を受て居たる者が裏返りて自首する者抔も出来て、旧官員の醜体はイヤハヤ笑止千万の事で有りました。去れば東京にて藤右が建言しましたより遥かに慥好《そうこう》（慥は確と同義語）証拠が十二分通り顕はれて、本月六日愈々《いよいよ》収局に相成り、沼間君は翌七日に発足、帰程に赴かれ、扨又《さてまた》鶴岡の民は十年の夢が一度に醒めまして、ヲヤヲヤ此辺土で能《よ》くも日月様の光りは届くものかなと感泣致しましたが、猶《なお》四五日中には藤右の輩も東京へ参事《まいること》と申す風説ですが、左様なれば、又々御吹聴申《もうし》ます。先《ま》づは目出度《めでたく》かしく」。

右にあるとおり沼間一行は一一月七日に出立するが、各村々における地券調べ組村入用やその他の組村入用は滞在中に調べが終わらないので、各村々で旧戸長・村役人・農民など関係者立ち会いの上取り調べ、不正遣い払いの有無を計算し、でき次第郵送するよう言い残している。

元老院出張事務局の審理結果　帰院後沼間は、森の元老院建白の内容につき、酒田県政が政府の法令・規則に違反ないし無視・蔑視した諸件にしぼって詳細に取り調べたが、すべてが森建白のとおりであったとして、以下の八項目が明白なる事実であったことを確認したと報告する(85)。

一、士族其改姓名と唱え、その実全く別人に賜禄した事実。
二、貢米不納加息(利子を取る意)の期限内に身内限りと同様の処分に及び、家屋入札払いと名づけ民家を破却した事実。
三、立県後法律に照らさずにみだりに減禄したり永牢の申し渡しをおこなった事実。
四、石代差し許しの公布を県下に布達しなかった事実。
五、大蔵省には石代金を金納し、人民よりは正米を上納せしめた事実。
六、鍬下年季中の土地より献納米と名づけ、酒井家に納めさせた事実。
七、後田《うしろだ》山開墾場へ組々より寸志と名づけ人夫を使役し、あるいは物品を課出させた事実。
八、官吏等、城の外郭を崩し、または萱生地を埋め私有し、あるいは官林を人に与えた事実。
九、組入費等に不正の遣い払いが存在していた事実。

ただし沼間は、芸娼妓と学制については、当初から取り調べの対象に取り上げなかった。

この元老院派遣官員の厳密な取り調べから明白にされたところの森藤右衛門建言の真実、他方で各村々における諸帳簿調査による戸長・村役人の種々の名目での不正・不当課金の事実は、農民たちの年貢・雑税をはじめとする過納米金の下げ戻し要求を抑え難いものにした。三島県令はこの五月、石代納問題をはじめそれまでのすべての農民要求を否定・拒否し、金井質直や本多允釐こそが騒動の張本人として事を糊塗して決着をつけたつもりになっていた。それが全面的に覆され、農民たちの下からの強圧に抗しつづけなければならなくなったのである。そして過納米金下げ戻し要求は、農民一人当たり弁当箱(この地方ではワッパと呼んでいた)一杯の金が戻ってくるとの噂を広める原因となるのである。

9　平民民権の論理

東京で発刊される新聞の論調は、このテーマではその新聞社の性格によって相当に異なってくる。第七章1節で述べたように『報知』は士族民権論の立場に立ち、士族居候論・素餐論を主張しつづけ、太政官政府の立場を第三者的偽装をもって擁護しつづけている『日日』と激しい論争を展開する。明治八年五月一三日付『真事誌』への投書の中で、三重県第四大区一小区平民某が「我曹君と士族贔屓の報知先生、家禄私有と国会議員撰挙の権の議論、我曹先生優弁卓論、至《いたれ》り尽して云分《いいぶん》なし」と『日日』の肩をもって描写しているごとくである。従って『報知』紙上には平民民権論の投書はあまり掲載されることはない。ただし、同紙は華族と士族を同列に擁護していたわけではない。明治八年七月二九日付「社説」は、七月一四日の家禄奉還停止令を踏まえ、「士族贔屓の名を得たる我々」と前置きしつつ、士族は華族とは状況が全く異なっていることを強調する。現在の華族の収入は「諸侯の名の下に得る所のものに(過るとも)減ぜざるべし、封建の時代には二十万或は五十万石を食《は》むものありと雖《いえど》も、其大部分は領分の土地人民を支配する入用の費に供するが故に、所謂《いわゆる》内家(大名家家政の意)の費用なるものは決して今日貫ふ所の者に過《すぎ》ることとなし。我々常に言ふ、封建政体の廃止によりて利益を得たるは華族のみ」と述べ、華士族をおしなべて同一視し、華士族が攻撃されることに反発する。客観的事実としては、明治六年一月、同紙第三二号の宮城県参事塩谷良翰の対政府伺い「華士族の常職を解きたるに、何の理ありて猶《なお》給を民に取るや、家産ならば独り税を免《まぬか》るるは何ぞや」との、県官としては当然の疑問などは掲載されるものの、社の性格からして平民民権論の記事は稀である。

他方で、明治八年一〇月二八日付『朝野』投書の中で、熊谷県奈良村飯塚方が「華士族を喰《く》い潰《つぶ》しと最も正理を得る者は明治六年日日新聞紙馬城台次郎君の説なり、又本月四日同紙新聞第千百四十号銀座三町目岸田実君の説なり」と述べているように、『日日』が士族素餐論を輿論化する主導的役割を果たしつづけているとはいえ、その主張は決して平民民権論にはならず、常に平民の政治的未成熟論に帰着するだけであった。従って、注目すべき平民民権論は『朝野』『新聞雑誌』『曙』『真事誌』に登場することとなる。

なお、右に言及されている岸田の議論は次のようなものである。「大名家禄は今や彼の撫養《ぶよう》に余りある家来と背負《せおい》きれぬ負債とを併せて奉還の持参物たらしめ、無疵の現石高十分一を賜はる、豈《あ》に寛厚の恩待にあらずや、(中略)誠に以て御一新以来最第一冥加至極の大幸福を享《う》けらるる者は此の華族の方々ならずして誰ぞや」。

なによりもまず想起すべきことは、「公論世界」の成立期は廃藩置県からわずか数年しか経てはいない時期だったことである。明治八年六月七日付『曙』に古井蛙吉なる者が投書し、今日の二大弊害は、第一に華士族に平民への同情心がなく、利害が相反しているが故に、彼らのおこなう立法行政は下情に疎《うと》くことごとく当を得ず、第二に主人たる平民は、主人のくせに華士族が番頭として政治を取りしきっていることを当然視し、善も悪も皆代人任せにして少しも懸念しないこと、と指摘しているような状況だったのである。また明治八年四月九日付『真事誌』投書の中で滝口生は、「士族は三民上に立ち義務の尽すべきなし。故に徒手三民の上に位し、傲然之を奴視す。名は民権と雖ども人民をして壊敗せしむ。されば圧制束縛の害曷日《いずれのひ》にしてか止まん」と現状を描写する。

華士族は厄介者

黙々堂主人は明治八年三月五日付『朝野』投書の中で、この厳然たる「相反」関係について、「人民は同等の権理にして貴賤尊卑の別あるべからざるの論」と題し、農民の立場を借りて左のごとく説明・主張する。

元来華士族は一家の厄介株にして、家禄は小遣を受くるが如く、百姓町人は判頭〔番〕小僧の如く、厳寒を凌ぎ炎暑を冒《おか》し、粒々の辛苦をなして政府へ納むれば、華士族の身を亡し家を破るの種となる、その種を甘《あまやか》し独立不羈の百姓町人の上に立《たち》て、尸位素餐《しいそさん》して我が身を恥じず、居候となり厄介となるより、家禄を奉還して国の富強を助け、我が身の新株を再興するこそ、華士族たるものの職分ならずや。(中略)近頃社友農民の哀訴に擬して一文を編するものあり。(中略)納税した金の行衛《ゆくえ》を三田の先生に承及《うけたまわりおよび》候には、(中略)妾の給金とかその他華士族二百万人の厄介とかを養ふ入費に相成候由承及び候、(中略)一説に東京が明かるくなれば田舎が暗《やみ》と、(中略)早速華士

族御廃却被下候様、（中略）日本全国農民一同

百姓・町人の立場からは、士族がその常職を失った後も彼らが家禄を支給されつづけていること自体が問題となる。明治八年七月五日付『朝野』はその「論説」において、以前は領主・士卒が警察の役を果たしていたが、今日ではその役は存在せず、しかも依然としてその禄を有している、農工商は貢税しながら以前のような保護は受けてはいない、百姓町人にとっては不用の税金が三分の一も頭上の重しとなっており、不平を鳴らすのは当然だ、とする。

人民保護の役割が消滅したと同時に、士族の兵役義務も存在しなくなったのである。明治八年一一月一八日付『朝野』投書において藤井有好は、目下国内党与の不満の原因は、士族の無聊《ぶりょう》、豪傑の不遇と並び、士族の兵役が免じられ、農民に課せられることになった後も、秩禄は依然としてそのままなことに対する「下民の愁苦」なるものを挙げるのである。

このような立場をとる平民においては、自らの苦痛と辛苦を少しでも軽減させるためには、華士族の家禄奉還がその強い要求となる。第一〇章7節で紹介する浜松県の足立孫六も、平民民権の立場から華士族の家禄奉還を真正面から求めている。

そのための極端論の中には、明治八年一〇月二五日付『曙』投書の中で和田直映が主張するように、家禄奉還をしなかった「当今有禄の士族は自立生計の道によし無きより固陋従《したがっ》て今日に至りし者」なので、移住させるほか手段なしと主張するまでになる。

平民の立場をとる人々の士族への警戒心は、士族たちが主張する国家の元気を担う者は我々士族で、国家の軍事力は平民どもの徴兵制軍隊によっては創出できないとの論への反発となることによっても

表明される。明治七年三月一八日付『真事誌』投書の中で、三重県菰野《こもの》村竜崎潜は、「天下の気節・元気は士族に在り」との説を駁し、「国家を輓回する処の士、全国内四十万余の士十分の一にも過ぎず、僅《わずか》に鎮西の一両藩に止《とど》まるのみ。其他往々雷同家の多きは世人のよく識《し》る処」、「還禄高の一部を大中小学校に、その一部を海陸軍の資用に宛てれば、幾百倍か士気元気の増殖することや必せり」と断言する。また日清軍事対決の危険性が日本人全体の認識になってきた明治七年七月段階においても、東京府下第二大区小四区久世文蔵は、「今外国と衡《こう》を争ふに士族を以て足るとする乎、恐くは全国之に当るも或は難し」と士族の軍事的力量を評価しないのである。

明治八年九月下旬の江華島事件勃発により、日朝軍事衝突の危険性は急上昇し、士族間に征韓論が渦を巻くがごとく盛大になってくるが、この事態に対しても、明治八年一二月一九日付『曙』への投書において、嶺松堂は、征韓論は士族のみ、日本魂を用ゆれば其政の圧制と武士の暴横、平民の卑屈とを合せ取て悉《ことごと》く復古せしむるも、実に未だ測るべからざるなり、と士族支配の復活を危惧するのである。この危惧は、士族民権論への不信感と表裏一体の関係にあった。明治八年四月一九日付『真事誌』投書の中で如眼居士は、民権がおこなわれても「旧武士の変体なる士族に出でて、遂に民権・封建混和の一種特権を生ずるの弊あらん」と予測する。

華士族無力化のための民選議院

右のような立場からする平民民権論を極めて典型的に定式化したのが、明治八年一一月一七日付『曙』に掲載された、飾磨県明石平民寄留小原惟一の投書である。時はまさに板垣退助・島津久光両参議免官直後で、事態がどの方向に展開していくのか、政府部外の者たちにとっては全く不明の特殊な時期であった。廟堂の話は一切洩れず、征韓の噂紛々、大臣参議は退職、余人は辞表、在官大臣の家室には巡査が配置され、「之に加ふるに朋党が形成され、鹿児島県の士人が君側の悪を除くと唱へ征韓の拳を謀らんとの流言あり」と前置きして、この解決のためには早く民選議院を建設するに若《し》くはないと提言する。呼びかける対象は平民である。「請ふ、我輩平民兄弟よ（士族輩は兄弟と思はず）、四月十四日の詔書を頭脳中に深く蔵《おさ》めて以て彼の漸進論・銀座の金毛九尾の狐〔『日日』の福地源一郎を指す〕に誑惑さるるなく（此春迄我輩も誑惑されたり）、早く無気無力の汚名を雪《そそ》ぎ、民撰議院を設立して日本国の基礎を確定し、素餐輩の跋扈を除き、永く太平の風雨に沐浴すべし」と、華士族勢力を無化するためにこそ民選議院を設立しなければならないと力説する。彼の論理からして当然のことながらこの小原は、沼間守一が鶴岡県事件を裁定、一一月上旬県地を発足したとの報を得て、歓喜の投書を一一月二六日付『曙』に投じていることは本章８節に紹介したところである。

平民民権論には、士族以外の平民が民選議院の主体とならなくては国政の根本的変化を惹起させることは不可能、との論理が貫かれており、本節で述べた華士族と平民との利害が全く相反していると主張する古井蛙吉の平民民権論においては、この弊害を除去するには民選議院を設立する以外にあり得ない、「人民に憂国愛国の志懐《こころざしいだ》かしむるは、人民をして租税の出所に担当せしむるに在り。下情の明かならんことを欲せば、平民をして公事に参与さすに在り。故に成丈《なるたけ》早く議院を設立し、三千有余万の人民をして租税・国事を評議さす可《べ》し」と主張、士族民権に対しては「平民に議せず華士族のみに委任せば、百革千改するとも、随って千孔万瘡を生じ大害を顕出せんのみ」と断言する。

華士族は家禄を奉還すべし

華士族の家禄奉還こそが平民の辛苦を除去する方法と捉えることは平民民権論の特徴の一つであり、明治八年九月九日付『朝野』への投書において勝見芳太郎は次のように論じるのである。「我輩は民選議院起り、人民の代議人出づるに及んで、始めて華士族の家禄は減じもし奪ひもすること有らんと思へり。(中略)此華士族を苦にも厄にもせざる農商も、華士族の家禄が減じたり無くなったりしたる日には、銘々の田租が一合でも減じ、税金が一厘でも軽くなることを知りたらば、誰か華士族の家禄を奉還して自立することを企望せざらんや」。

東京府下の新聞の中でも特に『朝野』は、士族対策と民選議院設立との関連を意識しつづけた新聞であった。しかも、明治八年一〇月二七日の板垣・島津両参議の罷免直後は政情不安の時期に突入する。同紙一一月七日付「論説」は士族問題に焦点を当て、左のごとく政治構図を描き出す。「天下の利害得失を論ずるは士族のみ、(中略)吾輩毎に地方の形勢を談ずるものを聞くに、曰《いわ》く某県は治め難く、曰く某県は治め易しと。而して其難易たる所以を問へば、其士族の気習如何《いか》んにあるのみ。然れば天下の治安は独り政府と士族との間接にありて、平民たるものは木偶泥塑《でくでいそ》に異ならざるか」。

この「論説」を受ける形で一一月九日付同紙「論説」は、では士族対策をどうすればいいかとの設問を立て、その方法をこう提案する。「政府は幾十回の改革を行ひ百方其力を尽して天下の人心を収攬せんとするも、夫の堅凝固結せる士族の鬱勃心を渙散するにあらざるよりは、有司たるもの豈《あに》一日も其位に安《やすん》ずべけんや、(中略)故に吾政府に於て、請謁〔情実によるたのみ〕・干求〔強いて求めること〕の陋習を打破し、特に選挙の法を開き、以て天下の士を待つべし」。

この論は平民民権論の立場に立つものではないが、士族民権を支持するものでもなく、なんとかして士族民権と平民民権が妥協と共闘路線をとり藩閥政治を打破する以外、直面する危機を突破し前進する途はないのだと主張しているのである。

第九章　竹橋事件と兵士民権

明治一桁代の軍隊の特質

明治七年一月一七日の民選議院設立建白は、創世期日本国軍にも多大な影響を与えることとなる。満州事変から太平洋戦時下、天皇に絶対的忠誠を誓う大日本帝国「皇軍」将兵のイメージをこの時期まで遡及させることは極めて危険なことだと著者は見ている。

当該時期の日本国軍の内実を検討する以前に、どのような特質を明治一桁代の日本軍隊が内包していたのかをまず押さえておこう。

第一に士族(壮兵)軍隊から徴兵軍隊への予定より早い変化である。明治六年徴兵令発布の段階では、徴兵は東京鎮台管区の定員の三分の一のみ、その後二年をかけ定員を充足、明治七年は名古屋と大阪二鎮台での徴兵開始、仙台・広島・熊本の三鎮台では明治八年に徴兵開始、従って明治一〇年に国家の治安維持・内乱鎮圧を意図する三万余の国軍を完成させる計画だった。しかし明治七年半ばからの日清軍事緊張により、残り三鎮台の徴兵は明治七年に前倒しされ、しかも東京・名古屋・大阪・仙台・熊本の五鎮台管区では、徴兵検査時の補充兵も全員入隊が命じられ、さらに先発三鎮台では数千の後備兵徴集が、平民の間の徴兵忌避の大波を巻き起こしつつ強行され、彼らの軍事調練が始められる。このことによって早くも明治八年二月には、各鎮台士族兵の勤務解除措置をとることが太政官政府にとって可能となった。西南戦争時には、出征兵卒のほとんどが徴兵制下の徴集兵となっている。[1]

この変化は五年兵役と定められた、近衛兵の内部においても同様となる。[2]

第二に、兵卒の場合と異なり士官レベルではほとんど全員が士族で、士族の身分意識と兵卒への差別意識は依然として強烈であり、しかも旧藩・旧藩士とのつながりは強固なものでありつづける。

第三に、兵卒においても士官レベルにおいても、日本国家も「我が祖国」も未だ天皇陛下絶対服従意識と結びつけられてはいなかった。明治一一年一〇月、竹橋事件直後の軍人訓戒も明治一五年一月の軍人勅諭も、未だ彼らにとって未知のものである。靖国神社も存在はしていない。戦死を絶えず覚悟させられる彼らにおいては、自分の死に値する「我が祖国」とはいかなるものでなければならないのかが、自問自答の形をとりながら不断に内心へ問われつづけていたのである。[3]

第四に、日本国軍を天皇制国家の枠組みに縛りつけ、兵卒と士官の内面と行動を監視しつづける軍隊警察、即ち憲兵組織は未だ創られてはいなかった。思想と発言の自由度、そして行動の非拘束性は、天皇制軍隊期と比較すれば雲泥の差があったと断言しうる。

兵卒と警察の不断の争い

明治一桁代の諸新聞を調査した者すべてが気がつくのは、鎮台兵と警察官との紛争記事のあまりの多さであろう。枚挙にいとまがないとの表現は誇張では全くない。明治八年一〇月、邏卒の名称が全国的に巡査に変わり、明治八年四月、兵卒休暇日が全国的に毎月一日・六日から日曜日に変わったにしても、事態は少しも変化しない。警察官の方に違式詿違《いしきかいい》条例なる武器があるにしろ、相手はたちまち多人数にふくれあがる。犬猿の仲とはこのことだろう。当初鎮台兵のすべてが壮兵だったからとはいえ、明治一〇年代に入ってもこの状態が継続する。

明治七年一月二三日付『真事誌』は、一八日午後三時頃、本郷二丁目で兵卒と邏卒の争いがおこった、小便しているのを邏卒が違式条例をもって咎めたところ、たちまち兵卒百四、五十人ほどが集まり、邏卒二、三人を拘引して本営に連行せんとし、仲裁人が入り神田明神前でようやく釈放された、との記事を載せる。

同年一一月一四日付同紙は、八日午後、愛宕《あたご》下町屯営の鎮台兵が麻布六本木辺りにて放尿、巡査が咎めたところ、旧長州藩邸屯営の兵卒二〇〇名余が結集して紛争、と報じる。

明治八年一月一〇日付『朝野』は八日夕方七時過ぎ、兵卒と巡査の争いを「海内新報」欄に報じる。

この事態は東京府下だけのものではなく、兵卒屯営の存在するあらゆる都市で発生している。明治七年一一月二九日付『真事誌』には、四国高松営所に服役する「歩兵第十六大隊の一兵卒」なるものの投書を載せているが、彼は兵卒と巡査の対立・喧嘩があまりに多い、巡査を兵籍に入れて彼らに鎮台の統轄をさせるべきだと提案する。憲兵制度の一種のアイディアである。

明治八年三月一〇日付『朝野』には山陰一民《やまかげかずたみ》なる者が「者なり字尽し」戯文を投書しているが、「民議は程能《ほどよく》して速かに起したき者なり、尚早きにもせよ」、「代書代言は更に良法を設けたき者なり、北洲舎あるにもせよ」と並び、「軍人巡査は双方親睦したき者なり、犬と猿にもせよ」と風刺しているのも、もっともなこととなる。

一般輿論は兵卒側の非を鳴らし、厳罰に処すべしとする者が多かったようだが、兵卒の側もこの時期には沈黙はしない。明治八年四月九日付『朝野』に、某隊中剛勇生なる者が投書し、貴紙の四月五日付は二日に起きた兵隊と巡査の争いを報じ、「花の散る迄は兵隊の出門の無い様にしたいもの」とあった、「余は之を見て喫驚したり。偖々《さてさて》滅法界もなき編者かな、仮令《たとえ》兵隊が百や二百喧嘩したとて、其れが為めに数万の兵隊の足止めをせんとは不届千万と云ふも余りあり」、「僅か三人や四人が屯所に往つたとて、斯くまで軽蔑した差し図がましき文字を下《く》だすとは抑《そもそ》も何ごとぞや、花看《はなみ》の済むまでに再び斯様《かよう》の文字を下だすときは、墨陀《すみだ》や東台〔上野のこと〕の引きがてに、一同其社へ押し寄せ、一盃機嫌で一議論に及ぶべし」との脅迫戯文を送っている。元気横溢の感がある。

ただし兵卒を等し並に扱ってはならない。近衛兵と鎮台兵の間の対立もきわだっていた。明治七年二月一四日付『真事誌』に、茨城県の「一布衣木堂逸人」が次のような一文を投じている。

方今の近衛・鎮台に至りては同じく是一の兵卒なり、然して待遇《（とりあつかい）》の間を見るに、其衣の領〔一揃いの衣服の意〕の醜美、其日俸の多募、実に士と卒との別あるが如し。故に甲は傲然自得して曰、我は是れ近衛の兵、汝黄条〔鎮台兵は帽子に黄色の帯をする〕、何ぞ肩を比するに足らんと。乙は怏々《おうおう》楽しまずして曰、何ぞ朝廷偏陋の政なるや。（中略）一は傲り一は憤り、其陵鑠〔轢〕する、或は仇讐を見るが如し。

この対立は、ある意味では当然であろう。近衛兵は廃藩の原動力となった「御親兵」が明治五年三月に改称されたもので、明治七年二月段階では全員が未だ士族兵、明治六年一月の徴兵令には近衛兵規定は入れられず、別箇の規定により、部隊責任者が入隊後一年以上を経過した徴兵された当人の思想・軍事技能を高く評価し、本人もさらに五カ年の服務期間の勤務を自ら志願した青年だけが選抜されて近衛兵になることができたのである。徴兵令によって入隊した若者が近衛兵に編入されはじめるのは明治七年半ばで、しかしこの近衛兵のエリート意識と天皇への忠誠心の強固さは一貫して維持されつづける。

兵卒たちの自由な意見表明と彼らの関心事

新聞に自分の意見を投じるのに、兵卒はあまり葛藤がなかったようである。明治七年六月三〇日付『真事誌』には、壬申(明治五年)仲春、募集に応じて兵卒となった「竹橋内赭瓦《あかがわら》の兵営に住む兵卒加藤某」が投書し、巡査と兵隊が喧嘩するのは嘆かわしい、「一和戮力、兵威と名誉を落す勿《なか》れ」と意見を述べているし、同月一五日付同紙には、第四軍管(今日の三重から岡山まで)の屯営にある磯石武久なる者が、佐賀の乱の首謀者江藤新平の梟首写真の流布が許可されていることに抗議して、左のように陳じている。「前参議江藤氏の事たるや、廟堂に在るの日、苟《いやしく》も執政の任に昇《しょう》じ、威権稟々〔凜々〕として其功労、人可知《ひとしるべき》なり。然るを野に退きてより朝廷を蔑視し甘じて国賊となりし者に非ず。誤て事を軽挙に執り、大義を失すと雖《いえど》も、其心たる、愛国の衷情溢れて不幸となりし者ならんか、(中略)赤穂義士に死を賜ふ同一轍」。

兵卒の最大の関心事は、三カ年の過酷な調練をようやく終了して問題なく社会に復帰できるのかという自分自身の生活問題であった。このことは兵営外でも当然問題とされており、明治八年七月八日付『真事誌』への投書の中でも、甲府下一条町二三番地の笠井蒿商なるものは、徴兵された者を出している区の区長は、彼らの除隊の時のため、相当の「補金」を積みたてておくべきだと提案している。また志願して入隊したという「外桜田兵営中に寓する水野辺」も、明治七年三月一〇日付『真事誌』へ投書し、一般人民の徴兵忌避も当然のことだ、と除隊後の生活資金につき左のごとく提案する。「父母頼《たより》て以て活計を為さんとするに当り、官俄《にわか》に之を挙て兵とす。もし幸にして事なく春秋を経て兵役を免かれ帰家するも、無芸無能、唯妄《みだ》りに金銭を費し、敖然人に驕るに慴〔慣〕れて家計の累繁を厭ひ、懶惰究《きわま》り無く貧家の贅人《ぜいにん》〔無用の人〕と成るに過ぎず、〔中略〕西洋においては満期の日に当り一家営産の資を給すと、是所謂《いうところの》〔積金或は振恤金《しんじゅつきん》〕と称する者也」。

除隊後の生活をいかにするかは、兵営中の兵卒たち自身の切実な関心事でもあった。

明治七年六月一〇日付『真事誌』には、明治四年秋、鎮台後備兵徴募に応じた羽前置賜《おきたま》県下の一卒豊珍氏某の投書が載せられる。彼は言う。「〔現在兵営に三年を過ごしたが〕兵営においては学ぶこと無し、除隊後何を以て立たん。今より以後、兵を練るの余間を以て、文学の挙あって吾等をして開化の道に誘導あらば、人々精励業に就き、恰《あたか》も皎々たる青天白日を見るの思を為し、遂に兵隊の風を一掃し各恥廉勇義を貴び、兵気一層奮起し陸軍の名誉を光輝するに至らん」。

この投書はただちに反響を呼び、六月一九日付同紙には、山形県下大宝伝が、兵士の乱暴きわまり無し、教育あって然るべし、豊珍氏の意見に賛成する、と書を投じている。

さらに六月二八日付同紙には、壬申の仲春の召集に応じて入隊した石川県からの、一兵卒加藤某が教育の必要性を強調して、「兵営に黌舎の設けなきは如何なる御趣意や、巡査と衝突するのも兵卒が無学無教なるが故なり。満期除役の日、無学にして三尺の童児に手を摺り、且《かつ》は立産の向背を弁ぜず」と述べる。

この問題は、兵卒間の関心事でありつづける。明治八年八月九日付『朝野』において、芝新銭座の兵営にある牧瀬則知が兵卒に学問をさせなければならないと主張したことに対し、「桜田屯営の兵卒井坂嘉三」は同月一四日付『曙』に書を寄せ、牧瀬先生の御高論を拝聴したが、現状のような調練のあり方では到底無理なこと、と反論する。

兵卒への民権思想の浸透

各兵営の兵卒たちは確実に社会の民権思想とその運動に影響を受け、自らの思考を進化させていく。

明治七年六月一九日付『真事誌』に「霞関赭色の兵営に寓する蛙生某」が、大意次のような意見を投じる。五カ条の誓文は万代不易の大典、今この大典に基づき地方官会議を開設するとのこと、「吾邦未曽有の大美事なり」。兵庫県令神田(孝平)氏、建言して所管有望者を選び一、二名同伴、彼らを議席の末に列せしめんことを請うたと。その民を愛するの心、実に言に溢れその深切まさに見るべきなり。もし議院の諸彦が今なおこれを許さないならば速やかにこれを許し、かつ各県に令してこのようにならしめ、もって一議一案ことごとく民心と詳論細弁、これを公議に決することにすれば、実に地方官会議の名に背《そむ》くことなく、「上意下達・下情上通せんこと照鏡の見あり」と。

明治七年一二月二七日付同紙は、自らの不快な体験を詳細に述べた上で「罪の疑しきを以て妄《みだ》りに人民を縛す可らざるの議」を主張する、陸軍兵学寮士官生徒宇加地新八の建言を掲載する。

明治八年一二月二〇日付『朝野』は、『歩兵内務書』を批判する三重県の村上清䅗の投書を載せている。彼は大意次のように述べるのだった。自分は『歩兵内務書』を読んで驚いた。第一六条に「罪ありて罰を蒙るとき、縦令《たとえ》不当なりと思ふとも決して之を弁解するを得ず、必ず之に服従すべし」とあり。兵卒の生命は主将の一心に在りと云はざるを得ず、何となれば若《も》し不幸にして無学粗暴の主将ありて、一箇の私怨を挟《わきばさ》み不当の重罰に処する等の事あらば、之が冤罪を蒙る者、其れ之を如何せん。而して大審院上告の規則に陸海軍の裁判権限を超ゆる者は之を大審院に上告することを得るとの一条あり。これは「一事両岐」ではないか、と鋭く矛盾を衝く。

前述した八月一四日付、井坂嘉三反論に答える牧瀬則知の回答も、この問題にかかわってのものなのである。牧瀬は九月一八日付『朝野』に概略左のような回答を寄せる。

> 僕等仲間のものは、学問を教へ智識を開かば、解放の日も猶《なお》国家に益あらんことを演《の》べ、且つ釁《きん》隙《げき》〔仲たがい、戦争の意〕を開き事あるの日に於て怯懦《きょうだ》の心の生ずる無からんことを論じたり。幸に陸軍兵士井坂君より正論を以て答へられし故、百誦千読すれども未だ之を解する能《あた》はず。我儕は大日本帝国人民が競《きそ》って振起し粉骨砕身以て黽勉《びんべん》せば、学術盛んに風儀正しく、従前の如き圧抑の旧習を掃って自主自由の世とならんか、我儕人民が智識開け残らず明哲の士とも成らば、民選議院とかも出来て発論自由となり、西洋各国にも劣らず或は却《かえっ》て彼が右に出づる文明開化の巨擘《きょはく》〔かしら〕となり、威名を全世界に轟かさんことを希望す。僕等同輩の兵卒よ、公務の余あらば転瞬〔まばたきするほどのわずかな時間の意〕の暇だも学べよや勉めよや。とは云ふものの、我が身の自棄自暴、無智文盲なるは棚の上に載せ置き、入らざる世話と家根の烏や天井の鼠が可笑《おかしく》ば笑ふも敢て厭ふ所に非ず。

将兵における民権思想と対外観

民権思想を無媒介的に反侵略主義思想と直結させることは、当該時期には必ずしも史実と合致しない。特に西南戦争が西郷軍の完敗に終わるまでは然りである。士族の征韓論支持は、自己の困窮化とそれによる存在証明の必死の願望と表裏一体のものであった。士族のみならず全国各兵営で連日の過酷な軍事調練に従わせられている兵卒、とりわけ士官層もそれと同様の意識が濃厚であった。前述の新銭座兵営の牧瀬則知も、江華島事件直後の全国騒然の状態に突入した一〇月一〇日付『朝野』に再び書を投じて、こう主張しているのである。朝鮮問題が勃発した、「豈《あ》に速かに問罪の師を出だし、断然之れを討せずんば、皇威は泥土に降ち外夷の勢力天に登らんこと必然なり、(中略)此の好機会を失なはば却て内憂あらんことを思想す」。

明治八年一一月一八日付と二〇日付『真事誌』は、連続して広島鎮台歩兵第一二連隊所属兵卒の投書を掲載している。投書者においてはお互い相談の上の投稿だと見られる。

一八日のそれは、一兵卒今田常樹のものである。彼はこう主張する。

我朝一度異事あるに当りて、廟堂の大臣囂々《ごうごう》然として恰《あたか》も閒然あるが如し。夫《そ》れ政府は民の保命・諸庁の首局にして、衆人属目、其挙動を偵覗し飛説従て生ず。嗚乎《ああ》何ぞ事の奇怪なるや。夫れ此時に当り三千有余万の人、之を嘆息するや将《は》た之を坐視するや、則ち今の政府にして今の無礼の士族あり、今の大蔵にして今の朝鮮の事件あり。外問罪の師を出さざれば内不服の士を如何せん。一昨《(ママ)》春佐賀の挙の如く実に懼《おそ》る可し将《は》た戒む可し。下情上に通ぜず上意下に貫洽《かんこう》〔いきわたる意〕せざれば、恰も濠を穿ちて川水を注ぐ如く、何んぞ決《けっせ》ずして治むるの理あらんや。加ふるに民会の設け未だ備はらざるの秋《とき》にして政府若し一度其措置を謬《あやま》るに至れば、「モンコール・ポーラント」の変深く怪しむに違《たがわ》らざるに至る。

二〇日のそれは、一兵卒志賀忠篤のものである。彼はこう主張する。

既に明治六年の冬、征韓の事起り朝議紛々激烈、而して有名の諸賢哲職を辞し、之れが為に天下の人心恟々たり。内憂外患之より尚《なお》醸成し、同七年の春佐賀の擾乱あり。此挙や征韓愛国の念其集る所より起り、機会を失ひ其志《こころざ》しを遂ずして斃《たお》る。続て台湾の役あり。清国葛藤を生じ、又此般朝鮮国旗を汚し縦《ほしいまま》に天下の公法を破る。其罪固《もと》より重からずや。是之れを質《ただ》さずんば有る可らずと雖《いえども》、政府依然知らざる者の如し。嗚呼如此《かくのごと》くんば赫々《かっかく》たる皇威を海外に洽《あまね》く輝す可けんや、何を以て欧州各国と並立すべけんや、上は聖上宸襟を煩はせ玉ひ、下は億兆蒼生憤怒に堪《たえ》ず、長大息の至なり。事終始あり、本を忘れ末に奔り、悪をなして制せず尤《とが》めず、是非曲直之を捨て詳《つまびらか》にせざれば、国憲何を以て基立せんや、何を以て国家を維持すべけんや。（中略）願くは政府因循を去り雄烈果断を以て神速彼の国へ問罪の使を向け其故を譴糾し而して曲直を明にせんことを。

牧瀬も今田も志賀も共に念頭に置いているのは、征韓論分裂直後の佐賀の乱である。問罪なければ内乱あらんとの確信のもと、政府に強硬策を選択せよと迫っているのである。

士官レベルにおいても同様の立場をとる者が多かった。明治一一年八月二三日夜に勃発した近衛砲兵による竹橋事件の二日前、多数の砲兵兵卒を前に次のごとく演説し、彼らの決心を最終的に固めさせたのが、鎮台予備砲兵第一大隊陸軍少尉内山定吾（鳥取県士族）である。彼は言う。

革命とは政府の不善なるを他より起て改革するものにて不良のことにあらず。喩《たと》へば王政維新の如きものなり。一揆とは政府猶政を失はざるに妄《みだ》りに之を覆さんとするものにて不良のことなり。喩へば佐賀の乱の如きものを云ふ。故に革命は可なり一揆は不可なり。然れども兵士たるものは都《すべ》て事を行ふに能《よ》く一致して之が主将となる者の命令に服するに非《あらざ》れば必ず成就し難し。[4]

見事な演説である。民権思想は軍隊の中にここまで浸透していたのである。ただしこの内山少尉は明治八年二月七日、二三歳一カ月の時、左のごとき征韓論を求める建白を左院に呈してもいるのである。

維新以還朝鮮の無礼なる、之れを問ふに固《もと》より兵を以てす可し。然れ共国事多端、国力疲弊す、故に遷延未だ発せず。今や内外の事粗《ほぼ》定まる、之《こ》れ朝鮮を処するの機なり。伏て希《ねが》わくば速かに勅命を朝鮮に下し責むるに無礼を以てし諭《さと》すに恩義を以てし、彼れ詔を奉じ先非を悔ひ謹て罪を待てば、則ち地を割き先づ藩たらしめ、否《しか》らざれば兵を挙げて征討す可し。復《ま》た猶予之れ是の時に決せざれば、臣恐らくは紛議之れより生じ、国綱為めに弛まん。

軍事的威圧をもって太政官政府が士族層を動員しないまま朝鮮に日朝修好条規を強制し、西南戦争で西郷軍に勝利した段階で、この内山少尉が近衛砲兵に革命の正統性を演説するに至った経緯を明らかにすることができるかどうかが、即ち兵士民権の前史から兵士民権成立のプロセスを解明することになるのであろう。

第一〇章　報徳運動と民権運動

1　問題の所在

これまで見てきたごとく、廃藩置県後の日本各地の動きは、名東《みょうどう》県のように、旧大藩徳島士族が中心となって組織する士族民権結社自助社に在地豪農商層が参加・協力する形か、旧庄内藩士族が独占する専制的な酒田県政に抗し闘争する全農民階級を結集しての平民民権運動の形か、それぞれは幕末維新以来の固有の地域的歴史経験を前提として展開していった。

前者においては、大藩にもかかわらず幕末政治過程では薩長土三藩に遅れをとり、しかも明治三年の淡路稲田騒動では維新政府の厳責を受けるという失態を引き起こし、この屈辱的な態勢挽回の中心に座るのが、文久三年二月の等持院《とうじいん》足利《あしかが》三代木像梟首《きょうしゅ》事件関係者の一人で幕吏に追及されつづけた、もと尊攘派の志士で丹後の商人の小室《こむろ》信夫《しのぶ》であった。後者においては、幕末期、幕府の最も厚い信頼のもと、江戸市中の治安維持を一藩のみで担当する大役を委ねられる中で強力な軍事態勢を確立し、戊辰戦争では新政府軍に対し唯一連戦連勝をつづけ、西郷隆盛以下薩摩武人派の称賛をかちとり、廃藩後も極めて異例な、旧藩体制をそのままに引き継ぐことが可能となった庄内地域固有の前史が、そこには横たわっていたのである。

ここに取り上げる遠州は、阿波とも庄内とも全く異なった地域的特質を前提として、明治七年一月の民選議院設立建白以後、著者の主張している幕末維新変革の第二段階に臨むこととなる。

遠州は明治元年と明治四年七月の廃藩置県によって二度の大変動を経験する特異な地域となった。幕府倒壊により駿遠三三カ国支配の静岡藩が入部すると共に、同地に領土を有していた井上家の浜松藩、太田家の掛川藩、西尾家の横須賀藩、田沼家の相良藩は、根こそぎ房総の地に転封されることとなり、かわって旧幕臣たちが移住するものの、廃藩によって遠州の地に入りこんだ旧幕臣のほとんどは東京に舞い戻り、結果的には、阿波や庄内と異なり、全くと言っていいほど士族の圧力も影響も受けない、全国的に見て稀有な地域に変貌したのである。

他方で、この地域では報徳《ほうとく》運動が嘉永期より始まり、廃藩後は報徳運動が活発な全国随一の土地に成長していった。そしてこの地の平民民権運動は、その展開の過程で報徳運動と結合し、報徳運動の指導者だった掛川の大豪農岡田良一郎《おかだりょういちろう》が、交換米反対闘争の浜松県全域の代表者に押し上げられることとなっていくのである。

従って、この地域の視座から民権運動を実証的に解明するためには、本題から縁遠いように見える二宮尊徳《にのみやそんとく》の報徳運動について、著者の理解するところから話を始めることが必要となる。

2　二宮尊徳の四高弟

二宮尊徳は周知のごとく、小田原藩の酒匂《さかわ》川沿い栢山《かやま》村の百姓であり、遠州人ではない。そして彼の名声が遠州の地にまでも轟くことになったのは、下野最南端、常陸国に接する四〇〇〇石の旗本所領、宇津《うつ》家(小田原藩主大久保家分家)の桜町陣屋での、難村三カ村建て直しの赫々たる成果をもってであった。①

元禄から享保期には戸数四三三軒、年貢米三一二〇俵弱、金納分が二〇二両もあった宇津家所領は、彼が赴任した文政六(一八二三)年までの直近一〇年間には戸数は一五六軒、平均年貢米九六二俵、金納分一三〇両にまで落ち込んでしまっていた。尊徳は、このみじめな宇津家所領の年貢及び戸数を共に増加させ、一〇年後には年貢米二〇三九俵、金納分一六六両までに建て直すこと、そのためにこの間小田原藩が年々米二〇〇俵、金五〇両を事業費として補助することを小田原藩との間に契約し、見事この約束を実現させ、年貢も二倍以上に増大させ、他方で三カ村の百姓の生活も豊かにさせ、天保四(一八三三)年・同七(一八三六)年の両度にわたる天保大飢饉に遭遇しながら、三カ村には一人の餓死者も出さないどころか、他領の村々を救援する地力までつけさせるという大事業を成し遂げたのだった。封建制下の東日本では、領主にとっても農民にとっても奇蹟とも表現しうる偉業を成し遂げたのである。「一家を廃して万家を興す」ことを期し、自分が無から建て直した二宮家の土地・家屋敷から家財諸道具まで一切合切を売り払い、家族を伴い不退転の決意のもと、文政五(一八二二)年三月一三日に桜町陣屋へ出立した尊徳の思いが、三カ村分だけここに結実したのである。

この見事な実績は遂に幕府にまで聞こえ、天保一三(一八四二)年一〇月、尊徳は幕府勘定奉行所役人に登用されることとなった。ただし配属と職務が決まらないまま、依然として桜町陣屋に居住し、江戸に出る時には宇津家屋敷の一部を事務所として使用していたのである。

弘化四(一八四七)年五月、ようやくに配属先が決定し、翌年下野真《も》岡《おか》代官所の東郷《ひがしごう》陣屋(桜町陣屋から北に約五キロメートル)に移住することとなる。既に弘化元年四月には日光神領八九カ村復興計画事業立案を命じられ、仕法書は弘化三年六月には完成してはいたが、復興事業に着手すべしとの命令が下されるのは遅れに遅れ、なんとペリー艦隊来航の年、嘉永六(一八五三)年二月のこととなった。とりあえず、仕法役所は東照宮内宿坊に置かざるを得ず、今市《いまいち》に仕法役所が完成するのは安政二(一八五五)年四月のこととなった。この月に尊徳は、東郷陣屋から妻と息子弥太郎尊行《そんこう》を伴って引き移るのである。

しかしながら、酷使しつづけた尊徳の体は、嘉永六年四月、病魔に冒されるまでになっており、今市役所に転じた一年半後の安政三(一八五六)年一〇月、尊徳は数え年七〇歳で没し、日光神領復興仕法は息子尊行と、第一の高弟である富田《とみた》高慶《たかよし》の指導のもと、幕府「御瓦解」まで、この地で継続されることとなる。

尊徳の四高弟

幕末期から近代にかけ、二宮尊徳の事業とその思想を日本全国に知らせていく尊徳の高弟四人を入門順に説明すると、富田高慶が最初となる。相馬藩士の次男で、儒学を深く学んでいた彼は、いくら儒学を修めても、相馬藩の窮乏の極にある人民を救う「経国済民」の方法を見つけることができない、と天保一〇(一八三九)年、桜町陣屋で入門する。相馬藩出身といっても、彼は禄も役職ももたない無位無官の自由な身分であった。続いて弘化二(一八四五)年に入門するのが高慶の甥で、相馬藩士斎藤《さいとう》高行《たかゆき》並びに相模国大住《おおすみ》郡片岡村の大庄屋大沢《おおさわ》小才次《こさいじ》弟正兄《まさえ》である。高行は叔父、富田高慶が今市仕法役所で尊行を支え、復興事業を指導するのと二人三脚の形で、報徳仕法による奥州相馬藩の抜本的建て直し事業の指導者となり、郷里の地で大活躍することとなる。正兄はその後、箱根福住旅館の養子となり、尊徳のもとを去るのが嘉永三(一八五〇)年一〇月である。

そして高弟四人のうち、最も遅れて入門するのが遠州佐野郡倉真《くらみ》村の大庄屋岡田《おかだ》佐平治《さへいじ》長男良一郎で、嘉永七(一八五四)年八月、一六歳で入門、尊徳が未だ東郷陣屋で勤務していた時期である。良一郎は尊徳の今市仕法役所への移住に従い、尊徳の死去に立ち会い、そして尊行と高慶の指導のもと、廻村、測量、製図、植林、道路造り、堰《せき》や樋の建設・修繕と、みっちり実地の学問と技術をたたき込まれ、さらに数多くの尊徳の仕法書類を筆写しつづけた上で、安政六(一八五九)年はじめに郷里倉真村に帰郷する。従って彼は尊徳のみならず、富田高慶から学ぶところ極めて多いものがあったのである。

また父親佐平治が嘉永六年九月、遠州報徳運動の面々六名(のちに「遠州七人衆」と呼ばれることとなる)と共に日光に赴き、尊徳に教えを請うた際、「岡田家の仕法を建てるにはこれがいいだろう」と示されたものが、大住郡片岡村大沢家に与えた仕法書で、この関係で福住正兄と岡田佐平治・良一郎父子との関係も極めて密接なものが続くのである。

これら四名の尊徳高弟が我々に尊徳の思想と活動、そして至誠・勤労・分度・推譲を柱とする報徳仕法の具体的理論と方法を伝えてくれるにしろ、最も早く入門した富田高慶でも天保一〇（一八三九）年、二宮尊徳と桜町仕法の名声が江戸にまで聞こえるようになってからの入門なのである。この名声が宇津家知行地近隣の村々に及ぶようになり、桜町陣屋近くの旗本領・下野国烏山《からすやま》藩・茂木《もてぎ》に分領を持つ常陸国谷田部《やたべ》藩などでも、尊徳の桜町仕法に基づいた復興運動が進められている段階に入っていた時期のことである。(2) 東日本の各地から桜町陣屋に教えと指導を請う人々が増加し、このような人々は「報徳連中(3)」と呼ばれ、駿遠三三カ国に報徳仕法のすばらしさを布教しつづけた安居院庄七《あごいんしょうしち》(4)のように、彼らは伝道者の役割を果たすことになる。

3　桜町仕法と富士講信徒集団

しかしながら、尊徳が一方で百姓を馬鹿にする本藩小田原藩派遣の陣屋役人と闘い、他方でいくら働いてもどうせ年貢に取られてしまうだけだと腹をくくっている桜町領の百姓たちを前にして、土地を丹念に耕し、荒れ地を開墾し、用水路を開削し、道路を修繕して物資の流通を改善することが、自分たちの生活を豊かにすることなのだと、難村復興の一般論を教え諭すだけでは、何の成果も上がりはしない。なるほどそうだと思い、尊徳に協力し、そして二度の大飢饉に際し、穀物を買い集め、窮民に配付するのに積極的に動きまわるような小百姓がそれなりに桜町領三カ村内に居住していなければ、尊徳の躬行実践と懇切なる説諭だけで成果を収めることは不可能だったはずである。

この桜町領の見事な難村復興に、誠心誠意尊徳を助け協力しつづけたのが、地元の富士《ふじ》講《こう》信徒の人々であった。富士講大成者の武州鳩ヶ谷の人小谷三志《こだにさんし》（一七六四―一八四一）は宗教的意味合いを込め、「不二孝」と表現する。

富士講は日本古来の山岳信仰の一つで、数ある名山の中でも富士山はやはり東日本では霊峰富士と言われるほど、その神々しい姿を常陸・下野・武蔵・相模・下総・上総の人々に現わしつづけてきた⑤。この霊峰を崇める富士講には、富士山には彼らが「元《もと》の父母《ちちはは》」と唱える国家鎮護の双体神の神霊が宿っているとの信仰が根底に横たわっていた。ただし小谷三志はそれ以前の富士講の中にあった修行した行者の霊力、それを駆使した加持祈禱や呪文といった要素を完全に払拭する。彼の言うところでは、我々は日と月と星に代表されている大自然の力によって生かされている、それは自分の父母だけの力では全くない、というのである。元禄から享保期にそのピークを迎える封建領主支配下でのめざましい生産力向上の動きは、それ以降の長い停滞・後退・難村化（それを天明の大飢饉が加速した）の時代に入っていったが、他方で一八世紀後半からの非領主的国内市場の形成・展開により、数次の大飢饉に見舞われる中で、日本社会は徐々にその相貌を変えていった。

とはいっても、一九世紀初頭の日本社会は、武家とサムライ以外、あらゆる男女はその父方でも母方でも農村と百姓に結びついていた。耕している、その黒々とした田畑は良質の地味、美味の米がとれる先祖代々の勤労の賜物であり、大地に働きかける勤労が誠心誠意のものであるならば、大地と自然は必ずその働きかけに応えてくれる、肥沃な土地がなく開墾しなければならないならば、笹の地下茎を除去することがいかに大変か、木の切り株を取り除くにはどれほどの人力を費さなければならないのか、百姓なら言われずとも熟知していることであった。

父母のみならず先祖代々の労苦に、日と月と星に象徴される大自然が正直に応えてくれている、この先祖代々と大自然の恵みに応えること、これを小谷三志は「孝」と名づけたのである。百姓の家、「百姓株」を存続させるには父母・祖父母・先祖代々への孝が不可欠、彼はそれを大自然に孝を尽くすという宗教的観念に拡大・深化する。

小谷三志は他方で、「天子様、天下様〔将軍家〕」並びに主《あるじ》と親への孝なるものも強調する。一見すると封建支配への無条件的追従を説いているようだが、彼が東照大権現に孝を尽くさねばならないと説くのは、家康公が戦乱の世を百姓が平和裡に勤労できる世に変えてくれたからなのである。小谷は大名などを「つくり神ではなく生き神様だ」とも表明するが、それは我々百姓の生活を妨げるものを取り払い、百姓の敵を打ち払う責任を帯びているからこそ、父母と同様に孝を尽くさねばならないのだ、とするのである(6)。

小谷三志の理解によれば、支配者としての武家・サムライを敬えというよりは、四民の役割上の三民への責任を負っている者という位置づけになってくる。この四民それぞれの身分的役割分担というものの考え方は、男女の間の平等という観念をも生み出すこととなる。古来霊峰登山には女人禁制という制約が固着していたが、小谷三志は天保期には女性と共に富士登山をおこなうこととなる。

近世農村というと、村落共同体的強制が強力というイメージがつよいが、近世後期の農村には商品経済が浸透し、村内の貧富の格差は増大し、村全体でまとまるということは困難になっていた。小谷も、「世のよしあしをふりすてて、われさへつとめゆくならばゆくならば、天のめうが《〔冥加〕》に叶ひつつ、子孫さかゆることわりよことわりよ」という道歌《どうか》をつくっているのである。

各地から富士山への繰り返される登山と、富士山での神霊との交流という神秘的体験は、狭い村の枠を超えさせ、幕領・大名領・旗本領の垣根を取り払った民衆的結びつきを創り出し、情報交換を盛んにし、しかも農業技術と作物の種にかかわる知識の伝播を生み出していった。信者にとっては、広い日本を一つのものとして認識することが可能になっていったのである。富士講第五世食行身禄《じきぎょうみろく》(一六七〇―一七三三)の「誠かな、道あらたまの御代となり、関も戸のあく不二の裾原」という道歌は、この時期には富士講信徒全員の共有するものになっていった。

小谷三志(富士講第八世)が大成した富士講教理の中で、著者が特に関心を抱いているのが、その生命観である。三志は修行を重ねた独特の呼吸法によって、人は「元の父母」とつながることができ、人々はこの「元の父母」の「御霊《みたま》の恩頼《ふゆ》」によって生かされていると説き教えた。「元の父母」なる霊峰富士の神霊によって人々が生かされているという小谷的富士講(不二孝)の生命観は、いかに現世が苦しくとも、この現世に生きること自体が可能性に満ちていること、そして神から賦与された己の生命の尊さを信者に自覚させることにある。それは歴史的・客観的に見れば、一九世紀に入った日本が、その豊かな可能性を実現しうる段階に入ってきたことを意味した。

様々な形での神または神々によって与えられた生命の意義を自覚し、その生命の成長・発展を願い、それを抑圧するものへ反発し憤激することは、一九世紀に入った日本での新たな思想運動ではなかったかと著者は捉えている。現実は空しく、来世にこそ救いがあるとする厭離穢土《おんりえど》・欣求浄土《ごんぐじょうど》の思想とは異質なものが成長してきたのである。この生命観をもつ人々の来世観は、現世での勤労と社会への奉仕が、とりもなおさず神に嘉《よみ》され、新しい社会を創造する基礎となる。

富士講信徒の尊徳支援

尊徳は桜町陣屋での活動において、地元の富士講信徒たちの協力を得ただけではなかった。小谷三志ともしばしば交流を続けているのである。最初の出会いは文政一〇(一八二七)年一一月二〇日、著名な尊徳の成田山参籠事件(7)の二年前のことであった。三志の考え方によほど動かされたものだろうか、その直後の日記に尊徳は、「昨日よりしらぬあしたのなつかしや本の父母ましませばこそ」との三志の道歌を書きつけている。

ただし、小谷三志と富士講信徒の考え方と行動が尊徳に強い影響を与えたと一方通行の形で捉えてはならないだろう。富士講信徒にとっても、勤労と社会奉仕が、彼らが「みろくの世」と言っている良き社会への具体的接近方法を、尊徳の実践しはじめた桜町仕法の中に見出し、それがために尊徳のまわりに結集し、彼を助け、そして彼の考えを周囲に伝播していく初期の担い手集団になっていったのである。周囲の難村の建て直し、周辺の旗本領や大名領の復興に尽力するのが富士講の人々であり、いわゆる「報徳連中」の最初の活動部隊となったのが彼らだった。第一の高弟富田高慶が天保一〇(一八三九)年六月、桜町陣屋に入門を申し入れても、「机の上の学問をする儒者など役に立たない」と冷たくあしらわれ、入門を許されるまでの数カ月間彼を引き取ったのは、常陸国下高田村の熱心な富士講信徒大山《おおやまた》太助《すけ》であった(8)。下高田村は常陸国西端、桜町陣屋から真南に五キロメートルのごく近い村なのである。

4　分度を守るべき者は誰なのか

とすれば、尊徳の考え方は小谷三志の教えとほぼ同一のものだったのだろうか？　そうではない。富士講においても、その信仰の中にはそれなりの歴史段階論があり、それが故に、人々が不二孝信徒になっていけば、今の世において「みろくの世」が実現されるのだというものだった。その歴史段階論とは、貞享五（一六八八）年六月一五日、「大自然の気がふりかわ《〔振り替〕》った」というものである。

しかしながら、尊徳はこの歴史段階論を全く取り入れなかった。彼は小谷の教えに深く学びながらも、説いた教えは、「孝を尽くす」という富士講（不二孝）の思想ではなく、「以徳報徳」という、名君大久保忠真《ただざね》から天保二（一八三一）年に賜った『論語』「憲問篇」の精神をその土台に据えたのである。『論語』は儒学の根本教典で、幕府が金科玉条としている封建教学の依拠するところ、民衆的な生命観を宿している富士講の思想からは大きく後退しているイデオロギーだと捉える者もいるだろうが、ただし尊徳の考えを実践しようとする「報徳思想」は、そう単純な決めつけられ方が不可能なものであった。

富士講（不二孝）の主張する「孝」とは、百姓の家と「百姓株」を維持する上での根本道徳ではあったが、しかしながら下から上に尽くすだけの一方向的運動にしかならない。上位の者、支配する者が守るべき、己を内面から縛るべき道徳は、そこでは何ら説かれてはいないのである。

すばらしい社会改革者二宮尊徳は、君と臣、主人と従者、領主と領民という江戸期の封建的社会関係を大前提としながらも、彼の思想の根底には、「〔百姓を〕潰し〔年貢を〕取立候より、不潰様《つぶさざるよう》取計候方、国家の御為第一の儀[9]」との考え方が脈々と流れているのである。その考えは「百姓の生活を安定させてこそ、旗本・大名・幕府が存在しうるのだ」とも表現できるだろう。この考え方は、飢饉で百姓を何万人と餓死させても、支配階級である大名・サムライには一人の餓死者も出さなかった江戸時代においては、革命的と言っていいほどの骨太の思想だと著者は評価している。

従って、分度を建てるべきなのは百姓の側ではなく、旗本・大名・幕府の側なのである。

分度の責任者は旗本・大名

もちろん「報徳連中」の中には、領主が分度を建てないまま報徳仕法を実践しようとし、村内で縄をない、わらじをつくり、零細な資金を蓄積することで村の建て直しを図る人々も多く存在した。しかしながら、相模国大沢家のように、よほどの強固な意志をもって報徳仕法を実践しようと試みるも、代が替わったり、異変が起こったりすれば、容易にその仕法は失敗してしまうのである。

尊徳がなによりも強く主張しつづけたことは、分度は領主が建てるべきものであり、領主側はそれを仕法実践中は極めて厳格に守り抜かなければならない、という鉄則の必要性であった。

前に挙げた大山太助が好例となる。太助はそれなりに報徳仕法に従っての自村の建て直しに成功(この場合には、先行投資として主唱者の卒先しての醵出米金＝「土台金」の存在が前提となる)し、それを知った旗本領主中根壱岐守は、太助を知行所六カ村二四一一石全体の建て直しの責任者に任命する。領主から己の働きを認められて代官職を引き受けた太助に、尊徳はこう説諭するのである。「領主と領民の永久安全の道は、なによりもお上《かみ》が悉《ことごと》く知行所の者共を子のようにあわれみ、領主自身が暮しを倹約し、艱難に甘んじ、分限を守り、少しでも百姓を撫育するならば、下《しも》はその仁徳に感動しない者は無く、旧弊も惰農無頼の行いも改められ、本業に精出して御恩に報いようと努めるようになる。どんなに仕法が良法であろうとも、第一に領主の分度決定が無かったならば、仕法の成就は不可能だ[10]」と。

報徳仕法のモデルとなった桜町仕法がまさにこの実践であった。地頭の宇津家は自家の分度を決定、百姓の負担を三割減少して百姓の勤労意欲を育て、仕法の期間中は知行地内三カ村の生産力が向上しても、それはすべて仕法の資金にまわし、決して年貢を増徴しない、さらに宇津家本家である大久保家小田原藩は仕法期間中、毎年米二〇〇俵・金五〇両を事業費として補助しつづけるという、尊徳と本藩・分家間との契約のもとに遂行され、契約が厳守されたからこそ、はじめて成功したものであった。

パブリックな財産の形成　領主、地頭側の堅い覚悟の分度決定並びに先行投資、そこに余裕の生まれてきた領民の土地・山林・資金の献納が加わり、そしてこの蓄積資金が無利息の復興資金(当時一割五分から二割が通常利息)として機能し、借主は借金を完済後、一カ年分の献納金を納めることによって「報徳金」なるものが増殖していくというサイクルをもつものが報徳仕法というものであった。分度を厳守する領主・地頭がそれなりの先行投資をおこない、その仁徳に感動した領民が開墾地用としての私有の山林・原野と資金を提供、こうして創出される公共の、パブリックな財産が、報徳仕法成功の秘密の源泉となったのである。

しかしながら、三カ村を対象とした桜町仕法でさえ、名君大久保忠真が存在していたからこそ、彼の全幅の支持に支えられたからこそ成功し得たのである。忠真没後の小田原藩でも、自領出身の二宮金次郎(尊徳)の成功に目を輝かし、藩当局に迫る「報徳連中」の圧力のもと、報徳仕法を試みるものの、小田原藩自体の分度は何らつくろうとしなかったままに失敗し、逆に尊徳は小田原藩内での仕法指導を弘化三(一八四六)年に藩当局から禁止されてしまったのである。

また谷田部藩においても、金が必要になったからと、途中で茂木での仕法実施を放棄してしまい、烏山藩においても、仕法が順調に進展し、分度以上に収穫米が取れるようになった段階で、仕法を導入しその継続を主張した家老の菅谷八郎右衛門は罷免されてしまい、その収穫米は藩財政に投入されてしまうのであった。

以上のような報徳仕法の数々の失敗を、単に領主や地頭側の自己の分度に対する不誠実さだけに帰することはできないと著者は感じている。分度は領主が建て、領民との約束によって厳守すべきものとの考え方は、領民が領主・地頭側を縛る「契約」となるのであり、封建制支配体制においては本質的危険性を内包している。さらに桜町仕法の実施過程で二度の辞表提出、そして成田山への失踪・参籠という形での闘争を敢行する中で、ようやく本藩派遣役人の干渉を排除し得たのであった。仕法実施中は藩は口を出さないとの当初の約束は、「金次郎には復興事業だけを任せている」という枠を超え、自ら三カ村の行政や司法の諸問題にかかわることになり、結果的に陣屋役人の派遣が必要なくなり、尊徳が富士講信徒面々の協力を得、実質上の三カ村の指導者になり得たからこそ成功したのであり、尊徳を絶対的に信任する藩主忠真の存在がなかったならば、成功は到底不可能であったはずである。

ただし、報徳仕法の着手段階または実施過程の中で、多くが失敗か挫折したとはいえ、少なくとも桜町陣屋三カ村では見事成功させ、また結果的に十分な成果を挙げられなかったとはいえ、近隣地域へ多大な影響を与えることが可能だったのは、下野・常陸地域での富士講信徒の献身的協力活動があったからこそである。封建制下、村請制度のもと、難村を復興し、「百姓株」の維持を図り、百姓の暮らしを少しでも向上させるためには、このような下からの担い手を育成しなければならない。遭遇しつづける苦難と挫折の中で、いやおうなくこの課題は尊徳に突きつけられつづけていた。それが故に、指導を請いに下野の地に参集する百姓たちに、報徳仕法の仕組みと報徳仕法の精神を教え、百姓の暮らしが立ちゆくような社会を創出する運動を下から支える門人＝「報徳連中」を一人でも増やさなければならないのであり、その極めて多忙な中、彼らに懇切に応待し種々の疑問に答え、そして仕法書その他の諸資料を写させつづけたのである。この意味においては、領主・地頭側への分度設定・厳守要求と「報徳連中」育成は内在的に結びついている。

「報徳連中」育成上の問題

しかしながら、この「報徳連中」育成問題でも尊徳は制約を受けていた。

第一に、彼は支配者側の命令のもとで百姓たちに仕法を指導しなければならない立場にある。そして封建支配者が支配している百姓・町人の側に要求する第一原則が「一味徒党厳禁」なのであった。具体的な組織づくりは、悪意のある者が存在する場合、容易に徒党を組もうとしているというレッテルが貼られることとなり、封建制のもとで事業を成功させたい尊徳としては細心の注意が必要なところだった。従ってこの課題は、尊徳の教えを請いに来る人々の側の理解如何に大きくかかってくるものであった。斎藤高行のように、当初から相馬藩自体を仕法の実施主体にしなければならないという者にとっては、この理解の必要性はそれほどなかったのである。また尊徳自身も、嘉永六(一八五三)年からの日光神領八九カ村建て直し事業においては、衰えはじめた体に鞭打って、なんとか一日も早く成果を挙げねばならないとの気持ちから、在村有志者の育成ということなく、領主東照宮の宮様御命令という建前を錦の御旗として前面に押し出すのである。

第二に、富士講との関係が変化したことである。富士講は嘉永二(一八四九)年九月、講組織自体が禁止されてしまった。様々な要因がそこにはあったとはいえ、著者の理解では、天保一四(一八四三)年の禊《みそぎ》教教主井上正鉄《いのうえまさかね》の三宅島への流罪、嘉永元(一八四八)年の烏伝《うでん》神道主唱者梅辻規清《うめつじのりきよ》の八丈島への流罪という流れの中でこの禁制が加えられたものであり、いずれも多人数を結集している徒党禁止政策違反並びに幕府公認封建教学たる神儒仏三教一致、新儀御法度との宗教政策に違反したからであった。幕府役人たる尊徳も立場上、富士講からは一定の距離をとらざるを得なくなったのである。

ところで、天保一三(一八四二)年、幕府勘定奉行所役人に取りたてられたにもかかわらず、長い間これといった大課題を与えられず(その間尊徳は、真岡代官所の東郷陣屋管内の各種復興事業の計画・指導をおこなっているが)、鳴かず飛ばずの状態に置かれていた。そして日光神領復興事業が下命された際は、報徳仕法の大原則、即ち幕府からの先行投資としての米金支給が何らなされなかったにもかかわらず、なぜ彼はこの大事業を引き受けたのだろうか。このあるべき先行投資が皆無だったため、彼は営々として貯えつづけてきたパブリックな資金＝報徳金五〇〇〇両を日光輪王寺宮名目金《りんのうじのみやみょうもくきん》に差し加え、その利子をもって先行投資資金にしようとしたのである。

やはり尊徳には欲があったと著者は推測したい。三カ村を対象とした桜町仕法を成功させたごとく、国家そのものである幕府直轄の日光神領八九カ村においても、是が非でも報徳仕法を成功させ、百姓が立ちゆくような全国的モデルを創りたい、この欲＝「一家を廃して万家を興」したいとの大欲から、あまりに条件が整わないままに、この大事業に敢えて乗り出したのではないだろうか。

しかしながら、その汗と涙で蓄積しつづけた報徳金五〇〇〇両は、幕府「御瓦解」と共に雲散霧消してしまったのである。

5　相馬仕法の成功と廃藩置県

尊徳が開始した日光神領復興事業は、今日でも今市を流れる、二三四町歩の水田化の水源となった六キロメートルの二宮堀の開削など、いくつかの成果を挙げながらも、幕府からの先行投資の欠如と幕府倒壊のため、当初に期されていた計画のほとんどは中断したままになってしまった。一方、桜町仕法に続き見事な成功を収めるのが、奥州中村藩の相馬仕法となる。

出身地の小田原藩では尊徳の指導すら禁じられたのに、相馬藩には受け入れられたのは理由があった。

なによりもまず、尊徳の四人の高弟のうち富田高慶と斎藤高行の二名までが相馬藩士であり、この二名ならば報徳仕法を成功させるだろうとの尊徳の厚い信頼と期待があり、この二名にも、報徳仕法を完全にわがものにして相馬藩内において是が非でも成功させたいとの強い願望があったからである。小田原藩士の間には誰一人として、百姓金次郎に学ぼうとするサムライは出てこなかった。

第二に、天保期の相馬藩は疲弊の極致に陥没していたからである。安永九(一七八〇)年には草高六万石の相馬藩の年貢収納高は一〇万俵以上だったのが、天明の大飢饉は同藩を直撃し、天明六(一七八六)年には四万俵を割るほどの大凶作、一七世紀には領内人口は九万人だったものが、飢饉後は三万六〇〇〇人にまで大減少してしまった[11]。歴代藩主は厳格な緊縮財政をとりつづけ、天保期の二度の飢饉には、なんとか餓死者こそ出させなかったとはいえ、藩財政はどうしようもなくなってしまったのである。富田高慶が桜町陣屋の門をたたいたのは、儒者としての切羽詰まった思いからだった。ただし、この門人二名の思いだけでは、相馬藩への報徳仕法導入は困難だったろう。それが可能となったのは、相馬藩家老自身が藩財政を建て直すためには報徳仕法の導入以外手がない、と覚悟を決めたからなのである。

天保一〇（一八三九）年一一月、富田高慶のようやくの入門許可を喜んだ相馬藩家老草野《くさの》半右衛門《はんえもん》は、その直後の一一月八日、「在所荒廃の地を相開候　拠《よりどころ》と仕度、赤心　聊《いささか》　御察し取被下《くだされ》、御仁恵の御扶助可被下《くださるべく》候」、「貴君桜町御再興の御丹精、驚耳感心の事に御座候[12]」との礼状を尊徳に送っている。さらにこのままでは藩はもたないと、二代の藩主自身も、相馬仕法完遂の腹を固めたのである。小田原藩では、一八三七年の大久保忠真死没後はこのような藩主も家老も出ないままであった。

尊徳は富田（一八五二年、尊徳の娘文子《ふみこ》と結婚するも、文子は翌年、日光移転前に死去）・斎藤の二人を信頼し、相馬仕法を全面的に指導することになった。相馬仕法は弘化二（一八四五）年に開始され、明治四年七月相馬藩が廃止されるまでブレることなく一貫して継続されていった。そしてあくまでも、尊徳の、そして彼の没後は息子尊行の指導を受け、そのもとで日光の富田が相馬領内で仕法の指揮を執り、甥の斎藤と共に仕法を遂行していく形式をとりつづけるのである。

まず弘化二年には二カ村で仕法を実施し、それが成功するや、各村に藩から仕法掛役人が派遣され、藩庁内に設置された仕法役所の一元的指導のもとに、綿密に事業を遂行していった。

藩指導の報徳仕法においては、米価政策にも手を伸ばすこととなった。相馬の地相場は安いことから、藩は藩内の余剰米を集荷し、江戸に送って高値で売却、その代金を百姓に還元したのである。

ただし慶応二(一八六六)年は全国的大凶作の年となり相馬領内でも異常な高米価で、藩政執行部は一定の価格をもって米を上納せしむべしと命じ、領外への米の搬出を禁止し、他領で米を販売する者を捕縛しはじめた。

「興国安民」を目的とする相馬仕法

この執行部のやり方に対し相馬仕法の総責任者富田高慶は強硬に抗議するも、執行部が受け容れないので業を煮やし、報徳仕法が実施されている村々において、時価で米を買い上げる措置に出た。執行部は激昂し、「報徳仕法は藩行政の外でおこなうべきもの、藩庁の法令を破ってまで民に仁を施すならば、藩政は成り立たない」と叱責、これに対し富田は、「凶年に当って廉価に買上げるのは仁政ではない。藩の法令は仁術をこそ基礎とすべきだ、今之を収斂の道具とするならば、二宮尊行に謝り、「興国安民」の法を行うことはできない、藩庁が強いてこれを強行しつづけるならば、報徳仕法は即刻廃止する外ない」と、藩主相馬充胤《みちたね》に訴え、充胤は富田の主張を認めたのである。富田の報徳仕法哲学はかほどに確固としたものであった⑬。

明治三年までの相馬仕法の成果は、人口の増加すること二万一七一五人、租税の増大すること三万二三一二俵であったと岡田良一郎は語っている⑭。

ところで、慶応四(一八六八)年は幕府倒壊の年となり、富田は今市の二宮尊行とその息子、そして尊徳未亡人なみを相馬に引き取り、明治四年に尊行が数え年で五一歳で亡くなるや、その息子尊親《そんしん》の後見役となって報徳仕法を継続しようとした。

だが、同年七月の廃藩置県によって相馬藩は廃止され、相馬地域の報徳仕法は大きな岐路に立たされることとなった。

富田は明治五年一月、東京に出て、太政官政府に相馬での事業継続方の支援を要請、各方面に働きかけ、留守政府の最高責任者参議西郷隆盛にも面会することができた。明治五年三月一三日のことである。

意外なことに、西郷は二宮尊徳の事業を水戸の藤田東湖《とうこ》から教えられ、既に知っていたのである。西郷も青年期、薩摩藩農村行政の最末端で働いており、農村復興策に腐心しつづけた経験があり、富田との会談では、報徳仕法の継続方につき関係者に働きかけることを約束し、東は相馬から西は鹿児島まで報徳仕法を展開し全国に押し広めよう、と将来構想まで富田と語り合うのだった⑮。

廃藩後の相馬仕法

廃藩置県は、日本をただちに中央集権的近代統一国家に改造したわけではない。藩を廃止したため、各藩の軍事力であった士族軍隊と各藩士族の存在は宙ぶらりんの形になっていた。西郷自身も在地士族集団は国家独立のための不可欠な存在と考えており、また富田の相馬地域でも士族をいかに遇していくべきかの課題が相馬仕法継続問題の中心になっていたはずなのである。

西郷が一方で軍事的態勢を崩さなかった庄内士族のあり方を断固支持し、他方で農民生活向上のため報徳仕法の積極的施行を支持応援しようとするのならば、では鹿児島県の農民と薩摩藩の砂糖専売制度のもとで窮乏の極に置かれつづけていた奄美大島をはじめとする南西諸島の農民にどのような改善策を考えかつ実行したのか、また士族維持政策との矛盾はなかったのか、半独立県政下での具体的展開の解明が必要となってくるだろう。少なくとも太政官政府部内においては、西郷はこの件を正院に詳しく報告、発言しており、大蔵省に対しても大蔵少輔渋沢栄一には直接働きかけをおこなっているのである。

相馬藩を吸収して成立した磐前県《いわさき》からも、明治四年一二月、県七等出仕に任じられた富田のみならず、県参事からの積極的働きかけもおこなわれた。磐前県では規模を縮小しながらも、富田を責任者として報徳仕法を県下に施行することとしたのである。しかしながら、明治六年一〇月の征韓論大分裂による西郷隆盛の下野によって、政府の政策として報徳仕法を取り上げることは問題にされなくなりだした。尊徳存世中に諸藩が契約の形で仕法実行者との約束を結ぶことを極力回避したのと同様、国家権力も人民との契約は国家主権が制約されるものとして体質的に嫌悪・忌避しつづけるからである。結局明治九年八月、磐前県・若松県を合併して成立した福島県は、これまでの官営的報徳仕法を廃止してしまうのである。

そのため富田は相馬の地に民営の興復社を明治一〇年八月に設立、開墾事業や無利息金貸付事業などをおこなうこととなった。明治二三年一月、富田が数え七七歳で死没したのち、富田の後見を受け成長した尊徳の孫尊親は、「北海道国有未開地処分法」が明治三〇(一八九七)年三月に公布されたことに着目、同年相馬の人々を募り、北海道十勝、帯広近くの茂岩《もいわ》の地(今日の豊頃町《とよころ》)に入植し、その後一〇年間に移住戸数一六〇戸、人数九五八人、開墾した畑八四四町歩という成果を報徳仕法で挙げ、尊徳の理想だった自作農創設に成功するのである。

6　幕末・明治初年遠州報徳運動の特質

遠州の報徳運動は他の諸地域に比較して、出発当初より極めて活発なものがあった。それには尊徳のもとで直接教えを受けた、相州大山《おおやま》の修験者の家に生まれ商家に養子に入った安居院庄七の精力的な報徳仕法の弘布がかかわっていた。彼は尊徳の教えを東海の地で吸収されやすい形にまとめあげていたのである。一、農事に徹し毎日縄と草履をつくること。二、博打はやらないこと。三、村民は常に助け合うこと。四、貯金の習慣をつけること。五、休み日の午前中は村民全員で道路の奉仕作業に出ること。六、毎月一回常会を開き話し合うこと。七、親に孝行を尽くすこと。しかも彼は東海地方を旅行しつづけており、最新の農業技術も含めてその話は極めて具体的で説得的、このような布教者が常会では必ず必要となり、村民に実践的知識を与え、村民の一和をつくり出す。彼は無数の布教を重ねていき、文久三(一八六三)年、敷知《ふち》郡小松村の袴田勘左衛門のところで報徳仕法を講じていた時に発病、浜松の田中五郎兵衛宅において八月一三日、数え七五歳で没するのである⑯。

庄七が遠州の地で報徳仕法を根づかせたのは弘化四(一八四七)年、長上《ながかみ》郡下石田村の豪農神谷与平治森之・森時父子のところであった。同村は六三三石余の大村であったが、天竜川沿いのため、洪水被害に再三遭う村であり、そして近年の違作(不作)に困窮、村の建て直しに父子が辛苦・模索している最中のことである。村落共同体の再建を豪農が尊大に構えず率先してやりぬくこと、農民たちに未来の希望を与えることを、庄七は熱誠をもって父子に説き、庄七の教えに強く共鳴した神谷父子は、同年三月一一日、下石田報徳社を同志一三名をもって結成する。

神谷父子が指導する下石田報徳社が成果を挙げはじめたことを知った佐野郡倉真村の豪農で大庄屋の岡田佐平治は、衰退した岡田家の建て直しと困窮している村の建て直しの二つの課題を背負っていたため、庄七を自宅に招いてじっくりと報徳仕法の理論と実践について聴き、また自分からも意見を述べ、長時間の討論を重ねた末、嘉永元(一八四八)年一一月、倉真村にて星耕地報徳社を結成した。

　これら二つの報徳社が着実な成果を挙げはじめたのを知ることとなった遠州各地の村々でも、次々と報徳社が設立されていった。それには安居院庄七、神谷与平治父子、岡田佐平治らの熱烈な勧誘が与っていたのである。この結果、嘉永五(一八五二)年までに遠州の地には三二カ所の報徳社が設立されることとなった。本章2節で言及した嘉永六年、「遠州七人衆」の日光での尊徳との会見には、安居院庄七が案内役として万端のお膳立てをおこない、庄七自身もその場に臨むのである。

遠州報徳運動の特質

　遠州報徳運動の特質は、豪農たちの率先しての資金(土台金)投入を前提とした報徳仕法に基づく自村の窮民救済と「百姓株」の維持、村内一和態勢の醸成と共に、自作農・自小作農も含み込んだ百姓の農事改良・生産力増大への強い要求を汲み上げて農談会を組織していこうとしたことである。このことは当然のこと、各村報徳社の横のつながりを創り出すこととなり、嘉永五年暮れには第一回の遠州全域の報徳運動重立ちたちによる会合(「大参会」と呼ばれた)が、下石田村の神谷与平治宅において開催されるのである。第二回目の会合は翌年の春、周智《すち》郡宇刈《うがり》村の村松茂兵衛宅で開催され、ここで遠州報徳衆四一九名を代表して、日光の二宮尊徳を訪問する代表者七名が選出されたのである。即ち長上郡からは神谷与平治森之、佐野郡からは岡田佐平治と影森村の内田啓助、引佐《いなさ》郡からは気賀《けが》村竹田兵左衛門と同村松井藤太夫、周智郡からは森町中村常蔵と同町山中利助の面々である。

　右の「大参会」なるものは明治に入るまで、年に一度ずつ一貫して継続されていくものの、遠州全域の人々が頻繁に会合することは困難であるため、元治元(一八六四)年からは、遠州を四つの地域に分け、それぞれの地域が毎月一回の農談会的「参会」を開催するまでに成長していった。村々の自作・自小作をも含めた百姓の要求をしっかりと踏まえたこのような会合は、各村の報徳社、遠州四地域の「参合」、年一回の報徳連中重立ちによる「大参会」と三重構造をもつようになり、それは大名領・旗本領・幕領という領域を超える遠州一国単位の豪農主導の運動体となっていったのである⑰。

ここで注意したいのは、本章2節で「豪農たちの率先しての資金（土台金）投入」のことを述べておいたが、遠州の場合、自村の報徳社限りへの「投資」という形態をとらなかったことである。岡田佐平治の場合がその典型となるが、彼は安政元（一八五四）年、岡田家の報徳仕法書「雲仍《うんじょう》（末代までの子孫）遺記」を制定する。そこでは、領主である太田家掛川藩農村復興事業に加入する形をとっているのである。即ち「当寅年より六〇ヶ年の間、年々御上様え米五〇俵を上納仕、村々窮民撫育・麁田《そでん》起返御仕法御土台御備金の内え御加入相成候様奉願上」たくと佐平治は明言、併せて金一〇〇両も上納するとしているのである⑱。

つまり、報徳仕法は、何よりもまず領主の分度決定と領主の領民撫育姿勢が出発点であり、領主側の積極的施策及びそれへの有志家たちの自発的献納米金が報徳仕法を回転させる前提であることを、佐平治はよく理解していたのである。そして佐平治が送り出していた息子の良一郎は、日光において嘉永七年八月より五年間、尊徳と富田高慶のもとでみっちりとこの原則を体で覚えこむのであった。

遠州諸藩・幕領の対応

「報徳連中」による下からの窮民救済・難村建て直し、「百姓株」の維持⑲、農事改良運動並びに使用目的を特定しての自発的献納米金の動きが相まって、領主側の積極的施策を引き出すこととなった。運動の主体が小前や貧農では全くなく、藩政を末端で支えている領内豪農商層で、しかも難村建て直しは藩財政からいっても最重要課題ということになれば、一味徒党の動きかと決めつけはせず、相馬藩のように全藩挙げての分度制定、報徳仕法実践とまでは到底いかないにしろ、抑圧するのではなく、むしろ利用しようとする姿勢が藩側につくられる。掛川藩役人も安居院庄七の話を岡田家でじっくりと聴き、[20]それなりの理解もしていたのである。その結果、岡田佐平治は掛川藩内の佐野郡・城東《きとう》郡・山名郡・豊田《とよだ》郡の難村復興仕法において、藩財政からの支出を獲得しながら、多くの村々を復興させていき、その声望は遠州全域に轟くようになっていった。明治に入っても、三一〇〇両もの借金をかかえている佐野郡幡鎌《はたかま》村、五七〇〇両もの借金を背負っている山名郡中野村の復興に、静岡藩の財政支出に依拠しつつ尽力するのである。

　右に述べた領主側の難村復興施策への積極的資金投下、並びに使用目的を特定しての報徳社からの領主への献納米金という下からの動きは、岡田家以外にも見られるので、著者は今のところ、遠州「報徳連中」共通了解の中でおこなわれたものではないかと見ている。

　領主側での積極的施策は、幕領中泉《なかいずみ》代官所でも見られた。下野真岡代官山内総左衛門は尊徳に冷淡な態度をとりつづけたのだが、中泉代官所の名代官林伊太郎《はやしいたろう》は、私財を投入、また有志の献金を募り、安政四(一八五七)年、領内窮民救済のため、恵済倉《けいさいそう》なる組織を立ちあげ、その後も領内有志家の自発的献金をもって「救窮済貧」政策を実行しつづけていく。[21]

　ところで、尊徳自身、難村復興の上で最も配慮したのが飢饉対策であった。これこそ難村対策の最大の眼目と言ってもいい。大飢饉は数十年に一度必ず到来する。尊徳直々の指導を受けて遂行されていった相馬仕法においても当然重視され、廃藩時点で凶荒予備の米粟籾は七万一二四三俵にも達していた㉒。

しかしながら設立当初の静岡藩はこの体制を整える以前、明治二年一一月の遠州一円の大一揆を引き起こしてしまったのである。引佐郡気賀村の大豪農気賀半十郎らからは郡中非常備金として二二〇〇両の献金がなされ、翌明治三年、庚午《こうご》の年八月には、静岡藩は、年貢米の二〇分の一の現石を各村々に備荒貯穀するので、各村々も年貢の二〇分の一相当の現石を備蓄しておくべしとの触れを領内全域に布達したのである。

以上述べてきた、租税とは性格の異なる、本来的な意味における公共資金、パブリックな性格をもたされた米と金銭は、廃藩置県の結果浜松県に引き継がれることになった。岡田佐平治の報徳米金一六〇〇円、中泉代官所由来の恵済倉二二〇〇円、中泉代官所への窮民救済献金一七〇〇円、気賀半十郎ほか四名の献金二二〇〇円、そして最も多額だった「庚午貯穀」の八九四八円等々、総計一万九五〇〇円、米一三二石である㉓。

ここで注意すべきことは、明治三年に制度化された備荒貯穀システムは静岡藩内の駿河国にも三河国にも存在していたにもかかわらず、遠州と異なり、浜松県のような公有金の形で引き継がれなかったという事実である。この多額の米金を公有金として浜松県に引き継がせたことそれ自体が、遠州「報徳連中」の幕末期以来の一国ぐるみの運動の成果だと見て無理はない。

資産金貸付所の成立

この二万円弱という当時としては巨額の資金を原資として、資産金貸付所を明治六(一八七三)年一一月に開設させたのが、当時浜松県庁に出仕していた岡田良一郎であった。彼の念頭には当然、師二宮尊徳の「分度は為政者が立てるものだ」との教え、そして第二の師である富田高慶が推進し、藩自体が報徳仕法を成功させた相馬仕法の教訓がこびりついていたはずである。個々の村単位の、孤立した報徳仕法では困難が山積みとなる、廃藩まで仕法主体となっていた旗本・大名と同一線上に県を据え、下から遠州各地の報徳社が協力して遂行している救貧・済民運動、「百姓株」維持運動に力を貸し、それらの運動を成長させるため、県行政はしっかりした財政・金融制度を立てなければならない、良一郎の狙いはここにこそあったはずである。

しかも彼は、この原資を核としてさらに資金を蓄積すべく、報徳活動家、県下の資産家たちと協議し、一株五〇円の株式を発行、その集団的責任者（＝「主務」）となる者を株式五〇〇円以上の株主とした。浜松県の指導のもと、浜松に本社を置く一大金融機関が誕生するのである。明治六年一一月の創設当初、浜松県が任命した御用掛は、佐野郡の岡田佐平治・山崎千三郎・松本文次郎、城東郡の丸尾文六、磐田郡の前島嶼一・古沢修・金井文平、豊田郡の青山宙平《あおやまちゅうへい》、長上郡の金原明善・平野又十郎・竹山梅七郎、引佐郡の気賀半十郎・気賀鷹四郎の一三名で、いずれも郡を代表する資産家かつ名望家である。ここに県下の資産家・豪農商・地主が総結集する場がつくられた㉔。

浜松県はこの金融機関を中核にし、県下の豪農商・資産家たちの力を借りつつ、生産力向上と殖産興業政策を展開しようとした。そのために、県下すべての報徳社を統轄する上級機関の設立を「報徳連中」に勧め、ここに明治八年一一月、遠江国報徳社が浜松町玄忠寺において結成されることとなった。初代社長には岡田佐平治が就任、副社長には神谷与平治森之、周智郡森町の新村豊作、敷知郡浜松町の小野江善六、豊田郡深見村の伊藤七郎平、引佐郡気賀町の鈴木得三郎が就任、いずれも長年の活動歴を有する「報徳連中」の重立ちである。ただし年齢のこともあり、文化九（一八一二）年生まれの佐平治は就任直後に辞職、明治九年四月に長男岡田良一郎が第二代社長に就き、就任に当たって良一郎は、立徳・致富・開智の三大綱領を示すのである。

7　浜松県下の民権運動

明治七年一月一七日の民選議院設立建白は、浜松県においても甚大な影響を及ぼすこととなった。しかも廃藩後、この地では士族の動向はほとんど問題にならず、平民民権的潮流が支配することとなる。そして、その前提には遠州報徳運動が存在していたのである。

明治六年一〇月二七日付『公文通誌』には、左のごとき浜松県近情が報じられている。

浜松県下遠江国日坂《にっさか》駅旅籠屋渡世斎藤二郎なるものの発意にて、同所富農岡田良一郎・戸田八郎右衛門等数名をかたらい、今を距《へだて》ること四年前、庚午〔明治三年〕年間より我国の新聞紙は言ふも更なり、西洋各国の新聞類を購求して、頑愚の人民を改鋳せんがため、該地へ之を弘めたりと。此より以来随《したがっ》て開け随て盛んに、今日に至ては其新聞の数凡《およそ》一万余部に及びしと云へり。之を以て考るに、彼県学校隆盛にして、駸々化域に進まんとするも、究竟右数紙の権輿《けんよ》〔物事のはじめの意〕する所ろに由るか。

小栗松靄の平民民権

「民選議院設立建白」前後の諸新聞を調べてみると、浜松県下では豊田郡恒武《つねたけ》村〔浜松藩領、三四七石〕の小栗松靄《おぐりしょうあい》と周智郡平宇《ひらう》村の足立孫六が、内容・登場回数ともに群を抜いている。全国レベルで知られてくるだろう。小栗〔一八一四―九四〕は豊田郡恒武村の豪農で庄屋を務め、浜松藩御用達にもなった人物で、菊池五山に学んで漢詩をよくし、南宗画も描く典型的な在村知識人でもあった[25]。他方、足立(一八四三—一九一二)は城東郡丹野村の生まれ、周智郡旗本鍋島家領平宇村(一八四石)の豪農足立家に養子に入った人物で、慶応四(一八六八)年四月には帰順した主家旗本鍋島穎之助知行所数カ村の大庄屋となり、明治六年二月には浜松県第二大区一七小区(明治八年六月より一二小区に名称が変更)長に任命される、地域の名望家である[26]。

明治六年一〇月の征韓論大分裂の直後から、日本での正貨流出と輸入超過問題が国民的問題として鋭く提起されてきた。万国対峙のための廃藩置県と条約改正のための政府総出の遣米欧使節団の派遣、それが全く失敗しての帰国直後の太政官大分裂、不平等条約改正問題が国民的課題と痛感され始めた時期の入超問題なのである。

明治六年一一月二四日付『報知』に小栗は、外債の多きは国を亡ぼすと断じ、「仏人の如く同心協力、償還の策を献ずるが如き、実に当今の急務に在り。素餐《いぐひ》の士族、遊惰の庶民、孜々《つとめ》赳々《いさみ》宜しく義挙を謀り、勉励尽力、天理の本分を尽さざる可けんや」と主張する。「設立建白」があれほどの速さで全国的に支持を得たのは、太政官政府総出でもできなかった以上、では国民をいかにまとめて関税自主権を剝奪している不平等条約を破棄する力量を形成していくのか、との日本人男女の自問自答があったればこそ、とも言えるのである。

明治七年二月一八日付『報知』で小栗は、一月の『報知』に出た記事に、「田舎の学問より都下の昼寝」と地方の開化を揶揄し見下している論調があったのに反発し、「真の開化は〔東京は〕諸県に及ばざる事多しと聴く」と反論、その前提には浜松県下の開化状況への自負があったはずである。小栗は明治七年三月には浜松県庁に対し「新聞紙播布の儀」を建白し、四月二四日付『報知』はこの建白を掲載する。即ち、東京で発行されている新聞紙数紙を県で購入して管下各区に回達すべし、「月次《つきなみ》戸長集会の際、許氏月旦(27)の例に倣ひ、其得失毀誉を品評衆議せん」と提案している。代金は区長が半分、各村戸長が半分をその区戸長月俸の中から「醵償」する、こうすれば民費に賦課することなく、区戸長の見識が向上する、というものである。新聞縦覧所開設のレベルにとどまらず、はるかに進んで公議形成の一手段としての提案となっているのは「設立建白」を受けてのものだからであろう。

この「設立建白」による全国的圧力の高まりに対応しての、五月二日「議院憲法」公布と人民の総意を代表しての地方官会議開催の決定、その会議に人民総代として傍聴人を出席させたいとの地方官からの伺いが出されてくることになる。六月一九日には兵庫県令神田《かんだ》孝平《たかひら》から、七月九日には熊谷県令河瀬《かわせ》秀治《ひではる》から、それぞれ出され、政府は前者を七月一三日に、後者を七月一五日に却下するのである(28)。

この件に関し小栗は、八月一〇日付『報知』に次のように失望の感情を投書する。

兵庫の〔県〕令公の伺書に於る、天下領《うなじ》を引て之を望む、其難聴届《ききとどけがたし》の御指令あるや物議紛然、頗《すこぶ》る失望の意あるに似たり。今試に之を論ぜん、苟《いやしく》も勅意の存する所、上下協和・民情暢達の捷路(29)を開くに在り。然れば則集議院に於て民聴を厭ふ可き理あることなし。上に隔意あれば下も亦自然疑団を抱《いだか》ざるを得ず、是当然の理也。然る時は百事背馳《はいち》して開化退歩の階《きざはし》とならんことを恐るるのみ。〔中略〕〔孔子が今いたとすれば〕今也一視同仁、百科闡弘《せんこう》〔広く開くの意〕の盛時に際して、只上下協和を以て至重の要路となす。仰き願くは、三千万死を以て国に報じ、協力一致、万国と駢《べん》馳《ち》せんことを。

小栗はこの人民総代たる傍聴人問題を、設立されるべき民選議院への一手段として考えようとするのである。九月二日付『報知』に次のように具体的提案をおこなう。

地方官の会議に於る、上下和協・民情暢達の叡慮なれば、会議所に於て民聴を許可あるも亦不可と云可《べ》からざる也。然れども固《もと》より官民の区別あれば、各県一両員づつ民撰総代を以て別所に召集させ、民間百般の素情、忌諱避けず、建議致させ度、然る時は自然民情暢達の聖旨に協《かな》ひ、上下協和の階《きざはし》とも相成るべくか。

彼はここで「民撰総代」と明言している。明治七・八年両度の地方官会議への傍聴人はいずれも府県令参事側の選任であり、ほとんど官選区戸長が選ばれている。小栗の提言は全く似て非なるものであった。

小栗の地租改正論

明治八年後半には、八月に気賀・中泉・二俣・相良に改租事業督励のため県の出張所が設置され、さらに一〇月には地租改正事務局からあの松平正直権大丞が派遣されて陣頭指揮に当たるなど、浜松県下でも地租改正事業は官民共同作業のもとに急ピッチで進められていくが、江戸後期の年貢・貢租問題に在地で苦しんできた小栗にとっても他人事ではなかった。この大問題をいかに農民の立場に立って解決できるのか。彼に筆を執らせたのは一〇月七日の太政官布告第一五二号、地価を不当に申告する時は検見《けみ》法を施行するぞ、との農民への恫喝である。正当な地価は検見法で決定できるものなのか。

小栗は、明治八年一一月二日付『報知』に「地租改正疑問」を投書して自説を展開する。

地価に天然と人為との二般あり、天然なる者は売る可く買ふ可く、該土至当公正の真価を云ふ、人為なる者は旧貫に拘し収穫を論じ沃瘠《よくせき》の目鑑を以て之を定るを云ふ。其の真価と否《あら》ざるとを弁明せんには投票法に如《し》くもの無し。此の至当至公の良法を度外に措き、人為を以て征税の基本と為さんと欲する如きは吾輩の解し得ざる所也。且つ輓近《ばんきん》村費の多き、各地方に因て異同あるも、概して旧貫に比すれば一倍有余に至らざるはなし。然るに地価百分の一（地租改正条例には「本税金の三ケ一より超過不可」とあり）を以て之を制限す、是人為なり。実際の課出は天然也。天然を惜《おい》て人為を採る、是亦《これまた》余が疑団中の一部のみ。此の人為をして公平ならしめんには、村費の制限外に出るものをして政府より之を賜はるを以て定規と為さば、人為を修飾して天然の地位に至らしむる者と云ふべし。然らざれば制限外の村費は詰り過税に帰すと云はざるを得ず。

しかし太政官政府の地租改正の目標は旧貢租とほぼ同額を租税として収税することにあり、投票による地価決定など最初から考えてもいなかった。地租改正事業は全国的に大問題となるのは必然となる。小栗の投書に対しては一一月一五日付の同紙に白川県士族甲斐章之からの反論が載るが、小栗はただちに一二月三日付『報知』に弁駁を投じ、江戸期の年貢が重かったのは、百姓には兵役がなく、また諸税もなかったからだが、今日では人民に対し兵役が徴せられ、幾多の新税が課せられている。農民の租税負担を軽減しなければならない所以である。「薄く取可《とるべ》くして薄からざるが如きは、平地も波瀾を生ぜざるを得ず、君以《もって》如何となす」と見事に切り返すのであった。

足立孫六の平民民権

もう一人、足立孫六の論壇登場も、管見の限りでは明治七年一月二二日付『報知』が最初である。小栗も一貫して『報知』に投書しており、小栗の恒武村と足立の平宇村はわずか一二・三キロメートル程度しか離れてはおらず、お互いに知り合いであり、日常的な交流があったのではないだろうか。足立の投書のテーマも小栗と同一の外債問題の解決方法なのである。足立はこう主張する。

挙国の人民靡々《びび》（一緒になびくがごとくの意）として戮力《りくりょく》するにあらずんば、豈能《あによ》く成功を得べけんや。伏《ふし》て思ふに、往時封建束縛の弊、民心に染入するの深き疑団、一朝破し難かるべし。先是《まず》を打破して後、事行はれんか、是を破する、衆議院に如《し》くべからず。彼の英国下院の法を折衷し、下に衆議院を興し民間より議員を募り国を護る、民と共にせば誰か敢て奮起せざらんや。於是乎《ここにおいてか》人々力をあはせ外債を一消せん、又難しとするに足らず。

一月一七日の「設立建白」を知ってか知らずか事の経緯は明らかではないが、知らないままでの投書だとすれば、征韓論大分裂直後の日本の進むべき方向、即ち万国対峙を実現するには国会開設による国民形成以外に方法はないとの輿論が早晩出現するだろうことの一例証となるだろう。有司専制はもはや見限られたのである。

足立が『報知』に再登場するのは明治八年八月三日付で、そこには第二大区一二小区（平宇村も含まれている）の協同会における彼の左の演説「民会論」が投書の形で掲載されるのであった。

区戸長は黜陟《ちゅっちょく》の権を官に占得せられたる行政一部の小吏なれば、官に対して忌憚を抱き、其職を愛顧せざる者は稀なるべし。身を人民の代議に投じ切論直言、民権をしてよく権衡を保たしむるや否やは我輩保証する能《あた》はざる也。況《いわ》んや我県の如き、区長は官の特選にて、封建門閥の因襲を壬申戸籍編成の際より移し来り以て今日に及ぼせる者あり。その数の多き八一名（即ち浜松県下八一の小区長である」。此輩をして悉《ことごと》く管下四十余万の人民の代議人たる名称に背《そむ》かざるものとするか、（中略）夫《そ》れ代議人は代言人也、投票は委任状也。公選にあらざる区戸長が自ら代議の責に任ずといはば、我輩は是を目《もく》して押名代といはざるを得ず。

と、前月七日に地方官会議で決定された区戸長会式府県会方式に真っ向から反対するのである。演説した協同会なるものは、自村かそれを含む地域で彼が組織した民権結社ではないだろうか。

足立の地租改正論

足立が次に『報知』に登場するのは、同月一九日付、小栗と同様浜松県でも全県的大問題となる地租改正問題である。足立は「地租論」と題してこう主張する。

英国にて地租の如きは歳入の二五分の一也といふ。例《たとえ》ては一段《たん》の地価百円なるを所持すれば、之れを人に貸して四円を得る、此の二五分の一、金一六銭を以《もって》税となす。我国朝の古よりも尚寛《なおゆるやか》也。（中略）〔軍役を武士が担っていたが故に重税となった〕、国民又不得已《やむをえず》重税を出して軍役に代へ、此武門を養ふに至れる也、（中略）維新の際我天皇陛下の英断にて徴兵令あり、我輩平民と雖《いえど》も悉く軍籍に入、忝く護国の大権を有するに至れり。於是乎《ここにおいてか》我輩は毫も華士族に依頼せず、華士族又人民の養育を稟《う》くるの理《ことわり》なき万々なれば、我輩は此徴兵令とともに租税の改正せざるべからざることを信ずる也、華士族若しくは言はん、我祖先は国家に功労あり、今日の家禄は報酬のみ、以て禄税を収め、之を不窮に維持するの権理ありと。我輩人民決して諾せざる也。其国家に功労ありとする者、私戦私闘に出《いで》ざるのみ、纔《わずか》に南山[30]に奉じて勤王の志を顕し、西海に向て蒙古の賊船を撃《うち》し者等の如き、若し其子孫を存せば之を扶持するも可也、何ぞ其勤る浅うして之を稟《う》るの深《しん》且遠《かつえん》なる。（中略）嗚呼哀なる哉気の毒なる哉（我身ながらも）、我国方今の勢は二重税共三重税共名を下すべし、徴兵令既に行れて地租未だ減ぜず、印紙税あり車馬税あり僕婢税あり船税あり、今時を以酷極るの弊政に比するも猶《なお》其何《いず》れなるを思へ。既に泰西の良を取て我の非を改めず、是《これ》併《しかし》改めざるに非ずと雖も此改良の間を如何、我国租税三分の一を蠹《むしば》む華士族あり。華士族諸君に忠告す、夫《それ》諸君は自認して国家に功労ある者とす、能《よ》く国家に功労ある者、此国歩艱難に当て恬《てん》として原禄を貪《むさぼる》の理《ことわり》あらんや。速に家禄を奉還し、独立純粋の人民と成て、共に民権を維持し議院を起し、議政・会計の権を握り、国家を保存し王室を翼戴し、斯民《しみん》をして望を達せしめん事を企望す。

中略した箇所では、足立は地租改正問題につき小作人問題も大きく取り上げており、「小作人は人民十の四五に居る、此輩をして独立の民たらしめずんば何の文明かあらん、何の開化かあらん」と力説するのである。

「公論世界」成立期の新聞投書の特質

「公論世界」成立期の新聞投書を、今日のそれと同一視することは極めて危険である。投書家は全国的輿論形成を狙ってその論旨と文章を練り、読者の側でも新聞の論説欄以上の価値あるものを求めて熟読し、周辺の人々の注意を喚起する。八月一九日の足立の投書はその好例となるだろう。八月二七日、岐阜県の平田国学者で、美濃国一宮国幣大社南宮神社の神官高木《たかぎ》真《ま》蔭《かげ》は、同門同志の中津川宿元本陣の市岡殷政《いちおかしげまさ》(『夜明け前』の浅見景蔵は殷政がモデルとされている)に宛て、左のごとき書状を送るのである。「地租改正の事件、何方も囂々、新聞紙上にて右事件を痛論する者を見るに、曙新聞本月四日五日の新聞投書人北条県下貝勢困太郎、報知新聞本月一九日、投書者姓名は忘れたり、適切の論と存候㉛」。

この高木は平田国学と復古神道神学に基づき、前年六月、民選議院開設を左院に建白している人物である㉜。

足立の投書には八月二六日付『報知』に、小倉県平民長野宗臣が反論を投じるが、足立は九月九日付同紙に駁論を投じ、「米価を貴くし利朱を賤くし、豊年の収穫を取て耕作の難易に拘らず種肥代を僅少にし、一般に地価を算出する等のことあらば、地価は非常に騰貴して忽《たちまち》その平を失」することとなり、「一度米下落の年あらば人民忽《たちまち》溝壑《こうがく》に倒るるの時なきを保せず」と、自己の主張の正当性を展開する。そして足立の憂慮は明治一五年に始まる松方デフレ期に、足立の予想を遥かに超える惨状を全国の農村に出現させるだろう。

先に見た小栗の投書(一一月二日並びに一二月三日)は、この足立の地租論をきっちりと踏まえてのものなのである。

旧幕士族と浜松県民　浜松県の言論人はこの小栗と足立が代表的人物となり、いずれも尖鋭な平民民権論を主張するが、他の投書家も次々と出てきている。明治七年一月七日付『報知』には、浜松県下某校生徒木村某なる者が、前年一一月七日付の同紙に、太政官大分裂後の各地の動揺に旧藩主を派遣してその動揺を鎮撫せしむべし、との意見が出ていたが、自分はその考えには反対だと、大意次のように述べるのである。

天下大小の旧諸侯に下民を説諭さすべしとあったが自分は反対だ、郡県の世になったのに、旧藩主を選出すれば、「害従って生ず、又士の禄を墨守するは郡県の勢ひ未だ全く普《あま》ねからざるに因《よ》るなり。然《しか》に旧主を派出せしめば、士再び驕傲を逞《たくまし》ふする基《もと》ひなり。それ新政を布《し》くや事瞬速なれば、激烈の変動を受んこと必せり。故に吾が政府、学校を授け生徒の知識を開発せしめ、民を諭すに三章の教憲を以てす。それ如此《かくのごとく》漸を以て政体を更換する時は、知らず知らず開化の治蹟を奏するに至ん事、屈指して待つべし」。

幕末期までの旧諸藩士族も維新後の静岡藩士族も、ほとんどが県下から去った、浜松県民らしい判断をこの投書家はしているのである。

ただし金谷原や牧之原などに土着しようとしている旧静岡藩士族も残存している。地元の農民にとっては、原野と入会地を奪い取った加害者として映るのもまた自然のなりゆきである。

明治七年一二月一二日付『真事誌』には浜松県第三大区二三小区阪本村の塚本某が、金谷原の壮夫中条潜蔵は月利息二割五分で金貸しをしており、開墾士族の風俗は長刀を帯しマゲを結び、未だ脱刀散髪せし者一人もおらず、耕耘も一刀を腰にす、と警戒心をあらわにしている。この小区は金谷原の近辺であり、実見しての報告である。

同様の投書は同紙明治八年一月二三日付にも掲載される。浜松県第三大区二〇小区の得所なる人物からのものである。彼は報じる。

人民に大害をなす一種の暴士族あり、所謂旧幕の正義隊二百余、頭は中条潜蔵、金谷・谷口の二原に互住、頭髪衣服旧の如く二刀を指す。隊中の能勢伊三郎、あばれたので住民がしばりあげた処、中条怒って逆に住民に暴行を加う。

牧之原開墾事業は後年士族授産の好例として表彰されることになるが、この当時は周辺の農民たちからは嫌われる存在となっている。浜松県平民らしい感情なのである。この二〇小区も牧之原近隣の行政区であった。

明治七年一二月一七日付の同じ『真事誌』には、足立孫六の評判について川井村某からの投書が載る。第二大区一三小区の水路工事に関係させてのものである。「該区の長足立孫六なる者は少しく文才ありて常に民権を主張し、人民の保護を唱へて官吏と抵触せり。人民黙許して区長の上等となす。我輩は之を信ぜず」。

ところで、浜松県下の大区小区制は再三変更され、明治六年二月段階での足立の居住地は第二大区一七小区、それが明治七年には一三小区、明治八年六月には一二小区と小区番号が変更されている。なお投書家某の川井村は一三小区の西隣りの小区にあり、この投書家は一三小区民の評判を実際に聞き、また本人も足立をよく知っている人物であるだろう。

民選議院設立は、浜松県下の輿論になっていった。明治八年二月二八日付『報知』には、見付駅平民の伊藤某が、設立促進のための具体案を左のごとく投書する。「民選議院は緩急の差にあり、宜《よろし》く之を全国の衆に詢《と》ひ、而断然之を決するに在り。各府県に令し、府県之を管下人民に告諭し、人民に彼の議院緩急の見込を封書にて提出せしむ。（中略）見込書提出者を庁に召し、長官開封、急務とする者何名、尚早とするもの何名と区別し政府に上進すべし」。

明治八年六月二〇日から開会する地方官会議は浜松県民も凝視するところで、閉会が七月一七日のこととなる。浜松県から地方官として出席したのは県令林《はやし》厚徳《あつのり》（元徳島藩士）の代理として参事石黒《いしぐろ》務《つとむ》（元彦根藩士）、傍聴人は二名、事務局には県会開設の有無に関し「臨時に区長を集めて議せしむることあり、然れども未だ規則を設けず[33]」と現状を報告している。

会議閉会直前、七月一四日付『朝野』に、浜松県下農民中村卯吉が投書、地方官会議傍聴人の区長や戸長は、ただありがたがるだけではなく、じっくりと傍聴し、帰国の上で役立ててくれ、と釘を刺すのである。

浜松県製茶農民の大運動

県下民衆の輿論とその様々な下から上を突き上げる県下の運動は、県庁をして公選制地方民会制度を支持する二二名の地方官の中に浜松県も加わることになった㉞。

実際に浜松県は県民の運動が県庁を動揺させ、この力には抗しきれず、妥協を図らねばならないことを県庁に痛感させたばかりでもあった。浜松県は明治八年四月五日、「製茶改方規則」を布達、これまで十分把握できなかった製茶売買人を完全につかもうとして、県下八カ所に製茶改所を設置、同所で鑑札を発行し、不所持の製茶人と茶商人は売買不可、横浜輸出茶はすべて遠州製茶売捌所において扱い、各自勝手の売り捌きは禁止というものであった。このことは県下製茶農民全体の強烈な怒りを買い、製茶農家の総代たちが浜松県庁に押しかけて「規則」の撤回を要求、ついに五月九日、県庁はこの「規則」を取り消し、さらに六月一二日には前年からの製茶取り締まりに関するあらゆる布達、規則を廃止せざるを得ないところまで追い込まれた。県庁側も右の措置を「人民於て自由を束縛する等の苦情しきりに相唱」えての結果と総括することとなる㉟。

右の浜松県下製茶農民の大運動は、『報知』編集者藤田茂吉の着目するところとなる。六月二日付『報知』「論説」欄において、茂吉は自らの豊後佐伯藩時代の経歴を冒頭に据えてこう述べるのである。

自分は旧藩時代、士族とも名がつけられないほどの俸給に口を糊し、一重《ひとえ》の膝を八重《やえ》に折り、頭も上がらぬ奉公に読書の暇もなく、「苦き圧制の難苦を嘗《な》めたる故なるか、我身をつめて人の痛さを覚㊱

え」たことから、「必ず民権自由を基礎となし」、圧制の暗路に迷う人々の道案内になろうと思い、政府に抗し人民を激励し、「何卒《なにとぞ》して我国民に自由精神を振起せしめん」と目指してきた。廃藩後の今日でも、東京はともかく、依然として地方ではそうではなく、「諸県に僻在せる士族方や平民様は、幕府滅亡の「初幕《しょまく》」より廃藩置県の「二の切《き》り」〔二幕目の終わり〕も夢に夢見て遷り行き、頗《すこぶ》る習慣に制せられ、県令を見るときは昔の殿様に異ならず、参事を見ると家老の如く、小役人でも区長でも、昔の格に位を付けて、自ら卑屈に沈むのみ」、「我輩は藩治の圧制に苦しみたる昔を想像し、同病相憐むの心を起し、常に県治の容体を伺ふに、実に不平なき能はず、如何んして宜しからんと常に心懸けたりしが、近来微《わず》かに自由精神の県地に萌出《もえい》ずるを見得たり」と前置きして、この浜松県の事例を取り上げ、続けて述べる。

浜松県令の製茶貿易に手を出し、高慢らしく「ミル」氏の説を持ち出して、愚民に自由の許すべからざるを論ずるの告諭を出せしに、県民往々不善の声を揚げたりし。（中略）〔ついに県に撤回させた〕其不善を尤《とが》めたるものは即ち県下の人民なり、然らば則ち県下の人民は自由を欣慕して之を尤めたるに違ひなし。

このように藤田は浜松県民の運動を民権運動の中に位置づけ、「此に於て我輩は漸く諸県下に自由精神の萌生せるを見得たるなり」と結論する。藤田がここで「諸県下」と記しているのは、この論説で省略した部分で酒田県での森藤右衛門の活動（第八章7節）にも言及しているからである。東京の視座からは浜松県と酒田県の二県が民選議院設立建白後、最も民権運動が前進してきている県と捉えられるのだった。そのリーダーはいずれも平民民権論者なのである。

8　遠州民会の交換米反対闘争

小栗松靄も足立孫六も、浜松県下の地租改正事業の進展をにらみつつ、農民側が納得する地租改正の論理を主張していったが、旧貢租を下回らせない大枠のもとで同県の事業は明治九年に入るも、ここに政府と県下農民との間に容易ならざる難問が提起されたのである。地租改正事業は官民共同で進行させなければ不可能な大事業であり、農民たちの立ち会いと繰り返される各種集会を経る中で、浜松県下の水田生産力は一反につき平均一石二斗三升と確定されることになった。しかしながら、政府側が旧貢租とほぼ同額の地租額を浜松県から徴税するためには、地価算定方式の中の収穫高の数値を一石四斗に設定しなければならなかったため、地租改正事務局から派遣されていた内務権大丞松平正直は、隣県筑摩県に比較して低すぎる、再検査せざるを得ないと主張する。ただしもはや民力は再検査の入費を支えることが不可能とも認識せざるを得なかった事務局は、遠州の明治三年から五カ年の平均石代相場、一石当たり五円六七銭との交換を提案することとなった。具体的には石代の数値を作為的に五円五銭に引き下げるので、その差金六二銭をもって収穫高を計算すれば一斗五升余り、それを原収穫に加算すれば一石三斗八升余までに増加する、あと一升五合さえ加えれば一石四斗の反米となる、というものである。浜松県側もこの妥協案を呑み、石代相場の五円五銭への変更方の指示を事務局に仰いだのである。許可の電報が県庁に届くのが明治九年三月一三日のことである。

翌日、林県令は全小区長並びに各区改租総代人を県庁に招集し、「相場の差有るを以て反米に充てれば稍《ようやく》一石四斗の反米高に昇るべく、然して其実更に反米を増殖するの訳に無之《これなく》、只石代と反米を交換するのみの事にして、下方に於ては苦情は有之間敷《これあるまじく》」と示達した。区長たちはこの示達文をもって各区内の農民に諭達するも、全県下の農民はこの示達は不正不当、一切条理なしと怒り、説得に出向いた県官を取りまいて難詰し、林県令をして「今日の事進退維れ谷る《こきわま》」と絶句させるに至ったのである。県庁や改正事務局の側では、数字の操作だけなのだから増租にはならず、反対されることはあり得ないと安易に考えていた。しかしながら、農民にとっては、石代相場は一時的流動的で、次の地価改定期（第六年目には更改整理が可能と定められていた）には相場は低落しているかも知れない、しかしながら収穫高を実態より大幅に多めに固定されてしまったら、永久的増租となってしまうのである。

県庁地租改正にギブアップ　県庁では打開策を見つけることができず、林県令は四月一日夜、岡田良一郎と青山宙平の両名を呼び出し、解決策を相談せざるを得なくなった。

招かれた岡田は明治六年四月、浜松県庁に十三等出仕として県吏となり、同年八月には権小属に昇進、彼の提案した「撫恤《ぶじゅつ》金《きん》貸付所」構想が採用されて資産金貸付所に結実したのであり、またこの四月には県下の自作・自小作の多くが加入している遠江国報徳社の第二代社長に就任しており、県下の農民たちを説得する上での最適任者であった。

もう一人の青山宙平は豊田郡中泉村の大豪農（明治一一年現在不動産一万円、現金一万円の所有者）[37]で、江戸期は代々郷宿を営み、事あるごとに中泉幕府代官所と民衆の間に立って諸般の課題を斡旋してきた名望家であり、明治六年には浜松県第二大区副区長に任命され、静岡県に合併された後は第一一大区長、郡制にかわった明治一二年には磐田・豊田・山名三郡郡長に任じられることになる、これまた浜松県を代表する人物(38)である。林県令は、この二人ならなんとか県と県下農民との間に立ってくれるだろうとの見込みのもとに、この両名を選んだのである(39)。

岡田・青山両名は次の二条件を県が呑むならば、我々が間に立って斡旋することが可能だろうと提案する。

第一、生産高を確定するため登量試験を施行し、他年に改正することを県が約束すること。約束がなされるなら今回の事態は収拾可能である。

第二、登量試験の実施は非常に多くの困難をかかえており、県下の人民に代議人を選挙させ、彼らに議定させるほかに方法はないこと。実際には公選浜松民会開設を県令が約束できるのか、岡田・青山は彼に問うのだった。

窮地に追い込まれている林県令はこの二条件の受諾を約束、人民に説得してくれと頼み込む。

岡田・青山の両名はただちに各小区長に通知を発し、各区長・改租総代人・各村戸長・小前総代人を、浜松では玄忠寺(六日)、中泉では満徳寺(七日)、掛川では掛川学校(七日)に参集させ、そこで両名は各村共通の見様《みため》し願書案を提示し、あわせて民会開設の件を諮ったのである。両名の戦略は、各村ごとの見様し願書に浜松県が許可を与えた上で、それを後日の証拠としつつ、押し付け反米の請書を各村ごとに提出させようとするものであった。この集会では、あまりに当然のことだが、県庁側の食言の可能性はないのかとの質問が発せられるが、両名は「其際に当ては、余が輩徒《いたずら》に之を他人に委せず、若《もし》諸君の推挙を得ば、首魁と為《なっ》て先発すべし、国今日を以て乱るるも、五年の後に乱るるも、乱一のみ」と言い切っている。両名とも背水の陣をここに敷くのである。

岡田良一郎の立場

著者にとっては、青山宙平の政治的立場は確信をもって断言することはできないが、二宮尊徳の四大高弟の一人であり、明治九年四月に遠江国報徳社社長に就任した岡田良一郎については、次のように理解している。

報徳運動は村内融和醸成が大原則で、ここには政治党派は持ち込まない非政治性、特定の宗教の主張も支持せず、神儒仏三教いずれも尊重し、それらに共通する道徳主義をなによりも大切にするものであった。岡田は尊王攘夷運動にも関係せず、師の二宮尊徳が幕臣であり、また富田高慶の相馬藩が列藩同盟側だったこともあり、戊辰戦争では新政府側の応援者でもなかった。そして足立や小栗のように、県下の民権運動の旗振り役でも全くなかった。

しかしながら、彼は地租算出の前提である正確な地価算定は政治党派にかかわらず、地主・自作農・自小作農すべての利害にかかわってくる全農民的問題であること、地租改正は封建支配の土台であった年貢の村請制度を廃止し、農民の土地所有権確立を実現する歴史的画期となること、そして地租決定の前提には民衆がかかわることが不可欠であり、国レベルの公選民会(「国会」)が未成立の現段階では、算定方法にかかわっての公選民会(実質的な県会)による協議・決定が必要であることを認識していたのである。

岡田・青山両名の説得を了承した県下の農民は、五月二一日までに全村が押し付け反米の請書を県庁に提出、ここに浜松県地租改正事業は完了、次は浜松県庁側が約束を果たす番となる。

浜松県民会の成立

この公選民会案を作成するのが、これまでに公選民会の必要性を県庁に建議しており、この明治九年、県庁官吏となり、当初十五等出仕、ついで少属に昇進する我々周知の足立孫六なのである。彼の原案に基づいて遠州民会・大区会・小区会の三つが組織されるが、その骨子は、各村ごとに男女の戸主が選挙人となって浜松県民会代議人、小区に一名を選出、被選挙人に対しては財産資格がつけられてはいない。また定員二〇名の小区会議員[40]を選ぶ。県下に八〇ある小区において小区会議員は正副議長二名を選出、この二名が自動的に大区会(県下に三つの大区が設定されている)議員となる。そこで選出される大区会正副議長はまた自動的に浜松県民会議員になるというものである。明治一二(一八七九)年に全国的に実施される府県会に比しても、格段に民主的な制度がここに動き出すのであった。

　各小区で浜松県民会議員が選出され、八月一〇日、八〇名の議員のうち七六名が玄忠寺に集会し、議長に岡田良一郎、副議長に青山宙平、幹事に丸尾文六・大塚義一郎・河村八郎治・須永信夫の四名を選出、この六名は「浜松県公選民会規則」を協議・作成、八月一四日普済寺において開場式を開いた際にこの「規則案」を配付、一五日と一六日には議長から「収穫見様《みためし》方議案」、「貢租上納人民の困苦を拯《すく》う方法の事」、「凶飢の時貢租上納予備の事」、「民会の柱礎を確定する事」、「大小区改革法案」、「輸出入品均量を得る事」など議案数件が提出されて議長の提案理由が説明された。八月一六日、各大小区会で議案を審議し、その意見を再開民会に集約するため、九月一日まで休会とする決議が採択されて県会は散会した。

浜松県廃止さる

　ところがである。太政官政府は明治九年八月二一日、浜松県を廃県とし遠州地域を駿河国一国に設けられていた静岡県に合併、さらに一〇月一〇日には地租改正事務局は五月二二日付の浜松県からの見様し願書を不許可にしてしまうのであった。県下の農民に約束した岡田・青山の面目は丸潰れとなり、旧県下人民の囂々たる非難・攻撃の的となってしまった。岡田と青山は絶体絶命の窮地に追い込まれた。

　岡田良一郎は、この時の遠州人民の憤激を「一州人民は県庁の食言を以て余《わ》が輩《はい》の罪と為し、願意苟《いやしく》も貫徹するに非れば、余が輩の帰郷を許さずと宣言す」と回想している。遠州名家岡田家存亡の危機であると共に、遠江国報徳社と遠州報徳運動そのものが廃絶の危機に瀕したのである。

遠州全域の納税拒否闘争

　ここに岡田良一郎は青山宙平や足立孫六らと共に腹をくくり、県が約束したことを破棄する以上、我々遠州人民は交換米方式承認の約束を破棄せざるを得ないと、遠州全体で反当たり一石二斗三升以上分の納税を全面的にストップするという、藩閥専制国家を相手とする大闘争に突入することになる。遠州一国全体での納税拒否運動を組織するには、遠州一国を闘争指導部の指揮のもとにしっかりとまとめ、不納税分を闘争主体側に完全に押さえ保存しつづけなければならないという、大衆闘争の形態としては極めて困難なものであった。しかし指導部の指揮のもと、遠州民会は一致団結して闘いつづけ、その闘争指導部の中に足立孫六[41]も参加するのである。

　この見事な交換米反対闘争に、政府も妥協案を提示せざるを得なくなった。明治一〇年九月に政府が示した妥協案は、反米一石四斗の数値は取り消さないが、明治一三年の反米再調査は約束する、また遠江国明治八・九年の滞納額一五万円（資料上では租税が未納だということを表す漢語「逋税《ほぜい》」が使用されてもいる）は、これを明治一一年から二〇カ年間、遠江に貸与するというものである。

　この妥協案を示された岡田・青山・大塚義一郎の三名は、各大区長（丸尾文六・足立孫六・気賀半十郎）に大区内への諭示を求め、各大区長はこれを可とし、以下各村戸長を経て一般人民へと説得がおこなわれていき、遠江国一国の了承が得られることとなったのである。

この大闘争を一部妥協があったにせよ、基本的な成功を収めた基礎には、浜松県民会（それ以降は「遠州州会」と呼ばれた）の団結が継続されつづけたことがあるが、この民会は明治一一年七月の地方三新法の公布により、組織的には消滅することになる。

ただし岡田良一郎は交換米問題にケリをつけるべく運動を継続、平均反米を一石四斗から一石三斗に引き下げ、逆に石代相場を五円五銭から五円四三銭に上げることによって交換米問題を消滅させる方法を国に提案し、明治一四年九月、政府もこの案を呑んで大問題の原因はここに除去され、併せて国は岡田をはじめとする遠州人民の要求に押され、恩貸金二〇カ年賦を五〇カ年賦に延長することとなる。

明治九年一〇月、存亡の危機に立たされた岡田良一郎は交換米反対闘争を闘いぬく中で、遠州一国におけるその名望をゆるぎないものにした。彼は報徳運動家であり、民権運動の先頭を走っているとの意識を有していなかったとはいえ、遠州地域の構造上、封建制度の基礎をなした村請制村落下の百姓から近代的土地所有者としての農民を創り上げる上での転換点である地租改正事業に、人民的性格をもたせる運動の主体となり、しかもこの運動の場として、全国を見まわしても最先端の浜松県民会・遠州州会を組織することとなったのである。

この成果に基づき、岡田は、遠州の農民に支えられ地域からの指導者を育成する冀北《きほく》学舎を明治一〇年に、農業技術を発展させるための掛川農学校を明治一一年に、そして地場産業の棉作と綿織物振興のため遠州紡績会社設立の計画を明治一二年に立ち上げるのであった。

9　民選議院設立建白と地租改正批判論

政府が強引に推し進めようとする地租改正への真っ向からの批判と反対は、ここで見た浜松県だけの特徴では全くない。民選議院設立建白そのものが日本全国に衝撃を与え、全国の農民に新しい視野と斬新な展望を与える起爆剤となったのである。封建時代の貢租システムと租税率をいかに変更し農民の負担を軽減するのか、との課題は、廃藩そのものによって必然的に国家に提起された客観的大課題であり、その太政官政府の基本方針が、明治六年七月二八日に国民へ示された地租改正条例と施行規則であった。

農民はどのような態度をとるべきか。建白以前の明治六年九月一二日付『真事誌』紙上において「地租改正についての意見」を投じる者は、当時陸軍省八等出仕の身分でフランス文献の翻訳に従事していた大井憲太郎、ただし筆名は「鎮西の辺陬《へんすう》に住む馬城台二郎《まきだいじろう》」である。大井は新政反対一揆が続発するのは、税法の宜《よろ》しきを得ざると政府の出納を人民が知らないが故だとして、

方今開明の諸国に於ては全国の費用を見積り、租税の額を定むる事、新に税を設る事等、国財に管する事の大なる者は多くは民選議院の特任となれり。因《よっ》て此等の事故は即全国庶民の相合同《よりあひ》して議決するの理に当り、大に是と為る所なり。故に彼此参酌《まじえ》ありて以来政府の出納は巨細に之を民に示し、其経費は国民必ず之を償ふ責あり、傍観す可からざるの理を得せしめんことを欲す。然るときは此《この》税法必ず実際に行はる、其効を奏するに方《あた》りては、仮令《たとえ》事あるの日、今の地税三を

五と為すも、民の服する所たらん、彼是実に至重の改正にして民の旧貫を破るの一良法たらんか。と提案する。流石は大井、問題の本質をしっかりと認識している知識人である。そして征韓論大分裂で全国人民の耳目を驚かした下野参議の設立建白である。政府の地租改正方法は激しい論議の対象となることは必然となる。

地租改正には民選議院が不可欠

明治七年段階では、やはり『真事誌』がこの問題を取り上げつづける主役となる。四月一八日付同紙に投書する小倉県南無逸は、有司専制の大弊害は理財と選挙の二つであり、理財は依然として独り大蔵省が引き受け、海内士民をして国家の栄辱をもって自ら分任する気象を奪っている、民選議院においてまずその理財を議論させ、「天下の経費を海内人民に分任し、勉めて官、その官に私《わたくし》するの嫌疑を除き、人民をして肩を大蔵省に譲るの弊を無からし」めなければならない、と主張する。九月二五日付同紙に投書する唐華陽は「民選議院可設立之議」と題して、税則制定には民選議院設立が前提だとする。「御一新以来旧幕の余弊を除き万事寛大に趨くの際に在りて、税法の一事のみ厳重苛酷、旧幕の敢て為さざる所に出で、公然之を行ふて顧慮する所なき」は、文明各国におこなわれている税則がすべてこのようだとするが故である。しかしながら「文明各国は原来民選議院の設けありて、税則は云ふに及ばず一切の律法、先ず民と議し民と倶《とも》に契約を立て正当の権を生じたる上に非ざれば行はず、既に行ひたる上に民之に背けば契約に背くなり、厳法を以て之を処するの権ある所以なり」、（中略）「税則は末なり民選議院は本なり、税則を定めんと欲せば先づ民選議院を設け立てざる可らず、民選議院を設立《（たて）》ざれば税則を立つと雖も正当の権を生ぜず、正当の権無くして税を取立て税を収めざる者を身代限に処する時は、性法の基本に悖戻《はいれい》し、殆ど言ふに忍びざる不体裁を生ずるに至らんとす」と断言する。

一〇月三〇日付「建言」欄は東京府貫属駒野政和の対政府意見を載せているが、駒野はそこで政治の七大失政を挙げ、その第三が、「政府民撰議院を建てざるの論、疑《うたごうら》くは人民の未開を以てなるか、而して其租税を定むるや稍開化の民と術を同ふす、何ぞ此に未開となし彼に開化とするや」だとして、これらの弊害は現政府が君主擅制なるが故だとし、「願くは天皇陛下をして君民同治の政体となし、上下議院を開き憲法を建て君民相犯す可からざるの基礎を定め、事の大なるものは此議院に附して之を論ぜしめ、然る後之を施行し、国民と方向を異にするの憂なく国家をして富嶽の安きに置かしめんことを」と要求する。

なるほど、『真事誌』社長ブラックは政府の策謀に陥り、編集権を喪失してしまったが、彼は明治八年段階においても、三月二五日付『真事誌』に左のごとき正論を投書の形をもって展開する余地は残されていた。ブラックはこう主張する。

日本人民の今首《しゅ》として為すべき事務は則ち租税法の確定なり。当時の形勢は全国の人民毛頭、嘴《くちばし》を此に入るること能はざるなり。抑《そもそ》も日本政府は只其意に従ひ、天皇に勧奨して軍を起こし師を出さしむることを得、然れども其費用は必ず全国の人民より醵集せざるを得ず。而して之を醵集するは只其時の大蔵卿たる者の専断に出で、敢て之を人民に下議せざるなり。人民は其費用の何《いか》なる事に供するを知ることなく、又其当不当を論ずることなく、唯政府の令する所に従ふて其課金を出ださざるを得ざるなり。今若《も》し民撰議院設立せば、則ち是等数条自《おのず》から行はること能はざるべし。英国及び米国に於ては人民の租税を可否する権利をパア・オブ・パールス金庫の権(power of purse）と称して、人民最も之を貴重愛護するなり、何となれば人民は此権利を以て租税の当不当を論じ、而して百般の事業を許可・禁制することを得ればなり。

ただし『真事誌』の新しい社主が政府の意向に従うとの編集方針をとる限り、No taxation without representation. の原則を同紙が主張することはなくなった。

従って、明治八年段階で右の原則を正面切って主張するのは『報知』『曙』『朝野』の三紙となる。浜松県の小栗も足立も『報知』に投書しているが、「代表権無くして課税無し」原則を『報知』は繰り返し紙面に登場させているのである。七年末から同紙編集部に入った依田学海《よだがっかい》は明治七年一二月一〇日付同紙投書欄に、狗頭道人の名をもって現れ、民法を定むるも民選議院なくてはラチがあかない、この民法（＝憲法）が定まってしかるのち、租税《(ねんぐ)》や軍費《(ぐんよう)》や朝廷の規則までそろそろ口に出さねばならない。しかしそれはまた容易にはじまる事ではない、まず安心して民選議院をはじめることが肝要だ、と、『報知』の原則的立場を述べている。

明治八年五月一二日付同紙は「論説」欄において、先頃大蔵卿より前半年の出入金の予算が差し出されたが、もしや大蔵卿より差し出す書付けが間違っていることもあるかも知れないので、「人民は目を刮《さい》て之を注意せざるべからざることなり。詰《つま》り民撰議院が立、人民が歳出入の高を発言するを得るに至らざれば、真の公平と云ふには至らざるべし。先《ま》づそれ迄は可成丈《なるべくた》け目を開て白眼《に》らんで居るより他はありますまい」と、反語の形で予算・決算と民選議院のかかわりを強調する。

金穀の権を人民の手に握るの策

五月八日付同紙の投書欄には、大口防の「金穀の権を人民の手に握るの策」が掲載される。彼は左のごとく主張するのである。

今我政府は我輩人民の為めに政事の権理を与へんと欲す。（中略）然らば則ち如何に手を下して可ならんや。請ふ謹て微衷を陳せん、夫《そ》れ立憲の政府とは人民の参議するを得るの政府なり。今我政府を翼賛し、真の立憲政府とならしむの順序を判別して、我輩三種となせり。

第一には金穀の権を人民の手に握る事。

第二には国事を議するの権を人民の手に握る事。

第三には刑法を議するの権を人民の手に握る事。（中略）今日の急務なるものは金穀の権を我輩人民の手に握ることなり。否《しか》らざれば何日《いつのひ》にか我政府をして真の立憲政府たらしむるを得ん。（中略）蓋《けだ》し国事を議し若《もし》くは官員を黜陟《ちゅっちょく》する抔《など》は我輩半開の人民、一足飛に成し得べきことにあらず。然れ共我輩頭上に懸りたる事件に付て金を出すが善いか悪ひか位の事は尚《な》ほ弁別するを得ることとなり。況《いわ》んや当時人民なる福沢・井上・渋沢諸氏の如きは皆な在廷の有司と伍格に参るべき人物なるをや。（中略）往時を回顧すれば痛哀すべきこと多し。夫《そ》の征台の役と云ひ、全権公使欧州の巡回と云ひ、冗費極めて多くして、而して得る所幾何《いくばく》もなし。豈《あに》哀しからずや、今其れ我輩人民の上納する金穀は有司の権内にあること如此《かくのごと》し。若《も》し是を制せずんば何を以て立憲政府の民たるを得んや。又た現今の政府を睨視《げいし》〔にらむの意〕すれば、極めて恐るべきこと多し。曩日《のうじつ》〔さきごろの意〕井上氏大蔵大輔を以て退辞せり。今日大隈氏大蔵卿を以て元老職と成るを得ず、皆な最も解し難く最も恐るべきものなり。我輩其病の在る所を知らずと雖も、抑《そもそ》も之を医するの方は我輩善く之を説かん、金穀の権を人民の手に委ね、大蔵省の権を殺《そ》ぐの一策あるのみ。

熊谷県平民南第八大区三小区石阪金一郎は「学校の可否を論ずる主客の問答」と題して、租税協議権の主張を一〇月三一日付同紙に投じている。客の質問に主《あるじ》が答える形式をとるものである。石阪は主にこう答えさせている。

其租税の重き民費の夥《おびただし》きも畢竟我無学の致す所にして自ら招くの災と云ふべし。何となれば則ち人民無智卑屈にして、入ては独立国民たるに足らず、出ては一国政議に参与するに足らず、而して亦国家の歳入会計等、只管《ひたすら》政府に委任し人民は預り知らざる者の如し。是を以て政府は人民の辛苦を顧みず大金を冗費するなり。〔中略〕是れ所謂無気力愚民、上下扞格《かんかく》〔衝突するの意〕の所以に非ずや。故に今此災を救はんと欲せば、必ずや己れに反求〔わが身に反省して正しい道を求めるの意〕して、勉めて学問に従事し、従来卑屈の奴隷根性を押し破り、自由独立の気象を起さざるべからず。而して国家の歳入会計等は悉皆国家の所有なれば、只管政府に任委せず、人民も亦共同参与して議決するの権利を有し、議決せざるの租税は必しも納めざるべし。誠に此の如くんば則ち政府の大金を冗費する等の弊害悉皆消尽し、随て租税も亦減少するの理にあらずや。

地租改正事業一揆を惹起せん

『曙』紙上にも繰り返し租税協議権の必要性が説かれつづける。既に第八章9節に言及した古井蛙吉の論もその一つだが、明治八年後半、地租改正事業が強引に進行されだす時期、自己の出身地備前・備中・美作地域での大紛議を踏まえてのことと思われるが、一〇月一三日付同紙に夢見の形態をとって小松原英太郎は危機感を吐露するのである。夢の中で地租改正事業が過酷なる故、一揆を起こさんとする者がこう語った。

朝廷事を措処するの情を察せよ。専ら自己の便益損害を計考して人民の便否を測らず専ら聚斂に鋭意にして、民情の如何を察せず、在朝の臣悉《ことごと》く苛刻聚斂の臣たらざるなきなり。今日に当り人民若《も》し政府の命是れ聴従し、苛刻聚斂吏の為す所に任委せば、民福安寧何《いず》れの日にか発揮せん。膏血絞り尽されて身は遂に路頭の餓鬼となるか或は山嶽に顚じ猛獣の腹中に葬らるるの日あらんのみ。ここを以て吾輩小民政令是れ黙従し坐して河海山嶽の鬼となるの日を待たんよりは、寧《むし》ろ一死を決し政府の命に拮抗し措置の適正を得て民福其所を得る則ち幸甚、若し政府剛愎〔意固地の意〕にして人民を強圧せんの策に出でば、吾輩小民と民福と存亡を与《とも》にし聚斂の臣を誅し其肉を食ひ其皮に寝処し以て民福を興隆するか、否《しか》らずんば民福に殉《したが》へ死を鴻毛に比せんのみ。豈《あに》亦快ならずや。

ここで夢から醒め、「夫れ地租のことたる、かくの如く困難なり、万一民情を察するの粗と民間便否を斟量するの漏とよりして、情勢の紛紜に渉り結んで解き難きの時機に至」らん。

この小笠原の論にも表れているが、租税協議権の問題は議会と課税をめぐる一般論としてだけではなく、目下進行中の地租改正事業そのものと結びついて捉えられているのである。

そこにはまず地租の大前提とされる地価決定方法が問題となる。浜松県の小栗の論〔本章7節〕もまさにそこを突くが、この問題は明治八年一二月四日付『曙』への投書においても、栃木県第六大区二小区浜野藤一郎が論じることになる。改正事業が困難に逢着しているが、実際に「入札糶売《ちょうばい》〔せり売りの意〕の法を以て上中下の反金をきはめ、綱領を掲げて之を示さば、猶予狐疑するものなからん」と浜野も正論を吐く。

しかしながら実態は全くそうではなかったからこそ全国的大問題になり、その解決方法が示されるかもとの期待を抱きつつ、地方官会議への傍聴の資格を得て各地の平民たちが上京するのだった。

その一人が筑摩県の窪田《くぼた》畔夫《くろお》だった。彼は地方官会議が区戸長会議と決議した直後、公選民会設立を元老院に建言した二六名の一人である。彼は十余日待っても何の指令もないため、第五章11節に見たように自己の不満を七月二六日付『報知』ほかに投書するのである。形式は友人が彼の話を聞いて事態の深刻さを今更のごとく認識したので、その話を貴紙に伝えるというものである。

しかし政府は窪田の地租改正の実態暴露があまりにリアルだったのか、同日に掲載された小幡篤次郎の、このような条例を制定・施行すると日本への海外での評判が悪くなるとの新聞紙条例批判記事と併せ新聞紙条例違反だとして、八月三一日、『報知』編集長岡敬孝に罰金一〇円・禁獄一カ月の判決を下すのである。

地価を算定し、それに妥当な税率を課するのだとの政府の建前を批判、それは封建的貢租の看板掛け替えに過ぎない、と明治八年一〇月一六日付『報知』に「地価を政府より検査するの当否を疑問する書」と題して投じるのは、岐阜県美濃国石津《いしづ》郡時山《ときやま》村五七番地の蒲生公郷である。彼は言う、「試《こころみ》に看よ、所謂地価金なる者を以て彼石盛《こくもり》なる者に比較せば、米と金を特に其《ただ》面目を異にするのみ。而《しこうして》其実は則一種の金盛を以て石盛に換へたるに不過也《すぎざる》」と。石津郡は岐阜県の南西端、明治九年一二月末に勃発する伊勢暴動の主要舞台になる地域である。

北条県下地租改正の実態　岐阜県の神官高木真蔭が直面する地租改正問題では、浜松県の足立孫六、北条県の貝勢困太郎が最も適切な論を展開していると指摘したことを、本章7節に述べておいたが、高木の目に狂いはなかった。明治八年八月四日付『曙』への投書において、貝勢は極めてリアルに北条県下の地租改正の実態を明らかにしているのである。以下概略は左のごとくである。

一昨年、政府邦内に告《つげ》て曰く、改正貢租は地価百分の一たらしめ、猶《な》ほ物品税二百万円に至らば地租は終に地価の百分〔の〕一たらんと。予輩此時おもへらく、政府は全邦の種価〔課税可能の全種目の価値〕を統計してかく告るか、或は旧貢租を変改し之を増課せんと欲するの際、人心の是に帰せざるをおもひ、仮りに此布告を出すか。然るに今日に至り果して政府は全邦の地価の測算するものに非ずして一時権宜の布告を下せしことを発見せり。何を以て之れを言乎《いうか》、曰く我美作州近日不相当の地価を賦課する即ち是なり、平均一反に付上等の村八十八円、その次は八十二円、その次は七十六円、我邑の如き即ち上等なり。之を実地に割賦するに、村内第一等の地は一反歩百二十円に及ぶべく、八九等に至れば山間の深田なれども、なほ五六十円の価を賦すべし。是実地売買に於ては半減の価を保ち難し。政府は何の故に斯《か》く不相当の高価を公然実地に賦課するや。其是佗《た》なし、真の地価を以て百分三の租を課するときは、収入その思ふ処に満ざるに依てなり。其諭《さと》す処を聞けば、地価は貢租を産出すべき権数《けんすう》〔仮の値の意〕にして実地に施すべき地価にあらずと。然らば地価は有名無実のものにして、畢竟無詮の手数ならずや。何ぞ従前の如く地租を反別に賦せずして却て此無実の品を以てするや。

政府の思慮反覆するものあり。曰く「地価は理窟を以て推すべきに非ず、人民相競ひ相耀《せ》るの間、幾回も売買し始めて真の地価を得べし」と。然るに今日に至り地価は自然に任《にん》ずるか理窟を以て推算するか、終に自然に任せず理窟を推さず、己れが欲する処の貢額より出でたりと云ふものの如し。雖然初めの言の如く貢租は実地売買地価の百分三たらんとならば、貢租は逐々《おいおい》減却して底止する処を知らず。故に売買地価に拘はらず、此貢額は五ヶ年間掘置く〔放り置くの意か〕と云、是れ初めの思慮と反するものなり。

此貢額五年間掘置くとならば、米一石三円に低下せば人民二倍の貢租を納めん、十二円に登騰せば政府半数の収入とならん(但し当時六円とみなし)、上下とも危殆《きたい》と云べし、其内三円へは近く十二円へは遠きに似たり。詰《つま》り下民の困苦なるべし。且つ前五年の直段、後五年に及ぼすの理なし。地租は年々の米価に依て其歳限り収入ありたし。

地価は人民実際売買すべき価にあらず、貢租の原数なりといはば、物品税は二百万円に至らずとも地租は地価の千分一とも万分一ともなさんと布告あるべし。且又物品税の今日二百万円に至る否やは予輩曽て知らざれども、幕府の時に較《かく》すれば極めて夥《か》多《た》なるを覚ふ。しかも一毫の地租を減ずる能はざるは何ぞや、政府の費用足らざるか、何の故にかく不足する、其元を塞《ふさ》ぐことを知らざるか、其費の元を塞ぐことをとらざれば、物品税は幾億万円に至るも、終に地租の一分を減ずること能はず。益々斂《おさ》め益々足らず、予輩歎息する処なり。且つ従前貢租は寛と苛とに失す。改正地価は苛のみに失す。其可否政府に於ては如何とするや。(後略)

この北条県は明治六年五月二六日から六月一日、新政反対一揆の中でも最も大規模で深刻な闘争となった「血税全県一揆」が勃発した地域であり、下からの圧力を受け、明治七年一月には全国にさきがけて公選県会を設立せざるを得ない状況に置かれた地域である。地租改正に際しても、各村々から請書を提出する条件として、干魃の際には検見取り(収穫量を調査して貢租額を決める方法)をおこなうと県が約束せざるを得なかったのが北条県であった。地方民会だけでは闘えないのならば国会開設による租税協議権の確立を、との要求に発展するのは、地域の論理として当然のこととなる。

上巻　注

第一章

(1)『真事誌』明治七年一一月一二日付に紹介された太政官御用申請の『日日』上書には、「本社創立の趣旨、他の外国人等をして妄《みだ》りに是非の判決を提掌し論権を擅有せしめず、凡《およ》そ民害となるべきは勤めて筆戦の際、其詞鋒を挫《くじ》き、我務の妨害を消除するにあり」とある。

(2) 明治八年に入ると、第三年第一九三号(明治七年一二月三〇日付)の次が明治八年第一号(一月四日付)と、年頭号を第一号とすることとなる。

(3)「太政類典」第二編、第一類、制度六、出版二、第一九号。

(4)『真事誌』明治六年九月二七日付に、『真事誌』と『日日』の一年間の紙代がある。『日日』の一部の紙代は『東日七十年史』(東京日日新聞社、一九四一年、非売品)一五頁。

(5)『報知』明治六年六月五日付、第五四号付録。

(6) 宮地正人編『幕末維新風雲通信』(東京大学出版会、一九七八年)三九七頁。

(7)『朝野』明治七年九月二四日付。

(8)『明治ニュース事典』第一巻(毎日コミュニケーションズ、一九八三年)、一三頁。

(9) 注(4)二八頁。

(10)『真事誌』明治七年一二月一二日付。

(11)『真事誌』明治七年一一月三〇日付。

(12)「太政類典」第二編、第一類、制度六、出版二、第二二号。

(13) 明治五年七月八日付、大蔵省番外達。

(14)「太政類典」第二編、第一類、制度六、出版二、第二〇号。

(15)『明治文化全集』第二巻、正史篇　上巻(日本評論社、一九二八年)、一九七―二〇〇頁に全文あり。

(16) 慶應義塾編『福澤諭吉書簡集』第一巻(岩波書店、二〇〇一年)、二九七頁。

(17)『真事誌』と『朝野』は、社の立場で書かれている主張は明治八年末まですべて「論説」のジャンルに分け、『報知』は「論説」欄の名称を用いていたが、明治八年七月七日、従来の横組み紙面を縦組み紙面に変更した日より「社説」の名称に切り替える。『曙』は明治八年一月一八日までは「論説」、一月一九日より、社の立場を主張し冒頭に位置させてきた記事を、「あけほの」欄に置くようになった。本論ではおおまかに各紙のジャンル分けに従って表記し、『曙』の場合は社説と表現する。

(18)『日日』は「建白」論争が火のごとく展開される二―三月には内務省に対し、自社に「内務省録事」掲載特権を賦与してほしい、なぜなら諸新聞は明治六年一〇月の「新聞紙条目」を遵守せず、また禁止したとしても居留地の外字新聞が翻訳されるなど、全面的禁止態勢は確立不可能である、しかしこのまま新聞の論調を放置できるか、「新聞の論説を信じ之を証とする者、(日本全州人民の)十に八九に居るなるべし」、これを防御するには、「一新聞を以て其趣旨を明示し其方向を弁説せざる可らず」と、「伺」の形で申請理由を説明している。しかし明治七年四月の太政官回答は「各新聞紙共官許にて、何れも同様の儀に付、別に不及伺出候事」と素気ないものだった。出典は「太政類典」第二編、第一類、制度六、出版二、第二一号。

(19)『報知』明治七年一一月一〇日付末尾に「告知」として次の一文が載せられている。

報知新聞第五〇三号附録民選議院説一冊
此は前参議建白の内に開載せざる詳説を載せ、大日本在任官員より下人民の惣数を計算し、中に就て擢選すべしとの公論を詳にす。配達の余、猶少なからず。読玉はん人は当社に来て求めらるべし。

(20)『明治文化全集』第四巻、憲政篇(日本評論社、一九二八年)「民撰議院集説」に全文が収められている、岡本・小室・古沢連名「民選議院弁」(三七五―三八五頁)は、この連載と同一文章である。

(21)『新聞雑誌』明治七年七月一六日付にも「擬住仁安書」第一号が載せられるが、内容が同紙の立場と異なっていたためであろう、第二号以下は見当たらない。

(22)表1は、『報知』明治八年二月九日付の付録に載った「明治七年 新聞紙別逓送通計表」である。百の位で四捨五入している。月ごとの紙勢の伸長を見やすくするため表2はグラフにした。『新聞雑誌』のみが取り残されているのが歴然である。

(23)『日日』の福地源一郎『新聞紙実歴』には明治七、八年から明治一二、三年の間、「新聞紙が数年の間に於て非常の発達を為したり」とあり。

(24)『報知』明治七年五月二七日付には、自分は人に使われている身分なので新聞紙を購入できず、市にある五カ所の新聞縦覧所で読んでいる、その幹事は当小五区戸長石附某で、この人物は積年苦学焦心、多識であることから、里人は「百味箪笥先生」と呼んでいる、との新潟港某の投書が載っている。

(25) 金井円『お雇い外国人 人文科学』(鹿島出版会、一九七六年)五二頁。

(26) 官庁の冷淡な態度が『朝野』『報知』に対してもとられたことについては、一一月九日付『朝野』の成島柳北投書によって明らかである。

(27) 「太政類典」第二編、第二類、外国交際八、外客雇入二、第三三号。

(28) 宮武外骨・西田長寿『明治新聞雑誌関係者略伝』(みすず書房、一九八五年)七頁。

(29) 『真事誌』明治八年一月一五日付。

(30) 『真事誌』明治八年一月一七日付。

(31) 『真事誌』明治八年一月一〇日付、及び『明治新聞雑誌関係者略伝』二一三頁。

(32) 『真事誌』明治七年一一月一二日付に紹介されているが、当然ながら『日日』には出ていない。政府部内の誰かが洩らしたものか。「太政類典」第二編、第一類、制度六、出版二、第二一号によれば、『日日』の内務卿宛て建白兼願書を受け正院庶務課が「正院御用を申付けて然るべし」との伺いを出すのが一〇月一八日のことである。

(33) 明治七年四月二三日付、内務省丙一五号達によれば、この時点で六種類の新聞紙を政府は各府県に配付している。

(34) 山室信一・中野目徹校注『明六雑誌』上(岩波文庫、一九九九年)、四四八頁。

(35) 『報知』明治八年七月二〇日付。

(36) 注(16)二九五頁、並びに同第二・九巻の人物注による。

(37) 学海日録研究会編『学海日録』第三巻(岩波書店、一九九二年)、二九八頁。依田は「明末に狗皮道士ありて、よく闖賊《ちんぞく》〔様子をうかがって侵入する意〕をののしりき。義狗主に報ずるもの少からず」(第八巻、明治二四年一月三日条)と、犬皮を長らく敷物にしているのである。

(38) 注(37)二九九頁。

(39) 注(37)三〇五頁。

(40) 古沢は五月三日、元老院権大書記官(五等)に任じられる。

(41) 注(37)三〇八頁。

(42) 南橋散史の小伝は『明治文化全集』第二〇巻、文明開化篇にある。

(43) 大阪と高田の売捌所は『朝野』九月二四日の創刊号から、松江のそれは明治七年一二月一三日付から出店している。『報知』は本章7節に言及したように、明治七年中に既に大阪に出店している。『曙』も明治八年七月九日付に「大阪府下幸町三丁目四番地」に日新堂支店あり、と出ており、紙勢拡大の運動をおこなっている。『真事誌』は明治七年一月の「告白」によると、東京売捌所は静霞堂、諸国売捌所は弘暦社だとしている。明治八年三月の同紙には、東京の売捌所は静霞堂・同第一支店・同第二支店、諸国売捌所は東京小伝馬町三丁目頒暦商社、並びに大坂内平野町二丁目頒暦商社とある。当然各新聞社内に配達人をかかえている。『新聞雑誌』明治七年四月一〇日付は、郵送数千部、地方へは新潟一位、秋田二位、青森三位、愛知四位と誇っている。個人宛て郵送もあったと思われるが、購読者への配達業務を負った取次店宛て郵送がほとんどだったと考えられる。『真事誌』の頒暦商社は経営経験を有した全国的組織で、それと全国各地の取次店、大阪の支店と出店、各地の売捌所はどのような面で同一の機能を果たし、いずれの面でその機能を異にしていたのか。新聞経営のカナメは紙代の回収であり、それができなければ新聞社経営は持続不可能となるため、明治前半期新聞紙研究の一課題であるだろう。

(44)　『真事誌』明治八年五月三日付。

(45)　『真事誌』明治八年六月二九日付。

(46)　末広鉄腸は、この論は青江の頼みにより工部大丞兼電信頭の芳川顕正が執筆したものと語っている。『明治文化全集』第一八巻、新聞篇(日本評論社、一九二八年)、五一頁。『曙』の「非民撰議院」論のタイトルは一貫しておらず判断に苦しむが、一月五日付「論説」の「朋党新論一」(櫟堂逸史)、一月七日付「論説」の「華族論」、一月八日付「論説」の「華族論 続」、二月一三日付「あけほの」欄の「非民撰議院論三」の流れの中にこの「第四篇」がつながると考えておく。

(47)　注(46)五一頁。大井のことも同頁に言及されている。

(48)　この部分のみがカタカナ書き、ほかはすべて漢文体である。

(49)　宮地正人・佐藤能丸・櫻井良樹編『明治時代史大辞典』第三巻(吉川弘文館、二〇一三年)、一八〇—一八一頁によれば、倉敷村林孚一の三男、明治一二年には両備作三国親睦会を結成、幹事となり国会開設請願運動を推進した、とある。

(50)　注(46)五四頁。

(51)　木戸孝允関係文書研究会編『木戸孝允関係文書1』(東京大学出版会、二〇〇五年)三頁。

第二章

(1) 第一章注(46)一一頁。

(2) 『万国新聞』明治九年一月六日付。

(3) 「広州の貪泉」とは『晋書』「呉隠之伝」の広州にある貪泉を飲めばたちまち貪欲の心を起こすという故事。『曙』は明治八年九月四日付から一〇月二六日付まで、それまでの急進的立場を放棄、太政官政府の立場を支持・宣伝しつづけたことが皮肉られている。

(4) 塚原靖は明治七年『横浜毎日新聞』に入り、編集長となったが、明治八年九月六日付『毎日』に田口十内の投書「讒謗律の疑」を掲載したことをもって、一〇月一九日、禁獄一〇カ月・罰金一〇〇円という最も厳しい刑を宣告された。この弾圧によって塚原と『毎日』の名は、旧幕臣であった彼の故郷江戸にまで響いているとの意。塚原は大審院に上告したが、一二月二五日に却下され投獄されるのである。

(5) 一二月六日の記事は『報知』が他の新聞を評したものであって、当然自社を評論してはいない。この当時の『報知』も含め、芸者にたとえて巧妙な新聞評を一二月二二日付『朝野』に投じたのが東京蛎殻町一丁目の中村鉎吉である。

吉原の芸者	よく勤める	御用新聞
柳橋の芸者	程がよい	朝野新聞
山谷堀の芸者	色気がある	報知新聞
数寄屋町の芸者	口がわるい	曙新聞
芳町の芸者	よく稼ぐ	横浜新聞
新橋の芸者	見識がえらい	評論新聞
浅草広小路の芸者	客がチラホラ	采風新聞

(6) 出典は各年次『内務省年報』。百の位を四捨五入している。日刊紙は年間部数を三〇〇日で割り一日当たりの部数を推定する方法をとった。ただし『真事誌』は明治八年一二月五日付をもって休刊となっているので、同日をもって一日当たり部数を推定している。

なお英国公使館員アシュトンは日本での新聞紙の性格を分析し、発行部数の推定値を報告書に仕立て、これをパークスが一八七六年二月七日付、本国宛て通信に添付している(FO46/263, 7/2/1876, no. 24)。そこでは『日日』八五〇〇部、『曙』二三〇〇部、『報知』三八〇〇部、『朝野』四五〇〇部、『評論新聞』一一〇〇部、『読売』一万六〇〇〇部との数字が示されている。アシュトンはこの「報告書」の中で各新聞の性格と読者層に関しても次のように説明している。

『日日』は政府諸布告等の公表機関で、多くの読者は諸官庁である。『読売』は政治的性格はなく、江戸の下層階級の間に流通している。新聞はこの数字よりもはるかに広く読まれていると思われる。紙代が高価であり、購入できない多くの人々が読みたがっているのだ。このことは江戸や他の大都市において新聞縦覧所を設立させることに結果した。また新聞は郵便制度により日本の隅々にまで運ばれている。新聞記事は主としてサムライ階級の人々によって書かれている。彼らは日本で唯一政治的影響力を有する部分であり、良質な新聞の読者もまた主としてサムライ階級の人間だ、と。

(7)　宮地正人『地域の視座から通史を撃て!』(校倉書房、二〇一六年)二五七―二五八頁。

(8)　奥平昌洪『日本弁護士史』(有斐閣書房、一九一四年)並びに松本哲泓「代言人寺村富栄と北洲舎」(『法苑』一八五号)の「ウィキペディア」記載による(二〇二〇年九月二六日確認)。北洲舎の名称の由来は六月一五日、北浜二丁目の借家で開業、北浜の浜を洲に変えたものである。北洲舎には古沢滋の実兄岩神昂(司法省権少検事、京都裁判所詰めを明治七年三月に辞職)も加入していた。彼は島本を説得した中心人物でもある。その結成への動きは四月二二日付『新聞雑誌』に、「名東県貫属士族都志春暉(のち北洲舎舎員)と云ふ者、大阪府下に於て今般官許の上代言人社を取立る為め東京同社え問合せの事件ありとて、同人東行をなし近日開業の由」(同行者は北田正董)と報じられているごとく、数カ月前から計画されていた。また同舎員となる大阪府貫属士族北田正董は明治七年五月四日、前年一〇月布告の新聞紙発行条目中第一〇・一一・一二条は版行の自由を抑制するのみならず、人民の通義・権理を戕賊《しょうぞく》(傷つけて殺す意)し知識を梏亡《こくぼう》(私欲にとらわれて本性を失う意)し開明の機会を屏息させるもの、と指摘し、新聞紙上議論の自由を許すは万国共通、右三カ条を削除して言論の自由を実現すべし、と建言している(『明治建白書集成』第三巻、筑摩書房、一九八六年、三七三―三七四頁)。この建言は五月四日付『新聞雑誌』にも報じられている。誕生しようとする北洲舎の基本的性格をよく物語るものである。北田は明治一三年二月、東京北洲舎舎長となり、明治一五年六月の自由党届け出の際には常議員に選出されている。

(9)　『朝野』明治八年六月一四日付。

(10)　『報知』明治八年四月四日付。

(11)　雑賀博愛『大江天也伝記』(大江太発行、一九二六年、非売品)三七三頁。

(12)　『報知』明治八年六月二七日付。

(13)　『曙』明治八年六月二八日付、並びに『日日』一一月二四日付。

(14)『真事誌』明治八年三月一九日付、並びに『報知』四月一四日付。
(15)注(8)による。
(16)『真事誌』明治八年四月二五日付。
(17)橋本誠一「北洲舎浜松支舎の設置——鷲山恭彦家文書調査だより」(『静岡県近代史研究会会報』第四九三号、二〇一九年一〇月)。
(18)注(7)二五六頁。
(19)注(7)二五七頁。またその後の研究に、青木隆幸「明治初期飯田下伊那地価軽減運動史序論」(『飯田市美術博物館研究紀要』第三〇号、二〇二〇年)がある。
(20)慶應義塾編『福澤諭吉書簡集』第一巻(岩波書店、二〇〇一年)、二七三頁。
(21)石河幹明『福澤諭吉傳』第二巻(岩波書店、一九三二年)、四〇九—四一〇頁。
(22)『真事誌』明治六年一〇月五日付。
(23)『新聞雑誌』明治七年七月一二日付の付録、並びに注(21)四一一頁。
(24)『新聞雑誌』明治七年三月一〇日付。
(25)注(21)四一一頁。
(26)注(20)第二巻、一五二頁。
(27)エス・ケイ・ケイ編『国際人事典 幕末・維新』(毎日コミュニケーションズ、一九九一年)五二頁の矢野文雄「故井上良一君墓表」による。
(28)注(27)一四六頁。
(29)『報知』明治七年一一月一七日付。この福吉舎と同一性格の名東県士族の東京学塾が、第六章9節に言及する小室信夫の法理学習塾だと思われる。
(30)『報知』明治八年四月二〇・二二日付。また平賀は明治七年一一月、司法省からの左院の独立、終身制の判事制度への改革の議を建白(『明治建白書集成』第四巻、一九八八年、一四一—一四四頁)しており、この建白も明治八年一月五日付『真事誌』に報じられている。この建白の末尾で平賀は左のごとく断じている。

今の官員は約《おおむ》ね皆数年前の忠奮義烈の士なり、而して維新以来未だ七年に満たざるに、天下の気勢萎爾《いじ》(なえる意)として日に不振に就くは何ぞや、奚《なん》ぞ其気象の昔日に鬱勃たること彼の如く其れ盛んにして、而して今日に痡疲すること此の如く其れ甚しきや、嗚呼是れ天耶、抑《そもそ》も亦唯《た》だ人か、義質惑へり云々。

この建白は、当然翌年三月の第二建白に発展する。
(31)注(21)二五八頁。
(32)『真事誌』明治七年八月一五日付、及び『報知』同日付。両紙に報じる者は、甲州黒野田村天野耕蔵である。

(33)『真事誌』明治八年八月八日付。元田直は明治二年八月一四日―四年七月二九日、廃官まで太政官大史に任じられていた。豊後杵築藩儒元田竹渓の子、元田肇の義父である。
(34)『新聞雑誌』明治七年四月二八日付。
(35)『新聞雑誌』明治七年五月二〇日付。
(36)『報知』明治八年六月一九日付。
(37)注(36)。
(38)注(8)。
(39)『報知』明治八年六月三〇日付。
(40)前島に関する記述はすべて、前島顕『草莽の民権家前島豊太郎伝』(三一書房、一九八七年)による。
(41)『日日』明治八年七月二日付。神宮文庫所蔵「三条家文書」第十一門、一一一四号によれば、西園寺実満は明治九年四月に、三条実美が情報探索をおこなう組織の候補者の一人となっている。
(42)ただし民間からは皮肉な見方をされてもいた。明治七年一二月二九日付『真事誌』への投書の中で「筑紫潟の漁夫筑紫九郎」は、「今府下に明六社あり集成社あり、各応分の義務とか権利とかを興起す可しと雖も、殆ど悉皆官員のみ(中略)政府の穴さがしは為さざる可し)なれば、政府も格別の御心酌はなく、只好ひ様にして呉れるであろう位の事と察せらる」云々とひややかな見解を述べている。
(43)石川安次郎『沼間守一』(毎日新聞社、一九〇一年)三二一―三三三頁。
(44)平野義太郎『馬城大井憲太郎伝』(大井馬城伝編纂部、一九三八年)一六頁。その理由は「事を事とせざる」となっている。
(45)小野は当初私費で明治五年二月出国、その後大蔵省派遣留学生となって米英で学び、明治七年五月帰国、明治九年八月一五日司法少丞に任じられるまでは官途に就いてはいない。小野に関する記述は、大日方純夫『小野梓――未完のプロジェクト』(冨山房インターナショナル、二〇一六年)による。
(46)『真事誌』明治八年一月一七日付への投書の中で犯憂散人は、民選議院の論がおきても政府は何らの対応をしない、「此上は(国会設立に)愛心ある者(中略)は紙上の論弁を休めて実地に相会同するの一大場を設け相面議して愛の実際事業上に出現することを勉む可きなり」「聞く西南諸県下現に会議院を起す処多しと、府下亦集成社・共存同衆等の各社あり、願ふに着々早く其実を挙ぐるに如かざるなり」と述べ、この両社は民選議院の実現をめざしている結社だと考えている。

(47)『真事誌』明治七年八月三一日付。
(48)『真事誌』明治七年一一月一五日付。
(49)従来、林正明は明治九年、共同社を宮崎八郎と設立、民権運動に突入したとされているが、再検討課題となろう。福沢の反感も林が明治一一年二—五月の『扶桑新誌』に、福沢が頽勢挽回のため弟子を官界に送り込んだり、藩閥官僚の勢力と提携しようとしていると揶揄したのをはじめ、盛んに福沢を嘲弄・罵倒したことによると『福澤諭吉書簡集』第一巻の人物解説(三六五頁)にある。明治一〇年代に入り在野活動をする中での林の急進化が原因だと著者は見ている。
(50)『真事誌』明治八年四月一七日付。
(51)集成社に参加したメンバーは不明だが、注(11)三五四頁には、同人には陸奥宗光や大井憲太郎がいると記されている。大井の通志社は集成社活動の中での雰囲気確認の上で結成されたものかも知れない。注(44)の六九—七〇頁には、大井は明治八年二月二二日、愛国社という政社を創設した、社員には大江卓・林有造・由利公正がいたとある。大阪愛国社結党と連動したものか。
(52)『朝野』明治八年七月三日付は、七月一日の明六社会議の内容を報じているが、それは傍聴者から聞いたニュースだと断っている。
(53)山室信一・中野目徹校注『明六雑誌』上(岩波文庫、一九九九年)、四五九頁。
(54)『報知』明治八年五月四日付。
(55)慶應義塾編『福澤諭吉全集』第二一巻(岩波書店、一九六四年)、五四一—五四二頁。
(56)『朝野』明治八年七月三日付。

第三章

(1)『曙』明治八年一月一二日付には磊々《らいらい》散人の「五九樓仙万子学問のすすめの評の弁」が載っている。そこでは、「〔当時の〕楠公の任は今日の日本人の責より軽」いと言っているが、五九樓仙万子は「政府の根基を鞏固ならしむるは、即ち人民をして其処を得せしめ、所謂文明を資成するの第一著なることを知らざる也」、楠公の功績とは政府を保護したことだ、と、仙万子の政府・人民相互関係の政治学そのものを攻撃する。福沢であることを前提とした批判である。
(2)石河幹明『福澤諭吉傳』第二巻(岩波書店、一九三二年)、三三九—三四一頁に、米国留学から帰国し、明治七年九月から文部省准刻課(課長は秋山恒太郎)に出仕した目賀田種太郎の回想が紹介されている。そこで目賀田は、内務省から『学問のすすめ』は出版条例第二条

(「妄に成法を誹議し人罪を誣告することを著するを許さず」)に違反している、かくの如きものを政府の一部が認可するようでは、国家の行政をどうするつもりだ、いかなる意見をもって本書を許可したのか、との厳重な照会があり、これに対し准刻課は逐条答弁をおこない、同書は成法を誹毀したのではなく論議したものだと応答、それを何度も往復したことがあったと語っている。この両省間の紛議が洩れ、ここにあるような「文部省騒動」と言われることになったと思われる。

明治五年九月八日に布達された「小学教則」にも、明治六年五月二〇日の小学教則改正のいずれの場合も、読本の中に『学問のすすめ』は入れられており、この「小学教則」は明治一一年の改変までそのままである。ただし各年次ごとの『文部省年報』を調査したところ、明治七年段階の各府県報告の中では山梨県が「学規」中「下等小学教則」第五級「読物」テキストの中に『学問のすすめ初篇』を挙げているだけで、他府県の「教則」では『学問のすすめ』を明記したものは皆無であり、明治八年以降は山梨県も含めいっさい記載されてはいない。一つには文部省の教材製作が進んでいったことが理由であるだろうが、一つには『学問のすすめ』が楠公・権助論争の焦点となったことから、教育現場での同書の使用が回避されたためと思われる。教育現場では福沢的「啓蒙思想」なるものは、早くも明治八年段階から忌避されたと考えるべきだと著者は推測している。

(3)　新律綱領・改定律例共に法律用語として「不応為」なる概念が規定されている。即ち「律令にその罪が明確に定められてはいなくとも、情理において為すべからざるの行為」を意味し、情理上重いもの、情理上軽いものには刑罰に差異が設けられていた。

(4)　『真事誌』明治八年一〇月一〇日付に、福沢諭吉暗殺を企てた京都府士族旧蔵人方御蔵小舎人《ことねり》山科生春長男生幹(二二歳)、並びに同府士族小林祐勝(二四歳)の両名に、一〇月四日、判決が下されたことが報じられている。それによると、福沢並びに小幡篤次郎が慶應義塾に生徒を集め、キリスト教を広め、ついには政体を共和政治に変革しようと、政府部内の三条・岩倉・大隈・加藤グループに「一臂」をかしているとの説を聞きこみ、福沢を含めた政府高官たちの殺害を試みようと、出入りの便宜を有していた公家華族中の中山家・嵯峨家・大原家に入説したことが罪に問われたのである。判決では、「無根の説を信じ盟約書を偽造し党与を募り、密旨をうけ当路の大臣を貶黜《へんちゅつ》せんと謀る者、不応為重に擬し、懲役九〇日の処、憂国の赤心に出るを以て情を量り」、主謀者山科生幹には不応為重として贖罪金五円二五銭、従犯の小林祐勝には不応為軽として贖罪金二円二五銭を科すというものであった。この山科生幹は明治七年七月、左大臣島津久光に「国家経綸の五大綱領」並びに「内政修理論」を建言している青年でもある（鹿児島県歴史資料センター黎明館編『鹿児島県史料 玉里島津家史料 七』一九九八年、六〇七—六一三頁）。

（5）注（2）三三八頁。

第四章

（1）教部省政策全体に関しては、宮地正人『天皇制の政治史的研究』（校倉書房、一九八一年）第二部第一章「近代天皇制イデオロギー形成過程の特質」、並びに阪本是丸『国家神道形成過程の研究』（岩波書店、一九九四年）第二部第五章「教部省の設置と政教問題」を参照のこと。

（2）『真事誌』明治七年六月三〇日付。

（3）『国学者伝記集成』第二巻（復刻版、名著刊行会、一九七八年）、一六二八頁。

（4）引用する『報知』明治七年七月二三日付の記事の氏名記述の中にある。

（5）『論語』「子罕篇」に「歳寒、然後知松柏之後凋也」とある。後凋は「しぼむにおくる」と訓読され、松柏のすぐれたことを意味する。

（6）『書経』「微子篇」に「皇天眷佑」とある。天が特別に目をかけて愛するの意。

（7）『真事誌』明治七年一一月一七日付には矢口勇が「太平余言」を投書しているが、その中で「余輩が親友なる立花光臣」云々と自己紹介をしている。

（8）オスマン帝国は国政乱脈の極、外債利子支払いが不能に陥り、国内で反専制運動が展開、一八七六年五月、皇帝アブドルアジズが退位させられる大政変が勃発した。

（9）両通とも、木戸公伝記編纂所編『木戸孝允文書』第七巻、日本史籍協会、一九三一年、二二・四九頁。

第五章

（1）『松菊木戸公伝』下（一九二七年）、一六二四頁。

（2）注（1）四—五頁。

（3）注（1）一六六八頁。

（4）中国の成語には「釜中魚」「釜底游魚」などが『後漢書 張綱伝』の「相聚偸生、若魚游釜中」を出典として存在している。狭い空間に共に生を偸《ぬす》んでいることをいう。

（5）木戸や板垣が参議に復帰するのは明治八年三月のことで、投書者には既知の事実である。

(6)『新聞雑誌』明治七年五月三〇日付。
(7)『真事誌』明治七年八月一八日付。
(8)『新聞雑誌』明治七年七月一二日付。
(9)『真事誌』明治七年七月二日付、並びに『報知』明治七年七月四日付。
(10)『都史紀要七　七分積金』（東京都、一九六〇年）一一一—一二二頁。
(11)依田学海『学海日録』三（岩波書店、一九九二年）、二七二頁。
(12)『報知』明治七年二月一〇日付。
(13)『朝野』明治七年五月七日付、並びに『真事誌』五月一三日付。
(14)『真事誌』明治七年六月二九日付、並びに九月三日付。
(15)『真事誌』明治七年一〇月二〇日付。
(16)『報知』明治七年五月二六日付、並びに『日日』五月二八日付。なおこの県会開設において民意を開暢させられることを痛感した浜田県令佐藤信寛は、明治八年二月二三日、未だ地方官会議の開催如何が不明の時期に、開かれるべき地方官会議には県会選出の代議士をも上京させ、議事に参加させるべしと、左院に「会同議事に付」と題する次の建白書を提出する。地方長官が代議士になるとしても「人民に事を議するの権を与へずして、地方長官に代議の名を下すは、是《こ》れ名実相協《あいかな》はず。夫《そ》れ名は実の賓《ひん》なり、実無くして名有る時は恐くは人民必ず疑を生ぜん」「県に於て昨年来人民と約定して代議人を会同し、人民の権内に属する者は一区一村に係る小事に至るまで之を議に附し、且つ県庁専制の権利有る者と雖ども、事に由り議場の評決を待って施行するに、稍《やや》才識有る者は民権の更張せんとするを悦び、愚昧なる者も擅制の私《わたくし》無きに服し、事の速に行はるる、之を前日に比するに殆《ほと》んど霄《しょう》壌《じょう》の異《こと》なる有り」「〔このことは〕信寛の之を実地に経験する所なり、一県小なりと雖ども理は則ち一なれば、推《お》して之れを天下に及す、亦た将《ま》さに不可なるもの無らんとする歟」、従って「今歳の会同よりして各府県下の人民一二名限りを以て代議士とし、地方長官に随ひ議場に参班して事を議することを得せしめ」たい（『明治建白書集成』第四巻、筑摩書房、一九八八年、四六五—四六六頁）。
(17)『報知』明治七年九月六日付。
(18)『報知』明治七年七月二九日付。
(19)『新聞雑誌』明治七年六月一八日付。
(20)『真事誌』明治七年一二月一三日付。

(21)『報知』明治七年六月二九日付。
(22)『真事誌』明治七年七月一二日付。
(23)『真事誌』明治七年五月三一日付。
(24)『真事誌』明治七年八月四日付。
(25)『千葉県議会史』第一巻(一九六五年)、三四四頁。
(26)『真事誌』明治七年六月一五日付。
(27)『報知』明治七年七月二三日付。
(28)『真事誌』明治七年九月三日付。なお傍聴願いは地方長官を介さず、希望者自身が直接政府に出願する例が、埼玉県・熊谷県・水沢県などにあることも注意すべき動きである。
(29)『真事誌』明治七年一〇月九日付。
(30)『東京大学史料編纂所報』第三六号(二〇〇〇年)、一〇三―一〇四頁参照のこと。
(31) 有元正雄ほか『明治期地方啓蒙思想家の研究』(渓水社、一九八一年)三一三頁。
(32) 注(26)及び(27)。
(33) この肩書は明治七年七月二六日付『報知』の記事による。
(34) 注(31)三一四―三一六頁。この献言中、窪田は矢野光儀と息子の竜渓との関係につき、「小民聞く、令公閣下の御孝子慶應義塾に在して賢明の名高く、且つ教官となり玉ふ」と言及している。
(35) 注(31)三一三―三一四頁。
(36)『報知』明治七年一〇月一四―一八日付。
(37)『報知』明治七年一〇月一四日付。
(38)『報知』明治七年一〇月一五―一八日付、及び注(31)三二一―三二三頁。
(39)『日日』明治七年一〇月二四日付には、『報知』が報道した小田県第六大区会決議を取り上げ、そのうち第一・三・六・八・一〇の五カ条に対し、決議を紹介すると同時に「論議中未だ事理に適せざる者あり」として詳細な逐条批判をおこなっている。政府寄りの同紙の性格が如実に出ている記事ではあるが、新聞記事差し止めといった行政手段に訴えることなく、批判・反批判の往復を知る中で、全国の新聞読者は問題の所在と考え方を学ぶのであり、このような社会の出現が、とりもなおさず「公論世界」の成立だと著者は捉えている。
(40)『真事誌』明治七年七月二五日付。投書者が、南海の杞憂子という高知県人であることに注意が必要であろう。同一史料は、我部政男・広瀬順晧・西川誠編『明治前期・地方官会議史料集成』第二期第二巻(柏書房、一九九七年)「明治七年地方官会議原本」五五―六五頁に収録されている。これによれば、伊地知議長は六月一九日に大臣・参議に右の建議を上申している。その結果、六月二二日に九月一〇日限り着京すべしとの府県宛て達書が発せられるのである。

ここに見られる地方長官の危機意識は、『真事誌』明治七年一〇月九日付に載せられた富山の永井某の投書にも鮮明に言及されている。永井は言う、

日今全国の情勢を察するに、士族は倉皇《そうこう》〔あわてるさま〕活計を求むる急にして、皆懸軍〔遠征の意〕沙漠の思ひを為し、退《ひい》ては不平を鳴し維新の盛業を非とす。三民〔農工商をいう〕の如きは旧習に陥溺《かんでき》し租税賦役の新法を快《こころよし》とせず、四民洵々《じゅんじゅん》〔誠意をもっての意〕として毫も国に報《むく》ゆるの赤心を存せず。夫如是《それかくのごとく》にして欧米各国の至治を期せむと欲する、猶《なお》木に縁《より》て魚を求《もとむ》る、数百年を歴《へる》とも尚難し、と。

(41)『真事誌』明治七年七月二五日付。これも注(40)の「会議原本」一一五—一二三頁に収録されている。

(42)『明治建白書集成』第三巻(一九八六年)、七四九—七五一頁、並びに『鹿児島県史料 玉里島津家史料』第七巻(一九九八年)、六三七—六三九頁。

(43)注(42)「玉里史料」六四八—六四九頁。

(44)『朝野』明治八年五月二三日付。

(45)『報知』明治八年五月一二日付。

(46)『明治前期・地方官会議史料集成』第一期第二巻(一九九六年)「地方官会議日誌三」三二九頁。なお、各府県傍聴人の人数は右史料の第一期第四巻(一九九六年)「地方官会議日誌六」に記録されている。

(47)『真事誌』明治八年六月一九日付。県令山田武甫は肥後実学党の中心人物の一人である。

(48)『報知』明治八年六月六日付。

(49)『真事誌』明治八年五月二九日付。飾磨県臨時会同に関しては、奥村弘「播磨にみる地方民会の特質——飾磨県臨時県会同を中心に」(『神戸大学史学年報』第五号、一九九〇年)を参照。

(50)『報知』明治八年七月五日付。

(51)注(46)「地方官会議日誌三」、三一三頁。

(52)『明治建白書集成』第三巻、九一三—九一四頁。

(53)「太政類典」第二編、第三類、地方十三、議会二一、第六号。

(54)『真事誌』明治七年一〇月二七日付。

(55)注(53)に太政官の決裁がある。

(56)『明治前期・地方官会議史料集成』第二期第一巻(一九九七年)「第一回地方官会議書類全」二九四—二九八頁。

(57)『報知』明治八年六月一四日付。

(58) 石川県下の事態は『建白書集成』第四巻、六六五—六八七頁、「地方官会議御下問答議ニ付建白」史料から詳細に判明する。

(59) 神宮文庫所蔵「三条家文書」第五門、五一四七号。

(60) 注(56)第一期第四巻(一九九六年)「地方官会議日誌七」二九八頁。

(61) 注(56)第一期第二巻(一九九六年)「地方官会議日誌三」一四一頁。

(62) 注(61)三〇九頁。

(63) 注(61)二一一頁。

(64) 注(56)二六—三一頁に、全府県の調査と統計がある。滋賀県では松田県令の計らいによって明治五年二月六日、大津に議事所が開設され、一カ月両度の会議が開始されたと『新聞雑誌』第四四号(明治文化研究会編『幕末明治新聞全集』第六巻下、世界文庫、一九六一年、二八四—二八六頁)に報じられている。

(65) 注(40)『地方官会議史料集成』。以下各県の事情は同史料による。

(66) 当時の佐賀県令は水戸藩出身の草莽の志士北島秀朝で、伊藤謙吉も共に幕末期、岩倉の下で行動した志士。後者は刈谷藩士で別名伊藤三弥、同藩士松本奎堂と共に天誅組の蜂起に参加し、敗北後逃れて信州伴野村の松尾家にかくまわれ、原遊斎・坂木下枝・堀謙吉などの変名をもって秘密裡の国事周旋活動をおこなう中で岩倉に接触、岩倉の下にいた北島とは親友となる間柄で、明治に入って伊藤謙吉と名乗るのである。

(67) 民権激派の雑誌『評論新聞』第一七号(明治八年八月刊)に横瀬文彦がこのことを取り上げ、「民会既に区戸長会に変換したるは本年四月一四日の詔書の本旨たる立憲政体創立の期何れの日に在るや、(中略)傍聴人の間に流布する説の由にて、道路に紛々たる一奇話あり。曰く、民会の議問を下せるや、一貴顕予《あらかじ》め先づ議員中の論客数名に依頼するに区戸長を以て民会の議員に充《あ》つるの議に同意せよとの旨を以てしたり。之が為に会議の時に臨み、数名の論客、此議を主張したるに由て区戸長会の議、即日に決したりと。斯る拙劣なる事は今日に在ては我輩の如き小民の間に於ても尚《な》ほ之を恥づ。矧《いわ》んや国家の大任に当る貴顕に於て此事なきは余の断然信じて疑はざる所なり」と非難する。

(68) 注(56)第一期第五巻(一九九六年)「地方官会議日誌八」一四九頁。

(69) 「太政類典」第二編、第三類、地方十二、議会一、第四五号。

(70) 注(69)。

(71)　注(69)。
(72)　注(69)。
(73)　注(69)。
(74)　注(69)。
(75)　『報知』明治八年七月八日付。高知県の中岡は、立志社一等社員で銃弾薬商中岡正十郎の可能性あり。
(76)　森は酒田県権令松平親懐を訴えている本人であるが、地方長官として出席している松平が森を傍聴人として認めたはずである。
(77)　『報知』明治八年七月一二日付、並びに注(56)二九八―三〇一頁。
(78)　注(56)三九八―三〇一頁。
(79)　柴原和は明治七年一一月二六日、三条太政大臣に「国政五ヶ条の議」につき、単独で意見書を提出、そこで①清国屈し兵隊驕横となりおれり、この取り締まりのこと、②佐賀の乱や征台の役に士族を動員、士族は矜傲《きょうごう》〔おごりたかぶるの意〕自負の色を現しおるも、今後内外事あるとも士族の力を借らざるの策を用うべきこと、③民選議院の説は公明正大なれど、設置すれば国家解体の懼れあり。それ以前に国体を定めるべきこと、④大臣党派を分つこと慮るべし、大臣諸公同心周和すべきこと、⑤今回の事態で清国は我国を怨みおれり、慢然倨傲自大にして他国と争うとなれば日本危し、外国蔑視慎むべきこと、の五点を指摘している(注(16)『明治建白書集成』二五四―二五五頁)。あくまでも他の非薩長閥地方官たちとの連携を拒み、太政官政府に従う立ち位置をとりながら、政府の改善すべき諸点を明確に指摘するのである。

第六章

(1)　木戸孝允関係文書研究会編『木戸孝允関係文書3』(東京大学出版会、二〇〇八年)三八五―三八七頁。
(2)　禁門の変の責任をとらされた長州藩家老福原越後の養子。四境戦争後の慶応三年二月、英国に留学、明治七年三月に帰国している。
(3)　注(1)三八五頁。
(4)　阿波自助社の動向については、正木明子「徳島自助社の研究」(石躍胤央・高橋啓編『徳島の研究　五』清文堂、一九八三年)に多くを負っている。正木氏は自助社幹部日比野克巳の日記を資料として駆使しており、本書で注記していない記述は同氏論文による。
(5)　井上の人事以前の明治四年一一月、額田県権令に任じられていたのが名東県士族の林厚徳で、林は明治五年一一月、浜松県令に昇進する。
(6)　『徳島県史』第五巻(徳島県、一九六六年)、二一七頁。

(7) 明治八年一月五日付『報知』に、前年五月の旧名東県権令某氏の内務省宛て上申中の文言に「元徳島藩士族等大に激励・奮走し、反求して己を責むるの論を以て自助社を結立」云々と報じられている。

(8) 『真事誌』明治七年八月二五日付。

(9) 注(6)五二頁。

(10) 『真事誌』明治七年一〇月二〇日付には、名東県下阿波国第六大区(美馬郡)逸民某が投書し、臨時県会議員選挙の様子を次のように述べるのである。

今般集議院被為開《ひらかせられ》、各県の令東上の命あり、故に県下民情熟知のため、県会議事を被設《もうけられ》候際、各区代議人撰入札の件に付、当第六区の如きは、区戸長私権私利を貪り、各々其任に当らん事を欲し、終には合従連衡の争ひ、蘇張の智を奮ふの景況、私に抱腹に堪ず。

(11) 注(1)三八七―三八八頁。

(12) 宇山孝人「阿波の自由民権運動と自助社」(四国地域史研究連絡協議会編『四国の自由民権運動』岩田書院、二〇一二年)一一頁に、九名の署名者の名もつけられた明治七年九月付「結社の大意」(活版)の写真が掲載されている。

(13) 『真事誌』明治七年一〇月一九日付。

(14) 神宮文庫所蔵「三条家文書」第五門、五四〇二号は、明治七年四月付、三条実美宛て古賀定雄意見書である。そこで古賀は、親友江藤新平の無念の刑死を悼んでいる。

(15) 明治七年一一月から八年七月の淡路二大区長の元老院建白までの経緯は、『真事誌』明治八年七月三一日付に載った賀集白川敏儒の投書に詳しい。もっとも古賀権令の赴任は明治八年一月であり、参事西野友保の意向が強く働いたと思われる。

(16) 二〇名余としているのは注(4)正木氏論文、注(12)の宇山氏論文では、参加者の過半数を超える三五名が参加したとなっている。なお大阪の大会に出席したうちの岩本晴之は、明治六年段階では名東県中属・大属で、同年の新政反対大一揆の鎮撫方で出動、明治七年に入り司法省十二等出仕として活動し、同年一一月までには辞職、明治八年二月には自助社に加入し、吉野川改修工事では、代言人で自助社社員の江崎静三を付添いとして県を相手に訴訟を起こしている。

この岩本は明治六年九月、「名東県中属」の肩書で左院に建白し、現在荒廃してしまっている神社を合祀すべし、そうなれば以前の社地は耕田となり、人民また修繕の労を省き、軽侮は愛敬となり、破壊換じて壮麗とならん、と県牧民官らしい意見を述べている(『明治建白書集成』第二巻、筑摩書房、一九九〇年、八一九頁)。

(17) 注(14)第五門、五二五三号は明治八年三月四日付、名東県七等出仕久保無二三の書状で、その中にこの事実が言及されている。
(18) 注(6)五四頁。
(19) 「太政類典」第二編、第六類、民法六、財産契約、第百号。
(20) 注(16)。
(21) 『報知』明治八年七月四日付。
(22) 三月二三日の意見書と五月二一日の再建議は、明治八年五月二四日付『日日』、並びに六月一三日付『真事誌』の両紙に、それぞれの全文が載せられることになる。
(23) 『真事誌』明治八年七月九日付。
(24) 『真事誌』明治八年六月一三日付。
(25) 『報知』明治八年八月四日付。
(26) 大阪民衆史研究会・島田邦二郎史料集成編集委員会編『立憲政体改革の急務』(大阪民衆史研究会、二〇一八年)一八三頁には、佐野助作は賀集寅次郎らと共に淡路国人民総代として「区戸長民撰建白書」を起草したとある。また二九〇頁には賀集寅次郎について、佐野と共に建白書を起草したとある。
　また、地方官会議での区戸長民会決議に対する不満は、『日日』への名東県浜田徳太郎の七月一五日の寄書からもうかがえる。浜田は、「区戸長を以て彼の俊傑多才なる数十名に更るとは抑々如何なる由縁なるや、賢明の令参公は区戸長を以て悉く英才卓越なりとするか」と怒りを表している。
(27) 注(26)五一—五五頁に、明治一五年六月付「淡路自由党名簿」があり、三原郡福井村賀集直三郎の名あり。同書三九〇頁によれば直三郎は寅次郎の弟である。賀集白川敏儒は、賀集と名乗っているので賀集家の一族と思われるが、同書一九〇頁によれば白川敏儒の紹介があり、三原郡庄田村の青年、明治八年現在二一歳である。また同書の五五頁には三原郡福良村の守本理一の名も載っている。
(28) 注(27)の名簿に、三原郡八幡村印部俊平の名あり。
(29) 注(17)の久保無二三の書状には、第一一章2節に引用するように、愛国社大会に木戸孝允・井上馨が参加するかもしれないとの推測も当時なされていたのである。
(30) 以下に記述する自助社と「通諭書」との関係は、注記のない限り、「太政類典」第二編、第六類、治罪四、行刑二、第六号の大審院裁判記録によっている。
(31) 注(4)正木氏論文二六四頁に、明治五年沼津から招かれ、徳島で新学制を実施した人物で、「通諭書」を受理したため免官となり、明治一〇年徳島県師範学校二代目校長に就任した人物、とある。出身は旧幕臣、明治三年現在では沼津兵学黌附属小学校教授方となっている。沼津時代の履歴については樋口雄彦氏の教示を得た。

(32) どのような演説をおこなったかは、明治八年九月四日付『曙』に紹介された、阿波郡区内戸長らに向けておこなわれた新居敦次郎演説の戸長中野達郎筆記からも、その雰囲気はよく分かる。

(33) 「通諭書」のほぼ全文は、稲田正次『明治憲法成立史』上(有斐閣、一九六〇年)、二六六—二七〇頁に紹介されている。

なお新居は明治六年八月、在京中に左院に建白、「今非役士族の家禄は暫く論ぜず、先づ宜く家禄ありて官に在る者をして、一日官に在れば一日の家禄を奉還せしむべし。誠に能《よ》く斯の如くなれば、人々廉恥の心を生じ、各自主自立の権を得べし」(『明治建白書集成』第二巻、七四一頁)と主張、これは第七章1節に見るように非職士族の共通する見解なのである。

(34) 我部政男・広瀬順晧・西川誠編『明治前期・地方官会議史料集成』第一期第一巻(柏書房、一九九六年)二七頁。

(35) 注(34)第二期第一巻、一九九七年、三三七頁。

(36) 注(34)第一期第七巻、一九九六年、一八七頁。

(37) 野田秋生『矢野龍溪』(大分県教育委員会、一九九九年)一八—二〇頁。矢野は明治九年三月に徳島分校を去り上京する。彼の後任として赴任するのが長岡士族城泉太郎で、分校が閉校になるのが明治九年一一月のことである。

(38) 注(6)二一頁。国貞のとった処置が以下に書かれている。

(39) 注(17)の久保無二三の書状には、「板垣先月一八日阿波に被参《まいられ》、両日逗留、西野参事面会の由、大坂府の会議は二月八月両度にて、愛国社と唱へ候由」との一文あり。

(40) 注(12)一三—二六頁に全文が紹介されている。

(41) 足立政男『丹後機業史』(雄渾社、一九六三年)による。

(42) 京都府立丹後郷土資料館編『京都の自由民権運動』(京都府立丹後郷土資料館、一九九一年)二一頁、並びに柳田泉『政治小説研究』上(春秋社、一九六七年)、三一六頁。小室信介は『自由新聞』特派員として一八八四年八月、清国に渡航した際、九月四日に、上海の三井洋行に勤務していた義弟小室三吉に面会、東京への通信を同人に託している。

(43) 『岩滝町誌』(一九七〇年)七〇六頁に、真名井純一の伝記あり。

(44) 有吉忠一編『追懐録』(一九一九年、非売品)五頁。

(45) 河瀬の伝記は、斎藤一暁『河瀬秀治先生伝』(上宮教会、一九四一年)による。

(46) 注(44)六―八頁。

(47) 宮津市教育委員会『資料　天橋義塾』上(一九七八年)、五八頁。

(48) 注(42)『政治小説研究』二九七頁による。信介は未だ宮津在住で、上京するのは明治九年春のことである。

(49) 『宮津市史　史料編』第四巻(二〇〇一年)、二九九頁。

(50) 注(47)三〇三頁。

(51) 『真事誌』明治八年六月二〇日付。

(52) 注(42)『政治小説研究』二九七頁。

(53) 『高木貞衛翁伝』(万年社、一九五〇年、非売品)一三頁。

(54) 注(47)下(一九七九年)、一四八頁。また奥平昌洪『日本弁護士史』(有斐閣書房、一九一四年)一五一頁には、明治八年五月創立の元田直代表、法律学舎の生徒に松本誠直がいる。法律の学習をしつつ民権活動を東京でおこなっているのである。

(55) 大阪で商業に成功した丹後竹野郡間人《たいざ》村出身の松本重太郎は、小室信夫と組んで一八七八年七月、資本金五〇万円の国立銀行設立を出願、人事に注文をつけられ、結局九月に第百三十銀行の設立免許を獲得、取締役に宮津株主総代の一人、松本誠直が就任、その直後誠直は取締役兼支配人となり、松本重太郎・松本誠直両名中心の役員構成が明治三〇年代まで継続する。この銀行には宮津藩士族と福知山藩士族の金禄公債が大きな比重を占めていた。なお小室信夫は、松本重太郎の長男重三郎の明治一一年慶應義塾入学に際しての保証人にもなっている。重太郎は第百三十銀行代表者としての立場から、明治二二年創業の日本生命保険株式会社の専務取締役にも就任するのである。以上は石井寛治「百三十銀行と松本重太郎」(『経済学論集』六三(四)、一九九八年)、並びに片岡直温『回想録』(百子居文庫、一九三三年、非売品)による。また注(42)『京都の自由民権運動』五二頁によれば、明治一九年六月二七日の沢辺正修の葬儀の新聞記事での呼掛け人三名のうち一人が松本誠直で、明治二〇年八月の小室信介・沢辺正修記念文庫設置趣意書の発起人一八名の中には有吉三七と松本誠直が名前を連ねており、寄贈書籍及び金員の送付先は、関東は新井毫、関西は松本誠直の自宅となっている。松本誠直と宮津並びに天橋義塾とのより詳しい関係が知りたいところである。

(56) 注(44)九頁。

(57) 北垣の辞任理由を推測させるものに、明治七年一月並びに六月の開拓次官黒田清隆宛て建議(『明治建白書集成』第三巻、一九八六年、一〇・五五二頁)がある。前者は東京と北海道の合同開拓使官吏議会設立を求めるもの、後者は議院憲法によって地方官会議が挙行されることになったことを踏まえ、その論を一歩前進させ、「欧亜全盛の富強を致す者他に非ず、即ち此の敏行(行政が敏速かつスムーズにおこなえること)を求《もとめ》て得たる者なり。立憲の政体、各《おのおの》代民総会よりして成らざる者無し」と道議会設立を建言している。藩閥政府の行政独裁への実体験からの批判が、その辞任の一因となったことは確かだと著者は考える。また有吉三七の立場は、次の史料からも判明する。

　有吉三七は明治八年五月一七日付意見書で、豊岡県の示した条件に従い、丹後宮津支庁の開設に向け、諸般の費用を負担して開設に至ったのは、丹後の住民が民法の裁判を受けられるようにするためであった。しかるに、豊岡県参事が東行中につき、金高の多少を問わず民法の裁判申請ができないとのこと、他方で福知山支庁では民法裁判が可能となっている。「今日人民の政府に対して租税を納むる義務ある者は亦其政府の事も与知可否する権理を有す、是天下の通論なり」「参事と雖も一片の布達もなく、此権理を圧制するの理は有之間敷哉、ケ様に人民の権理を圧して人民歓ぶ者あらん。国の災は此権理を妨害するに生ずべく、即今如斯《かくのごとく》類似する件々枚挙に遑《いとま》あらず」「速に司法裁判を設けられ検事官の派出あって正邪曲直を明にし、良民の権利を伸張あらんことを」と、語気鋭く豊岡県の理不尽な措置を非難している(『明治建白書集成』第四巻、一九八八年、五七九―五八〇頁)。

第七章

(1) 投書においては、明治八年一月二八日付、牛場卓蔵の「士族を処する策」が初見である。

(2) 明治六年一二月二七日、太政官政府は陸海軍資のため家禄税を新設する。以下に見る士族官員の家禄返納要求は、無役士族の怨念ともいえるもので、自助社幹部となる新居敦次郎も明治六年八月、在官士族は一日官にあれば一日分の家禄を奉還せよと左院に建白している(『明治建白書集成』第二巻、筑摩書房、一九九〇年、七四一頁)。

(3) Township.

(4) 『真事誌』は第一章1節に言及したように左院議長後藤象二郎との関係が当初より存在し、同紙発行には旧土佐藩士日野春草(旧名、寺村左膳、幕末土佐藩参政として容堂の奉還建白に副署している)がかかわっており、明治八年一月からは同紙出版人となり、明治九年一月のブラック復帰時の『万国新聞』発行元である一新社の社主となっている。ブラックが手を引いたのちの『真事誌』には内部に複数の立場が混在し、編集方針が統一されていなかったためと著者は判断している。

(5)　ただしこの段階での島津久光の比重が無視しうるようなものでなかったことは、明治六年四月、勅使をもっての上京要請と一二月の内閣顧問任命、明治七年四月、岩倉右大臣より上位の左大臣任命という人事の扱い方一つ見ても明白である。

(6)　『真事誌』明治七年九月二三日付に載る。

(7)　慶應義塾編『福澤諭吉全集』第二一巻(岩波書店、一九六四年)、二九九頁。

(8)　『報知』明治六年一一月二四日付。『真事誌』明治七年四月一四日付によれば、この時点では「大蔵省記録寮」に勤務している。

(9)　『明治建白書集成』第三巻(一九八六年)、五六五—五六九頁。

(10)　『真事誌』明治七年一〇月二九日付。

(11)　注(9)五八三—五八五頁。西本は廃藩前には広島藩権大参事を務め、その後も県権参事の重職にあった。明治六年一一月一七日に辞任したのは征韓論分裂によってであろう。

(12)　秀吉の朝鮮侵略末期、泗川の戦いで勇戦した島津義弘を明国軍が「石曼子《シマズ》」と驚嘆したことを指す。

(13)　塩谷良翰『回顧録』(塩谷恒太郎、一九一八年)一六一頁。

(14)　それぞれ『太政官日誌』による。

(15)　『明治建白書集成』第四巻(一九八八年)、八七七—八八〇頁。

(16)　注(15)九二二—九二三頁。

(17)　注(15)三八六—三八七頁。

(18)　注(15)三八六頁。

(19)　注(15)三八五—三八六頁。

(20)　「小倉信近報告書」(『山田伯爵家文書』第二巻、日本大学、一九九一年)二七〇頁。

(21)　注(15)二二一—二二三頁、並びに二二三—二二八頁。

(22)　『金沢市史　通史編三　近代』(二〇〇六年)七六頁。

(23)　注(22)三三頁。

(24)　内田県政のもとでも忠告社に結集することになる石川県士族は、明治七年九月に予定されていた地方官会議に向け意見書(日付不明)を作成している。代表者は忠告社幹部となる久島《くしま》彦次郎ほか九名である。彼らはこの会議が延期されたので左院に建白し、『真事誌』明治七年一〇月一三日付によれば、「異日開会の日を待てこれを付議する方可然」との言質を左院から獲得する。そこでは第一に民選議院を開設すること、第二に租税の過重、しかも民費が増大しているのを改めることを求めている。即ち前者では、民選議院の説は民間から出たのではなく、政府が着手したもので、「先《ま》づ前参議数名を挙げ、其論中所論《ろんずるところ》、政令百端・朝出暮改、政刑情実に成」る等の「是非得失を論じ、有司の専制を止め、以て君民共治の定律を制し、而後天下に令して民選議院の興すべきか興すべからざるかを論ぜしめ、天下の公議輿論を取り、以て之を興すの遅速を決」すべし云々と主張し、また後者では、

各県の租税の如きは、其《その》平と偏とを問はず、其酷と優とを論ぜず、猶《なお》依然として旧に依る、然るに新に税を立る者は追次之を実際に行ふ、酒造印紙証券蚕種奴婢車馬諸税の類是《これ》也。且《かつ》旧来諸藩各一定せずと雖《いえども》、県舎牢獄道路橋梁学校番人区方諸費の如きは公租に因《よ》る者多し。今反《かえっ》て其公費を廃して民費に帰する者多きに居る、下より之を見れば、政府より出る者常に減じて民に取る者常に増す、(中略)辛未(明治四年)租税より之を大蔵省に管す、其後増加する所の新税、其多寡を論ぜず、之を府県に反《かえ》し、以て即今の民費に充て以て地租改正の日を待ん。

云々と主張する。

(25) 注(15)九三一—九三二頁。

(26) 『真事誌』明治七年二月二五日付。

(27) 『報知』明治七年四月二七日付。この実例に関しては第一四章9節を参照のこと。

(28) 『報知』明治七年四月二〇日付。

(29) 『報知』明治七年一〇月一四日付。家禄奉還の失敗については地方官からも意見が出されている。明治八年六月一四日、奉還の制を改正すべしと三条太政大臣に意見書を上げる増田繁幸は当時水沢県権令の職にあったが、彼は次のように現状を報じるのである。

家禄奉還を許し、之に資金を賜ひ営業に就かしむるの政令は至仁至沢なりと雖も、其方策未だ其当を得ざるならんか。臣今其害を見る、未其利を見ざるなり。士族にして無産なるに家禄を給す、天下国債の大なる、之より高きはなし。然れども其禄の口に糊する有り、未だ良民の害たる、太《はなは》だしきに至らじ。今士族家禄を奉還するや、実に其素餐を恥づるに出づるか、然らず、政府資金を以て之を誘へるなり。故に力食営業の活途

確定せる者幾《ほと》んど希にして、多くは一時恩賜の資金を眷恋《けんれん》し、明日の活計を顧ざるあり、或は商業に従事し猾商に誑《たぶらか》さるるあり、或は賜金前にあり、債主後《しり》へに之を誅求す、一日も其恩沢に浴し力業の源を得るに由なく、只旧債を清め得たる者あり。其山林払下の如きも、開墾するは最僅にして、其代木を利するなり。之れ天下の山を赭《あか》くして商民を富せり。考ふるに天下の士族、其利を得るは僅かにして、害を蒙むる七分ならん。（中略）政府強て奉還せよと令せるに非《あらず》と雖も、政府の処分、見て知らざる如くには、是政府士族を誘て死地に陥《おとしいる》ると云はざるべからず、と。彼は六ヶ年分ではなく一五ヶ年分を支給し、入手した土地を譲授すること並びに商売に従事することを禁止して成功を期せしめるか、あるいは断然家禄奉還の制を廃止すべし。と提案する（『明治建白書集成』第四巻、六五〇―六五二頁）。

四〇〇石取りの仙台藩士増田繁幸は、戊辰戦争時では新政府側に近く、苦難の戦後処理をする中で権大参事となり、東北諸県の権令を経たのちに明治一二年には初代県会議長に選出され、国会開設に当たっては衆議院議員に選ばれている。

（30）宮地正人『幕末維新期の社会的政治史研究』（岩波書店、一九九九年）七八頁。

（31）『明治建白書集成』第四巻、九三二―九三四頁。

（32）この段階では立志社は、独自の新聞刊行は念頭になかったことも意味している。

（33）Voluntary.「義勇兵の」の意。名詞の志願兵は正しくはvolunteer.

（34）『真事誌』明治七年一〇月二八日付。

（35）『真事誌』明治七年一〇月二九日付。

（36）『明治建白書集成』第三巻、八六四―八六七頁。

（37）注（36）九〇四―九〇六頁。

（38）『真事誌』明治七年九月三〇日付。

（39）注（36）七八三―七八五頁。また大洲集義社は、土佐の寸志兵出願に倣い征討軍参加申請をおこなっている（『愛媛県史　近代上』一九八六年、三四七頁）。

（40）『真事誌』明治七年一〇月二二日付。

（41）注（30）三五―三六頁。

（42）『朝野』明治七年一〇月三〇日付。

（43）『朝野』明治七年一二月一〇日付。

（44）注（36）二一九―二二〇頁。明治七年九月二九日、鳥取士族たちは池田利安・遠藤恒・坂田武雅・青木冬樹・森田幹を総代として、三吉権令に従軍申請をおこない、一〇月二二日、権令は陸軍省の指令を受け、名簿を提出すべしと達している(鳥取県立博物館編『贈従一位池田慶徳公御伝記五』一九九〇年、六八二頁)。新聞に報告された以外にもこのような事例は多かったと推定される。明治一桁代の新聞報道の客観的制限性は、常に意識されるべきであろう。

(45) 『朝野』明治七年一〇月二七日付。

(46) 『真事誌』明治七年一一月五日付。

(47) 『報知』明治七年一〇月五日付。

(48) 『朝野』明治七年一一月二日付。

(49) 『朝野』明治七年一一月四日付。

(50) 『朝野』明治七年一〇月八日付、並びに『真事誌』一〇月一二日付。

(51) 『朝野』明治七年一〇月八日付。

(52) 『新聞雑誌』明治七年九月二八日付。

(53) 『新聞雑誌』明治七年九月二二日付。

(54) 『真事誌』明治七年九月九日付、並びに『新聞雑誌』九月二二日付。木呂子退蔵らの旧館林藩士族の従軍願書は、典型的な士族民権論に則ったものである。そこでは、「清国に勝利しなければ外侮生じ、遂にポーランドの轍を踏まん。兵の勝利は将を得るにあり、前参議西郷・板垣両氏は其才量卓絶、全国人民の許す所、特に西郷は現任在官の者、勅命を以て軍務に服さしめたし。然らば天下の兵士皆之に従属して支那全土を征せん。然らずんば全国の勇気凜たる者も政府の処置を疑い、遂に敵国を破るの鋒勢鈍折せん」と述べられている。

(55) 明治八年九月一八日付、板垣宛て勧告書の中で大屋は「去年本朝の清国と葛藤を生ずるの際、祐義旧県の同志輩団結して従軍を乞願せり」、とある。

(56) 『真事誌』明治七年一〇月八日付。

(57) 『報知』明治七年一〇月六日付、並びに『真事誌』一〇月八日付。

(58) 『曙』明治八年一〇月二日付。この記事は二日連載のものである。

(59) 『曙』明治八年一〇月三日付。

(60) 『朝野』明治八年五月一九日付。

(61) 『真事誌』明治七年六月一七日付。

(62) 『真事誌』明治八年八月二二日付には「論説」欄において「吾輩が自ら為し来りたる旧幕政変革の始終を略記し、会議の効験ありし所以を論じて之を今日に証せん」と、明治初年から廃藩の間における藩議会の活動を詳細に述べている。おそらく高知藩ではないかと思われる。

(63) 寡頭政治を意味する。Oligarchy.

(64) 注(30)七〇頁。

(65) Spirit of freedom.
(66) 民族移動したゴート族。英語ではGoth、発音はゴスである。
(67) 周の封建制を廃止した秦から、専制国家になったことを強調している。

第八章

(1) 戦闘力の強さに関する著者の理解については、拙著『地域の視座から通史を撃て！』（校倉書房、二〇一六年）、第一部第七章「新徴組と庄内藩並びに第二次酒田県」を参照のこと。
(2) 慶応四年二月、庄内藩軍事掛となったのは、中老松平権十郎、老公（酒井忠発《ただあき》）側用人山口三郎兵衛（将順）、藩主（酒井忠篤《ただずみ》）側用人菅《すげ》善太右衛門、郡代和田助弥（光観）、郡代山岸嘉右衛門（貞文）の面々である（加藤省一郎『臥牛菅実秀』致道博物館、一九六六年、五五頁以下）。
(3) 江戸期から明治初年は「つるがおか」と呼ばれ、明治八年八月、酒田から鶴が岡に県庁が移転した当初まで「つるがおかけん」、語調の問題から、しばらくして、「つるおか」に変化した。この呼称の変化については、注(1)二〇三頁に言及している。
(4) 庄内藩主・藩士と鹿児島との関係については、鳥海良邦『南洲翁遺訓集――並翁と荘内藩』（行地社出版部、一九二七年）による。
(5) 征韓論分裂直後、東京にて西郷が身を潜めた別荘でもある。
(6) 注(4)二四―二五頁。
(7) 明治二年七月に酒田に直轄県が置かれるので、歴史学上は第一次酒田県と呼ばれる。この直轄県は明治三年九月に山形県となって酒田県の名称は消滅、廃藩置県により元の庄内藩（明治二年九月に大泉藩と改称）が大泉県となり、一一月、元の直轄県分並びに旧松嶺県分も併せて第二次酒田県が誕生する。大泉藩の石高は一二万石、第二次酒田県の石高は明治四年一一月現在で二三万石、旧藩時より大幅に大県となっている。本論では第一次酒田県への言及は必要ないので、単に酒田県と表記して論を進めていく。
(8) 注(4)二八頁。
(9) 注(4)三一―三二頁。
(10) 西郷が元帥になったのは明治五年七月一九日、野津・篠原が少将になったのは明治五年九月二日のことである。
(11) 注(4)三四―三五頁。
(12) 注(4)三五―三七頁。

(13)『図録 巡回特別展 新徴組』(日野市立新選組のふるさと歴史館、二〇一二年、一四〇頁)に収録されている、元新徴組千葉弥一郎回想録による。
(14) 藩主忠器の跡を継いで天保一三年に庄内藩主となった酒井忠発は、その当初から大山庄太夫と対立しており、文久元年に隠居となった後も、五男忠篤・六男忠宝の地位を守りぬき、明治九年二月に没するまで庄内藩・酒田県において、「老君・老公」として庄内士族ににらみをきかせつづけていた。忠発の最側近は松平親懐・菅実秀だった。藤沢周平は幕末期の架空の「海坂《うなさか》藩」を描く中で、その暗黒さを見事に叙述している。
(15) 注(13)一一四頁。
(16) 新整組関係史料は、日本史籍協会編『淀稲葉家文書 第一』(日本史籍協会叢書、一九二六年、非売品)一一六―一二六頁に詳しい。
(17) 新整組が幕末期「小林組」とも呼ばれていたことは、小寺玉晁『丁卯雑拾録 第二』(日本史籍協会叢書、一九二二年)一八頁に明らかである。
(18) 注(1)一八七―一八八頁。
(19) 注(17)一八頁。
(20) 注(2)五五頁。
(21) 注(16)一一六・一一九頁。
(22) 注(13)一二七頁。
(23) 注(16)一二二頁。
(24) 今野章「明治初年の新徴組・新整組の「貫属替え」問題について」(『ワッパ騒動義民顕彰会誌』第六号、二〇一八年)一八頁。
(25) 注(24)七頁。
(26) 注(24)八頁。
(27) 神宮文庫所蔵「三条家文書」第五門、三五五三号の史料中、明治六年五月九日、宮田・富田・今井三名が司法省に出頭して提出した「確証」の中に引用されているものである。この史料全体はおそらく、明治七年三月、本多允釐が内務省に提出したもので、それまでの諸史料がまとめられた大部のものであろう。
(28) 元藩主酒井忠篤は明治五年四月、ドイツに留学する直前、鶴が岡に戻り、庄内士族全員に「王家の為に尽力すべし、義務を失うべからず」との趣旨の訓戒を下し、本章2節にあるごとく、この訓戒が「御主意」と名付けられて庄内士族社会での「私法」とされ、士族の商業従事が禁じられ、誓紙を書かされた上で、軍隊編成を維持したままの全士族による大々的開墾事業に着手するのである。東京に滞在する反主流派で政府への情報提供者でもあった庄内士族小楯知方は、不正確な伝聞のまま、太政官政府に酒田県の内情を明治七年三月、次のように洩らしている。

昨年（ママ）酒井豊堂〔蓬堂は忠篤の号〕帰県の節、旧藩士に示して曰く、王家の為に尽力すべし、義務を失ふべからずと。茲《ここ》に於て士族等、我が生渇を営まんとするもの、家財を抛ち商業を計り、或は農に帰せしものも、遂に業を昔し、昔日の士族となり居たりしが、豊堂、参事松平親懐等と謀り、後田《うしろだ》山を払ひ下げ、士族の食禄に充んと、専ら開墾に従事せしが、全く開拓を名とし、其実は農民等に金穀を募り、豊堂兄弟洋行〔弟忠宝も明治六年二月ドイツに留学〕の入費に充て、或は県吏に分与せし趣なり。

「血盟誓約」なるものは、開墾事業への参加を義務づけるものにもなったのである。また注(24)一〇頁を参照のこと。右の小楯報告は、神宮文庫所蔵「三条家文書」第五門、五六八三号、明治七年三月のものである。

旧主のもとに結集した庄内士族が「御家中組」と呼ばれたことは注(24)一〇頁に明らかであり、「御徒組」となまって伝えられもした。この人々は戦後まで「御家禄派」との名称を与えられ、庄内地方の一大勢力でありつづける。

(29)　ワッパ騒動に関しては、丹念に地方文書をほりおこしての佐藤誠朗『ワッパ騒動と自由民権』(校倉書房、一九八一年)が依拠すべき基本的研究であり、本章も全面的に佐藤氏の研究に依拠している。同書の二七二・二八七頁によれば、雑税の一つである種夫食貸米利米五万三〇〇〇円余が「開産資本」の名目で士族開墾に流用されたことが指摘されており、また二五一頁では、石代納を禁止し米納させた結果の酒田県収入一万一三〇〇円が開墾費用に不当に充てられていたことも明らかである。この事態は注(2)一九七頁でも言及され、明治五―九年七月までの開墾費用のうち四万四二一九円と米一九四〇石は「種夫食利米」を原資とした「県庁よりの御下げ米金」であったことが明記されている。

(30)　注(1)二〇一頁、及び注(24)一七頁。

(31)　注(24)一二頁。

(32)　注(27)収録史料の明治六年八月付、今井存信申し立て、司法省酒田出張裁判所に提出のものである。

(33)　注(27)収録史料。また確証として挙げられている中の「強て開墾の部」では、「已《や》むを得ず役に就く者十に七八ならんか、証人あり」と述べられている。

(34)　注(27)収録史料。

(35)　注(27)では明治六年三月中旬に通達されたと「確証」の中で述べられており、注(24)一一頁には新徴組に達せられたのは三月二二日のことだとされている。
(36) 注(24)一七頁。
(37) 注(27)収録史料。
(38) 注(13)一三三頁。
(39) 注(24)二一頁。ただしここでは義郎となっているが、質直を指している。
(40) 注(4)三八―四〇頁。
(41) 時期から推測するに、勅命をもっての島津久光着京は四月二三日のことで、鹿児島県の封建派と門閥勢力の面々が同行し、佐賀その他の地方の封建派も動揺、上京したことだろう。酒田県では松平親懐・菅実秀の統制下、同県の士族層が何らの動揺も示さず開墾事業に一致協力して従事していることに、出身地の騒ぎに比べて、感心しているのである。
(42) 『図録 巡回特別展 剣客集団のその後――新選組・新徴組の変容と終焉』(日野市立新選組のふるさと歴史館、二〇一六年)八七―九二頁の今野章氏作成の両組隊士一覧表による。
(43) 注(13)一三五―一三六頁。
(44) 注(13)一四一頁。
(45) 出張裁判所の判決の大要は、注(27)収録史料の中にある。
(46) 『報知』明治七年一月一八日付。
(47) 注(29)八五―八六頁。
(48) 注(4)四三頁。
(49) 明治六年一一月七日の大蔵省第一五九号達により、地払い相場算出の期間は一〇月一五日―一二月一五日に変更される。
(50) 近世期の田川郡は、明治一一年、赤川を境に東西に分割された。
(51) 注(29)六〇頁。
(52) 注(27)収録史料。
(53) 注(29)六一―六二頁。
(54) 注(29)六七頁。
(55) この上訴運動は、石代納要求を県下に拡大する働きをつくっていった。
(56) 注(29)八六―八八頁。
(57) 注(29)九四頁。
(58) 注(29)九七頁。
(59) 注(29)一七一―一七二頁。
(60) 注(29)八六頁。
(61) 菅の指示を得てのことであろう、明治七年一一月、赤沢経言(源弥、元新徴組取扱)と三矢藤太郎(正元、元忠宝近習)は鹿児島に赴いて西郷の所見を聴き、また庄内開拓士族への奨励の語を求めたところ、西郷はこの二人に「気節凌霜天地知」の七文字を大書して与えている。明治八年五月には菅自身が石川静正・春山安均・山口三弥ら七名を率いて鹿児島に赴き、親しく西郷と交流、離別の際、西郷は菅に、「相逢如夢又如雲、飛去飛来悲且欣、一諾半銭慚季子、昼情夜思不忘君」の七言絶句を与えている。「一諾」云々は『史記』「季布伝」にある、一度約束したら絶対に破らないことをいう「一諾千金」の語を踏まえた一句である。この明治八年九月には戸田務敏・池田賓・黒谷謙三郎が渡麑、西郷の教えを聴き、さらに一二月には伴兼之と榊原政治の二人を伴って伊藤孝継が鹿児島に赴き、この二名の私学校入学を西郷に依頼、あわせて松ヶ岡開墾地でようやく収穫できた製茶を西郷に贈り、茶銘を請い、西郷は林月・水蓮・都山・敦本・原泉・白露の六銘を書いて伊藤に与えている。明治八年現在の松ヶ岡開墾六組の首領が林源太兵衛・水野郷右衛門・都筑十蔵・本多源三郎・榊原十兵衛・白井為右衛門であったので、西郷は六名の姓をとって茶銘に使ったのである。私学校に入学した伴と榊原は西南戦争に参加、植木と御船《みふね》で戦死する。明治二二年二月、西郷の賊名が消えるや、菅はただちに庄内元藩主・藩士たちが西郷から受けた諸訓戒を「南洲翁遺訓」と題して赤沢にまとめさせ、明治二三年には副島種臣の序を付し、自分の跋を載せ、三矢藤太郎の名をもって刊行、菅は没するまで庄内の地にあって西郷隆盛の教えを広めることとなる。有名な西郷の語「命ちもいらず名もいらず、官位も金もいらぬ人は仕抹に困るもの也」をはじめとする訓戒・信条は、数次にわたり鹿児島に赴いた庄内元藩主・藩士たちの記録と記憶を介して今日の我々まで伝えられたものがほとんどである。菅は万難を排し、中央政府の圧力にも屈せず、窮乏化する庄内士族の授産事業をおこないつづけた指導者であり、西郷隆盛の精神を守り伝えた偉大なる教育者として、永らく「御家禄派」と呼ばれた庄内士族と庄内地域の教育界・政界、そして地域文化の中で尊敬されつづけるのである。

(62) 明治六年一〇月二二日、名東県権令を免じられ、位記を返上している。明治七年二月一二日、内務省七等出仕となる。

(63) 注(29)二一一—二一二頁。

(64) 注(27)第五門、五二六五号。

(65) 『明治建白書集成』第三巻(筑摩書房、一九八六年)五五三—五五四頁。

(66) 注(29)一七三頁。

(67) 注(29)二二七頁。

(68) 注(29)四二頁。
(69) 注(29)二九三頁。
(70) 注(29)二一二頁。また佐藤誠朗氏はその著書の二九三頁で「富有家が権力に対して卑屈になれば、田川、飽海二郡の人民も必ず卑屈になるというのが、藤右衛門を支えた信条であった」と明言している。平民民権思想の中には、田中正造も含め、この原則で行動した活動家が多かったことは注意しておいた方がいいと著者は考えている。
(71) 『明治建白書集成』第四巻(一九八八年)、一七一二一頁。
(72) 注(71)二五五―二五七頁。
(73) 注(29)二一五―二一七頁。
(74) 注(29)二一七頁。
(75) 注(29)二五七―二五九頁。
(76) 注(29)二一八―二二一頁。
(77) 注(29)二二一頁。
(78) 注(29)二二八頁。庄内人名辞典刊行会編『新編庄内人名辞典』(一九八六年)二七一頁によれば「金井質直の弟栗原進徳が酒田と鶴岡に法律学舎を設け、校主となり、仙台から清水斉記を講師に招いて法律知識の普及につとめた」とあり、また鶴岡市史編さん会編『新編庄内史年表』(二〇一六年)によれば、許可されたのは七月二七日となっている。
(79) 辻純市は、東京神田の大米穀商。明治一一年、東京府会議員に神田区から選出されている。
(80) 注(71)五六四―五六七頁。
(81) 注(71)六三〇―六三一頁。
(82) 注(71)七〇一頁。
(83) 注(29)二六〇頁。
(84) 『朝野』明治八年九月二五日付。
(85) 注(29)二六五頁。

第九章

(1) 宮地正人『幕末維新期の社会的政治史研究』(岩波書店、一九九九年)一〇八・一一七頁。
(2) 宮地正人『地域の視座から通史を撃て!』(校倉書房、二〇一六年)二三〇―二三五頁。
(3) 注(2)二二五頁。
(4) 刊行委員会編『「近衛砲隊暴動始末」と「口供書」』(つくばね舎、二〇一七年)五六頁。

第一〇章

(1) 桜町という土地は町場ではない。物井村の嶺高御林跡地の二二町一反四畝歩が、畑地一八町・屋敷地三町一反に開墾され、元禄九年の検地でこの新規入植地に「桜町」という地名が付されたのである(下重清「二宮尊徳以前――桜町領の開発と旗本領主財政」『二宮町史研究』第五号、二〇〇九年、九六頁)。

(2)　茂木は一八三五年、烏山は一八三六年から桜町仕法をモデルに復興事業を開始した。

(3)　一八三一年一月、尊徳は自分を全面的に信任して事業を任せてくれた、小田原藩主で老中の大久保忠真(この時、大久保が日光参拝のため同地に赴いた折に尊徳は会いに行っている)に事業経過を報告し、感動した忠真は『論語』にある「以徳報徳」の語を彼の偉業に授けた。ここより「報徳」名称が発している。

(4)　鷲山恭平『報徳開拓者安居院義道』(大日本報徳社、一九五三年)が詳しい。それによると、養子先の磯屋は穀物商で、米相場に手を出し大失敗する。

天保一一年に尊徳は小田原藩領の曽比・竹松の二村に報徳仕法の指導を開始しており、十日市場の庄七は近隣の小田原藩領で仕法がおこなわれ、その趣旨が低利の金を窮民に貸すとのことを天来の福音と受けとり、小田原藩領中沼村の田蔵が仕法に関し桜町に赴くのに従って天保一三年七月二日陣屋に到着、陣屋の雑役に従事する中で来訪者への対談・門人たちへの尊徳の説話を立ち聞きし「天啓」を受け人生観を転換、仕法書類を筆写、借金の話も出さず、一八日間だけ留まった陣屋を去るのだった。

「譲って損無く奪って益無し」との尊徳の教訓から割り出しての穀物商売を成功させ、妻が先夫の間に数人の子供があったことも一因だろう、「一家を廃して万家を興す」と豪語して郷里を去ることとなった。

ただし庄七は、ただちに報徳仕法の伝導者になったわけではない。弟、浅田勇次郎と共に赴いた先は河内国交《かた》野《の》郡の旗本久貝《くがい》正典所領、田口村の敬神家杉沢作兵衛(「信心作兵衛」と呼ばれていた)が広汎に組織していた「万人講」に加入するためである。この「万人講」は伊勢神宮・春日大社・男山八幡宮(田口村のすぐ東である)の三社に大石の灯籠を奉献、その維持のために田畑五反歩を付近の茶屋に預け、講社からは毎年伊勢神宮に代参人を登らせ、太々神楽《だいだいかぐら》を奉納することを目的とする講社である。灯籠奉献の資金は相当数の村々の有志者が連合して資金を蓄積・運営しなければならず、しかも維持田畑の継続、代参人の選出など、長期的な地域としての組織活動が前提となる。しかもそれ以前に、村々の百姓の宗教心・信仰心を喚起し、自己の主体的な事業参加が自己確信となるという回路を運動の中で形成しなければならない宗教運動であった。その中で自身の経済状況も改善することが求められるのである。

ここで兄弟は報徳仕法のやり方を宗教運動の中できたえていったと思われる。なぜなら行政的報徳仕法ではないため、下からの地域組織化の能力がどうしても求められるはずだからである。庄七・勇次郎は河内・大和・伊勢・伊賀の各地の組織化活動の中で運動の中心に位置するようになり、作兵衛が伊勢と春日の事業は完成させ、最後の男山八幡宮への大石灯籠奉納事業のさなか、嘉永元年一〇月八日、その作業現場で死去、後事はこの兄弟に託されたのである。

作兵衛の「万人講」活動は領主の久貝正典にも聞こえ、正典は、

わかしめ〔領〕へる田口むらにすめる作兵衛といへるもの、神ほとけのことゝしいへは、ふかく心をつくすよし、かねて承りしか、こたひなにわえのみつか〔使〕ひことはて、いせのおほ神にまうて、かへさのたひ〔旅〕のやとりにてよめる

いせの海やきよきなきさによる玉を
みかくかう〔頭〕へもなをみかけかし
因幡守藤原朝臣正典

との褒奨歌を詞書と共に授けている(『枚方市史』一九五一年、四四九頁)。久貝が大阪城加番を終え、交野郡の所領(陣屋は交野郡長尾村に置かれていた)を経て東帰する際のものと思われるが、『久貝正典歌集』(歌文珍書刊行会第八冊、一二九頁)によれば「弘化四年の秋波速の大番はてゝかへるころ、淀川の堤にて」云々との詞書があるので、弘化四年のものと思われる。ただし『歌集』にはこの歌は収められておらず、交野郡の所領各村への領主的配慮から授けたものではないだろうか。

そして安居院庄七の遠州入りも、この「万人講」組織化運動の過程でおこったことであった。

弘化三年一一月、畿内で活動してきた「万人講」を遠州にまで広めるべく、弟の浅田勇次郎は三河国藤川宿のある宿屋に泊まり、主人に遠州入りの手がかりについて相談をしたところ、遠州長上《ながかみ》郡下石田村の神谷与平治は毎年伊勢参宮を欠かしたことがない敬神家で、参宮の際この宿を常宿としているとの耳よりの話、勇次郎は与平治の家に赴き、与平治がより詳しく「万人講」の活動を聞きたいということになって、翌年早春、庄七の来訪となる。ここに同年三月、下石田報徳社が成立する。

このように筋道を立てていくと、兄弟が畿内で活動していた「万人講」運動の中で既に報徳仕法の普及が試みられていたと見るのが自然であろう。与平治が勇次郎に、

この地域は近来水害や違作（不作）の災厄を被って疲弊していると訴えたのに対し、報徳仕法を説明、身代を取り直し貧乏人を富ましめ難村衰邑の興復をおこなう方法を語り、善種金の話にも及んだのである。この勇次郎は「万人講」活動を継続し、嘉永四年一〇月、勢州松阪宿入口の塚本村において五五歳で客死している。そして庄七晩年の文久二年六月、神谷与平治、佐野郡倉真村岡田佐平治ほか八名が発起人となり、「三社灯籠万人講永代御神楽金元立仕法帳」を作成、三七カ村をまとめて二四五両の資本を積み立て、庄七没後の事業継続の仕組みを立ち上げるのであった。

（5）　尊徳も、洪水のため潰れ百姓となった栢山《かやま》村の二宮家を一八一〇年に一町四反五畝までに回復、この年富士登山と伊勢参りに出かけている。

下野南端小中村の田中正造家も富士信仰の厚い農家であり、一八八六年の正造の手紙には富士講の歌として「ふじの山登りて見れば何にもなし、善きも悪きも我が心かな」が引用されている。また姪にその母親（正造妹りん）の思い出を手紙に書いた際、「りんは幼年のとき神を祈る事を好めり、又仏を拝するものなり、（中略）正造、領主と喧嘩して入牢のときも神かけ、出牢のときは富士山に登山をさせると祈れりと。其後ち《の》正造奥州にて入牢せしときも又富士山を祈り、出牢せば登山させると誓へりと。其後又三島知事放逐のとき、正造入牢せしときも又、出牢せば登山させると祈りたりと」と回想している。田中正造の愛した格言「正直もののこうべに神やどる」も、人の誠意と誠実さ、そしてその表れとしての行動こそが神の嘉《よみ》するものであることを意味し、富士講信徒の堅い信念でもあったのである。

（6）　二宮尊徳も、武家の役割を「士行　諸《もろ》人の苦楽（邪正）の元を業として、ただし尽さん幾世経るとも」と詠んでいる。

（7）　この参籠によって最終的に陣屋役人の介入を排除したことに関しては、宇津木三郎『二宮尊徳とその弟子たち』（夢工房、二〇〇二年）四五―四六頁に言及されている。また桜町領内の富士講信徒たちが尊徳の行方不明を知ると、出張役人の制止を振り切って江戸に出、これまでどおり尊徳に仕法を実施してもらいたいと、領主宇津家と小田原藩に訴え、成田山への参籠を知ると、満願の日には成田まで尊徳を迎えに出たことについては、岡田博『報徳と不二孝仲間』（報徳文庫、一九八五年、二〇〇〇年再版、岩田書院）二一一―二一二頁を参照。著者はこの両書に多くを学んだ。

（8）　注（7）『報徳と不二孝仲間』三四七―三四八頁。

(9) 注(8)二八〇頁。
(10) 注(8)三七一頁。
(11) 相馬仕法に関しては、報徳仕法原町市版副読本編集委員会編『二宮金次郎・富田高慶からの贈りもの』(二〇〇四年)によっている。
(12) 岡田良一郎『淡山論集 報徳講演』第二編(遠江報徳社、一九〇九年)、一一八頁。
(13) 注(12)一二一頁。
(14) 注(12)一二七頁。
(15) 注(7)『二宮尊徳とその弟子たち』九八—九九頁。
鹿児島県からは明治六年一月、川添彦左衛門が、同年三月には汾陽《かわみなみ》五郎右衛門が、報徳仕法を伝授されるために富田のもとを訪れている(広瀬豊ほか『富田高慶』日本甲子会、一九五三年、三一〇頁)。また西郷とともに吉田開墾に従事していた桐野利秋は常に「尊徳先生はおれの恩師だ」と語っている(田中親晴「私学校と西南戦争」『現代日本記録全集三』筑摩書房、一九七〇年、一八九頁)。
(16) 『静岡県人物志』(静岡県、一九二四年)一七七頁。
(17) 海野福寿・加藤隆編『殖産興業と報徳運動』(東洋経済新報社、一九七八年)二三頁。著者は本書から多くを学んでいる。
(18) 注(17)一八八頁。
(19) 年貢の村請制度が存在する限り、村内の「百姓株」をなんとか維持・存続させ、潰れないように村落指導者たちが必死で努力するのは、年貢を担う百姓の家々が減少すれば、それだけ自分たちで肩替わりしなければならないからでもある。
(20) 注(17)一八二頁。
(21) 清水秀明『中泉代官』(磐田市磐田市誌編纂委員会、一九八一年)二二〇頁。
(22) 注(12)一二六頁。
(23) 『静岡県史 資料編一六 近現代一』(静岡県、一九八九年)一〇四一—一〇四八頁。
(24) 公有金と加入金が合流、加入金は市場並の利子率一割五分前後で貸し出され、公有金は難村仕法、道路修繕、溜池・用水路開削・開墾等の資金として低利か無利息で貸し出され、加入金の利益が一割二分を超える場合、その一〇分の一は公有金の中に加えられ、低利・無利息の報徳仕法のための資金として増殖される仕組みがつくられた。一八七七年、浜松最寄有志の株主が第二十八国立銀行を設立するため、二万三七五〇円が下げ戻されたため、翌年四月、岡田良一郎は規則を改正し、これまで規定のなかった株金を八万円と確定、株金の下げ戻しは不許可とした。報徳仕法の維持・継続がその目的である。

(25) 注(16)二一八頁。

(26) 『静岡県徳行録』(静岡県、一九四一年)四三九頁。

(27) 後漢の許劭《きょしょう》が、いとこの許靖と毎月のはじめに、郷里の人物を評した故事に基づくもの。熟語の月旦は、この故事に由来する。

(28) 我部政男・広瀬順皓・西川誠編『明治前期・地方官会議史料集成』第二期第二巻(柏書房、一九九七年)「明治七年地方官会議原本」八九・九七頁。

(29) 神田の伺い書の中に、「上下協和・民情暢達の捷路」の語があるのを踏まえたもの。

(30) 建武の中興に際し後醍醐天皇は元弘元(一三三一)年八月、京都南方笠置山に逃れ、『太平記』には天皇は夢想を得て楠正成を召したとある。

(31) 中津川市中山道歴史資料館寄託、市岡家文書(書)二二二号。

(32) 宮地正人「高木真蔭と中津川民権」『街道の歴史と文化』第一一号(中津川市中山道歴史資料館、二〇一六年)を参照のこと。

(33) 注(28)第二期第一巻(一九九七年)「第一回地方官会議書類全」二六―三一頁に各県の報告がある。また各県傍聴人の数は、第一期第四巻(一九九六年)「地方官会議日誌」二二三頁にある。

(34) 注(28)第一期第五巻(一九九六年)「地方官会議日誌八」一四九頁。

(35) 『静岡県史 通史編5 近現代一』(静岡県、一九九六年)一四〇―一四一頁。

(36) 藤田茂吉は豊後佐伯藩の水主《かこ》身分であった官船乗組みの家の出であり、旧藩時代は給米を支配される足軽並とされていたが、明治二年一二月の藩政改革の際、士族と卒族の二分類に藩士が区別された時、水主身分の者は卒族に入れられず平民身分とされた(野田秋生『駆け抜ける茂吉』沖積舎、二〇〇一年、一四―一九頁)。

(37) 注(17)一一六頁。

(38) 注(16)二二九頁。

(39) 交換米反対闘争の経緯は注(35)一〇六―一一六頁にある。その研究史は注(23)「解説」に詳しい。本章は遠州報徳運動と交換米反対闘争の関係をいかに位置づけるかに分析を絞っている。

(40) 区内村落の大小に従って一村何人、あるいは数カ村連合して何人とあらかじめ決められての小区会議員の選挙方法がとられている。

(41) 足立孫六のこの時期の活躍に関しては、注(16)三三三頁以下の記述が詳細である。

宮地正人
1944年生まれ．東京大学史料編纂所教授，同所長，国立歴史民俗博物館館長を経て，現在，東京大学名誉教授．専攻は日本近現代史．
著書に，『日露戦後政治史の研究』(東京大学出版会)，『幕末維新風雲通信』(編著，東京大学出版会)，『天皇制の政治史的研究』(校倉書房)，『幕末維新期の文化と情報』『通史の方法』(ともに名著刊行会)，『幕末維新期の社会的政治史研究』(岩波書店)，『歴史のなかの新選組』『幕末維新変革史(上・下)』(ともに岩波書店，のちに岩波現代文庫)，『歴史のなかの『夜明け前』――平田国学の幕末維新』(吉川弘文館)，『幕末維新像の新展開――明治維新とは何であったか』(花伝社)，『土方歳三と榎本武揚――幕臣たちの戊辰・箱館戦争(日本史リブレット人)』(山川出版社)などがある．

自由民権創成史 上 公論世界の成立

2024年10月29日　第1刷発行

著　者　宮地正人《みやちまさと》

発行者　坂本政謙

発行所　株式会社 岩波書店
〒101-8002 東京都千代田区一ツ橋2-5-5
電話案内 03-5210-4000
https://www.iwanami.co.jp/

印刷・三陽社　カバー・半七印刷　製本・牧製本

ISBN 978-4-00-061662-1　　Printed in Japan

幕末維新変革史（上・下） 宮地正人 岩波現代文庫 定価各一九五八円

歴史のなかの新選組 宮地正人 岩波現代文庫 定価一四九六円

〔岩波オンデマンドブックス〕
幕末維新期の社会的政治史研究 宮地正人 定価一二一〇〇円

維新旧幕比較論 木下真弘 宮地正人校注 岩波文庫 定価九九〇円

福澤諭吉の思想的格闘
―生と死を超えて―
松沢弘陽 A5判四三八頁 定価一〇四五〇円

岩波書店刊
定価は消費税10%込です
2024年10月現在